다문화와 정신분석

:

동양인과 서양인의 상담

Alan Roland 저 | 심은정 역

Cultural Pluralism and Psychoanalysis:
The Asian and North American Experience

학지사

Cultural Pluralism and Psychoanalysis:

The Asian and North American Experience

by Alan Roland

역자 서문

이 책은 Alan Roland의 *Cultural Pluralism and Psychoanalysis: The Asian and North American Experience*를 번역한 것이다.

현재 한국 사회는 문화적 이행기에 있다. 전통적 집단주의 문화와 서구적 개인주의 문화가 한 공간 안에서 복잡하게 상호 교류하고 있고, 다문화 인구도 점차 증가하면서 역동적인 문화적 변모를 경험하고 있다. 이러한 변화로 인해 사람들은 타인과의 관계 속에서뿐만 아니라 개인의 내면에서도 갈등과 혼란을 겪고 있다. 내가 미국에서 만났던 한국계 이민자인 내담자들이 그러했듯이, 한국의 상담 현장에서 만나는 많은 내담자 역시 문화적 패러다임의 변화 속에서 번민하고 있음을 주목하게 되었다. 이러한 문화적 패러다임 변화의 중심에는 북미를 중심으로 한 서구적 개인주의와 유교 문화에 기반을 둔 동양적 집단주의가 공존한다. 상담자로서 한국인의 심리를 잘 이해하기 위해서는 이 두 문화가 개인의 심리 역동에 미치는 영향에 대한 풍부한 지식을 갖출 필요가 있다.

이제까지 한국에서 행해진 상담과 심리치료는 서양의 개인주의를 기반으로 한 이론과 기술을 답습하는 식이었다. 서양의 이론에 비추어 "한국 사람은 이래서 문제야."라는 식의 발언도 쉽게 해 왔다. 최근에 와서야 다문화주의, 다문화가정, 다문화사회 등의 말이 상용되면서, 상담에서 문화적 맥락을 고려하려는 적극적 노력이 시도되고 있다. 개인주의를 기반으로 한 심리학은 너와 나를 구분 지어야 하고, 자기표현을 적극적으로 할 수 있어야 하고, 개인의 행복이 집단의 안위보다 우선시되어야 하며, 모든 인간관계는 평등관계를 기초로 해야 한다고 설명한다. 그래야 심리적으로 건강한 개인으로 살아갈 수 있다는 것이다. 물론 이런 식의 사고에서도 배울 점은 많다. 하지만 개인주의를 기반으로 하는 심리학만을 고집하게 될 때 한국적 전통을 기반으로 하는 '우리' 중심의 사고, 장유유서의 미덕, 이심전심의 소통과 같은 한국적 심리학이 설 자리가 있는지 되짚어 봐야 한다.

상담자의 내면에 깊숙이 뿌리내리고 있는 문화의 영향을 발견하는 것은 타 문화에서 온 내담자를 만나기 위한 시작이기도 하다. 이 책은 주로 일본인과 인도인을 대상으로 한 정신분석을 논한다. 저자는 각 문화에 기반을 둔 심리학 및 정신분석을 설명한다. 그의 다문화 상담자적 태도와 노력은 진정한 한국적 다문화상담을 모색하는 상담자들에게 위안과 도전으로 다가올 것이다.

이 책이 번역되어 나오기까지 격려하고 도와주신 많은 분께 감사한다. 우선, 미국에서 아시아 이민자들을 상담하며 고민할 때, 이 책을 소개해 주고 다문화 상담자로서 잘 성장할 수 있도록 지도해 준 Alla Volovich 박사님께 감사한다. 한국에 돌아와 이 책을 소개해 볼까 고민만 하던 나에게 큰 용기를 주고 실질적으로 학지사와 연결해 준 오제은 교수님께도 진심으로 감사드린다. 또한 이 책을 출판하도록 허락해 준 학지사의 김진환 사장님과 교정을 꼼꼼히 봐 준 하시나 선생님에게 감사의 말을 전하고 싶다. 그리고 이 책의 교정 과정에서 도움을 준 김진영 선생에게도 감사한다. 언제나 나의 가장 든든한 후원자인 남편 이성진과 세 딸 미솔, 미래, 미엘, 그리고 부모님께 기쁨과 감사의 마음을 전한다.

끝으로 이 모든 것을 허락하신 하나님께 무한히 감사한다.

2012년 9월

심은정

저자 서문

아시아인에 대한 새로운 접근

이 책을 출간하는 것은 내가 전에 했던 맹세를 어기는 일이다. 지난번 책(*In Search of Self in India and Japan: Toward a Cross-Cultural Psychology*)을 출간하는 데 내 11년의 거의 모든 여가 시간을 사용했기 때문에, 나는 다시는 책을 쓰지 않겠다고 맹세했다. 하지만 그 책을 쓰는 동안 많은 일이 일어났고, 그 책이 나온 이후로 더 많은 일이 일어났다. 처음 그 책을 집필할 때만 해도 사람들이 인도인과 일본인을 정신분석적 차원에서 이해하는 데 별로 관심이 없을 것으로 보았다. 그래서 많은 시간과 노력이 아무런 성과 없이 허비될까 염려했다. 주요 출판사의 한 편집장은 1980년 초반에 "이 책은 너무 알차고 잘 쓰여 있어서 많은 독자가 흥미를 가질 것이다."라고 말해 주었다.

그 당시만 해도 미국인은 아시아인에게 주목하지 않았다.[1] 나와 내 아내는 1977년 연구의 발전을 위해 인도로 떠나려 했는데, 당시 친한 친구들, 해외에서 활발히 활동을 하는 학술인들, 그리고 정신분석 상남자들소차 우리에세 어떤 질문을 해야 할지 난감해했다. 그도 그럴 것이 그들도 인도에 대해 아는 것이 전무했기 때문이다.

마치 인도는 지구의 저 끝에 있는 것처럼 여겨졌다. 몇 년이 지난 후 시카고 대학의 저명한 인도 시인이자 언어학자인 A. K. Ramanujan 교수만이 "당신의 생각이 가치 있는 것이라면, 비록 소수의 사람들만이 그것을 읽을지라도 그것은 가치 있는 일입니다. 당신의 생각은 결국 전파되게 되어 있으니까요."라고 말하면서 나의 결심을 지지해 주었다.

그 후 미국인들(Americans)[2]의 태도에 극적인 변화가 있었다. 마침내 우리 문화의 좌표를 유럽에만 맞추는 것은 우리 문화를 이해하는 데 충분하지 않다는 인식을 하기 시작한 것이다. 그전까지는 미국인이라고 하면 태평양을 건너 아시아로 가든, 대서양을 건너 유럽, 중동, 아프리카로 가든 야누스의 얼굴을 해야 한다고 생각했다.[3] 하지만 미국에서 아시아인의 존재감은 그 어느 때보다 커지기 시작했다. 그것은 글로벌 시대가 도래했음을 알리는 것이기도 했다.

미국의 의식이 아시아화되어 가는 데는 여러 가지 요소가 기여했다. 하나는 일본이라는 경제 대국이 미국의 기술적 · 경제적 경쟁력에 도전장을 낸 것이다. 중국, 한국, 홍콩, 타이완, 싱가포르 그리고 인도까지도 빠른 경제성장을 이루면서 그 도전장의 뒤를 잇고 있다. 이제는 더 이상 유럽 국가만을 미국의 주요 교역 상대로 볼 수 없다. 이에는 중국 천안문 사태와 같은 정치적 사건을 다룰 정도로 범위를 확장해 가는 매체의 보도도 한몫을 한다.

유럽계, 아프리카계, 남미계의 미국인이 아시아계 미국인과 개인적 교류를 점차 늘려 가고 있다는 부분에도 주목해야 한다. 1965년 이민법은 많은 아시아인에게 문호를 열었고, 그때부터 시작된 극적인 변화는 1980년대 후반에 와서 열매를 맺기 시작했다. 이제는

800만 명 이상의 아시아계 미국인이 생겨났다. 이민자들 대부분은 단지 자유를 갈망한 지치고 가난하고 소외된 계층 출신이 아니라, 좋은 교육에 높은 가치를 두는, 그 문화권에서 가장 잘 교육받은 도시 엘리트들이었다.

1965년 이후 유입된 필리핀, 인도, 한국 이민자들은 교육을 잘 받은 사람들이었는데, 특히 인도와 한국 이민자의 60% 이상이 대학 교육을 받은 사람들이었고, 그 비율은 평균 미국인의 두 배 이상이었다. 그들은 미국에서 필요한 인재로 인식되어, 교육과 기술을 갖춘 사람들에게 혜택을 주는 1965년 미국 이민법의 수혜자가 될 수 있었다. 1975년에 유입된 13만 명의 베트남 난민 또한 도시의 교육받은 엘리트 출신이었다. 미국 내에서 가장 큰 아시아 커뮤니티를 이룬 200만 명에 육박하는 중국인들은 그 절반 정도가 고등교육자이고, 나머지 절반은 노동자 계층 출신이거나 후젠 지역의 농민계층 출신이다. 게다가 미국의 최고 대학과 예술학교는 미국에 대학원교육을 위해 왔다가 고국으로 돌아가려는 많은 아시아인과 더불어 이들 이민자의 자녀들로 가득하다. 그 수는 미국 대학생의 50%에 육박한다. 1970년대 후반과 비교해 볼 때, 이러한 아시아 이민자들과 그들의 2세대는 미국에서 어느 정도 차별을 경험하고 있긴 하지만, 그럼에도 미국에서 자신들의 존재를 확고히 해 왔다.

나는 매우 다양한 곳에서 많은 글을 발표하도록 초대받았는데, 이것은 사람들이 아시아에 대한 새로운 관점과 아시아인에 대해 관심을 갖기 시작했기에 가능했다. 나를 초대한 곳을 꼽아 보면 매우 많다. 예를 들면, 미국정신분석학회, 국제정신분석협회, 미국정신분석학술회, 미국심리학회의 39분과(정신분석), 다수의 정신분석연구소, 미국철학회의 연차대회, 하와이의 동서양센터와 아델피 대학에서의 자아에 관한 교류학문적 회의 등이 포함된다. 나아가 뉴욕에 있는 아시아협회, 일본협회, 아시아학문연구소를 비롯하여, 러트거스 대학의 역사학회 및 다양한 학회, 남아시아와 동아시아에서 연중 열리는 국가적 · 지역적 회의, 그리고 이러한 지역 연구를 하는 대학 프로그램에도 참석했다. 또한 퀸즈 대학에 있는 록펠러 재단 아시아/미국센터의 콘퍼런스 및 불교와 정신분석 그리고 심리치료에 관한 콘퍼런스에도 참석했다. 나는 비교문화적 · 심리학적 이슈를 다루는 책들의 몇몇 장을 집필하기도 하였다. 1988년 이후 5년에 걸쳐 나는 계속적으로 저술을 하고 발표해 왔는데, 각각의 책들은 나의 이전 책과 관련이 있으면서도 새로운 주제를 포함하여 좀 더 발전된 면모를 갖추었다.

나는 내가 했던 맹세를 어겼다. 어느 날 잠에서 깼을 때, 나는 나의 의도와 상관없이 내가 이 책을 쓰고 있다는 사실을 깨달았다. 반복되는 부분을 편집하고, 각 장을 새로운 아이디어와 더 많은 임상사례로 다듬는 일 등 해야 할 일이 많이 남아 있었지만, 이 책의 전반적 구조와 내용은 이미 구성되어 있었던 것이다.

미국으로 돌아오는 길

나는 오랜 시간 인도인과 일본인의 심리학을 연구했으며, 서양화와 현대화가 그들의 심리학에 어떠한 영향을 미쳤는지 이해하는 정신분석적 상담 연구를 했다. 그렇게 시간을 보내고 뉴욕에 돌아온 후, 미국인의 삶과 문화, 나 자신, 정신분석에 대한 나의 수많은 기본 가정을 재점검하기 시작했다. 사실 나는 매우 다른 문화권에 들어가서 그 지역 문화를 연구한 수많은 인류학자들이 했던 작업을 하고 있었던 것이다. 서양에서는 서양 문화를 재검토하는 움직임이 있었는데, 나 같은 경우에는 서양의 심리학, 심리학적 이론, 정신분석을 비교문명적 관점에서 재검토하고 있었다. 이러한 작업은 공교롭게도 페미니즘(feminism), 마르크시즘(marxism), 사회구조주의(social constructionism), 해석학(hermeneutics), 포스트모더니즘(post modernism)에 관여한 사람들이 서양의 문화적 유산을 정밀하게 분석했던 시기와 맞물린다.

나는 현대 서양의 개인주의 문화 및 그 개인주의가 어떻게 심리학, 특히 정신분석 이론에 영향을 미쳤는지를 이해하는 데 특별한 관심을 가져 왔다. 프랑스 인류학자인 Louis Dumont(1986)의 글은 그러한 주제를 적절하게 잘 다루었다. 그의 글은 인도 문화를 이해하는 것에서 시작하여 미국의 개인주의 문화의 근간을 깊이 있게 다루었다. 나는 인도인과 일본인의 심리학을 그들의 문화적 틀과 역사 안에서 이해하고자 했고, 동시에 미국 사람들에 대해서도 같은 작업을 하고자 했다. 그런데 개인의 문화적 유산이 뼛속 깊이 그 자신의 자아의 일부분과 밀접히 관련되어 있을 때 그 작업은 쉽지 않다. 하지만 비교학적 관점에서 이런 작업을 시도해 볼 수 있다고 확신한다. 페미니스트는 성이라는 관점에서, 마르크스주의자는 신분의 차이라는 관점에서, 문화인류학자와 일부 정신분석가는 비교문명적 관점에서 이런 작업을 시도해 볼 수 있다.

뉴욕에서 인도인과 일본인을 대상으로 정신분석 및 정신분석적 상담을 하고 그들이 다른 미국인들과 어떻게 대인관계를 맺는지 관찰하면서, 나는 문화와 심리학의 만남에 더욱 깊은 관심을 갖게 되었다. 문화라는 맥락으로부터 개인들 사이의 일상적 차이점을 떼어 놓고 보니, 대인관계에서의 상호작용에는 분명한 패턴이 있으며, 거기에는 때로는 별것 아닐 수 있지만 때로는 심오한 차이가 내포되어 있음을 알게 되었다. 그러한 차이점이 문화 가치와 사회 양식이 상반되지 않을 때는 관련된 구성원들의 심리학적 구성에 통합되어 있다는 것도 알게 되었다. 이러한 문화 · 심리학적 만남은 분명히 미국으로 이민 온 사람들이라면 누구나 여러 세대에 걸쳐 직면하는 문제다. 특히 아시아인의 경우 모국의 문화와 미국의 개인주의 문화 사이의 문화적 차이가 극명하기 때문에 더욱 피할 수 없는 문제가 된다.

책 소개

이 책은 문화와 상담에 관한 이야기다. 이 책은 한국, 중국, 인도, 일본과 같은 아시아 사회의 사람들뿐 아니라 북미인과도 관련이 깊다. 정신분석적 심리치료에서는 문화와 사회역사적 변화라는 부분을 간과하기 쉬운데, 그렇다고 해서 이것이 심리치료가 문화와 관련 없이 이루어져 왔다는 말은 아니다. 다만 이제까지는 문화가 정신분석의 이론 및 실제에 어떻게 영향을 미치는가보다, 정신분석이 문화의 여러 영역을 어떤 식으로 조명하느냐에 대한 일방적 이해가 주를 이루었다는 말이다. 문화와 사회 · 역사적 변화라는 차원의 논의는 정신분석가, 심리학자 및 그 밖의 정신건강 관련 분야의 종사자들이 아시아인을 대상으로 일하면서 그들에게 어떤 문제가 있는지를 이해하도록 하는 데 도움이 된다. 또한 이러한 논의는 자신과 같은 문화를 공유하는 내담자를 상담하는 데 있어서도 생각보다 훨씬 중요한 부분이 된다. 문화와 심리치료의 관계성은 학계에서도 중요한 이슈일 뿐만 아니라, 아시아인의 심리에 대해 이해하고자 하는 독자 및 아시아인의 심리가 북미인의 심리와는 어떤 차이가 있는지 알고자 하는 독자에게 흥미로운 주제다.

1장 '정신분석적 자기는 얼마나 보편적인가' 는 내가 고국에 돌아가면서 깨달았던 점을 바탕으로 쓰였다. 여기서는 정신분석이 현대 서양 문명의 중심인 개인주의 문화 속에서 어떤 식으로 자리 잡고 있는가를 가장 집중적으로 다룬다. 정신분석은 개인주의의 산물이다. 또한 정신분석은 Freud를 비롯한 정신분석가들이 개인주의 문화와 창조적으로 대화하고 논의한 산물이기도 하다. 그들은 개인주의의 특정 요소를 논평하고 분석하면서, 개인주의 문화 속에서 개인이 더 잘 지낼 수 있도록 돕는 심리적 과정과 심리치료 방식을 체계화했다. 그 과정에서 상당한 개인주의의 가정과 사고방식을 비판 없이 수용하였다. 이러한 맥락을 고려할 때, 정신분석의 탄생과 발전은 문화 · 역사적 관점에서 더 잘 이해할 수 있다.

또 다른 이슈로, 아시아인을 이해함에 있어서 서양의 개인주의에 기반을 둔 정신분석 같은 심리학을 활용하는 것의 문제점을 다룬다. 나는 정신분석을 아시아인에게 적용하는 데 있어서의 문제점을 정신분석의 기반이 되는 진화론, 보편주의, 상대주의라는 세 가지 주요 패러다임을 통해 비평한다. 우선 각 패러다임의 주요 논점을 설명하고, 그 장점과 단점을 기술한 후, 정신분석적 보편주의와 인류학적 상대주의 사이의 복잡한 이슈들을 해결하기 위한 방식을 제안한다.

이 책의 다음 부분은 북미인과 아시아인의 접점(interface)에 초점을 둔다. 이 주제에 대한 깊이 있는 탐색은 내가 미국으로 돌아오는 여행의 일부가 되었다. 2장 '이중문화 사이에서 줄타기: 재미 인도인' 에서는 인도계 미국인(Indian-Americans)이 다른 미국인을 접하면서 그들 사이의 문화적 · 심리적 차이 때문에 경험하게 된 상당한 오해와 부조화의 문제를 기술한다. 특히 인도인이 미국적 개인주의를 접하면서 인도의 서열관계의 심리사회적 영역에서 발생하게 되는 문제를 집중적으로 다룬다. 이러한 심리사회적 영역에 대한 기술은 이어지는 장들에서 다루는 아시아인과의 정신분석적 심리치료에서 임상적 차원의 논의에 대한 준비 작업이 된다. 이 장에서는 또한 인도계 이민자와 그 2세대 모두가 겪게 되는 이중문화적 자기(bicultural self)를 형성하는 데 있어서의 어려움을 기술한다. 임상적 예화, 때로는 사회적 예화를 통해 두 문화의 만남에서 생기는 문제를 보여 준다.

'일본과 미국의 접점' 을 다루는 3장에서는 앞 장의 설명 형식을 유지하면서, 일본에서는 서열적 관계 질서와 관련된 세 가지 심리사회적 차원의 문제가 인도와는 어떤 다른 방식으로 나타나는지를 기술한다. 일본의 심리사회적 차원은 미국적 개인주의와 또 다른 방식으로 관계를 맺는다. 미국 내 일본 기업, 예술적 창의성, 최근에 이민한 일본계 미국인(미국인과 결혼생활을 하면서 자녀를 키우는 경우)이라는 세 가지 주제와 관련하여 두 문화의 만남을 집중적으로 다룬다.

4장 '문화적 장애물과 불가해한 혼란 상태'는 중국계 미국인이

자 언어인류학자인 Linda Wai Ling Young 교수가 집필하였다. 그녀의 글은 다음과 같은 이유로 중요하다. 중국인과 북미인 사이에는 언어, 문화, 철학에 있어서 분명한 차이가 있는데, 그로 인해 중국인과 북미인은 모두 영어를 사용할 때 상당한 오해와 와전을 초래할 수 있다. 그러한 차이에 대한 그녀의 통찰은 아시아 문화와 북미의 접점을 이해하는 데 매우 중요한 역할을 한다. Young 교수의 글은 부록에 실린 May Tung 박사와 Walter Slote 박사의 글과 더불어 이 책의 범위를 인도인과 일본인을 넘어 중국과 한국 배경의 사람들까지 포함할 수 있게 해 준다. 마지막으로, 그녀의 글은 언어적 차원을 다룬다. 언어적 차원은 문화와 철학 속에 깊숙이 자리한 영역으로, 아시아인과 북미인을 이해하는 데 필수적 역할을 한다.

문화가 정신분석 및 아시아인과 북미인 사이의 소통에 얼마나 중요한 역할을 하는지 설명한 후, 아시아인뿐만 아니라 북미인과 정신분석적 상담을 하는 데 있어 문화가 얼마나 다양한 방법으로 개입되는지에 대해서 '상담 장면에서의 이슈' 부분에서 기술한다. 문화의 영향력은 Freud의 정신분석 이론에서도 대부분 간과되고 북미의 다른 심리학적 이론에서도 쉽게 간과되었지만, 문화는 사람의 심리를 이해하는 데 가장 중요한 요소다. 따라서 나는 문화의 중요성을 사례 제시와 함께 여러 가지 방식으로 상담자들에게 알리고자 한다. 임상 사례를 다룬 장들의 주안점은 문화가 어떤 식으로 아시아인과 북미인을 대상으로 한 정신분석적 상담의 공간에 개입되느냐를 검토하는 것이다.

임상 사례를 수로 다루는 첫 번째 장인 5장 '미국 분석가와 아시아 내담자 사이의 가치 문제' 에서는 우선 유럽적 근간을 가진 미국 정신분석가가 다른 문화권에서 온 사람을 상담할 때 갖게 되는 문제에 집중한다. 상담자가 완전히 다른 정상성/정신병리(normality/psychopathology)의 기준을 접할 때, 정신분석적 상담의 통상적 모호함이 상담 전반을 지배할 수 있다. 미국 상담자들이 자신의 가치관이 개인주의 문화에 근간한 것임을 잘 인지하게 되면, 권위에 대한 상당한 의존성과 존경, 영적 또는 개인적 운명에 대한 신념, 존중감의 다른 근원, 매우 다른 의사소통 방식 등을 강조하는 타 문화에 대해 훨씬 더 개방적이 될 수 있다. 즉, 문화적으로 깨어 있는 미국 분석가는 아시아인들이 미국적 삶의 방식을 접하면서 겪게 되는 그들만의 갈등과 어려움을 잘 공감할 수 있는 것이다.

인도와 일본에서 정신분석에 관한 연구를 하고 돌아온 이후, 나는 그 경험이 나의 정신분석 작업에 어떤 영향을 미치는지에 대한 질문을 자주 받는다. 이에 대한 대답을 하자면, 이러한 연구 덕분에 문화와 사회 · 역사적 변화가 각 내담자의 심리학적 구성에 어떻게 영향을 미치게 되는지, 그리고 그러한 영향이 정신분석적 상담자–내담자 관계에서 어떤 식으로 나타나는지에 대해 훨씬 더 잘 이해하게 되었다. 내담자가 상담자와 같은 문화적 배경을 가질 때는 그러한 현상이 주로 미묘하게 나타나지만, 때로는 그러한 관계에서도 나의 경험이 분석에 있어 핵심적 역할을 하기도 한다.

6장 '문화적 자기, 개인적 자기 그리고 심리적 갈등'에서는 제목이 언급하는 내용을 다룬다. 나는 문화적 자기(cultural self)를 우리의 일상적 자기(everyday self)의 핵심에 자리하고 있으나 개인이 자신의 문화와 완전히 다른 문화에서 살아 보지 않으면 인식하기 힘든 부분으로 본다. 정신분석적 심리치료에서는 갈등이 문화적 요소 때문인지 단지 특이한 가족적 요소 때문인지를 구별할 수 있어야 한다. 물론 두 요소 모두 상담자-내담자 전이(transference)에서 드러날 수 있다. 이민 2세대가 어린 시절에는 모국의 문화권에서 비롯된 부모의 가치를 내면화하고 성장과정에서는 미국의 개인주의적 가치를 서서히 받아들이게 될 때, 문화적 요소는 자기의 민족적 층을 구성하는 데에도 개입한다. 물론 이러한 현상은 종종 심리적 갈등이라는 결과를 낳는다. 갈등은 자기 안에서 생겨나는데, 자기 안에 내면화된 가치와 매우 다른 문화적 배경을 가진 부모의 태도가 자기 안에서 부딪치게 될 때도 발생할 수 있다. 사회역사적 외상(trauma)은 지역적 자기(regional self)라는 개념과 마찬가지로 미국의 여러 지역에서 발생한 문화적 요소가 개인의 심리학적 구성과 심리 갈등에 영향을 미치는 것으로 설명된다. 이 모든 설명은 임상 사례를 통해 보충된다.

7장 '문화가 자기 및 자기대상 관계에 미치는 영향: 아시아와 북미의 비교' 에서는 지난 25여 년에 걸친 프로이트학파 정신분석의 주요 산물인 자기심리학(self psychology)과 문화 간의 분명한 연관성을 다룬다. 이를 위해 우선 자기심리학의 발달을 북미의 개인주의 문화 내에 자리 매김한다. 두 번째로, 자기심리학이 자기대상 관계(selfobject relationship)와 우리 자존감(we-self esteem)이라는 부분을 문화적으로 강조하는 아시아인의 심리학적 구성 및 대인관계에 구체적으로 어떻게 관련되는지를 기술한다. 이어서 아시아의 서열관계에 나타나는 정상적 이상화(idealization) 방식 및 공감적 조율(empathic attun ement)의 다양한 방법과 내용을 설명한다. 그리고 아시아인의 우리 자존감에 많은 영향을 미치는 가족이나 집단의 명예가 북미인에게서는 어떤 식으로 자기대상 관계와 관련되는지를 설명한다.

다음으로, 비교문명적 관점에서 자기심리학에 현존하는 이론적 문제점을 다룬다. 이러한 문제점의 예로, 아시아인의 자기대상 관계에서는 더 큰 상호 의존성을 기정 사실화하는데 이에 대한 이론적인 설명을 공식화할 필요성이 있다. 또한 자아심리학자들(ego psychologists)은 어린 시절에 나타나는 분리-개별화 과정(separation individuation process)을 자기심리학의 관점과는 반대로 특정 문화의 영향을 받은 자기대상 관계에 기반을 둔 것으로 보는데, 이에 대해서도 더 설명할 필요가 있다. 이러한 이론적 문제점을 다룬 후에는 자기대상 관계와 우리 자존감으로 인해 생기는 아시아인의 문제들을 다룬다.

8장 '재미 인도인과 재미 일본인에 대한 정신분석' 에서는 상담적 정신분석의 세 가지 주요 문제인 정신분석적 상담관계(psycho-analytic relationship), 저항(resistances), 전이를 다룬다. 아시아인이 서열관계의 세 가지 심리사회적 차원에 영향을 받아 어떻게 상담관계를 이루게 되는지를 다룬 2장 및 3장과 비교하여, 북미인이 개인주의 문화의 영향으로 정신분석적 상담관계를 어떻게 구조화하게 되는지를 상세히 기술한다. 그런 다음 저항이 내담자의 개인적인 문제일 수 있지만 동시에 관계하고 소통하는 문화적 가치와 양식의 영향을 받는다는 것에 대해 다룬다. 몇몇 정신분석가는 상담에서 일단 전이가 일어나면 문화라는 측면이 정신분석에서 하는 역할은 없다고 주장한다. 나는 이런 관점에 대해 이의를 제기한다. 나는 나의 상담 경험상 인도인 내담자와 일본인 내담자 모두와의 분석에서 강한 전이가 일어났을 때 문화가 어떻게 중심적 역할을 했는지를 인용하면서 논지를 전개한다. 그리고 정신분석적 심리치료를 했던 인도계 이민자 두 명의 사례를 소개하면서 미국에서 그들이 어떤 문제를 겪었는지, 그리고 그것이 인도 문화와 어떤 갈등관계에 있었는지를 설명한다.

마지막 세 장에서는 북미인과 비교했을 때 아시아인의 심리학적 구성이 어떻게 다른지에 더욱 집중한다. 9장 '성, 인도의 대가족 그리고 힌두 문화' 에서는 우선 인도와 서양의 오이디푸스 상황을 비교하고 문화가 여성의 성생활에 미치는 영향을 살펴본다. 그리고 추동 이론(drive theory) 및 성격 형성(character-formation)과 관련된 주요 정신분석적 이론의 문제를 다룬다. 동시에 추동 이론이 문화가 초자아(superego)와 자아 이상(ego ideal) 및 초기 대상관계에 미친 영향을 간과했다는 점을 바탕으로, 추동 이론을 기반으로 성격 형성을 설명하면 커다란 오류를 범할 수 있음을 제기한다. 이 장은 성(sexuality)과 영성이 인도인에게서 어떤 식으로 관계되는지를 논의하면서 마무리한다.

10장 '정신분석 및 정신분석적 치료에서의 영적 세계와 역술 세계' 는 아마도 이 책에서 가장 논란이 되는 부분일 것이다. 정신분석가는 종교와 영성을 평가절하하고 개인의 운명이 역술적 차원에서 논의되는 것을 미신으로 여긴 계몽주의의 영향을 많이 받았다. 따라서 아시아 문화권에서 온 대부분의 내담자나 때로는 일부 서양 내담자의 심리적 기능에 이런 영적인 영역이 중요하게 자리하고 있을 때 정신분석가들은 보통 내담자와 공감하는 것을 어려워한다. 나는 저명한 분석가들 및 소수이지만 논리정연하면서도 불교적 명상을 옹호하는 상담자들 사이에 통용되는 계몽주의적 법칙의 예외를 소개한다.

나는 영적 세계와 심리적 문제가 다른 연속선상에 있으면서 동시에 다양한 방식으로 상호 교류한다고 본다. 따라서 여기서는 종교 성향이 짙으면서도 정신분석이나 심리치료를 통해 복잡한 정서적 문제를 해결하고자 하는 아시아 내담자와 북미 내담자 모두의 내면에 영성과 심리적 문제가 얼마나 다양한 방식으로 관련을 갖는지를 다룬다. 동시에 명상을 삶의 일부로 여기는 정신분석가의 견해를 소개한다. 아울러 북미인들이 인도인들보다 영적 생활의 필요성을 주장하는 데 훨씬 개방적일 수 있다는 것을 심오한 문화적·심리적 차이의 관점에서 논의한다. 심리치료자가 점성술, 수상술(palmistry), 심령술(psychics), 영적 세계 등에서 말하는 역술 세계와 관련된 개인적 운명의 영역을 무시한다면, 모든 힌두계 내담자의 정신세계와 관련된 매우 중요한 부분을 놓치는 것이 된다.

이 책에 소개되는 인도인에 대한 이해 중 상당 부분은 미국 인도학연구소인 AIIS(American Institute for Indian Studies)의 보조로 이루어졌으며, 내가 뉴욕에서 만난 인도계 내담자와의 정신분석 경험도 중요한 역할을 했다. 특히 마지막 장인 11장 '인도의 조직관계에서 심리학적 세계 및 심리사회적 세계'는 1991년 AIIS 하계 연구비의 지원으로 이루어졌다. 나는 인도 뭄바이에서 전에 만났던 내담자들과 상담자들의 최근 소식을 듣고 싶었는데, 요행히도 이론과 실습의 모든 분야에서 인도의 경영 이론 및 대인관계에 대해 배우게 되었다. 이 책 전에 나왔던 나의 책이 인도, 일본, 미국의 다양한 심리학자에게 소개되면서, Gupta(1991)와 같은 몇몇 경영 이론가는 잘 맞지 않는 미국과 일본의 경영 이론을 통상적으로 차용하던 관행에서 벗어나 자신의 문화에 맞는 심리학에 기반을 둔 인도적 경영 이론을 고안하고 있다.

나는 전과는 다른 방식으로 인도 기업을 접하게 되었다. 문제점이 있는 네 가지 관계적 사례를 예로 들면서, 인도 조직 내 대인관계에서 나타나는 심리적 문제를 기술한다. 처음 두 사례는 인도의 특징적인 서열적 대인관계를 소개하는데, 개인의 자질과 공적 관계라는 측면에서 각각 다룬다. 특히 서양 문화의 영향으로 이런 부분을 간과하게 될 경우 얼마나 큰 문제에 봉착할 수 있는지를 보여 준다. 두 번째와 세 번째 사례에서는 형제들 사이의 질투가 조직 내에 파괴적 결과를 가져오는 데 중요한 역할을 한다는 것을 보여 주는데, 그러한 질투는 어머니와의 관계만큼 또는 그 이상으로 아버지의 편애에서 시작됨을 보여 준다. 정신분석적인 조언을 해 주는 컨설턴트 덕분에 매우 성공한 중소기업을 다룬 네 번째 사례에서는 복잡한 부자관계에서 흔히 나타나는 상사와 두 부하 간부 간의 관계적 문제를 보여 준다. 이를 통해 정신분석 관련 문헌에서 인도와 일본에 대해 설명할 때 언급되는 의존관계와 모자관계의 끈을 강조한다. 동시에 인도 회사에서 내가 경험한 상담 내용을 바탕으로 남자들의 사내 관계에서 핵심적 역할을 하는 형제관계와 부자관계에서 더 정교화된 정신분석적 기술이 필요함을 강조한다.

이 책은 중국인과 한국인을 대상으로 한 상담을 다룬 두 부록으로 마무리된다. 부록 1 '통찰 지향적 심리치료와 중국인 내담자'는 정신분석적으로 일하는 심리학자로, 북경 출신이면서 미국에서 수년 동안 수련을 받고 상담을 한 May Tung 박사가 집필했다. 그녀는 중국적 자기개념을 북미적 자기개념과 비교한 후, 이민 2세와 3세를 포함한 중국계 이민자 이민자들에 대한 사례 자료를 인용한다. 이러한 자료를 바탕으로 Tung 박사는 통찰이 어떻게 사용되며, 중국계 미국인과 작업할 때 전이의 성격 및 상담자의 역할이 다른 유럽계 미국인과 작업할 때의 경우와 어떻게 다른지를 논의한다. 또한 Tung 박사는 중국계 미국인이 상반되는 두 가지 문화적 · 심리적 영역을 경험하기 때문에 겪게 되는 이중문화적 이슈를 심도 있게 다룬다.

부록 2 '외국 상담 장면에서 만난 한국인' 은 한국인과 일해 왔고 한국인과 결혼한 정신분석가이자 정신분석적 인류학자인 Walter Slote 박사가 집필했다. Slote 박사는 한국 가정, 특히 이민 2세대가 미국의 개인주의 문화로 인해 겪는 갈등과 부조화를 기술한다. Slote 박사는 특히 유교적 가족 중심의 가치관과 미국의 가치관 사이에서 발생하는 갈등 및 그러한 문화의 양면을 융화해 가려는 과정에서 한국인들이 겪는 어려움을 강조한다.

감사의 글

무엇보다 먼저 나는 미국 인도학연구소인 AIIS에서 연구비를 지원해 준 데 대해 감사하고 싶다. 그 연구비 덕분에 나는 인도에 가서 대규모의 임상적 정신분석 연구를 할 수 있었으며, 거기서 했던 연구가 이 책에서 인도인을 다룬 부분의 초석이 되었다.

1장 '정신분석적 자기는 얼마나 보편적인가' 는 「정신분석적 보편주의: 인도, 일본, 미국에서의 자기」라는 논문을 바탕으로 쓰였다. 이 논문은 1991년 12월 미국철학회(American Philosophical Association)의 연차대회에서 처음 발표되었고, 1994년 10월 미국정신분석심리학회(National Psychological Association for Psychoanalysis)의 모임에서도 발표되었다. '정신분석적 자기는 얼마나 보편적인가' 로 제목을 바꾼 이 논문은 『문화와 자기: 동양과 서양의 철학적, 종교적 관점(*Culture and Self: Philosophical and Religious Perspectives, East and West*)』이라는 책에도 나온다. 이 책은 1996년 Westview에서 D. Allen과 A. Malhotra가 편집한 책이다. 1장의 전반과 관련된 또 다른 논문인 「정신분석적 자기와 서양의 개인주의」는 1994년 4월 '고통하는 자기: 정신분석가와 불교인 사이의 담화' 라는 컨퍼런스에서 발표되었다. 이와 관련된 또 다른 논문 「정체성, 자기 그리고 개인주의」는 National Multicutural Institute Publications의 E. P. Salett과 D. R. Koslow가 편집한 『인종, 민족성 그리고 자기(*Race, Ethnicity, and Self*)』(1994, pp. 11-23)라는 책에 실려 있다. 같은 제목으로 쓰인 1장의 초기 판은 퀸즈 대학 아시아-북미센터(Asian-American Center)의 Rockefeller Fellow 모임에서 발표되었으며, Jason Aronson 출판사의 R. Perez-Foster, M. Moskowit와 R. A. Javier가 편집한 『정신분석의 임상적 활용을 확장하며: 다문화적 관점을 향하여(*Broadening the Clinical Use of Psycho analysis: Toward a Multicultural Perspective*)』(1996)에도 실려 있다. Douglas Allen과 Rosemarie Perez-Foster가 이 장에 대해 달아 준 논평도 도움이 되었다.

2장 '이중문화 사이에서 줄타기: 재미 인도인' 은 「재미 인도인: 적응과 이중문화적 자기」라는 논문에서 발전한 것이다. 이것은 1991년 2월 펜실베이니아 대학의 남아시아 연구 프로그램에서 '남아시아 디아스포라' 라는 제목으로 1년간 시리즈로 발표된 것의 일부다. 또한 그 논문의 일부는 New York City Financial World에서 남아시아인을 대상으로 발표된 「이중문화 사이에서 줄타기: 기업계 속의 인도인」에서 발전된 내용을 담고 있다. 이 장을 축약한 내용은 1995년 11월에 열린 '두 세계 사이의 균형 잡기: 재미 인도인' 이라는 콘퍼런스의 기조연설로 쓰였다. 1996년에는 같은 제목의 책이 출간되었다. 2장에서 다룬 여러 주제 및 내용은 1991년 아시아학회(Asia Society)에서 발표되었고, 1994년 10월 아시아학문연구소(Institute for Asian Studies)에서도 발표되었다.

3장 '일본과 미국의 접점' 은 1990년 10월 일본학회(Japan Society)에서 발표된 「일본적 자기와 미국적 자기: 강조점과 대조」, 1994년 3월 아시아학문연구소의 「재미 아시아인: 이중문화 사이에서 줄타기」, 1993년 10월과 11월 교육연합(Educational Alliance)의 「다문화적 환경에서의 자녀 양육」 파트 I & II, 그리고 그 후 1994년 2월과 3월 *ShiSo-e*의 8권 5호, 9권 6호에 일본어와 영어로 발표된 논문을 바탕으로 한다. 「기업, 예술, 결혼에서의 일본과 미국의 접점」은 1995년 4월 Japan-United States Foundation에서 발표되었다.

5장 '미국 분석가와 아시아 내담자 사이의 가치 문제' 는 1993년 12월 미국정신분석학회(American Academy of Psychoanalysis)의 연차 모임에서 그 이전 판으로 발표되었고, 1995년에는 *Journal of the American Academy of Psychoanalysis*(23호, pp. 283-292)에 출판되었다.

6장 '문화적 자기, 개인적 자기 그리고 심리적 갈등' 은 1989년 몬트리올에서 열린 콘퍼런스에 '문화와 정신건강' 이라는 제목으로 소개되었고, 1991년 12월 미국정신분석학회의 춘계 모임에서도 소개되었다. 이 장의 이전 판은 1990년 *Sante Culture Health*(VII, pp. 185-196)에 실렸다.

7장 '문화가 자기 및 자기대상 관계에 미치는 영향: 아시아와 북미의 비교'는 초기 판으로 1991년 4월 자기심리학의 교육과 연구를 위한 정신분석연구소의 학술 모임에서 소개되었다. 나는 Esther Menaker와 Peter Zimmerman이 이 장에 대해 달아 준 논평에 감사한다. 1996년 7월에는 수정을 했으나 그래도 *Psychoanalytic Dialogues* 6권에는 이전 판의 형태로 7장의 내용이 출판되었다. 거기에는 Philip Cushman의 논평과 그에 대한 나의 대답도 실려 있다.

8장 '재미 인도인과 재미 일본인에 대한 정신분석'에서 다룬 내용은 「인도와 일본에서의 정신분석: 비교 정신분석을 향하여」라는 논문으로 1988년 8월 Austen Riggs Center에서 소개되었고, 1988년 11월에는 William Alanson White Institute, 1989년 4월에는 미국심리학회(American Psychological Association) 39분과(정신분석)의 연차대회, 1989년 겨울에는 미국정신분석학회 동계 모임, 그리고 1990년 1월에는 Karen Horney Institute에서 소개되었다. 이 논문은 1991년 *The American Journal of Psychoanalysis*(51, pp. 1-10)에 게재되었다.

9장 '성, 인도의 대가족 그리고 힌두 문화'는 1989년 5월 샌프란시스코에서 열린 미국정신분석학회의 연차 모임에서 소개되었고, 초기 판의 형태로 1991년 *Journal of the American Academy of Psychoanalysis*(19, pp. 595-605)에 실렸다.

10장 '정신분석 및 정신분석적 치료에서의 영적 세계와 역술 세계'는 1991년 9월 뉴욕 주 우드스톡의 티베트 수도원(Tibetan Monastery)에서 '불교와 심리치료' 라는 주제로 열린 콘퍼런스에서 '정신분석적 치료에서 인도인 내담자가 보여 주는 영적 세계와 역술 세계' 라는 제목의 기조연설로 선보였다. 1992년 2월에는 '영성과 심리치료' 라는 주제로 열린 필라델피아의 콘퍼런스에서도 소개되었다. 그 초기 판은 1992년 *Journal of the Psychology of Religion*(1, pp. 91-102)의 창간호에 실렸다.

11장 '인도의 조직관계에서 심리학적 세계 및 심리사회적 세계' 는 1992년 11월 뉴욕 주립 아시아연구학회(New York State Association of Asian Studies), 1993년 3월 미국동부 아시아연구학회(MidAtlantic Association of Asian Studies)에서 소개되었다. 또한 1995년 3월 컬럼비아 대학의 남아시아 연구 부서에서 개최된 세미나에서도 발표되었다.

부록 1 '통찰 지향적 심리치료와 중국인 내담자' 는 May Tung 박사가 1991년 *American Journal of Orthopsychiatry*(61, pp. 186-194)에 발표했다. Walter Slote 박사가 집필한 부록 2 '외국 상담 장면에서 만난 한국인' 은 그 이전 판으로 1993년 한국 서울대학교의 해외한국인 연구학회에서 발간한 *Overseas Korean in the Global Context*(K. K. Lee와 W. H. Slote 편집)에 '해외에서 상담받는 한국인: 고국에 시사하는 바' 라는 제목의 장으로 출판되었다.

나는 B. K. Ramanujam 박사에게 깊이 감사한다. 그는 내가 인도인의 심리세계 및 관계의 미묘한 여러 부분을 이해하는 데 가이드가 되어 주었다. 나는 또한 May Tung 박사에게도 감사한다. 그녀는 재미 중국인을 상담하면서 내가 아시아인을 상담하며 가졌던 상담적 문제에 대해 적절히 논평해 주었다. 마지막으로, 정신분석 분야의 일반적인 책도 아닌 나의 책을 Routledge와 같은 훌륭한 출판사를 통해 출간하도록 허락해 준 Maureen MacGrogan 편집장 님께 감사한다.

후주

1. 1965년 미국 이민법이 있기 전에는 극소수의 아시아인만이 미국에 이민할 수 있었다. 1965년까지 아시아계 미국인은 기껏해야 100만 명이었다. 그들 중 절반 이상이 일본인이었고, 1/5 정도가 필리핀인이었다. 그들은 20세기의 첫 사분기에 하와이 및 서부에 농부로 이민 온 사람들이었다. 이민자들의 1/4 이상은 중국인으로, 19세기 중반에 노동자로 처음 오게 된 사람들이었다. 그보다 먼저 있었던 중국인 이민은 1882년 이민배제법(Exclusion Act)으로 인해 축소되었고, 그 후 중국인을 포함한 거의 모든 아시아인의 이민이 1924년 이민법(Immigration Act)으로 완전히 중단되었다. 게다가 처음부터 제2차 세계대전 이후까지 모든 아시아인이 아내를 데려오는 것을 규제했다(물론 1924년까지 일본인의 경우는 예외이긴 했다). 이러한 규제는 미국에서 이민사회가 성장하는 것을 심각하게 저해했다. 동시에 그 밖의 다른 규제들로 인해 중국인들은 도시의 빈민가에서 차이나타운을 형성하며 살게 되었다. 전문 분야 및 과학 분야에 종사하는 중국인들이 사회주의 사회로부터 가족 단위로 망명하여 미국에 이민할 수 있게 된 것은 제2차 세계대전 이후에나 가능했다(Ulba, 1994).

2. 이 책에서는 '미국인(American)'이라는 명칭을 구체적으로 미국(the United States) 출신의 사람들을 지칭하는 데 사용한다. 나는 중앙아메리카 사람들(Central Americans) 및 남아메리카 사람들(South Americans)도 같은 명칭으로 자신을 지칭할 때 사용하기도 한다는 사실을 알고 있다.

3. 덧붙여 우리는 카리브해 국가들뿐만 아니라 중남아메리카에도 그렇게 보였다.

차 례

Part 2 아시아와 북미의 접점

Part 3 상담 장면에서의 이슈

07 문화가 자기 및 자기대상 관계에 미치는 영향: 아시아와 북미의 비교 • 215

08 재미 인도인과 재미 일본인에 대한 정신분석 • 245

09 성, 인도의 대가족 그리고 힌두 문화 • 273

Part 1
비교 정신분석

다문화와 정신분석 **01**

정신분석적 자기는 얼마나 보편적인가

자기에 대한 다양한 관점

다음의 짧은 예화는 정신분석에서 말하는 자기(self)의 특성과 심리적 기능에 대한 일반적 가정이 우리가 인식하는 것보다 훨씬 더 서양적 문화의 의미를 내포하고 있다는 사실을 보여 준다. 한 일본인 상담자는 뉴욕의 미국정신분석심리학회에서 자신이 전문가 양성 프로그램 초기에 겪었던 일화를 소개했다. 그는 정신분석 기법에 대한 수업에서 20대 초반의 젊은 일본 여성 내담자와 가졌던 상담의 첫 회기를 발표했다. 그는 그 젊은 여성 내담자가 미국인 남자친구와의 문제를 얘기하면서 다소 머뭇거리고 조심스러웠다고 전했다. 당시 상담자로서 그는 전반적으로 말없이 공감했고, 질문이나 해석은 거의 하지 않았다. 그 회기가 끝날 때쯤, 그는 내담자에게 다음과 같이 말했다. "이제 우리는 함께 상담을 하게 되었습니다. 다음 회기에 계속하도록 하죠."

숙련된 분석가였던 그 수업의 교수는 그가 마지막으로 한 말에 대해 놀라는 기색이 역력했다. 교수는 "어떻게 당신은 회기 내내 둘 사이에 말을 거의 하지 않고서 '이제 우리는 함께 상담을 하게 되었습니다.' 라고 말할 수가 있습니까?" 라고 물었다. 이 질문에 당시 수련생이었던 일본인 상담자는 일본인으로서의 자신이 이해받지 못하고 있는 것 같아 무척 기분이 상했다고 한다.

교수와 이 일본인 상담자는 자기와 심리적 기능에 대해 어떤 다른 가정을 하고 있기에 이러한 난관에 봉착하게 되었을까? 우리 대다수가 그러하듯, 그 교수는 정신분석적 상담에서는 두 명의 독립된 개인이 함께 얘기를 하는데, 그중 한 명은 자유연상을 하고, 나머지 한 명은 서서히 그 얘기가 흐르는 맥락을 밝히는 역할을 한다고 가정했다. 나아가 그러한 상호작용을 하는 각 개인은 '나-자기(I-self)'와 자기결정성(self-directedness)을 가지며, 서로 간에 어느 정도 확고한 자아 경계를 가지고 '나(I)' 와 '너(you)' 라는 계약적 관계에서 내담자의 상담료를 상담자의 시간 및 전문성과 교환하게 된다고 가정했다. 상담자는 분명 전문적 지식을 더 많이 가지고 있고, 따라서 더 높은 지위를 갖는다. 하지만 미국적 평등주의를 바탕으로 내담자와 상담자가 본질적으로는 동등한 입장에 있는 것으로 보는 것이다. 이 모든 요소가 미국적 개인주의에서 중심이 되는 가정들이다.

반면, 일본인 상담자는 자신의 일본인 내담자를 상담하면서 그 교수가 생각하는 바와는 매우 다른 양상의 자기를 가정했다. 그러한 가정으로 인해 그의 의사소통 방식이나 관계 양상도 매우 다르게 나타났다. 그가 상담한 방법은 '우리-자기(we-self)' 에 근거한 것이었다. '우리-자기' 란 기본적으로 타인과의 관계 속에서 경험되는 자기다. 이것은 미국적 평등주의 관계와는 달리 하위자와 상위자가 '우리' 라는 관계를 맺는 일본식 서열관계 속에서 특히 잘 경험할 수 있는 자기다. 일본인에게는 '나다움(I-ness)' 또는 심지어 '내가 원하는(I want)', 또는 '내가 바라는(I wish)' 과 같은 개념은 거의 존재하지 않는데, 이것은 미국적 나-자기의 개념과 분명히 대조를 이루는 부분이다. 일본인은 타인이 무엇을 원하는지 알아차리기 위해 서로를 의지한다. 이러한 면에서 앞에서 말한 일본인 상담자는 일본식 서열관계에 대한 지식과 일본에서의 수년에 걸친 상담 경험을 바탕으로 어떤 식으로든 심리치료가 일어나기 위해서는 상위자인 상담자와 하위자인 내담자 사이에 '우리' 라는 친밀한 관계를 만들어 내야 한다는 것을 인식하고 있었다. 일본에서는 상위자가 하위자를 대할 때 정서적으로 품어 주고 책임지려는 자세로 대하는 것이 미덕이다. 이는 미국에서 보통 관계를 맺는 방식과 다른 방식이다.

이 일본인 상담자는 공적인 서열관계, 특히 사회적으로 규격화된 예의범절에 맞추어 공적 자기(오모테[omote]*)를 표현하는 것이 중요한 일본의 사회구조 속에서, 일본인은 온갖 종류의 감정, 환상, 사고를 담을 수 있는 매우 개인적이고 비밀스러운 사적 자기(우라[ura]**)를 갖는다는 것 또한 인식하고 있었다(Doi, 1986; Roland, 1988). 이러한 사적 자기는 공감을 통해 인식하되 침범해서는 안 되

---

* 역자 주: 사회의 예의범절에 맞추어 표현하는 자기를 이르는 일본어.

** 역자 주: 비밀스럽고 자신만 알고 있는 자기(secretive self)를 이르는 일본어.

는 자기의 영역이다. 상담에서 상당한 시간이 흐르면서 신뢰의 관계가 형성되고 상담관계가 서서히 외부 관계(소토[soto]*)에서 내부 관계(우치[uchi]**)로 발전한 후에야, 일본인은 비로소 자기 내면의 중요한 측면을 나누기 시작한다. 따라서 이 일본인 상담자는 내담자와 말없이 공감했던 것이다. 사실 이것은 일본에서 일상적으로 이루어지는 의사소통 방식으로, 내담자와 상담자 모두 여느 서열적 관계에서 그러하듯이 상대방이 자신이 느끼고 생각하는 것을 특별히 말로 표현하지 않아도 공감적으로 지각하고 있을 것이라고 기대하는 것이다(Roland, 1983). "정말 중요한 얘기는 말로 표현하지 않는다(Nothing important is ever to be communicated verbally)."라는 일본의 속담도 이러한 일본식 의사소통 방식을 설명한다.

일본인과 미국인 사이에 이러한 분명한 차이가 있는 것이 사실이지만, 앞서 언급한 일본인 상담자는 실습과정에서 정신분석의 토대를 이루는 저항 분석(resistance-analysis)과 전이 분석(transference-analysis)에 대해 배울 것이 무척 많은 상태였다. 물론 그는 이후에 그와 관련된 상담훈련을 받았다. 많은 상담훈련을 받은 후라도 일본인과 저항 분석을 할 때는 대부분의 미국 분석가가 기교 있게 한다고 하는 것보다 훨씬 더 부드럽게 해야 한다. 직면도 일본에서 보통 의사소통을 할 때 하는 것처럼 넌지시 암시적으로 해야 한다. 이것은 미국적 기준에서 지나친 완벽주의라고 볼 수 있는 일본인의 초자아와 자아 이상의 특성으로 인해 일본인은 어떠한 비난이나 실패

* 역자 주: 외부 관계를 이르는 일본어.

** 역자 주: 내부 관계를 이르는 일본어.

가능성에 대해 무척 예민하기 때문이다.

서구 개인주의 문화의 근간

이제 정신분석의 문화적 근간과 철학적 가정에 대해 생각해 보고 더 깊이 탐구해 볼 것이다. 앞서 제시한 짧은 예화가 매우 다른 심리학적 세계를 보여 주었고, 비슷한 다른 예화도 손쉽게 찾아볼 수 있을 것으로 기대된다면, 이제는 정신분석 이론을 서구 문화의 맥락에서 조명해 볼 차례다. 그것이 가능할 때 비로소 우리는 정신분석을 서구 문화와는 완전히 다른 문화에 어떻게 적용할 수 있을지 논의할 수 있을 것이며, 나아가 다른 문화적 · 사회적 · 역사적 맥락에 근간을 둔 비교 정신분석을 발전시킬 수 있을 것이다. 구체적으로, 정신분석의 이론과 실제가 개인주의를 중심으로 한 북유럽과 북미의 문화적 가치와 철학적 가정에 어떤 식으로 뿌리를 두고 있는지를 살필 것이다. 그리고 개인주의와 정신분석에 관련된 몇 가지 특징적인 이슈를 다룰 것이다.

현대 서구적 개인주의의 근간은 종교개혁이라는 종교적 영역에서 시작되었고, 이는 사회계약설과 관련된 철학자들과 계몽주의 철학자들의 영역으로 확장되었다. 그 후에는 낭만주의라는 문화적 영역까지 뻗어 나갔다. 종교개혁은 초기 기독교인의 내세적 개인주의를 현세적 개인주의로 바꾸어 놓았다. 현세적 개인주의는 개인이 신으로부터 본질적으로 분리되어 나왔으나 신과 다시 결합하려 한다고 보고, 그 구원의 문제가 중재자 없이 직접 신과 관계를 맺는 개인의 어깨에 달려 있다고 선을 그었다. 칼뱅주의적 관점에서 볼 때, 개인은 현세에서 자신의 성취를 통해 선택받고 그에 따라 구원받기 위해 예정된 정도를 가늠할 수 있다. 또한 개신교적 종파들은 개인의 양심에 따라 바른 도덕적 결정을 하는 것에 대한 책임을 지고, 그래서 자기결정적이고(self-directed), 자립적이며(self-reliant), 자족하고(self-sufficient), 독립적인(independent) 것 등과 관련된 개인주의적 가치를 강조해 왔다. 즉, 개인은 서열적이면서 집단적이고 우주적 질서에 근간을 두기보다는 자기 자신에 기초한다고 보았다(Dumont, 1986; Kirschner, 1992; Nelson, 1965).

그 후에 Hobbes, Locke, Rouseau와 같은 17, 18세기 철학자들은 각자 자신의 방식으로 사회계약설을 공식화했다. 사회계약설에서는 본질적으로 자기충족적이고(self-contained) 개별적인(atomistic) 개인이 상호작용을 통해 일종의 필수적인 권위가 존재하는 사회를 만들게 된다고 보았다. 당대의 법률가들은 자연법(Natural Law)을 재해석하면서, 신의 형상으로 만들어진 자족하는 개인에 의해 사회가 구성되었고, 개인은 이성(reason)의 저장소라고 보았다. 이러한 철학자들의 생각은 그 세력을 확장하게 되었다. Voltaire, Diderot, Descartes와 같은 계몽주의 철학자들은 현대 국가의 근간을 권리와 의무를 가진 동등한 개인의 연합으로 공식화함으로써, 사회적 · 정치적 영역에서 현대 서구적 개인주의의 문화적 토대를 다졌다(Durmont, 1986).

종교적 영역에서 시작된 개인주의는 사회적 · 정치적 영역으로 확장되었으며, 나아가 경제적 영역으로까지 뻗어 나갔다. Adam Smith와 David Ricardo는 이성적으로 규정된 경제가 비슷한 관심을 가진 독립된 자기충족적 개인에 의해 이루어진다고 가정하였다. 그리하여 개인을 내포하는 개념의 사회적 · 우주적 영역에서의 변화가 아닌 서로가 평등한 개별적인 개인에 대한 문화적 변동이 교육적 접근을 비롯하여 경제, 정치, 법률, 문화 등 모든 현대 서양 이론을 뒷받침하게 되었다(Allen, 1996; Dumont, 1986). 19세기 낭만주의 시대의 철학적 · 문학적 접근은 언어적으로 자기표현을 잘하면서 높은 수준의 개별화를 이룬, 타인과 친밀한 관계를 맺는 매우 개별화된 개인을 이상화하면서 개인주의를 더욱 발전시켰다.

이러한 일련의 역사 · 문화적 과정을 거치면서 개인은 신성하며, 자신만의 숭고한 가치를 지니며, 스스로의 권리와 책임을 가지며, 다른 어떤 누구와도 동등하다는 결론에 이르게 되었다. 사회는 본질적으로 개인들의 필요에 종속된다고 보는데, 그 사회 속의 개인은 정치 · 경제적 활동을 하면서 상호 간에 합의하고 계약관계를 맺으며 자신의 이익을 추구하려고 노력한다.

개인주의에서는 계몽주의적 측면에서 인과적 논리관계를 잘 탐구하는 분석-추론적 사고의 틀을 가진, 이성적으로 사고하는 인간을 가장 실질적이고 가치 있다고 본다. 합리성이 감수성보다 본질적으로 상위에 있는 것으로 여겨지는 것이다. 이러한 이성적이며 사고하는 정신은 각 개인에게 독립적으로 내재하며 타인과 분리되어 있다고 본다. 이것은 역사적 또는 문화적 상황에 의해 구성되는 것이 아니라 보편적 현상이다. 현실을 지각하는 서로 다른 모든 방법은 미신적인 것으로 평가절하되거나 종교, 마술, 관습과 같은 것으로 설명된다. 세계관과 우주관은 주로 비종교적이며 과학적인 관점을 띠게 되었고, 특히 과학적인 것이 궁극적인 가치를 갖게 되었다.

이성은 이원론(dualism)과 보편주의(universalism)라는 두 가지 주요한 문화적 형태로 표현되었다. 이원론적 사고는 종교개혁 이후 서양 문화에 깊이 뿌리내리면서 정신과 물질의 분리, 가치와 사실의 분리, 인문학과 자연과학의 분리를 가져왔다. 이원론은 계몽주의 시대에 특히 Decartes에 의해 더욱 발전하면서 몸과 마음의 분리, 주체와 대상의 분리, 이상주의와 물질주의의 분리를 비롯하여 모든 학문 분야가 서로 분리되는 결과를 가져왔다(Marriott, 1990). Descartes의 개체 이원론(Cartesian dualism)은 사회과학의 연구 및 서양의 사회와 개인을 연구하는 정신분석에 널리 퍼져 있다. 따라서 서양의 여러 성격심리 이론뿐만 아니라 모든 정신분석 모델에는 무엇이 개인 내면에 있는지와 무엇이 타인에게 있는지에 대한 구별이 분명하다.

보편적 특성에 주목하는 것은 일신론(monotheism)과 플라톤과 같은 그리스 철학자들에게서 시작되었다. 보편주의는 계몽주의 시대에 Diderot를 비롯한 백과전서파가 자연법을 만들면서 특히 강조되었고, 이는 심리학을 비롯해 자연과학과 사회과학에서의 보편주의 추구로 이어졌다. 보편주의는 서양 사고의 매우 기본적인 철학적 가정으로, 그것이 어떻게 문화적인 면과 접목되어 있는지를 깨닫기는 쉽지 않다. 예를 들어, 정신분석가는 언제나 그들이 만드는 어떤 새로운 공식도 보편적 타당성을 가질 것이라고 생각한다.

개인주의와 정신분석

개인주의가 종교적 영역에서 시작하여 사회, 정치, 경제, 나아가 철학 및 문학의 영역으로 확장되는 과정에서 볼 때, 정신분석은 개인주의가 심리학적 영역으로 확장된 것이라고 볼 수 있다. 정신분석은 현대 서구적 개인주의의 우수함에 상응하는 심리학적 이론이자 심리치료라고 볼 수 있다. 만약 각 개인이 사회에서 이전에 한 번도 시도해 보지 않은 방식으로 스스로를 의지하여 살도록 한다면, 정신분석은 그들 각자가 온갖 내적 갈등과 약점을 스스로 해결할 수 있도록 도와주게 되어 있다. 다른 어떤 심리학적 이론이나 심리치료보다, 정신분석은 개인의 심리세계를 심도 있게 탐구하고 개인 내면의 무의식을 파헤쳐서 개개인이 자신의 삶을 완전히 책임지도록 독려하게 되어 있다.

정신분석의 초창기부터 지금까지 정신분석가와 개인주의 문화 사이에는 지속적인 대화가 있어 왔다. Freud를 시작으로 정신분석가들은 개인주의의 핵심이 되는 몇몇 가치와 가정을 비판하였다. 하지만 동시에 그들은 정신분석 이론과 치료 모두에서 자신들이 비판하는 가치를 제외한 다른 개인주의 가치를 옹호하면서 개인주의 문화에서 잘 기능하는 데 필요한 심리과정을 기술하였다.

Freud는 무의식과 일차적 사고과정(primary process thinking) 개념을 체계화하면서, 인간이 본질적으로 이성적 존재라고 보는 계몽주의적 사고를 신랄하고도 성공적으로 비판하였다. 하지만 고전적 정신분석에서는 언제나 무의식적 갈등의 해결을 통해 이성의 영향력을 강화시키는 것을 강조해 왔다. "원초아가 있던 곳에 자아가 있을 것이다(Where id was, ego shall be)."라고 Freud는 말했다. 결국 Freud는 자신이 고안한 기준에 따라 삶을 이끌어 갈 수 있는 능력을 이성적 자율성으로 이상화한 Kant의 사상을 적용한 것이다(Kirschner,

1992, p. 180). 이성적인 이차적 사고과정(secondary process thinking)은 언제나 일차적 사고과정보다 우월한 것으로 평가되어 왔고, 일차적 사고과정은 어린아이와 같이 발달적으로 초기에 있는 사람에게 주로 나타나는 과정으로 경시되어 왔다. 현대에 와서야 Deri(1984), Noy(1969), Roland(1972), Rycroft(1968)와 같은 학자들의 노력에 의해 그러한 고전적 관점이 전환되었다.

또 다른 차원에서 개인 내부에 자리 잡은 양심이라는 보편적 원리가 종교개혁에서 강조되었고, 나아가 Kant와 같은 철학자들에 의해 보편적 도덕 법칙에 관여하는 절대적 규범의 개념에 포함되었다. Freud는 이러한 개념을 빌려서 개인의 내면에 깊이 자리 잡은 초자아가 원칙을 가지고 일관되게 기능하는 것으로 보았다. 성(gender)과 비교문화적 연구의 관점에서 이러한 양심의 보편성에 대해 문제를 제기한 것도 최근 몇 십 년간의 연구에서 비로소 시작되었다.

개인주의의 또 다른 철학적 가정에 내포된 개체 이원론에 따르면 감정과 이성적 정신은 개별적이다. 서양 철학에서는 오랫동안 감정을 육체적 감각(bodily sensations)에서 나온 것으로 보았다. 고전적 정신분석적 관점에서 정서(emotions)와 정동(affects)은 사회적 세계에 자리하며 문화적으로 심오한 의미를 갖는다기보다 성욕과 공격성에서 나온 추동의 파생물이라고 여기며, 따라서 이성적인 이차적 사고과정의 영향력 아래 두어야 한다고 본다.

개인주의 관점에서 보면, 고전적 Freud 추동과 구조 이론에서 말하듯이 인간은 자기충족적이다. 따라서 모든 동기는 개인의 심리 내적 추동과 구조 내에서 발생한다. 그렇기에 개인을 둘러싼 사회적 환경은 별로 주목받지 못한다. 다만, 사회적 환경이 만족 변인 혹은 좌절 변인으로, 초자아의 원천이자 특히 문화적 요소를 반영한 부모의 훈육과 관련된 자아 이상적 내용으로, 또는 개인이 사회적 세계에서 할 수 있는 것과 할 수 없는 것에 대한 현실 원리로 쓰이는 예외적 경우가 있다.

이것은 Freud가 단지 부모와의 관계에서 느끼는 성적 유혹의 이슈에서 심리내적 공상에 집중하는 쪽으로 선회했기에 나타난 문제가 아니다. 개인주의 관점에서 보면 문제는 훨씬 깊이 들어간다. 고전적 정신분석 이론에서는 부모와 형제자매의 정신역동이 내담자에게 끼칠 영향의 자리는 없다. 타 문화와 다른 가족구조는 말할 것도 없고, 심지어 가족 내에서 변하는 역동이 내담자에게 미치는 영향의 자리도 없다.

심지어 고전적 Freud 이론의 대들보와 같은 오이디푸스 콤플렉스(Oedipus complex)는 가족 구성원 개인이 자신의 캐릭터를 가지고 영향력을 미치는 등장인물의 이야기를 넘어서서 가족 내의 삼각관계에 대한 무대 설정이 주를 이룬다. 어머니와의 관계에서 형제들 간 라이벌 관계로 인한 삼각관계가 쟁점이 되는 경우도 있다. 그럼에도 오이디푸스 콤플렉스에서 실질적 성격 묘사가 있는 유일한 등장인물은 내담자 자신뿐이다. 고전적 Freud 이론에서는 자기충족적인 개인의 심리내적 공상이 주를 이룬다.

고전적 정신분석에서의 심리 분석과정도 마찬가지다. 자기충족적 인간이라는 개념과 자기와 대상 사이를 분명히 구별해 주는 개체 이원론이 지배적이어서, 분석가의 성격과 주관성이 내담자에게 주는 영향력은 거의 고려되지 않는다. 이러한 환경에서 분석가는 텅 빈 화면(blank screen)으로서 상대적 익명성을 유지하게 된다. 내담자는 서서히 그 텅 빈 화면에 무의식적으로 예전 이미지나 감정을 투사하고 대치하며, 분석가는 그에 대해 분석한다.

이 말은 기민한 고전적 정신분석가가 내담자와 상담을 해 가는 데 있어서 사회적 환경, 특히 내담자의 어린 시절 가족관계나 내담자 자신의 영향을 고려하지 않는다는 말이 아니다. 분석가는 이론적 설명을 하기보다는 사례 기술을 하면서 주로 사회적 영향을 고려하는데, 이는 정신분석적 문헌에 두 가지 내러티브가 있음을 보여 준다(Schafer, 1983). 자기충족적 인간의 이런저런 면을 기술하는 것은 바로 후자의 내러티브다. 반면에, 임상가는 전이로 재등장하면서 자기충족적 인간이라는 패러다임 뒤에 숨은 부모와 아이 사이의 미묘한 상호작용을 자세히 설명하는데, 이 부분은 주로 전자의 내러티브에서 드러난다.

고전적 Freud 이론에 적용되는 것이 Melanie Klein과 그 추종자들이 말하는 대상관계 이론(object relations theory)에도 동일하게 적용된다. Klein은 Freud와 비슷하게 개인주의를 비판하면서 개인주의의 또 다른 주요 개념인 자기충족적 인간이라는 개념을 비판한다. 고전적 이론과는 달리, Klein은 아동을 부모 및 초기 시절의 양육자들이라는 대상 세계와 더 근본적인 관련이 있다고 보면서 어느 정도 자기충족적 인간이라는 개념을 비판했다. 그녀는 투사적 동일시(projective identification)라는 임상적 개념을 통해 그 개념을 더욱 비판하였다. Paula Heimann(1950)으로 시작되는 수많은 Klein의 추종자는 투사적 동일시를 역전이(countertransference) 반응의 전이적 의미와 관련지어 설명했다. 여기서 역전이 반응이란 심각한 정신병리를 보이는 내담자와 상담을 하는 분석가에게서 유도된 역전이 반응이다. Heimann과 Joseph(1985) 같은 대상관계 정신분석가들은 피분석가와 분석가 사이의 전이/역전이 상호작용에서 나타나는 자녀-부모 관계에 기초한 내담자 부모의 내적 이미지와 내담자 자신의 자기에 나타나는 미묘한 심리적 양상을 섬세하게 재구성해 내기도 한다.

투사적 동일시와 유도된 역전이 같은 개념에서 알 수 있듯이, 개인은 자신의 내적 대상 세계를 다른 사람에게 투사하고, 자주 타인에게서 자기 자신의 일부인 감정과 태도를 일으킨다. 정신분석가의 경험에서 보면, 온갖 종류의 감정과 태도는 내담자의 내적 세계에 통합되어 있다. 그래서 전이가 일어날 때 분석가는 독립된 개인이면서 동시에 내담자의 일부분이 된다. 내담자 역시 독립된 개체이자 분석가의 일부분이 된다. 따라서 쌍방 모두에게 자기충족적 개인은 더 이상 존재하지 않는다.

분석가 Betty Joseph(1985, pp. 62-63)는 자신의 논문에서 이러한 현상에 대한 예를 간단하게 소개하였다. 그 논문에는 세미나에서 발표를 하는 분석가가 등장하는데, 그 분석가는 어떤 회기가 마음에 들지 않았을 뿐더러 꽤 까다로운 분열성(schizoid) 환자를 다룬 자신의 분석이 전반적으로 불만족스러웠다. 그래서 세미나에 참석한 다른 회원들은 그 환자에 대해 더 잘 이해하고자 노력한다. 하지만 그들 역시 곧 자신들이 낸 아이디어에 실망하게 된다. 마침내 그들은 그 환자의 진짜 문제가 무엇인지 이해하지 못하는 자신들의 무능력함이 바로 전이의 중심에 있고, 그것이 환자의 내면세계를 반영하는 것이라는 사실을 깨닫는다. 그 환자는 무의식적으로 자신을 잘 이해하는 척했지만, 사실은 공감 능력이 거의 없었던 자신의 어머니와 자신의 관계에서 일어나는 일들, 이해할 수 없었던 자신의 감정을 분석가와 세미나의 다른 회원들에게 불러일으키고 있었던 것이다. 환자는 또한 그녀 자신이 근본적으로 이해할 수 없는 자신의 내면세계를 분석가가 이해하는 척하도록 하면서 그 분석가에게서 어머니상(mother-imago)을 무의식적으로 불러일으켰던 것이다. 세미나 집단은 그 분석가나 자신들의 무능한 이해력이 그들 개인의 반응이라기보다는 환자의 내면세계와 훨씬 관련이 깊다는 것을 인식하게 되었다.

Freud는 초기에 이성적 인간(rational man)을 비평했고, 그 후에 이성과 더불어 무의식적 갈등을 해결하는 것을 통한 이성의 자율성(rational autonomy)이라는 이상을 복원했다. 마찬가지로 Klein은 자신의 임상 개념에서 자기충족적 개인을 비평한 후, 우울적 위치(depressive position)라는 개념을 고안해 내면서 분리된 개인(separate individual) 개념을 복원했다. 투사적 동일시가 심리치료를 통해 해결되면, 사람들은 자신의 개인적 주관성을 훨씬 더 잘 인식하게 되어 타인의 주관성 또한 존중할 수 있다. 따라서 클라인학파의 정신분석은 훨씬 인간적인 방식이기는 해도 마찬가지로 개인주의의 주요 프로그램을 이어 나간다.

Klein과 그 제자들이 투사적 동일시와 유도된 역전이 개념을 통해 개인주의를 비판했지만, Klein 이론의 상당 부분은 여전히 자기충족적 개인의 패러다임을 사용한다. 아동의 내적 대상 세계에 내사된(introjected) 것은 주로 타인에게 무의식적으로 투사된(projected) 것에 좌우된다. 이러한 내사(introjections)는 그 후에 다시 한 번 타인에게 투사되고 다시 내사된다. 임상적 내러티브와 대조적으로, 메

타심리학(metapsychology)에서는 부모 역할을 하는 사람들(parental figures)을 추동의 만족 변인이나 좌절 변인으로서의 역할을 하는 것으로 묘사하며, 고전적 Freud 이론에서와 마찬가지로 가족 구성원들에 대해 심리적 깊이를 가지고 묘사하지 않는다. 또다시 Klein 이론의 상당 부분이 개인주의적 내러티브에 의해 지배되는 것이다.

이번에는 미국에서 매우 영향력 있는 Margaret Mahler(Mahler et al., 1965)의 자아심리학(ego psychology)에 대해서 알아보자. 정신분석적 인류학자인 Suzanne Kirschner(1992)는 Mahler가 강조하는 자율성(autonomy), 분리, 개별화가 자립성과 자기결정성을 포함한 개신교적(특히 경건주의와 칼뱅적 신교도) 개인주의의 가치를 잘 반영하고 있다는 주장을 설득력 있게 펼친다. 사실 Mahler는 초기 아동발달 프로그램을 개신교의 세속적 가치를 충족시키는 방식으로 만들어 낸다. 현재 미국 개인주의의 핵심에 있는 개신교적 가치는 예전에 개신교적 세계관의 핵심을 이루었던 부분이다.

나아가 Kirschner는 Mahler가 말한 공생(symbiosis)에서 분리-개별화로 발달하는 과정을 개인이 고도의 분리성과 개별화된 정체성을 유지하면서 친밀한 관계를 갖는 것으로 설명하였다. 이것은 개인주의를 기초로 한 낭만주의 내러티브를 심오하게 반영하고 있다. 이러한 낭만주의적 내러티브에는 "주체의 개별화된 독특성이 보존하는, 주체와 대상 사이의 '고차적' 연합을 지향하는 유사 신비주의적(quasi-mystical) 노력"이 있다(Kirschner, 1992, p. 187). 또한 Kirschner는 Spitz(1959)나 Mahler와 같은 자아심리학자들이 언어적 의사소통에 크게 가치를 부여하는 것도 낭만수의에서 상조하는 개인주의적 자기표현의 가치와 개신교에서 말하는 자립성과 개별화의 가치를 반영한 결과라고 본다. 그들은 비언어적 의사소통을 융합자(merger)와 공생하는 초기의 발달 단계에서 나타나는 것으로 비하하였다.

개인주의에 대한 비판이자 옹호인 정신분석

최근 수십 년간 프로이트학파에서는 자기충족적 개인이라는 패러다임이 중요한 도전을 받았다. 역설적이게도, 이러한 도전을 하는 비평가들은 개인주의 문화에서 기능하는 데 필수적인 심리적 과정을 기술하는 데 있어 여전히 개인주의 가치의 다른 부분을 옹호한다. 아마도 Erik Erikson(1950, 1968)이 그 대표적인 예가 될 것이다. 한편으로, Erikson은 다른 정신분석가들만큼 또는 그 이상으로 사회적 · 문화적 · 역사적 환경을 개인 정신분석에서 필수적으로 고려해야 할 요소로 보았다. 그가 말한 심리사회적 개념인 자기정체성(self-identity)의 개념을 살펴보면, 개인은 자기충족적이라기보다는 자신을 둘러싼 환경의 일부분이며, 지역사회에서의 역할, 가치, 이상, 기준은 개인이 정체감을 형성하는 데 중대한 영향을 미치는 동시에 개인적 정체감의 일부가 된다.

반면에, Erikson은 잘 알려진 Otto Rank의 자기형성(self-creation)에 대한 통찰과 일관되게(Menaker, 1982) 미국적 개인주의의 가장 중심이 되는 심리적 차원을 자기에 의한 개인의 정체성 형성으로 보았다. 그가 제시한 어린 시절의 자율성과 주도성을 강조하는 후생학적(epigenetic) 발달 단계(이 발달 단계에 대한 설명은 일정 부분 Mahler

가 얘기한 것보다 앞서면서도 비슷하다)는 자기에 의한 정체성 발달을 이루려 할 때 청소년이 겪는 심리적 과정을 이해하는 기초가 된다. Erikson은 청소년기에 자주 부딪히게 되는 정체성 갈등을 폭풍의 바다에 비유하면서 혼동과 위기, 잦은 유예기간의 필요 등을 도식화하였다. 정체성 갈등은 가끔 부정적 정체성의 형성으로 귀결되지만, 궁극적으로 긍정적 자기의 형성을 이루어 내는 데 바탕이 된다고 본다. 그런데 이 모든 개념은 현대 미국 문화가 개인에게 엄청난 자율성을 부여하면서 청소년기와 초기 성인기에 누가 배우자가 될지, 어떤 교육과 직업훈련을 받을지, 어떤 종류의 일을 할지, 어떤 대인관계를 형성할지, 어디에 살지, 어떤 이데올로기나 가치체계를 구축하고 지켜 나갈지 등에 대한 결정을 강요하는 사회적 분위기 속에서 만들어진 것이다. 미국 사회에서 청소년과 청년은 가족 내에서 발달한 초기 동일시와 자기 이미지를 통합하여 이러한 결정을 해야 하는데, 이것은 매우 어려운 심리내적 과업이 되기도 한다. 이 과업을 성취해 가는 것이 Erikson이 말하는 자기정체성과 자아정체성(ego-identity)의 핵심이 된다.

자기충족적 개인이라는 패러다임을 비판한 또 다른 유명한 분석가로는 Winnicott이 있다. 그는 "진짜 유아라는 것은 없다(There is no such thing as a baby)."라는 유명한 말을 했다. Winnicott(1965)은 유아가 가진 어머니나 양육자에 대한 대단한 의존성과 상호 연결성을 언급하면서 개인주의적 기준과 모델을 비판했다. 동시에 Winnicott(1951)은 중간 대상(transitional objects)과 전이적 현상(transitional phenomena)을 설명하면서, 이것이 개인이 점차 자율적으로 기능하고 발달해 가는 데 핵심적 역할을 한다고 보았다. 그 과정에서 자기와 타인의 내적 이미지가 점진적이지만 분명하게 구별된다고 했다. 이러한 자기와 타인의 분리는 북유럽과 북미 사회의 개인주의를 특징짓는다. 그런데 북유럽이나 북미 문화와 근본적으로 다른 문화에서 성장하는 유아나 아동을 관찰해 보면, 좀 더 공동체적인 사회에서는 다수가 주 양육자가 되면서 공생적 양육기간이 훨씬 오래 지속된다는 것을 알 수 있다. 이러한 사회에서는 중간 대상이라는 것이 거의 존재하지 않는다(Grolnick & Barkin, 1978).

개인주의와 관련된 심리적 과정을 기술하는 데서 한 걸음 더 나아가, Winnicott(1958)은 아동이 혼자 분리되어 있는 것을 편안하게 받아들이기 위해서는 자신을 위로해 주는 엄마의 존재를 내면화하는 것이 필요하다고 설명한다. Winnicott(1960)은 참자기(true self)와 거짓자기(false self)의 이원론을 강조하는데, 이러한 개념은 도덕적으로 어떻게 행동해야 하는지 알기 위해 자기 내면과 깊이 교류하는 것이 필수적이라고 보는 개신교의 자기결정성 가치를 세속화한 것이라고 볼 수 있다(Kirschner, 1992).

최근에는 자기심리학과 그로부터 파생된 상호주관성(intersubjectivity)을 통해 개인주의에서 말하는 자기충족적 개인과 세속화된 개신교 가치인 독립성과 자립성을 강조하는 것에 대한 정신분석적 비평이 있었다. Kohut(1984)은 반영하기(mirroring), 이상화(idealizing), 대체자아 자기대상 관계(alterego selfobject relationship)에서 나타나는 의존 욕구가 자기존중감(self-esteem)과 자기응집성(self-cohesion)을 증진시키고 유지시키기 위해 평생 필요하다고 강조한다. 이는 개인주의의 주요 패러다임적 가치와 정반대된다. 심지어 피분석자에 대한 객관적이고 이성적인 진단 대신에 공감적 질의를 할 것을 지지하는데, 이 역시 계몽주의적 이성과 더불어 자기와 타인 사이에 분명하게 그어 놓은 경계에 대한 이원론에 역행한다. 나아가 자기심리학은 정신병리를 자기대상 관계에서의 문제로 인해 성격구조 형성에 결함이 생긴 것으로 본다. 이것은 고도의 이동성(mobility)과 빈약한 관계성을 특징으로 하는 극도의 미국식 개인주의 때문에 생겨난 설명이다.

자기대상 관계에서 나타나는 결함과 문제점은 어디에든 존재할 수 있지만, 공감적 조율을 강조하며 이상화할 대상을 갖는 것을 지지해 주는 아시아 문화에서는 확실히 그 문제가 덜하다(Roland, 1988). 아시아에서는 다른 종류의 정신병리가 더 두각된다. 자기심리학에서와 비슷하게, 현상학에 철학적 근간을 두고 있는 상호주관성 이론을 말한 Stolorow와 Atwood(1992)는 모든 인간관계에서 나타나는 주관성이 상호 관련성에 기초한다는 것을 강조하면서, 정신분석에서 말하는 독립된 개인적 마음의 허구성을 언급한다.

동시에 Kohut(1977)은 양극성 자기(bipolar self)를 기술하면서 개신교 가치의 세속화라 볼 수 있는 발달관, 즉 개인이 자신의 가능성과 개별성을 지속적으로 실현하면서 인생 전반을 통해 관계를 맺어 간다는 개인주의 관점의 발달관을 자기심리학적 용어로 풀어내기 시작한다. 인생의 포부는 어린 시절 초기에 주 양육자가 해 주는 반영에 기반을 둔 자기대상 관계에서 생겨나고, 처음 나타난 포부는 자라는 과정에서 다른 자기대상 관계를 이상화하면서 나타나는 다른 목표와 이상으로 인해 긴장 상태에 놓이게 된다. 하지만 결국 대체자아 자기대상 관계를 통해 습득하게 되는 기술로 그 포부를 실현해 가게 된다. Kohut은 응집된 자기(cohesive self)의 주도성, 자발성, 창조성에 대해서도 설명한다. 그의 설명에 따르면, 이 모든 것은 개인적 성취와, 자기결정성, 개인의 내적 잠재력의 실현, 대인관계에서의 개별성의 표현을 강조하는 미국식 삶의 세속화된 개인주의와 일맥상통한다.

나아가 Kohut은 개인을 언급함에 있어 타인의 자기대상 기능과 관련된 사회적 맥락을 고려하기는 하지만, 타인이 더 깊은 심리적 깊이를 가지고 관여될 수 있다는 사실에 대해서는 별로 고려하지 않는다. 따라서 Kohut은 자신의 임상 내러티브에서 양육자의 성격을 자주 언급하지만 여전히 개인을 강조한다.

정신분석과 타 문화

앞서 살펴보았듯이, 정신분석은 개인주의라는 문화를 등에 업고 있다. 그렇다면 북유럽과 북미라는 문화권에서 완전히 벗어난 문화에서 온 사람들에 대해 정신분석은 어떻게 접근해 왔을까? 개인주의에 깊이 뿌리를 둔 이론과 심리치료를 사용함으로써 발생하는 문제로는 어떤 것이 있을까? 사람들이 인류학을 통해 수십 년간 타 문화를 연구해 왔다는 사실에 비추어, 인류학의 지식을 빌려 이러한 질문에 답해 볼 수 있을 것이다. 인류학자는 타 문화를 세 가지 핵심적 방식을 통해 해석하는데, 그 세 가지 방법 각각에 근본을 이루는 가정은 진화론(evolutionism), 보편주의(universalism), 상대주의(relativism)다(Shweder & Bourne, 1984). 이 세 가지 접근 방식은 모두 동일하게 타 문화에서 일해 온 정신분석가와 정신분석 인류학자들에게 시사점을 준다. 이 세 가지 접근은 아직은 수적으로 적지만 증가하는 추세에 있는 라틴계, 중동계, 아프리카계, 동유럽계 미국인들을 대상으로 상담하는 정신분석가들에게도 동일하게 시사하는 바가 있다. 정신분석을 하다 보면 이 세 가지 접근 각각에 내포된 이론적 딜레마를 쉽게 발견하게 된다. 실제 상담 장면에 적용 가능한 이론적 관점을 발굴하기 위해 이러한 딜레마는 해소되어야 할 것이다. 진화론, 보편주의, 상대주의의 접근은 아시아 문화와 같이 북미 문화와 근본적으로 다른 문화에서 정신분석적 상담을 할 때 가장 잘 검토될 수 있다.

진화론을 정신분석에 적용해 보면 무엇이 건강한 사람의 속성인지, 어떻게 하면 정신병리 대신 그러한 건강한 속성을 개발할 수 있는지에 대한 분명한 기준을 얻게 된다. 이러한 기준은 현대 정신분석 이론에서 말하는 것처럼 북유럽과 북미의 개인주의적 자기를 바탕으로 이루어졌으며 현재 규범적 모델 역할을 하고 있다. 이러한 기준은 보편적이며 우월하다고 가정된다. 따라서 완전히 다른 문화권 출신으로 이러한 보편적 규준 모델에 부합하지 않는 사람을 본다면, 그 사람은 열등한 심리적 발달과정을 거쳤거나 정신병리를 가진 것으로 판단된다.

인간 본성에 대한 진화론자의 관점이 갖는 함정을 보여 주는 예는 인도인에 대한 Sudhir Kakar의 저작(1978, 1982, 1989, 1991)에서 쉽게 찾아볼 수 있는데, 안타깝게도 그가 가진 통찰력 있는 관찰을 모두 담아내지는 못했다. Kakar는 인도인의 심리학적 구성이 서양인과는 다른 방식이라는 것을 인정한다. 그럼에도 그는 정신분석에서 말하는 인간 본성에 대한 이해가 보편적으로 타당하다고 보는 진화론의 기본 전제를 고수한다. 따라서 그는 인도인의 성격이 구성적인 면에서 서양인의 개인주의보다 열등하다고 평가한다. Kakar의 분석에 따르면 인도인의 자아는 충분히 발달하지 못했는데, 그 이유는 인도인들은 서양 개인주의에서 말하는 독립적이고 자립적이며 자기결정성이 있는 자아를 갖지 못했고, 개인주의의 또 다른 중요한 특징인 이성적이고 논리적인 이차적 사고과정이 부족하기 때문이다. 이러한 특성으로 인해 인도인에게는 자기와 타인 사이의 정서적 경계가 애매한데, 자기와 타인 사이를 분명히 구분 짓는 것 역시 개인주의의 특징이다. 더욱이 인도인은 윤리적 규범을 정하는 데 있어서도 서양의 남성적 개인주의에서 말하는 단정적이고 절대적인 윤리적 규범보다는 타인의 반응에 따른 매우 맥락적인 윤리 규범을 따르기 때문에 양심이나 초자아가 약한 것으로 평가된다 (Kakar, 1978, pp. 105-108, 135-137). Kakar(1991)는 스스로 아니라고 하면서 어느 정도 긍정적인 말로 표현하긴 하지만, 사실상 근본적으로는 정신분석 이론에서 얘기하는 종교의 비신성성 및 세속화를 받아들여서 인도 사회에서 너무나 가치 있게 평가되는 영적 경험을 초기 모자관계로의 퇴행(regression)으로 본다.

타 문화권에서의 자기에 대한 보편성과 가변성을 측정하는 두 번째 방식은 기본적으로 보편성에만 집중하는 것이다. 차이점이나 가변성은 문화에 의해 표면적으로 나타나는 것일 뿐이라고 본다. 보편주의에서는 고차원의 일반성에 주목하기 때문에 구체적이고 문화적으로 풍부한 인간 본성에 대한 설명은 배제되고 일반적인 설명이 주를 이룬다.

파키스탄에서 일해 온 미국 정신분석적 인류학자인 Catherine

Ewing(1991)의 논문에는 심리학적 보편주의의 한계를 보여 주는 예가 나온다. Ewing은 인류학에서 일반적으로 말하는 문화 상대주의를 정신분석의 보편주의와 결부시킴으로써, 즉 문화는 서로 무척 다를 수 있지만 모든 인간은 심리적 차원에서 근본적으로 비슷하다고 봄으로써, Kakar가 보여 준 진화론의 맹점을 피하면서 인도인에 대한 가치판단적 발언을 하였다. 인류학자로서 Ewing은 사람은 파키스탄에 있느냐 또는 미국에 있느냐에 따라 매우 다르게 행동하고 관계할 것이라는 것을 명확히 인지하고 있었다. 이러한 차이에 대해 그녀는 단지 대인관계 및 자율성(개인주의)이 문화적 양식의 차이로 인해 다르게 보이는 것이라고 보았다. 각 문화에 따른 양식이 똑같은 비중을 갖는다고 봄으로써 진화론에서 암시하는 우월성-열등감이라는 기준으로 인간을 파악하는 것을 모면하였다. 나아가 Ewing은 파키스탄인이 북미인과 심리적으로 다르지 않으며, 그들의 자기가 기본적으로 같다고 본다. 이런 점에서 Ewing의 입장은 다른 많은 정신분석적 인류학자와 비슷하다고 볼 수 있다.

Ewing은 자아심리학이라는 이론적 틀을 활용하면서 자기와 대상의 내적 표상 사이의 개별화와 분리성에 주목한다. Kakar는 인도인의 자기 표상과 대상 표상 사이의 내적 분리성 정도가 서양인보다 덜하기에 열등한 것으로 보는 반면, Ewing은 정신병리를 방지하기 위해 분리가 필요하다는 것만 강조하고 정상성과 정신병리에 대한 정신분석적 이해를 아시아 문화에도 활용할 수 있도록 확장한다.

다만 Ewing은 지나치게 보편성에 치우친 나머지 자기와 대상 사이의 내적 심상이 분리되어야 한다는 것을 언급하면서, 파키스탄인에게서 나타나는 자기와 대상의 내적 표상의 분리 정도가 북미인과 다르다는 것에는 주의를 기울이지 않는다. 결과적으로 Ewing은 파키스탄인은 미국인이 갖고 있는 매우 개인주의적이고 자족적인 나-자기(I-self)의 개념보다는 대가족 및 지역사회 구성원의 내적 심상을 자신의 일부분으로 지각하는 우리-자기(we-self)의 개념을 가지고 있다는 것을 간과한다. 보편적인 부분에 집중하면 심리학적 구성에서의 양식적 차이(modal differences) 또는 자기의 구성에서의 다양성이 간과된다. Ewing의 경우에는 심리적 보편성에 너무 몰두하여 파키스탄인이나 북미인이 자기개념의 가변성으로 인해 문화적 · 대인관계적으로 매우 독특한 한 사회에서는 제대로 기능하고 또 상대방 사회에서는 제대로 기능하지 못하게 되는 양상을 설명하지 못한다.

자기에 있어서 존재하는 이러한 형식적 차이를 간과한 Ewing은 정신병리의 기준 또한 다양하다는 것을 인식하지 못한다. 자기와 타인의 내적 이미지 사이의 분리성에 문제가 있을 때, 북미인은 이를 심각한 경계성 정신병리로 여기겠지만, 파키스탄인은 같은 문제를 신경성 문제의 연속선상에서 취급할 수 있다. 이런 면에서 진화론이 불필요한 것을 덧붙이는 죄를 범했다면(sin of commission), 보편주의는 필요한 것을 빼는 죄(sin of omission)를 범했다고 할 수 있다.

환경에 따른 자기의 보편성과 다양성을 평가하는 세 번째 이론적 접근은 상대주의다. 상대주의를 심리적 현상에 적용하면 다양한 문화만큼이나 인간 본성에 대한 다양한 관점이 존재하게 된다. 나아가 이러한 다양한 관점은 서구적 개인주의와는 완전히 다른 틀에서 이해되며, 각 관점은 해당 문화와 그 사회적 양식과의 관계하에 내적 신뢰성과 타당성을 갖게 된다. 다만 한 가지 문제가 되는 것은 문화 사이에 비교나 비평을 가능케 하는 공통의 범주나 기준을 세울 수 없다는 것이다.

Takeo Doi(1973, 1986)는 일본에서 정신분석에 관한 세미나를 하면서 의존관계(아매[amae]*) 및 공적 자기(오모테)와 사적 자기(우라)의 이중적 자기 구조를 설명했다. 이것은 아마도 정신분석 영역에서 상대주의를 가장 잘 보여 주는 예일 것이다. Doi는 정신분석적 이론을 포기했는데, 그가 보기에 개인주의적 기준이 지나치게 서구중심적이며 그 범주로는 일본인의 심리세계의 중요한 측면을 설명할 수 없다는 이유에서였다. 그럼에도 그는 일본어에서 주로 사용되는 용어들을 탐색하면서 일본인의 내면세계 및 그 발달 사건을 연구했는데, 그 작업에서 정신분석적 감수성(psychoanalytic sensibility)을 유지했다. Doi는 일본식의 의존성 관계(아매)와 이중적 자기 구조(오모테/우라)를 다양한 측면에서 설명하면서 문화적으로 차별화된 일본인의 심리학을 고안해 낼 수 있었다. 그가 말하는 일본인의 심리학은 북유럽 및 북미의 개인주의에서 말하는 정신분석적 자기와 근본적으로 다르며, 많은 중요한 측면에서 일본적인 요소를 포함한다.

Doi의 이론적 접근은 개인주의에서 말하는 자기의 다양성과 동등한 측면에서 일본인의 자기의 다양성을 강조했다는 점에서 Kakar의 진화론이나 Ewing의 보편주의와 커다란 차별성을 지닌다. 일본인을 위한 정형화된 심리학을 자세히 기술한 후, Doi는 이러한 일본식의 의존관계(아매)를 북미에서 찾아 그 보편성을 증명하고자 한다. 사실상, 그는 그러한 의존관계가 실제로 존재한다는 것을 알게

---

* 역자 주: 의존관계를 지칭하는 일본어.

된다. 하지만 자립심을 강조하는 북유럽과 북미 문화에서는 일본식의 의존관계가 훨씬 강도가 약한 양상을 띠고 있으며, Balint의 수동적 대상 사랑(passive object love)이라는 개념에 나타난 정신분석적 이론에서만 개념화되어 있다. 이처럼 북유럽 및 북미 사람들의 심리학적 구성에 잘 나타나지 않는 심리적 변인은 정신분석 이론에서 중요한 자리를 차지하지 못한다. 문제는 이러한 일본식의 의존관계와 같은 분류의 부재로 인해 정신분석 이론이 다른 민족 사람들에게 나타나는 심리적 다양성을 놓치거나 그러한 측면을 열등하거나 정신병리적인 것으로 치부하게 될 수 있다는 데 있다.

Doi의 심오한 통찰을 바탕으로, 각각의 문화(예: 일본 문화)에서 나타나는 심리학적 변수를 탐구하는 것으로부터 아매의 의존관계 같은 심리학적 변수를 모든 문화에서 나타나는 보편적 범주로 개념화하는 것에 대해 생각해 보게 된다. 물론 아매와 같은 심리학적 변수가 타 문화에서 등장하게 되면 그것은 일본에서 나타낼 때와는 매우 다른 양상과 특징을 보일 것이며, 그에 대한 보편적 가치판단은 불가능할 것이다. 정신분석 자체는 북유럽인과 북미인의 심리학적 가변성에 대한 광범위한 연구를 바탕으로 발전하기 시작했으며, 결국 보편적 범주를 개념화하기에 이르렀다. 다른 문화권에서 일하면서 비교문화적 경험을 한 적이 없는 서양 정신분석가들만이 여러 가지 정신분석적 분류와 특징, 내용이 얼마나 고도로 개인주의적인 북유럽 및 북미의 자기를 바탕으로 한 산물인지 깨닫지 못하고 있다.

그렇다면 Doi가 말하는 정신분석적 상대주의의 한계는 무엇일까? 가장 눈에 띄는 것은 Doi가 마치 정신분석적 이론을 완전히 버린 것처럼 보인다는 것이다. 정신분석적 이론을 포기함으로써 Doi

는 일본의 문화 · 사회적 양상에 맞는 일본 고유의 심리학을 자유롭게 고안해 낼 수 있었다. 하지만 결국 그 이론은 다른 문화와 비교할 수 있는 분류가 존재하지 않는, 근본적으로 비이론적인(atheoretical) 정신분석적 접근이다.

Doi가 취하는 비이론적 정신분석 접근의 문제점에는 어떤 것이 있을까? 우선 Doi는 은연중에 정신분석적 분류를 쓰기도 하지만, 적어도 표면적으로는 정신분석적 분류를 배제한다. 그는 일본과 미국에서 자신이 했던 상담적 경험을 비교하는 자료를 기초로 접근했을 뿐 아니라, 분리-개별화 과정을 무척이나 강조하는 북미의 자아심리학을 기초로 접근했다. 아매의 심리학을 기술하면서, Doi는 이러한 일본식의 의존관계를 북미에서 정신분석적으로 강조하는 개별화, 자율성, 내적 분리와 은연중에 대조하며 설명했다. 또한 일본인의 이중적 자기 구조를 기술하면서는 자아심리학의 또 다른 측면을 사용하여 자기의 조직을 탐색하였다. 아이러니하게도, Doi의 접근에 대한 비판 중 하나는 아매 의존관계라는 특정 맥락과 상황에서 잘 나타나는 현상을 이해하는 데 있어 서구적 정신분석에서 사용하는 지나친 개인주의적 설정을 끌어 왔다는 것이다.

좀 더 구체적으로 Doi의 상대주의는 특정 정신분석적 분류 및 아시아 문화권 내에서의 상호 비교를 배제함으로써 어떤 면에서 그의 임상적 이해를 제한하는 결과를 가져왔다. Doi는 지나친 특권의식과 같은 정신병리학적 형태의 아매가 있다는 것을 인정한다. Doi는 이를 기본적으로 어린 시절에 좌절된 아매 의존성에 기인한다고 본다. 하지만 일본인과 마찬가지의 아매 의존성을 보이는 인도인의 경우, 어린 시절 의존 욕구가 심각하게 좌절된 경우조차도 일본인에게서 나타나는 지나친 특권의식은 보이지 않는다.

이러한 임상적 현상을 이해하려면 어린 시절의 아매 관계뿐 아니라 다음의 두 가지 요소도 고려해야 한다. 하나는 매우 엄격한 양심이고, 다른 하나는 아이에 대한 모성적인 공감적 조율의 존재 또는 부재다. 내 경험에 비추어 보면, 지나친 특권의식은 어린아이가 실제로 어머니에게 매우 의존적이었던 어린 시절 상황에서 비롯된다. 아이의 의존 욕구가 항상 좌절된 것은 아니라 하더라도, 어머니가 아이에게 기대하는 높은 수준의 수행을 아이가 내면화하면서도 자신의 내적 상태에 대해 어머니의 모성적 조율을 제대로 경험하지 못했을 때, 이러한 특권의식은 생겨나게 된다. 만족의 부재, 즉 지나친 특원의식은 아매 관계로 인해 생겨나는 것이 아니라, 모성적 공감의 부족 때문에 생겨난다.

Doi가 아매에 대한 자신의 이론을 개발하던 때에 자기심리학에서는 모성적 반영관계(maternal mirroring relationship)에 대한 강조가 체계화되지 않았다. 따라서 Doi는 이러한 분류를 사용할 수 없었고, 내 생각에는 이것이 그의 임상적 이해를 제한하는 결과를 낳았다. 이러한 측면에서 볼 때, Doi가 개발한 정신분석적 상대주의에서 정신분석적 분류와 가정은 은연중에 사용되거나 오용되거나 혹은 반박된다. 또 어떤 측면에서는 이러한 분류와 가정의 부재로 인해 더욱 두드러진다. 정신분석의 보편적 분류와 개념이 인정되지는 않았지만, 이것들은 오히려 보이지 않게 정신분석적 상대주의에 침투하여 그 이론을 더 나아지게 혹은 더 나빠지게 하는 영향을 미친다.

Doi의 이론은 우리에게 일본인이 보여 주는 자기의 가변성을 더 잘 이해하게 해 주고, 서양인에게는 일반적이지 않은 한두 가지 새로운 보편적 범주를 제공해 준다. 그런데 그의 이론에 따르면 다양한 문화에서 나타나는 인간의 본성에 대한 보편성과 가변성을 동시에 평가할 수 있는 포괄적 이론이나 분류 체계는 가질 수 없다. 예를 들어, 일본인의 자기의 특징을 다른 아시아인의 자기의 특징과 비교한다고 하자. 다른 아시아인의 자기는 북유럽인이나 북미인 혹은 라틴계 사람의 자기보다는 그 심리학적 구성이 일본인과 훨씬 가까울 수 있다. 이러한 비교에서 보편성과 가변성을 동시에 평가할 수 있다면 매우 유익하다는 사실을 고려할 때, 포괄적 이론이나 분류 체계를 갖는 것은 더욱 중요한 의미를 갖는다.

진화론, 보편주의, 상대주의는 모두 현 시점에서 개인주의식 성향을 가진 정신분석 이론을 다양한 문화권에서 적용하고자 할 때 분명 각기 문제점과 함정을 가진다. 그럼에도 가변성, 보편적 개념, 정상성 대 정신병리는 다양한 문화에서 나타나는 자기를 측정하는 핵심 쟁점이다. 따라서 이러한 쟁점을 푸는 데 있어 좀 더 새로운 방식을 개발해 가는 것이 필수적이다.

비교 정신분석학을 위한 제언

각기 다른 다양한 문화에 속한 내담자들에게 모두 적용할 수 있는 비교 정신분석학을 발달시키기 위해서는 새로운 이론적 접근이 필요하다. 새로운 패러다임(Roland, 1988)에서는 다양한 정신분석 모델에서 파생된 정신분석적 성격 이론과 심리치료 이론의 다양한 범주가 사용된다. 초자아와 자아 이상, 자아 경계, 발달 단계, 자기대상 관계, 자기와 대상의 표상, 자기정체성, 내적 대상 세계, 정서와 추동, 전이, 저항, 꿈분석 등이 그 예다. 이러한 범주를 사용하려면 정신분석 이론이 정교화되어 있는 북유럽과 북미의 맥락으로부터 벗어날 필요가 있다. 다시 말해, 개인주의 문화에 기반을 둔 정상성 및 정신병리의 규준과 내용을 논하는 것으로부터 그러한 범주 및 개념을 떼어내야 한다. 그런 후라야 사람들의 임상적 자료를 이해하는 데 있어 정신분석적 범주 및 개념을 매우 다른 문화라는 맥락에서 재조명하게 된다. 그 과정에서 각 범주의 새로운 내용과 규준이 문화적 · 사회적 · 역사적 맥락에서 통합된다. 이러한 접근 방식을 취하면 매우 다른 문화에서 정신분석 작업을 한다고 할 때 Doi가 말한 아매 의존관계와 오모테/우라의 이중적 자기 구조 같은 새로운 보편적 범주를 추가할 수 있다.

무엇보다도 인간 본성의 진정한 다양성을 담아내려면 이처럼 재맥락화된 범주를 타 문화에서 나타나는 독특한 자기에 대한 특성 및 구조로 표현하는 작업이 필수적이다. 그것은 그림을 그리는 작업에 비유할 수 있는데, 구상화이든 추상화이든 명암, 색채의 조화와 대조, 선, 질감, 구성적 구조, 부조화 등의 요소가 모두 함께 특별한 조화나 특색을 만들어 내야 한다. 예술가가 이러한 작업에 대해 잘 인지하고 있듯이, 정신분석가 또한 문화에 따른 자기의 보편성과 다양성에 대해 잘 이해하고 있어야 한다.

이러한 새로운 접근 방식에 대한 단순한 예로 자아 경계(ego boundaries)라는 범주를 생각해 볼 수 있다. 북미의 맥락에서는 기존의 정신분석적 규준에 따라 자기와 대상 사이의 외적 자아 경계가 비교적 확실해야 한다. 이를 바탕으로 개인은 그 문화에서 정신병리로 분류될 수 있는 합체의 경험(merger experience) 없이 친밀한 관계를 맺을 수 있다. 반면에, 내적 자아 경계는 비교적 유연해야 한다. 그럴 때 개인은 자신의 내적 감정, 환상, 충동 등을 느끼면서도 그러한 자극에 압도되지 않는다. 개인주의가 팽배한 사회의 경우와는 달리, 인도나 일본과 같은 문화를 들여다보면 자기네 사람들(인도의 확대가족, 지역사회, 친구)이라든지 일본의 가족, 친구, 친밀한 집단 관계에서 말하는 내부 관계(우치)라는 맥락에서는 외적 자아 경계가 훨씬 더 유연하고 애매하다는 것을 알 수 있다. 이것은 인도인과 일본인이 가족, 집단, 지역사회에서 보여 주는 친밀한 정서적 밀착과 맥을 같이한다. 사실 일본인은 인도인보다 훨씬 더 애매한 외적 경계를 가지고 있다. 그런데 외부 관계에 있어서는 인도인과 일본인 모두 북미인보다 훨씬 더 확고한 경계를 가지고 있다.

이렇게 유연한 외부 경계와 타인과의 반합체 경험(semi-merger experiences) 사이에 균형을 잡아 주는 것이 매우 개인적이고 비밀스러운 자기의 내적 경계다. 이러한 자기의 모습은 인도인보다는 일본인에게 훨씬 더 비밀스러운 형태로 나타나는데, 이곳이 개별성의 저장소가 된다.[1] 북미인들에게는 개별성의 저장소라는 것을 극히 찾아보기 힘들다. 그것은 북미에서는 개별성이 사회적 세계에서 특징 있게 표현되고 있기 때문이다. 가장 사적인 자아 경계에 있어서 인도인과 일본인은 더 많은 차이를 보이는데, 인도인은 보통 일본인에 비해서 자신의 내면세계와 더 많이 교류하고, 북미인에 비해서는 훨씬 더 많이 내면세계와 접촉하고 있다. 일본인의 경우 그 문화적 규범으로 인해 인도인이나 북미인에 비해 훨씬 더 완벽주의적인 자아 이상과 엄격한 사회적 예의 규범을 가지고 있고, 그로 인해 자기 자신과는 접촉이 덜한 편이다. 이에 비해 인도 문화는 가족과 집단에서의 수직적 관계 속에서 적절한 사회적 예의 규범에 대한 행동적 준수를 강조하면서도 무척 다양한 개인적 사고, 감정, 환상에 대해 상당히 관대한 양상을 보이고 있다. 따라서 북미인, 인도인, 일본인 모두 자아 경계라는 보편적 범주를 가지고 있다고 볼 수 있다. 다만 이러한 범주를 인도인과 일본인에게 적용할 때는 정신분석에서 일반적으로 분류하는 규준에서 벗어나 맥락을 고려하여 재해석하고, 매우 사적인 자기를 포함하는 내적 경계라는 새로운 범주를 추가하여 살펴봐야 한다. 결론적으로 말해, 외적 · 내적 경계는 북미인, 인도인, 일본인 모두에게 각각 다른 특징으로 나타난다.

정상성/정신병리라는 측면에서 볼 때, 그 규범은 자아 경계의 구성 요소에 따라 상당히 달라진다. 대부분의 북미인에게는 심각한 정신병리의 문제는 아니더라도 경계선적 문제로 간주되는 합체 혹은 반합체의 경험이 일본인에게는 보통 신경증적 범주에 해당된다. 마찬가지로 북미인에게는 비교적 확고한 외적 자아 경계를 갖는 것이 정상적으로 여겨지지만 정서적으로 밀착된 내적 집단관계를 갖는 일본인과 인도인에게는 이것이 매우 부적응적인 양상으로 여겨진다.

다른 범주 또한 각각의 문화 영역에서 자기의 전반적 조직 내에서 독특한 균형과 구조를 갖는다. 언어적 또는 비언어적 의사소통 양식은 자아 경계와 개별성의 표현이 다양한 만큼 당연히 다르게 나타난다. 북미인의 경우에 볼 수 있듯이, 외적 자아 경계가 확고할수록 언어적 의사소통에 대한 의존도는 높아진다. 이것은 마치 의사소통이 사회적 세계에서 자신의 개별성을 실현하고 나아가 자율적 개인들 사이의 분리성을 균형 있게 연결해 주는 역할을 하는 것과 같다.

반면에, 고도로 개발된 사적 자기가 개별성을 표현하는 장이 되고 오랫동안 지속되는 가족 및 집단 관계에서의 반합체 경험에 대해 균형을 잡아 주는 곳이 되면, 비언어적인 공감적 감지(sensing)가 중요해진다. 이것은 인도인보다 일본인에게서 더욱 두드러지는데, 사적 자기가 매우 비밀스럽고 침범되지 않을수록 공감적이고 직관적인 감지가 정교하게 조율된다. 그럴 경우 언어적 표현은 서열관계에서 적절한 사회적 예의 규범을 지키기 위해 사용되는 경우가 많다. 그러므로 매우 다른 문화의 사람에게 있어서 다양한 자아 경계, 개별성, 의사소통 양식은 서로 간에 특별한 균형을 이루면서 독특한 구조를 이루어 내게 된다.

새로운 패러다임은 또한 각 문명에서 온 사람들이 사회역사적 경험을 자신의 심리세계 속에 내면화해 가듯이 그들의 경험을 통합해 간다. 현 시대 북미 여성의 심리학적 구성은 지난 30여 년간의 여성운동 및 페미니즘과 매우 밀접한 연관이 있다. 이러한 여성운동과 페미니즘은 남성을 위해 존재해 온 개인주의의 가치를 사용하면서도 동시에 이를 비판했다. 반면에, 인도인과 일본인은 모두 지난 십수 년간 서구적 개인주의라는 대조적인 가치에 점점 더 많이 노출되었고, 이는 그들에게 심오한 심리적 영향을 미쳤다. 이러한 가치가 식민주의라는 사회정치적 맥락에 놓이게 되면 지역적 문화를 매우 폄하하면서 매우 파괴적인 심리학적 영향을 미치게 된다.

새로운 패러다임은 또한 계몽주의라는 철학적 유산을 갖고 있는 정신분석이 잘 파악하지 못했던 심리학적 현상을 포함할 수 있다. 영적 경험이나 영적 수양과 같은 영역이 이에 포함될 수 있다. 극소수의 예외가 있긴 했지만, Freud부터 시작하여 많은 정신분석가들은 계속해서 이러한 영적 영역을 정신병리의 형태는 아니더라도 유아와 모친의 공생적 합체 상태의 단계로 평가절하해 왔다. 정신분석가들은 또한 운명이라는 역술적 세계관을 영적 영역보다 훨씬 더 평가절하한다. 그런데 다양한 문화에서 온 내담자들은 다양한 방식으로 점술학, 손금학, 영적 세계, 심령술사, 무당, 의식 등과 같은 역술적 세계관과 관계하고 있다. 그런데 대부분의 정신분석가는 이러한 영역을 혐오한다. 자족적이고 이성적인 인간이라는 전통을 근간으로 하는 정신분석가들은 북유럽이나 북미 문화권 밖에서 온 내담자들이 확대가족, 집단, 지역사회 맥락(현재 사회 중심적/유기체적 사회로 불림, Markus & Kitayama, 1991)뿐만 아니라 영적 세계와 더불어 비가시적 영향력과 영혼의 세계에 깊이 관여하고 밀착되어 있는 자기를 가지고 있다는 사실을 못마땅해한다. 이러한 심리학적 현상에 대해 폄하하는 태도로 인해 상담자들은 많은 내담자의 심리세계의 중요한 부분을 놓치게 된다.

요 약

이 장 처음에 소개했던 짧은 예화는 단순한 임상적 상황에서 서구적 개인주의와 일본식의 서열적 집단 문화의 자기에 대한 다른 관점이 상담에 미칠 수 있는 중대한 영향을 보여 준다. 이 장에서는 서양 문화의 개인주의가 비롯된 역사적 근간을 탐색하면서 종교개혁에서부터 낭만주의에 이르기까지 사회계약 철학자, 법률가, 계몽주의 철학자, 경제 이론가에 대해 간단하게 살펴보았다. 정신분석의 발단은 이러한 개인주의의 진행과 관련이 있다. Freud부터 시작하여 Klein, Erikson, Winnicott, Kohut과 같은 주요 정신분석가들은 개인주의와 대화하고 논쟁하면서 그 중요한 측면을 비판하기도 하였고, 동시에 개인주의 문화에서 잘 기능하기 위해 필요한 심리학적 과정을 기술하기도 하였다. 그 과정에서 개인주의의 다양한 가치와 가정은 별 다른 검열 없이 수용되기도 하였다.

이 장에서는 또한 정신분석과 같은 고도로 개인주의적인 심리학을 인도, 파키스탄, 일본과 같은 근본적으로 다른 문화에서 온 사람들에게 적용할 때 생기는 문제점을 고찰했다. 이를 위해 진화론, 보편주의, 상대주의 이론에서 Sudhir Kakar, Catherine Ewing, Takeo Doi의 업적을 살펴보았다. 이러한 이론은 처음에는 인류학에서 많이 논의되었지만 현재는 정신분석학에서도 활용되고 있다. 비교문화적 정신분석가들은 나름대로 정신분석 영역에 공헌을 하지만, 이들 각각의 접근 방식은 심각한 이론적 문제를 가지고 있다. 따라서 나는 역사적 변화와 영적인 차원, 그리고 역술적인 차원을 고려하면서도 보편성, 가변성, 정상성/정신병리의 문제를 충분히 고려하는 새로운 정신분석적 패러다임을 제시하고자 노력한다.

후주

1. 일본 정신분석가 Akahisa Kondo는 "우리의 개별성은 우리가 말하지 않는 것에 들어 있다."라고 말했다(개인적 서신).

Part 2
아시아와 북미의 접점

다문화와 정신분석 02

이중문화 사이에서 줄타기

■ 재미 인도인 ■

서 론

정신분석가로서 나는 지난 20여 년간 인도와 뉴욕에서 25명이 넘는 인도인 내담자를 분석했고, 정신분석을 하면서 미국적 삶의 방식을 가지고 있는 인도인들을 인터뷰하기도 했다(Roland, 1988, pp. 195-206). 이 장에서는 그 과정에서 알게 된 인도계 미국인과 유럽계 미국인 사이의 문화적 · 심리적 접점(interface)에 대해 기술하고자 한다. 특히 인도식의 미묘한 사회적 관계성과 내면화된 문화적 가치를 미국의 개인주의 문화와 비교하면서, 그들 사이의 부소화와 극단적 차이에 초점을 맞추고자 한다. 또한 완전히 다른 삶의 방식과 한쪽 관점만 택했을 때 쉽게 오해할 수 있는 풍습 사이의 접점에 주목하고자 한다.

인도계 미국인은 오랜 기간에 걸쳐 이중문화라는 줄타기를 하면서 서서히 이중문화적 자기(bicultural self), 혹은 양쪽 문화의 측면을 아우르는 확장된 정체성을 개발해 간다.[1] 인도계 미국인 2세는 자신의 부모와는 또 다른 줄타기를 하면서 매우 다른 이중문화적 자기를 발달시킨다. 미국적 개인주의에 대한 남녀의 반응은 물론 비교문화적 차원에서 상당한 공통점도 있지만, 성별에 따른 편차가 있기도 하다.

이러한 부조화와 갈등의 영역을 자세히 다루기에 앞서, 약 10만 명의 인도인이 미국에서 경제적으로 가장 성공한 이민 공동체를 이루게 된 긍정적인 면에 대해 강조하고자 한다. 1965년 이민법이 완화되어 미국에 훨씬 많은 아시아 이민 인구가 유입되었을 때, 인도에서 온 이민자 대부분은 도시의 교육받은 엘리트였다.[2] 그들 중 2/3는 대학교육을 받았으며(이것은 다른 미국 평균 대학교육자의 두 배가 넘는 수치였다), 그들 대부분은 영어를 유창하게 구사했다.[3] 미국으로 이민 온 사람들 대부분은 공학자이자 과학자이거나[4], 인도 경영 전문학교 출신의 경영학 석사학위자(M.B.A.), 사업가 또는 의사였다. 현재 인도계 의사는 미국 내 의사의 약 10%를 차지하며, 2,500명 이상의 인도계 정신과 의사가 활동하고 있다. 이는 인도의 의사 수보다 많은 수치다. 그들은 주로 상류층의 힌두교 신도이거나, 중류층 또는 중상류층의 힌두교, 이슬람교, 기독교 혹은 조로아스터교 신도다.

현재 미국의 이민 정책은 직업보다는 가족 연계를 중시한다. 따라서 1980년대 이후의 인도계 이민은 주로 기존 이민자들의 친척들을 중심으로 이루어져 왔다. 그런데 이 친척들은 그렇게 제대로 교육받은 사람들이 아니다. 대학교육을 받았다 하더라도 기존 이민자들과 같은 과학적, 사업적 혹은 의학적 배경을 가지고 있지 않다. 그래서 그들은 주로 육체노동을 하는데, 예를 들어 택시 운전을 하거나 그들의 소위 잘나가는 친척 또는 같은 인도계 사람이 운영하는 신문판매점, 식품점, 정유소에서 저임금을 받고 일한다. 이민자가 늘어나면서 미국 내에 인도인이 많아졌고, 그들은 주요 도시나 그 주변 지역에서 자신들이 세운 사원, 모스크, 교회 등을 중심으로 번화한 지역사회를 이루게 되었다. 그들은 또한 자신들을 대표하는 신문, 잡지, TV 프로그램뿐 아니라 자체의 지역사회와 인도계 조직을 갖게 되었다. 미국 내에 인도계 지역사회가 크게 발달하면서 그 지역사회는 사회과학자들, 특히 많은 인도계 사회과학자들의 연구 대상이 되고 있다.[5]

심리적 적응 능력

앞서 언급한 초기 이민자들의 대단한 교육적 기술과 기업가적 혹은 도전적 정신 외에도, 인도인은 미국과 같이 완전히 다른 문화에 적응하는 데 도움이 될 만한 특별한 심리적 능력을 가지고 있다. 첫 번째 능력은 타인에 대해 그리고 주어진 상황의 규준에 대해 레이더로 탐지하는 듯한 예민성이다. 나는 실제로 인도 친구들이 남자든 여자든 익숙하지 않은 상황에서도 무엇이 적절한 것인지 바로 알아차린다는 것을 목격해 왔다.

내가 인터뷰했던 마니샤라는 한 여성은 미국 대학 친구들로부터 자신이 매우 빠르게 미국화되었다는 칭찬을 받았다고 했다. 마니샤는 미국에 와서 규모는 작지만 훌륭한 인문대학에 다니게 되었는데, 그녀는 거기서 여러 가지 활동에 참여하는 것이 중요하다는 것을 바로 알아차렸다. 비록 그러한 기대가 그녀가 뉴델리에서 다닌 대학에서의 기대와는 정반대되는 것이었지만, 그녀는 그 기대에 맞추어 행동했던 것이다. 하지만 그녀는 매달 한 번씩 침대에 하루 종일 누워 있으면서 몸을 추스렸다. 그녀가 대학 활동에 열성을 다한 것은 그것이 그 사회의 규준이라는 것을 인식했기에 나온 행동이었지, 다른 학생들처럼 활동 및 사회생활을 통해 자신의 능력과 개별성을 실현하려는 미국적 개인주의의 중심적 원칙에 해당하는 동기에서 나온 행동은 아니었다.

인도인이 미국에서 수월하게 적응하도록 돕는, 인도인의 심리에 깊숙이 자리하고 있는 또 다른 심리적 역량은 상황을 맥락화하는 능력이다. 즉, 인도인은 별 다른 내적 갈등 없이 서로 다른 집단이나 상황의 다양한 규준을 따를 수 있다. 같은 상황에 처했을 때, 대부분의 미국인은 좀 더 일관적으로 행동하려는 성향 때문에 내적 갈등을 경험할 것이다. 인도인 남녀 모두에게 적용되는 양심 혹은 자아이상에 따르면, 개인은 자신이 처한 시간, 장소, 관련된 사람, 상하관계 등의 맥락에 따라 적절하게 행동해야 한다. 또한 자신이 상대하는 사람의 존중감을 세워 주도록 행동해야 한다. 이는 힌두교적 개념인 달마(dharma)와 관련된 것이다. 달마에 따르면, 다양한 맥락의 관계에 맞추는 것은 적절한 도덕적 행동이 된다. 이는 서양에서는 모든 상황에 적용되는 보편적 도덕성의 원리를 내세우는 것과 매우 대조적이다. 도덕적 행동을 논할 때 미국 여성의 양심은 미국 남성의 양심보다 더 관계지향적이고 상황적이라고 말하는데, 달마는 그러한 미국 여성의 양심보다 훨씬 더 맥락적이다(Gilligan, 1980).

그래서 인도계 미국인은 집에서는 확대가족 내의 서열관계 규준이나 대인관계 방식에 맞추어 행동하면서도 일터나 대학에서는 미국의 개인주의적 가치에 맞게 행동하고 적응할 수 있는 것이다. 그들에게는 미국적 개인주의의 핵심적인 심리학적 차원이 될 수 있는 일관된 정체성에 대한 필요가 훨씬 덜한 것이다. 하지만 인도계 미국인은 미국적 규준과 관계 방식을 내면화하기 시작하면서 두 문화 사이에 나타나는 가치나 관계 양식의 극명한 차이로 인해 이중문화적 자기를 개발해 가는 데 상당한 내적 어려움을 경험한다.[6]

두 개의 정신분석 세미나의 회원이자 리더로 활동하고 있는 비나라는 인도계 동료가 있다. 그녀가 활동하는 한 세미나는 매우 전통적인 성향을, 다른 한 세미나는 매우 혁신적인 성향을 갖고 있다. 비나는 두 집단 모두에서 매우 편안하게 느끼며 전혀 갈등을 경험하지 않는다고 한다. 그녀는 양측에서 많은 것을 배우고 있다. 그런데 내가 아는 미국 정신분석가들은 남자든 여자든 이 두 개의 특정 세미나 집단에 동시에 참여하는 것에 대해 전혀 고려하지 않고 있다. 그들은 그 두 집단이 매우 이질적이고 달라서 자신의 전문가 정체성을 일관되게 유지하는 데 크게 방해가 될 것이라고 보기 때문이다. 비나는 각 집단의 구성원들이 자신이 다른 집단에도 참여하는 것을 아마도 못마땅하게 여길 것이기에 비밀로 하고 있다. 따라서 그녀의 매우 사적인 자기만 이러한 사실을 간직하게 되는데, 이것은 인도인 및 다른 아시아인에게 전형적으로 나타나는 양상이다. 비나의 사아이상은 이처럼 매우 다르면서도 소중한 집단 경험을 성공적으로 담아낼 수 있지만, 그럼에도 그녀는 인도인이면서 미국인이라는 구분되는 양 문화에서 편안해지기 위해 오랫동안 힘든 노력을 했다.

서열관계의 심리사회적 차원

어떤 면에서 모순적이거나, 문제가 되거나, 갈등의 소재가 될 만한 문화적 접점 영역을 이해하려면 인도의 가족 및 집단 서열관계의 심리사회적 차원을 살펴볼 필요가 있다. 인도 서열관계의 심리사회적 차원은 평등하고 계약적 규준을 내세우는 미국적 개인주의와는 매우 다르다. 또 개인주의에서 말하는 자립적이고, 자기결정적이고, 독립적이며, 언어적으로 자기주장을 잘하는 개인의 모습과도 동떨어져 있다. 여기서는 서열의 세 가지 심리사회적 차원과 그 차원들의 상호작용에 초점을 맞춰 기술하고자 한다. 이에 대해서는 나의 이전 책에서 훨씬 자세히 기술한 바 있다(Roland, 1988, pp. 212-223). 서열관계의 심리사회적 차원을 배우면 문화적 · 심리적 접점에서 나타나는 부조화와 갈등을 이해하고, 나아가 아시아인의 정신분석에서의 핵심적인 측면을 이해하게 될 것이다.

공식적 서열관계

가장 쉽게 관찰할 수 있는 심리사회적 차원은 공식적 서열관계다. 이것은 손위관계 혹은 나이 순서와 성별을 바탕으로 하며 모든 확대가족과 다른 집단관계에 적용된다. 인도에서는 대부분 분명한 서열 위계가 세워져 있는데, 성별에 관계없이 연장자가 연소자보다 우위를 차지한다. 형제들 사이에서도 마찬가지다. 그 부인들의 경우에는 형제들의 서열에 따라 서열이 결정된다. 남녀 사이에는 남성이 사회적으로 우위를 차지하는 식으로 서열이 정리되어 있다.[7]

Jai Sinha(1980)라는 사회심리학자는 인도 대학생과 미국 대학생에 대해 연구한 논문에서 사람들의 심리에 깊이 내재되어 있는 인도식의 서열적 가치와 미국식의 평등적 가치의 차이에 대해 기술한 바 있다. 연구에서는 수많은 인도 학생과 미국 학생이 짝을 지어 어떤 과제를 수행하게 되었다. 과제를 수행하는 중간중간에 그들이 어떤 식으로 짝과 협력하고 있는지를 적어 보도록 했다. 그 결과, 인도 학생들의 경우 자신의 짝이 그 과제를 수행하는 데 있어 더 총명한지를 지각한 후에 바로 더 잘하는 사람이 그렇지 않은 사람에게 영향력을 행사하도록 하는 식의 서열관계를 형성했다. 이와 대조적으로 미국 학생들의 경우는 서로에게 지나친 영향력을 행사하지 않도록 상호작용하고 있음을 분명히 표현했다.

인도식의 서열관계에서는 태도와 책임감에 대한 호혜적 기대가 심리적으로 훨씬 중요한 역할을 차지한다. 즉, 하위자와 상위자 모두에게 분명히 기대되는 사회적 에티켓에 대한 호혜적 기대가 존재한다. 그것이 가족관계든 직장관계든 혹은 다른 사회적 관계든 간에, 하위자의 경우 상위자의 기대에 대해 존경하고, 존중하고, 충성하고, 순종하고, 수용하는 것이 당연시되어 있다. 또한 하위자와 정서적으로 관여하고 있는 상위자의 경우 하위자에게 책임감 있게 행동하고, 공감적으로 걱정해 주고, 보살펴 주고, 자유롭게 충고해 주고, 지도 편달을 해 주게 되어 있다. 상위자가 하위자의 실수에 대해 지적해 줄 때는 무척 요령 있게 해 줄 것으로 기대된다. 하위자와 상위자 모두 서로에게 존중감을 보이는데, 이는 상위자는 하위자의 적절한 행동에 대해 조용히 인정해 주고, 하위자는 언제나 상위자를 존경하는 태도로 대하는 방식으로 이루어진다. 누구도 상대방의 존중감을 위협해서는 안 된다. 사실 상대방에게 존중감을 보여 주는 것이 주어진 상황의 사실 여부를 따지는 것보다 중요할 때가 많다.

이러한 호혜적 기대가 상위자나 하위자 한쪽에 의해 충족되지 않을 경우, 상대는 상당히 상처받고 화가 나게 된다. 특히 하위자의 경우, 상담 장면에서 분명히 드러나듯, 잘 돌봐 주지 않는 것 같은 상위자에 대해서는 적절한 사회적 예의를 지키면서도 깊이 상처받고 분노하게 된다. 가족관계에서는 결속과 협동, 상호 애정과 이해, 조화로운 관계를 유지하는 것을 강조한다. 인도인은 어쩔 수 없이 발생한 문제와 갈등을 중재하고 타협하고 해결하는 데 굉장한 노력을 들인다. 이러한 가족관계 내에서의 호혜적인 서열적 기대 중 상당 부분은 가족 밖 타인과의 관계에 대한 기대로 이어진다.

이러한 인도식의 기대와 관계 방식이 북미의 서열관계와 만나면 어떤 일이 생길까? 미국에서는 서열관계가 주로 계약적 권리와 의무에 의해 주도된다. 그 관계 내에 정서적 교감이 있다면 돌봐 주는 관계가 생길 수도 있지만, 특별히 그런 기대를 하고 관계를 맺지는 않는다. 하위자는 보통 스스로 할 일을 해 나갈 수 있는 여지를 훨씬 많이 갖게 되며, 상위자의 관점에 대해 의문을 갖고 도전하기도 한다. 특히 대학교라면 더욱 그렇다. 마찬가지로 상위자는 하위자의 실수에 대해 직설적으로 지적해 주는 편이며, 하위자가 이에 대해 수월하게 받아들일 것으로 기대한다.

인도인을 비롯한 아시아인들의 경우, 직장에서 미국인 상사가 직설적으로 잘못을 지적하면 보통 매우 자존심이 상하게 된다. 그들은 단지 그 정도로 직설적이고 배려 없어 보이는 행동에 익숙하지 못한 것이다. 월가(Wall Street)의 금융 회사에서 일하는 인도인 매니저들이 직설적인 비판이 자신들에게 얼마나 상처가 되는지를 얘기한 적이 있다. 요시코라는 일본 여성은 자신의 상사가 자신의 몇몇 실수를 대놓고 지적한 것에 대해 몹시 불쾌해져 상담을 받으러 오기도 했다(5장 참조).

두 번째로, 인도인 및 다른 아시아인들은 미국인 상사 및 대학 행정직원들이 그들에 대해 관심이 없고, 잘 돌봐 주지 않으며, 적절한 책임감 없이 대한다고 자주 느낀다. 아이비리그 대학에서 법학 학위와 경영학 석사학위를 획득한 유능한 파키스탄 남성이 있었다. 그는 자신이 일 년간 열심히 일했고 좋은 성과를 거두었음에도 상사가 연봉 인상을 제안하지 않는 사실에 대해 기분이 상했다. 상담을 통해 그는 스스로 그것을 요구해야 했다는 사실을 깨닫게 되었다. 실제로 그가 그러한 요구를 했을 때 그는 원하는 것을 얻을 수 있었다. 하지만 그는 자신이 요구하지 않아도 상사가 먼저 연봉을 올려 주기 위해 책임 있게 행동하지 않은 것에 대해 여전히 못마땅해했다. 인도 남성 내담자와의 정신분석적 상담에서 나는 인도 남성 혼자서 작업을 하도록 하기보다는 주로 그가 관계할 수 있는 상사와 함께 뭔가를 시도해 보도록 하는 편이다. 일부 미국인 내담자는 혼자서도 작업을 꽤 잘해 내지만, 인도 남성들은 상위자와 관계하는 상황에서 작업을 훨씬 잘하는 것을 보게 된다.

또 다른 경우를 보면, 월가 금융계에서 좋은 지위에 있는 인도계 미국인들은 자신들이 주어진 과제를 수행하는 방법을 잘 알고 있더라도 어떻게 해야 좋을지에 대해 종종 자신의 상사에게 조언을 구한다. 그들은 단순히 미국 상사들이 자신을 대할 때 좀 더 보살펴 주는 태도를 갖도록 하기 위해 노력하는 것이다. 그런데 조언을 부탁받은 상사들은 그런 문제에 도움이 필요할 정도로 인도계 고용인들이 유능하지 못하다는 태도로 반응한다. 따라서 미국 상사들은 인도계 미국인들에 대해 낮게 평가하게 되고, 이것은 인도계 미국인들의 승진에 어려움을 초래한다.

다양한 상황에서 보통 미국인은 인도계 미국인이 지나치게 순응적이고 수동적이라고 보는 경향이 있다. 그것은 인도계 미국인의 타인을 존중하는 태도, 겸손하게 자신을 낮추는 모습, 수용성을 수동성과 자기주장 부족으로 완전히 오해하고 있기 때문이다. 일반적으로 이러한 오해는 대학교 강의실에서 찾아볼 수 있다. 미국 교수는 인도계 미국인과 다른 아시아계 미국인이 조용히 있는 것을 보고 그들이 자기주장을 할 줄 모르거나 언어적 표현을 꺼린다고 여긴다. 그런데 사실 그들은 조용히 있음으로써 교수에 대한 존중과 존경을 표현하고 있는 것이다. 그들에게 수업 시간은 교수에게 배우는 시간이지 자신의 의견을 표현하는 시간이 아니다.

나의 정신분석 상담소에는 매우 유능하고 자기주장도 잘하는 인도계 미국 여성이 있다. 그녀는 규모가 큰 정신건강 클리닉의 소장으로 있으면서 많은 일을 감당했다. 그런데 대학원 때 평가위원회에서 그녀가 수업 시간과 세미나 때 발표를 하지 않는 것을 상대에 대해 적절하게 존중하는 모습이 아닌 병리적 수동성으로 평가해 졸업을 못하게 된 적이 있었다. 평가위원회에서는 그녀가 수동성의 문제를 다루기 위해서는 더 많은 정신분석이 필요하다고 판단했던 것이다. 또 다른 예로, 뭄바이에 있는 대학에서 똑부러지게 하고 싶은 말을 잘하기로 소문난 한 인도계 여성 대학생이 있었다. 그렇게 말을 잘하던 그녀도 자신의 미국계 멘토의 의견에 대해 의문을 갖고 반박하는 것은 정말 힘들다고 털어놓았다. 미국계 멘토가 질문하고 반박해 보라고 해도 그 심리적 어려움은 마찬가지였다. 그녀는 나와의 분석과정에서 "우리는 순종하도록 길러져요."라고 말했다.

네 번째로, 인도의 가족 서열관계는 아동 및 청소년에게 자신이 하고 싶은 것을 주장하거나 스스로 결정하는 것을 지양하게 만든다. 그들은 크든 작든 모든 문제에 대해 가족 내 어른들의 지시, 안내, 충고를 받고 의지하도록 길러진다. 그런데 사실 상담을 해 보면 인도인 여성과 남성 모두 나이 많은 오빠나 형 같은 사람이 자신을 실망시켰을 경우 상담 회기 중에 그에 대해 상당한 분노를 표현한다. 인도의 서열관계와 대조적으로, 미국의 개인주의에서는 모든 문제에 대해 자발적이며 스스로 선택하고 결정하는 것을 중요한 원칙으로 삼는다. 이러한 원칙하에서 미국인은 결혼과 직업과 같은 문제의 중요한 결정도 스스로 하게 되며, 부모보다는 가족 밖 관계인 동료 집단의 영향을 더 크게 받게 된다.

인도계 이민자들은 남녀 불문하고, 또 국제적으로 인정받는 과학자와 같이 자신의 분야에서 성공한 사람이라 할지라도 상담에서 자신들이 독립적이도록 양육되지 않았음을 분명히 밝힌다. 그들의 관점에서는 미국에서는 모든 결정을 스스로 해야 하고 자신들이 원하는 것을 얻기 위해 주도성을 발휘하고 자기주장을 해야 한다는 것이 무척 짐스러운 일이다. 그렇다고 해서 스스로 결정하고 주도성을 발휘하는 인도인들이 없는 것은 아니다. 그렇게 행동하는 인도인도 많다. 단지 그들의 내면세계 깊숙이 자리한 가족적 차원의 다양한 자신의 욕구가 돌봄 받기를 기대하는 마음에 도전이 되는 것이다.

인도인들은 바로 이러한 영역에서 서서히 이중문화적 자기를 형성해 가게 된다. 미국이라는 환경에서 그들은 의사결정을 더 자율적으로 하게 되고, 인도인들만 있는 상황에서 보다 더 분명히 자기주장을 하면서 높은 수준의 주도성과 독립성을 나타내게 된다. 동시에 인도 가족 및 집단에서의 서열관계에서는 대인관계적 예민성과 정서적 연결성과 연계성을 유지한다. 그들은 가족적 자기(familial self)의 다양한 측면을 유지하면서도 더 큰 개별화와 독립된 정체성을 향해 나아가게 되는 것이다. 인도계 여성 전문인들의 말을 빌리자면, 그들은 대중 앞에서 특히 겸손하고 자신을 내세우지 않는 자세를 갖도록 길러졌기에, 미국적 직업 환경에서 성공하는 데 필요한 자기주장성, 경쟁심, 언어적 표현 능력을 기르기 위해 훨씬 더 힘든 시간을 겪게 될 수 있다. 내가 이중문화적 자기라고 명명한 것(사실 나는 한 콘퍼런스에서 인도계 교수가 이러한 용어를 사용해서 이 표현을 처음 접하게 되었다)은 다양한 정도와 양식을 가지고 두 문화를 융합해 가는 것으로, 다양한 정도의 중압감, 고통, 갈등과 함께 발달해 간다.

미국인과 결혼한 한 여성은 뉴욕에서 10년 넘게 살고서야 비로소 자신의 인도인 친척과 미국 가족 및 친구 모두 앞에서 편안함을 느끼게 되었다고 했다. 그녀는 전에는 인도인과 함께 있을 때와 미국인과 함께 있을 때 다른 두 개의 자기를 가진 것처럼 느꼈다고 한다. 그 두 개의 자기는 내적 정서가 상반되어 서로 부조화를 이루었다. 긴 세월을 통해 그녀는 마침내 한 자기와 다른 한 자기 사이를 편안하게 오갈 수 있게 되었다.[8] 비슷한 예로, 인도에 가족을 두고 미국에서 일하고 있는 또 다른 인도 여성은 한동안 미국적 직업 환경에서 충분히 자기주장을 하기까지 상당한 스트레스를 받았다고 한다. 그런데 인도에 가족을 방문하러 가면 그녀의 가족들은 그녀를 지나치게 이기적이고 자기중심적이라고 생각했다. 그녀 가족의 관점에서 보면 그녀는 지나치게 미국화되었던 것이다. 그런 면에서 그녀는 분명 일정 부분 미국적 개인주의를 흡수하면서 이중문화적 자기를 발달시킨 것이다.

인도인과 미국인 간의 결혼을 보면 인도식 서열 문화와 미국적 평등주의 문화 사이에 상당한 부조화가 있음을 알 수 있다. 미국 여성과 결혼한 한 인도 남성은 자신의 부인이 자신에 대한 존중감을 덜 표현하는 것이 마치 자신을 거절하는 것처럼 느껴진다고 한다. 그런가 하면 미국 남성과 결혼한 인도 여성은 남편의 평등주의적 태도에 대해 둘이 동등한 입장에서 함께 결정해 가는 것은 남편이 부부관계에서 적절한 책임을 지지 않는 것으로 느낀다.

자질에 따른 서열

인도의 서열관계에서 두 번째로 중요한 심리사회적 차원은 개인의 자질에 따른 서열이다. 인도인을 비롯한 아시아인들은 사회적 지위가 높은 사람과 진짜로 훌륭한 자질을 가진 사람을 조용히 속으로 구별한다. 지위가 높은 사람과 훌륭한 사람은 같은 사람일 수도 있지만 아닐 수도 있다. 아들이나 딸, 남동생, 아내, 하인, 남동생과 결혼한 시누이는 사회적 서열은 낮지만 훌륭한 자질을 가지고 있을 수 있다. 진정한 존경, 이상화, 숭배의 마음은 자질이 우수한 사람들에게 향하고, 그 마음속에는 그 사람과 될 수 있는 한 가까워지고 싶은 소망도 들어 있다. 복잡한 차원의 상황에서는 자질적으로 더 훌륭한 사람이 사회적 서열이 낮아 지위상으로만 높은 자리에 있는 사람들을 적절히 공경하고 그들의 지시를 따라야 할 일이 생기기도 한다.

한 인도인 대학원생이 미국 대학원 동료들이 그다지 별 볼 일 없는 것 같은 몇몇 교수를 폄하하는 모습을 보고 놀랐다고 한 적이 있다. 그녀 역시 동료들처럼 그 교수들이 그리 훌륭하지 못하다는 것을 분명하게 인식하고 있었으나, 그래도 그 교수들을 존중해야 한다고 굳게 믿고 있었다. 다른 예로, 월가에서 일하는 어떤 인도인들은 자신들만큼 똑똑하거나 제대로 교육받지 못한 것이 분명한 회사 상사들 때문에 무척 힘들어했다고 한다. 그럼에도 그들은 여전히 상사들을 대할 때 존중과 존경의 태도로 일관했다.

서열적 친밀관계

정서적 친밀함의 심리사회적 차원은 인도 및 아시아의 가족적 서열관계를 이해하는 데 핵심적이다. 가족 및 친족 관계 내의 매우 개인적이고 정서적으로 친밀한 관계는 우선 정동(affect)과 수용성(responsivenecs)을 동반한 구성원들 사이의 지속적인 강력한 정서 결합이 특징이다. 이 관계는 또한 보통 애정과 온정이 있는 정서적 분위기에서 서로 부탁하고 들어주고 하는 상호 간의 지극한 돌봄, 의존 및 상호 의존이 특징이다. 나아가 이 관계에서는 서로의 감정과 필요에 대해 상대방이 말하지 않아도 매우 공감적이고 비언어적인 감수성을 가지고 반응하게 되어 있다. 이러한 기대가 충족되지 않으면 상당한 상처와 분노를 경험하게 된다. 하지만 타인에 대한 정서적 유대감이 언제나 중심에 있기 때문에 분노와 같은 파괴적 감정은 보통 그 관계를 망치지 않기 위해 사용되는 다양한 무의식적 방어 기제를 통해 잘 해소되거나 방어된다.

인도인 및 다른 아시아인들이 우리-자기라는 경험적 감(感)을 키워 가는 것은 바로 이러한 서열적 친밀관계 영역에서다. 그들이 경험하는 우리-자기는 나와 너의 심상 사이를 분명히 구별 짓는 서양적 개인주의적 나-자기와 대조된다. 그들에게 외부 자아 경계는 타인과 반합체 관계를 훨씬 더 잘 이루도록 발달해 간다. 그러면서 정말 사적인 자기는 따로 유지한다. 이것은 미국인의 경우 사적 자기는 덜 갖는 대신 자기충족적 외부 경계를 분명히 하는 것과 대조적이다. 인도인들은 자신보다는 상대방의 감정과 기분, 요구와 욕구에 훨씬 더 공감적으로 조율되어 있는 편이다. 대신에 자신이 언어적으로 표현하지 않아도 상대방 역시 호혜적으로 자신이 하는 것처럼 충분히 조율해 주기를 기대한다. 이러한 현상은 본능적으로 바라고 요구하는 자기가 돌봄을 베푸는 상대에게 자유롭게 의존하면서 동시에 상대방을 그런 식으로 돌봐 주는 맥락에서 나타난다. 이런 것이 내가 말하는 가족적 자기의 특징적 양상이다.

미국인과의 문화적 · 심리학적 접점에서 가장 두드러지는 차이를 보여 주는 것 역시 이러한 서열적 친밀관계 영역이다. 인도인은 미국 방식의 관계가 진실한 공감의 수준이 낮아, 인도인 자신이 기대한 것보다 서로에게 존중감을 보여 주는 것에 상대적으로 덜 민감하다고 평가한다. 인도의 친밀한 관계에서는 따뜻하게 보살펴 주고 공감해 주는 태도가 매우 특징적으로 나타나는데, 미국식 관계에서는 그러한 태도를 자주 경험할 수 없다. 그래서 미국식 방식의 관계에서 살고 있는 한 인도 여성은 정서적 재충전을 위해 주기적으로 인도의 고향으로 돌아온다고 한다. 인도인들에게는 상호 교환 혹은 지속적인 상호 간의 온정과 관심의 정서적 교류, 우리다움(we-ness), 어느 정도의 합체감이 놀랄 정도로 많은데, 이러한 정서는 개인이 매우 자기충족적으로 기능하는 미국적 관계에서는 쉽게 경험할 수 없다. 한 인도 심리학자는 이러한 현상을 편리와 불편의 연속선상에서 설명했다. 그에 따르면, 미국인이 연속선상에서 편리 쪽으로 많이 치우쳐 있다면 인도인은 친밀관계가 지속적인 상호 교환을 이루는 과정에서 불편을 수용하고 있는 것이다.

편리와 불편의 연속선을 보여 주는 예를 들어 보겠다. 미국을 방문하는 친척과 친구를 마중하기 위해 뉴욕에 있는 JFK 공항에 항상 가야 했던 인도인 친구가 있었다. 공항에서 택시를 타면 그의 집에 오는 데 20분 정도면 충분했고, 그가 공항에 마중을 가려면 한 시간 반 동안 지하철을 타고 가야 했다. 그래도 그는 자신의 친척이나 친구에게 택시를 타고 오라고 해서는 안 된다고 생각했다. 대부분의 미국인은 자신의 손님에게 주소를 주고 택시를 타고 오라고 말할 것이다.

접점의 반대편에서 미국인은 인도인이 친밀감을 구하는 것을 어떻게 경험할까? 미국인의 반응을 이해하려면 인도 및 다른 아시아의 서열관계에서 항상 일어나는 미묘한 정서적 교류를 제대로 이해해야 한다. 인도와 유교 문화권에 있는 동아시아 문화에서 보여 주는 내집단 관계와 외집단 관계의 속성 또한 잘 알아야 한다. 인도에서는 이러한 내집단, 외집단 관계가 '우리' 대 '타인'으로 구분되며, 일본에서는 우치와 소토로 구별된다. 내가 관찰한 바에 따르면 서양인들은 이러한 정서적 교류를 별로 이해하지 못한다.

인도에서는 가족 및 지역사회 내에서 더욱 친밀한 서열관계를 형성한다. 일본의 경우는 장기간 일한 직장이나 다른 집단에서도 그러한 친밀한 서열관계를 형성한다. 이처럼 내부 관계라고 부를 수 있는 데서 하위자는 상위자에게 상당히 의존한다(Doi, 1973; Kakar, 1978; Roland, 1988). 또한 상위자가 하위자를 대할 때에는 공감적이고 헌신적일 것을 비언어적으로 상당히 기대한다. 이는 미국적 이상인 독립성 및 자족성과는 정반대된다. 심리학적으로 풀어 보면, 의존적인 부탁은 사실 져 주는 것이며, 상대방으로 하여금 보살핌의 상위자라는 자아 이상을 충족시킬 수 있도록 존중감을 보여 주는 것이다. 이것은 여자들 또는 남자들 관계에 모두 적용된다. 인도인이나 다른 아시아인 남성의 경우는 오랜 기간 동안 어머니와 매우 밀착된 관계를 가지면서 모성적이고 여성적인 요소를 갖는다. 모든 상황이 양호할 때는 이러한 서열관계에서 의존성과 존중감이 미묘하게 교환된다. 물론 이러한 관계에 문제가 생길 때도 있다.

유교적 규범을 따르는 일본인이나 기타 동아시아인의 외부 관계는 어떤 격식을 차린 예의범절보다는 의존적 필요와 요구에 의해 정해진다는 것을 알 수 있다. 그런 점에서 상당히 차이가 있을 수 있겠지만, 인도인은 외부 관계에서 의존적이 되고 많은 요구를 하면서 친밀성 및 정서적 교류의 가능성을 끊임없이 테스트한다. 그들은 외부 관계를 내부 관계로 바꾸어 친척이나 자기 사람들이라는 궤도 안으로 끌어들이길 바란다(B. K. Ramunujam, 개인적 서신).

유럽계 미국인은 이러한 요청이 자신의 자기존중감을 향상시켜 준다고 여기지 않는다. 오히려 내가 만났던 많은 사람은 그런 요청이 자신의 자율성과 사생활을 방해한다고 불평하면서, 그런 요청을 받으면 짜증이 나고 그런 요청을 하는 인도인을 매우 과격하거나 조작적이라고 생각하게 된다고 했다. 문화 간 오해를 보여 주는 좋은 사례가 있다. 나는 내 친한 인도 친구의 남편인 수닐이 직장을 찾고 있어서 큰 회사에서 높은 지위에 있는 칼에게 소개한 적이 있다. 수닐은 당시 막 이민 온 상태였으며 훌륭한 자질을 갖추고 있고 매우 괜찮은 사람이었다. 실제로 칼은 수닐을 인터뷰하고 나서 매우 좋은 인상을 받았고 그가 매우 마음에 들었다고 우리에게 말했다. 칼은 수닐에게 괜찮은 자리가 생기면 곧 연락하겠다고 말했다. 그런데 몇 달이 지난 후 칼은 우리에게 수닐이 매주 전화를 해서 너무 성가시다고 했다. 칼은 수닐의 행동을 자신의 시간과 사생활에 대한 침해로 여겼다. 하지만 수닐은 자신의 가족이 우리와 가까운 친구이고, 내가 가족처럼 가깝게 지내는 칼에게 그를 소개해 주었기에 칼에게 매주 전화하는 것을 매우 자연스러운 일로 여겼다. 양측의 문화적 오해로 칼은 언짢은 반응을 보였던 것이다.

페이스 대학(Pace University)의 역사학 교수인 내 아내는 수닐과 칼의 경우와 비슷한 사례를 들려주었다. 크리스마스가 되기 몇 주 전, 그녀의 수업을 듣는 인도계 미국 학생이 그녀를 찾아와서 기말고사를 원래 예정되어 있는 날짜보다 한 주 앞당겨서 보게 해 달라고 부탁했다. 내 아내는 그 요구를 들어주었다. 다음 날 그는 또 와서 자신이 같은 요구를 다른 두 명의 교수에게 했는데 그들이 자신의 요구를 거절했다며, 내 아내에게 자기 대신 그 두 교수에게 마음을 바꿔 달라고 말해 줄 수 없느냐고 물었다.

보통 미국인들은 이러한 요구를 무척 다루기 힘들어한다. 이것은 보통 학생들이 요청하는 경계를 넘어서는 일이기 때문이다. 대부분의 미국 교수들은 그러한 요구에 화를 내고, 그것을 조작적이라고 치부하며, 그렇게 할 수 없다고 말할 뿐 아니라 불쾌한 감정도 함께 전달할 것이다. 다행히 내 아내는 자신이 그 학생의 요구를 처음으로 들어주었기 때문에 그 학생이 자신을 마치 가족 중 연장자처럼 돌봐 주는 사람으로 보고 있다는 것을 깨달았다. 그 학생이 바라는 것이 지지적인 서열관계라는 것을 알아차리고, 내 아내는 그 학생을 끝까지 친절하게 대할 수 있었다. 그리고 단지 다른 교수들에게 대신 말해 줄 수는 없다고 알려 주었다.

Christine Futina는 회사의 경력 자문가이면서 인도인의 심리를 잘 아는 사람이다. 그녀는 나에게 인도식의 지나친 부탁하기와 들어주기는 회사생활에 문제가 될 수 있다고 알려 주었다. 미국 남성과 비교해 볼 때, 인도계 미국 남성은 지나칠 정도로 관대하며 뭘 해주겠다는 약속을 잘한다. 인도 남성은 이러한 약속 중 상당 부분을 지키지 않지만, 친밀한 관계를 증진시키려는 좋은 마음에서 약속을 하는 것이다. 그들은 이러한 행동의 암묵적 의미를 자신의 문화 속에서 습득했던 것이다.

Christine이 말한 대로 문화적 오해의 영역은 개인의 바람을 조작하고 타협하는 부분을 포함한다. 이러한 조작과 타협은 인도인의 삶에서는 일상적이지만 미국의 회사 임원들에게는 달갑지 않다. 미국의 회사 임원들은 인도계 미국인이 매우 교활하고 교묘해서 그런 행동을 한다고 오해한다. 사실 이러한 조작과 타협의 과정에는 일반적인 인도인이 공적 관계에서도 지지적인 대인관계를 만들어 가려는 노력이 포함되어 있는 것이다. 하지만 미국 회사의 기업 풍토는 회사에 대한 충성심을 바탕으로 일하는 과정에서 개인적 권력 기반이 은밀하게 형성된다. 이 때문에 미국인은 인도인의 이러한 노력을 경시하는 것이다. 이러한 문화적 오해 때문에 결국 인도계 미국 남성은 자신을 증명하기 위해 다른 미국인보다 훨씬 더 노력하게 된다. 따라서 인도인은 사람들이 선입견을 가지고 자신을 대하는 것을 경험하며 회사에서 승진하기 어렵다고 생각한다.

경험적 자기

내가 전에도 쓴 적이 있듯이(Roland, 1988, pp. 203-204), 매우 성취적인 인도인조차 그냥 가만히 앉아서 자신의 생각, 느낌, 환상에 도취되거나, 다른 사람들과 수다를 떨거나, 별 하는 일 없이 꾸물거리며 수많은 시간을 보낼 수 있다. 그들은 그 과정에서 죄책감이나 성취 지향적 활동을 해야 할 것 같은 충동을 느끼지 않는다. 미국인은 주로 성취 지향적 활동에 대한 충동을 느끼며, 항상 활동과 일을 통해 자신의 정체성을 증명하고 공고하게 한다. 그런 면에서 인도인은 존재 자체에 대해 훨씬 만족하고 있다. 개인화된 존재와 정체성을 이루기 위해 끊임없이 노력하지 않아도 말이다.

그렇지만 미국에서 한동안 지낸 인도계 미국인은 때때로 존재하기(being)와 존재되어 가기(becoming)에 대해 두 문화 사이에 있는 너무나 다른 양식 때문에 혼란을 겪는다. 일전에 한 중년 기혼 여성인 수시마가 불시에 내게 전화를 한 적이 있었다. 수시마는 남편 및 세 자녀와 함께 오하이오 주에 살았다. 그녀는 내 책을 읽고는 나와 전화로 몇 차례 상담을 하는 것이 자신에게 도움이 될 것이라고 생각했던 것 같다. 그녀는 사실 그전에도 미국 여성 정신분석가에게 분석을 받은 적이 있었다. 그 상담 경험도 수시마에게 상당히 도움이 되었는데, 그녀는 상담을 통해 문학 분야에서 대학원 진학을 하고 서서히 자신의 경력을 쌓아 갈 수 있었다. 수시마는 인도 남부 지방의 교육 수준이 높은 엘리트 집안 출신으로 일류 대학을 나왔다. 그럼에도 미국에 와서 자기주장을 잘하고 성취 지향적인 자기를 개발해 가려니 도움이 필요했던 것이다. 그녀의 남편은 매우 인정받는 회사 간부로, 수시마가 미국에서 적응적인 자기의 측면을 개발하려고 노력하는 것을 충분히 지지해 주었다.

수시마는 이번에 또 다른 갈등을 겪게 되면서 자신의 인도인적인 면을 더 잘 이해해 주는 상담자가 필요하다고 느꼈던 것이다. 처음에 그녀는 남편이 퇴근하고 집에 와서 그냥 있으면서 어영부영 시간을 보내는 것에 대해 불평했다. 그녀는 남편이 그렇게 시간을 보낼 때 경멸하는 눈으로 남편을 보게 되었고, 자신이 이런 남자와 얼마나 더 살아갈 수 있을까 생각했다. 그러면서 자신의 결혼생활에 화가 많이 났다. 전화상담이 진행되면서, 그녀는 자신이 과거에 받았던 상담, 대학원 생활, 시간제로 했던 일을 털어놓았고, 자신이 직장에서 당당하게 자기표현을 할 때 얼마나 좋았는지를 얘기했다.

그러다가 자신의 시어머니와 자기보다 나이가 많은 세 시누이 얘기가 나왔는데, 그들은 여섯 달 정도 미국에 머물렀고 곧 인도로 돌아갈 예정이라고 했다. 수시마는 그들과 정말 잘 지냈다. 그들과 함께 있을 때는 그냥 있으면서 그들하고 계속 수다 떨며 만족했고,

야망이나 목표 따위는 안중에 없었다. 그런데 사실 수시마는 자신이 원래 가졌던 인도식의 존재 방식과 미국에 와서 획득한 존재 방식 사이에 갈등을 느끼기 시작했던 것이다. 그녀가 미국식으로 자기주장을 잘하고 성취 지향적인 모습으로 있을 때는 인도식의 자신의 모습을 폄하했다. 따라서 자신의 남편이 이러한 모습을 보일 때도 투사적 동일시로 남편을 폄하했다. 내가 이러한 면을 해석해 주자, 그녀는 어떨 때는 인도인으로 존재하고, 또 자신이 원할 때는 성취 지향적이 될 수 있다는 사실을 받아들이게 되었다. 그러자 그녀가 남편에게 느꼈던 극도의 불만은 사라졌다. 전화상담을 받으면서 수시마는 존재하기와 존재되어 가기라는 이중문화 줄타기의 위기 상황을 잘 극복할 수 있었다. 동시에 그녀는 자신의 이중문화적 자기를 확장할 수 있었다.

인도계 미국인 2세의 이중문화적 자기

인도계 미국인 2세의 이중문화적 자기는 이민 세대와 완전히 다르지는 않더라도 의미 있는 차이가 있다. 개인화된 자기(individualized self, Roland, 1988, 1장)는 미국적 개인주의의 지배적 시대정신 및 관계 양상과 잘 조화된다. 이민 2세대에 와서는 1세대 때보다 이 개인화된 자기가 훨씬 확고하게 자리 잡았다. 미국 학교에서 교육을 받고 미국 사회의 분위기를 경험하며 자란 이민 2세대는 스스로 의사결정을 하고, 당당하게 자기 할 말을 하면서 경쟁하며, 언어적으로 표현하는 것을 훨씬 수월하게 받아들인다. 그들은 전반적으로 미국적 삶의 방식과 잘 타협해 간다.

동시에 그들은 가족 내에서 자라면서 이중문화적 자기에서 인도인의 측면도 깊이 내면화한다. 그래서 2세대 역시 가족 내에서 우리-자기를 통해 강한 정서적 유대감, 응집감, 상호 의존감을 유지한다. 또한 그들은 부모의 기대에 매우 민감하며 영향을 많이 받는다. 나아가 가족의 명성에 대해, 그리고 자신의 행동을 타인이 어떻게 볼지에 대해 신경을 많이 쓴다. 그들은 이중문화적 자기의 양면이 확장되어 가면서 종종 상당한 갈등과 혼란을 느낀다. 그래서 2세대는 스스로를 '미국에서 태어난 혼란스러운 인도인'이라는 의미로 ABCD(American-born confused Desai[Indian])라고 재미있게 지칭하기도 한다.

세대 간 갈등은 제대로 교육받고 경제적으로도 여유 있는 부모가 자신이 자라면서 습득한 가치를 고수하면서 자주 일어난다. 물론 그들의 가치는 현재 인도의 도심에서 볼 수 있는 것보다 훨씬 보수적이다. 미국 역사를 보면 이러한 갈등 양상은 이민자들에게 공통적으로 나타나는 현상이다. 이민 1세대의 경우 미국적 개인주의를 경험하면 자신의 원래 정체성을 더욱 고수하려고 하는데, 만약 그들이 계속 인도에 살았다면 그 정체성은 서서히 변했을 것이다. 인도 이민 세대의 전통주의는 자주 2세대와 충돌하는데, 특히 자신이 하는 것에 대해 할 말이 많은 청소년들의 경우 이러한 양상이 더욱 두드러진다.

이러한 갈등은 전형적인 미국식의 데이트 행동에서도 나타난다. 특히 딸의 경우, 자신의 딸이 미국식의 데이트를 하면 딸에게 이울리는 중매결혼을 생각하고 있는 이민 1세대 부모는 크게 걱정한다.

한편, 딸은 의사결정에 있어서 훨씬 많은 선택권을 원한다. 그러면서 부모가 근심하는 것에 대해서도 생각한다. 어떤 가족은 딸에게 극단적인 귀가 시간을 정해 준다. 내가 아는 한 여대생은 집에 10분만 늦게 들어가도 체벌을 받는다.

자신의 아들이 인도인이 좋은 직업이라고 생각하는 의학, 공학, 과학, 재무와 같은 전형적 직업 분야가 아닌 분야에 관심이 있을 경우, 부모의 기대는 아들에게 부담스러울 수 있다. 극단적으로 어떤 부모는 아들이 대학에서 문학을 전공하자 의과나 과학 관련 전공으로 바꾸지 않으면 학비를 끊어 버리겠다고 협박했다고 한다. 이민 2세대는 부모의 기대와 미국 문화에서 배운 자율성 사이의 부조화를 잘 다루는 편이다. 그들은 자신의 이중문화적 자기의 각 부분을 두 가지 삶의 환경에 분리해 놓고 적용한다. 즉, 집에 있을 때는 인도인으로, 집 밖에서 활동할 때는 미국인으로 지내는 것이다. 이 경우 부모도 또 다른 미국인들도 그 사람의 이면을 잘 알지 못한다.

타국에서 온 많은 이민자가 공통적으로 겪는 또 다른 문제는 미국식으로 자란 아이들이 미국에서의 일을 처리해 가면서 부모를 가이드해 주는 부모 역할을 하게 될 때 생긴다. 이런 갈등은 주로 직장생활을 하지 않는 어머니와 함께 있는 자녀에게 적용된다. 자녀이면서 부모 역할을 하는 것은 때로 그 자녀를 혼란스럽게 만든다.

때때로 인도계 미국인 2세는 부모의 태도가 전통 인도 문화나 인도 지역사회(jati)의 규범에 근원을 두고 있다는 것을 알지 못한다. 지타라는 아주 똑똑한 젊은 여성의 경우가 그랬다. 그녀는 몇몇 아이비리그 대학들로부터 입학 허가를 받았지만 그녀의 부모는 그 대학에 다니는 것을 허락하지 않았다. 그녀가 다녔던 고등학교의 상담자가 여러 번 권고한 후에야 부모는 지타가 좋은 대학에 진학하는 것을 허락했다. 단, 지타가 과학을 전공해야만 한다는 조건을 달았다. 지타는 상담에서 이 문제를 다루면서 자신의 부모가 사실 그녀가 너무 좋은 대학에 진학하면 괜찮은 젊은 인도 남자와 결혼하지 못하게 될까 봐 무척 걱정하고 있었다는 것을 이해하게 되었다. 지역사회 규준은 젊은 여성이 지나치게 교육을 잘 받으면 안 된다는 것이었다. 왜냐하면 그렇게 좋은 대학에 입학한 청년이 극소수이기 때문이다. 보통 신랑 측 부모는 자기 아들보다 교육을 더 잘 받은 여성을 며느리로 맞고 싶어 하지 않는다.

또 다른 사례를 보자. 마두는 성적이 매우 우수한 여고생이었다. 그녀의 부모는 그녀가 공부를 잘하는 것에 대해 칭찬을 거의 하지 않았다. 그러한 부모의 태도는 그녀의 자기존중감에 부정적인 영향을 미쳤다. 상담에서 이 문제를 다루면서 그녀는 부모가 자신을 칭찬하지 않은 것에 대한 문화적 의미를 깨닫기 시작했다. 그것은 친척들의 시기를 피하는 것이었고, 곧 악마의 눈(evil eye)을 피하는 것이었다. 또한 인도 문화에서는 부모가 자기 자식을 칭찬하는 것을 매우 무례하게 여긴다. 우리-자기라는 관점에서 자신의 아이를 칭찬하는 것은 곧 자신에 대해 자랑하듯 떠벌리는 것과 마찬가지이기 때문이다. 더구나 아이를 칭찬해서 아이의 자아를 세워 주면 아이는 자신의 참모습인 아트만(atman)* 또는 영적 자기(spiritual self)에서 멀어진다고 여긴다. 현재 미국에서는 아이에게 자신감을 심어 주기 위해 공개적으로 칭찬하고 격려하는 것에 가치를 두는데, 이는

* 역자 주: 있는 그대로의 모습을 뜻하는 힌두 용어.

인도 문화와 대조를 이룬다. 마두는 나중에야 자신의 부모가 사실은 자신을 매우 자랑스러워했다는 것을 알았다.

인도인 2세대와 그들의 1세대 부모 및 시부모 사이의 문화적 충돌은 가족 내 불화를 다룰 때도 나타난다. 이민 2세대 여성인 니티는 자기 아들 돌잔치라는 중요한 행사에 시누이가 오지 않아서 무척 상처받고 화가 났다. 니티는 시댁에 이 문제뿐 아니라 다른 문제에 대해서도 얘기할 수 없다고 느꼈다. 문제를 말하면 시댁 식구들이 자신을 이상하거나 건강치 못한 사람으로 취급할까 봐 걱정되었던 것이다. 그렇다고 친정 부모에게 위로를 받았던 것도 아니다. 친청 부모는 이 문제가 별것 아닌 것처럼 말하거나 니티가 며느리로서 시댁 식구에게 맞추는 것이 당연한 도리라는 식으로 말했다. 인도 가족의 가치체계 내에서는 화목한 외양을 유지하기 위해 모든 갈등과 불화는 묻어 두어야 했다. 공개적으로 문제를 얘기하고 갈등을 풀려고 노력하는 니티의 미국식 태도와는 반대였다. 가족들이 이런 식으로 갈등을 피해 가는 것이 니티의 미국화된 자기에게는 무척 못마땅했다. 하지만 이 모든 내면적 갈등은 니티가 시댁 식구들과의 관계를 무척 중요하게 생각하고, 시댁 식구들은 자신들에게 잘해 주고 지지적이길 기대하며, 또 그녀가 시댁 식구와 좋은 관계를 가져 보고자 기대하는 것에서 비롯된 것이었다. 그런데 이러한 기대는 젊은 기혼 여성들이 흔히 갖는 기대다.

미국에서 인도인의 가족관계

여기서 다룰 필요가 있는 또 다른 영역은 미국 내에서의 인도인들의 결혼생활과 더불어, 이중문화 줄타기를 하고 있는 남편, 아내, 아이들 사이에 생겨나는 문제와 갈등이다. 최근 몇 년 동안 그들의 친척들이 미국으로 더 많이 유입되었다. 하지만 그전까지만 해도 대부분의 인도 가족은 핵가족을 중심으로 살았고, 친척들의 지지체계가 없었다. 지역사회 연합을 만들고 그 구성원들끼리 친분을 쌓을 만한 수도 되지 않았다. 그래서 미국에 거주하는 인도 부부는 인도의 전형적 부부보다 서로에게 훨씬 더 의지하는 상황이 되었다. 나는 어떤 부부들은 인도에서 살았으면 그렇지 않았을 텐데 미국에 살아서 훨씬 빠른 시일 내에 사이가 많이 친밀해졌고 많은 의사결정을 함께 할 수 있었다는 얘기를 들었다. 그들의 관계는 매우 원만해지고 있었다. 하지만 다툼이 있을 때 그것을 중재해 줄 만한 친척은 거의 없었다고 한다.

미국에 살면서 자주 발생하는 부부 갈등 중 하나로는 아내가 구타당하는 일을 들 수 있다. 그래서 뉴욕과 시카고에는 구타당한 여성들을 돌봐 주고 보호하기 위한 인도 조직들이 생겨났다. 이런 여성들은 주로 중상류층의 교육이 잘된 가정 출신이며, 그 남편들은 대부분 음주나 마약 문제를 전혀 가지고 있지 않았다. 뭄바이와 뉴델리에서 일하는 남녀 상담자들을 인터뷰해 보니, 비슷한 배경을 가진 부부의 경우 인도에서는 미국에서보다 아내가 구타당하는 일이 더 적은 듯했다.

어떤 관계에서건 개인적 갈등은 있을 수 있지만, 미국에 사는 인도인의 경우 특별한 문화적 이슈와 더불어 미국이라는 사회적 분위기 때문에 부부 갈등이 심화될 수 있다. 인도계 미국인 남편의 경우, 미국 회사는 인도적 서열관계에서 보여 주는 호혜적 책임감에 대한 기대가 없기 때문에 자신의 상사가 자신을 잘 돌봐 주지 않는다고 느낀다. 상사의 직설적인 비판 때문에 상처도 받는다. 열심히 일해서 자신이 상사 지위를 획득했을 때는 자신이 기대했던 존경과 존중이 없어서 힘들어한다. 게다가 앞서 언급한 문화 간 오해 때문에 사람들이 자신을 경시하는 듯한 경험을 자주 하게 되면서 직장에서 출세하는 데 심각한 제약을 받는다. 이런 남성들은 자존심(self-regard)을 지키기 위해 가정에서의 전통적 서열관계에 자주 의존하면서, 자신이 직장에서 느꼈던 좌절감과 상처받은 존중감을 거기서 보상받으려 한다. 그러다 보니 그들은 평소보다 훨씬 상위자이자 집안의 가장으로서의 역할을 하려고 한다.

Geeta Bhatt는 뉴욕에 사는 수많은 인도 여성을 상담한 상담자다. 그녀는 이러한 남성들의 지나친 서열적 기대감이 아내와의 갈등으로 이어진다고 말한다. 1세대 남성은 잘 교육받은 여성과 결혼하는 편인데, 그 여성들 중 상당수는 결혼할 때 경제력을 보여 주는 전문적 학위를 갖추는 식으로 전통적인 신부 지참금을 대신한다. 내가 지난 책에서도 기술했던 것처럼(Roland, 1988, pp. 204-206), 이러한 여성들은 인도에 살든 미국에 살든 직업과 가정을 병행하면서 다수의 미국 여성보다 내적인 갈등, 불안, 죄책감을 덜 경험할 수 있다. 그들에게 직업은 개인주의의 표현이라기보다는 가족을 위한 것이기 때문이다. 반면, 미국 여성은 직업을 개인주의의 표현이라고 보기 때문에 가족원이라는 타인들을 위해 집에 있을 것인지 자기 자신을 위해 직업을 가질 것인지 사이에서 자주 갈등을 느낀다(Bernstein, 1933). 인도 여성은 또한 전형적인 미국 여성에 비해 훨씬 더 상황적인 양심과 자기, 즉 주어진 관계에 따라 달라지는 양심과 자기를 가지고 있다. 따라서 그들은 직업과 가족 사이의 규준과 행동의 차이를 훨씬 쉽게 타협할 수 있으며, 그 과정에서 대부분의 미국인이 형성하고 있는 대체로 일관된 내적 정체성의 필요성을 느끼지 못한다.

결혼하고 미국으로 이주한 인도 여성들은 교육을 잘 받고 성취지향적이라 할지라도 미국 직장에서 일하는 첫해에는 상당히 고역스러워한다. 왜냐하면 자신의 자아 이상은 겸손하고 나서지 않는 것인데 미국 직장에서는 훨씬 자기주장적이고 말 잘하는 사람이 되어야 하기 때문이다(Sushim Bedi, 개인적 서신). 하지만 점점 적극적으로 표현하는 것에 익숙해지고 존중과 인정을 받아가면서, 또한 평등주의 및 여성운동을 강조하는 미국의 사회적 분위기를 접하면서, 이 여성들은 더 이상 가족 내의 전통적 서열관계를 남편이 원하는 만큼 용납하지 않게 된다. 대신 좀 더 사람들 앞에서 자신감을 갖고, 언어적으로 표현하며, 동등한 관계를 갖기를 원한다. Geeta Bhatt는 미국에 사는 많은 인도 부부가 아내를 신체적으로 학대할 정도로 힘든 갈등을 겪게 된 연유가 바로 이런 관계적 역동에 있다고 분석한다. 미국에서 갈등을 겪는 인도인 부부는 중재할 친척도 주변에 없고, 낙인이 가족 명성에 부정적 영향을 줄 수도 있다고 여겨 전문적 심리 서비스도 배제하려는 태도를 갖기에 문제가 심화된다.

미국에서 자라는 인도 아이들은 이민 온 부모로부터 배운 가치와 완전히 다른 가치에 노출되어 있다 보니 상당한 긴장감을 겪는다. 특히 문화적 가치체계가 가장 부조화를 이루는 청소년기에는 더욱 그렇다. 그들은 가족으로부터의 분리, 독립적 의사결정, 부모에 대한 반항, 동료 집단을 우선시하기, 데이트 하기 등을 매우 강조하는 미국적 청소년 가치에 노출되어 있다. 미국에서는 이 모든 것이 독립적이고 자기주도적인 개인이 기능적으로 더 잘 살아가도록 준비하는 데 도움이 된다고 본다. 그래서 10대 인도 학생들은 개인주의에 젖어들면서 때때로 부모와 충돌한다. 만약 부모, 특히 아버지가 자신이 양육되어 온 옛 가치대로 무조건 자녀를 기르려 하면 문제가 생긴다. 옛 가치는 연장자에 대한 공경, 연장자의 결정에 대한 수용과 복종, 가족 간 상호 의존성을 특별히 강조한다. 이러한 기존의 가치를 재차 강조하면서 부모는 10대 자녀가 미국에서 자라면서 습득한 매우 개인화된 기능을 없애려고 한다.

인도의 영적 세계를 접한 미국인

만약 인도인 및 다른 아시아인들이 미국적 방식의 관계에서 갈등과 오해를 겪는다면, 유럽계 미국인은 아시아식의 서열관계를 잘 소화하지 못해서 이러한 부조화를 경험할 수 있다. 미국인이 아시아계 영적 지도자와 접촉을 많이 하면 어떤 일이 생길까? 아시아계 영적 지도자에는 티베트, 미얀마, 한국, 일본과 같은 타 아시아 지역에서 온 불교 스님 및 인도 스와미(swami)*와 구루(guru)**가 포함된다. 많은 미국인은 이들의 종교적 가르침과 관례를 귀하게 여기고 이를 자신의 삶에 적용해 가지만 동시에 오해와 상처를 쉽게 경험한다는 보고들이 있다.

하지만 이러한 문제가 공론화되는 일은 거의 드물다는 사실에 주목할 필요가 있다. 내 생각에는 아마도 이러한 문화적·심리학적 차이 및 이로 인해 발생한 문제들을 공개적으로 토론하지 않으려는 데는 몇 가지 이유가 있는 듯하다. 우선 가장 중요한 이유는 아시아 국가에서 온 스승을 간접적으로 비난하는 것도 무례한 일인데, 특히 공개적으로 그런다면 아주 큰 결례가 된다고 생각하는 것이다. 아시아적 서열관계에서는 존중감을 유지하고 증진시키는 것이 객관적 진실을 공개적으로 말하는 것보다 훨씬 더 중요할 때가 많다.

이러한 저항의 또 다른 이유는 인도의 긴 식민 역사에서 찾을 수 있다. 인도의 식민 역사에서는 차이를 솔직하게 다루든 혹은 은밀하게 다루든 그에 대해 이야기하는 것이 서양인과 비교하여 인도인을 폄하하는 의미를 가졌다. 세 번째 이유는 남아시아와 유럽 및 북미라는 두 주요 문명의 원칙의 관점에서 이러한 차이를 논해 보려는 시도가 거의 없었다는 점에서 찾아볼 수 있다. 두 문명은 사실 매우 다른 문화적·사회적 원칙을 토대로 세워졌고, 고유의 심리학을 가지며, 나름의 장점과 단점을 가지고 있다. 이것이 종교적 추구라는 보편성을 강조하다 보면 쉽게 간과된다.

그렇다면 어떤 문제가 생길 수 있을까? 우선 미국에 있는 불교 수도원에 대해 알아보자. 많은 미국인이 그 가르침을 받아들이고

---

*역자 주: 힌두교의 영적 지도자.

**역자 주: 힌두교의 영적 스승.

감화받지만, 몇 가지 중요한 문제가 있었다. 어느 정도 예상 가능한 문제로 일부 미국인 제자들과 때로 스승인 승려들(아시아인일 수도 있고 미국인일 수도 있다)은 정서적 문제를 보여 왔고, 이로 인해 수도원의 인간관계가 복잡해졌다. 그런 문제를 대하는 사람들의 태도는 두 가지 극단적인 방식으로 나뉘는 편이다. 하나는 명상 시간을 늘리는 것이다. 그러면 문제를 초월할 수도 있지만, 사실 그렇지 못한 경우가 많다. 다른 하나는 심리치료를 받는 것이다. 하지만 많은 사람들은 그러면 명상을 버리게 된다고 여긴다. 반면에, 베단타(Vedanta) 철학 스승, 스와미 Dayananda, 미국 선종 승려 Abott, John Daido Loorie, 그리고 미국 라마크리슈나 미션의 두 명의 스와미(William Conrad, 개인적 서신), 이들 모두는 영성 깊은 수도 지원자들이지만 필요시 심리치료를 의뢰했고, 그 수도 지원자들은 심리치료를 받으면서 영적 수행을 계속해 나갔다.

더 심각한 문제는 몇몇 아시아와 미국 불교승이 알코올중독에 빠지고 제자들과 성관계를 맺었을 때 생겼다.[9] 한 미국 불교승이 에이즈 환자이고, 그 사실을 알면서도 남녀 제자들과 성관계를 가졌다는 것이 보고되면서 결국 그 사건은 폭로되었다. 왜 미국 제자들은 이런저런 비슷한 사건들을 좀 더 빨리 알리지 않았을까?

아마도 그 답은 상위자를 대하는 태도에 있어서 문화 간 중요한 차이와 관계가 있을 것이다. 앞서 언급했듯이, 인도 및 다른 아시아 사회에서는 하위자가 마음속으로 누가 공적인 서열 질서상의 상위자로 대우받을 사람이고, 누가 진정 존중받고 존경받을 훌륭한 자질을 가진 사람인지 구별한다. 이와 반대로 미국인은 평등주의적 관계와 태도를 가지고 있고, 상위자를 그렇게 우러러 보며 대하도록 교육받지 않으며, 마음속에서 그런 구별을 하도록 양육받지 않는다. 내 생각에는 제자들이 영적 스승과 제자의 관계 속에서 영적 스승을 존경하고 숭상하는 자세를 갖추게 되면서 그들의 판단력이 완전히 멈추어 버렸던 것 같다. 그런 관계가 그들에게 아주 새로운 것이었기 때문이다.

이러한 문제들을 좀 심각한 문제로 치부한다면, 미국인 제자와 인도 종교 스승 사이에 생길 수 있는 일상적인 오해에는 어떤 것이 있을까?[10] 많은 문제가 미국식 개인주의와 인도식 서열관계 사이의 첨예한 차이와 관련이 있다. 예를 들어, 인도식의 친밀한 관계에서는 하위자가 상위자에게 의존하고 자신이 원하는 것을 상위자에게 부탁하게 되어 있다. 마찬가지로 스와미는 미국 제자들이 편하게 자신에게 의지하고, 필요한 것이 있으면 자신을 찾아오며, 궁금한 것은 무엇이든 물어봐 주기를 기대한다. 많은 미국인은 이런 관계를 별로 편안하게 받아들이지 못한다. 그렇게 하는 것이 상위자를 부담스럽게 하는 것이라고 느껴서, 그들은 상위자가 먼저 주도권을 가져 주기를 기대한다. 미국 성인은 의존성에 대해 대단히 난색을 보인다.

비슷한 맥락에서 미국인은 계속해서 조언과 지도를 받는 것이나 무엇을 해야 할지에 대해 남에게 듣는 것에 익숙하지 않다. 그런데 스와미와 미국 제자의 관계에서는 그런 일이 자주 벌어진다. 스와미는 그렇게 하는 것이 상위자로서의 자신의 의무(dharma)를 다하는 것이며 관심의 표현이라고 생각한다. 반면에, 미국 제자는 그것을 자신의 자율성에 대한 침해로 오해하기 쉽다. 자율성은 미국 개인주의의 핵심 가치인 것이다.

또 다른 오해는 미국 제자가 스와미를 위해 뭔가를 했는데 스와미가 제자에게 고마워하지 않거나 그 마음을 전혀 언어적으로 표현하지 않았을 때 생긴다. 그러면 제자는 상처를 받고 스승이 자신을 좋아하지 않거나 자신이 뭔가를 잘못했다고 느낀다. 이런 일이 계속되면 기분이 상하게 된다. 하지만 인도 가족 방식의 친밀한 관계에서는 당신이 연장자를 위해 뭔가를 한 것이 고맙게 받아들여졌다고 가정하며, 그러한 마음을 비언어적으로 알아차린다.

인도인의 맥락에서 상위자가 말로 고마움을 표현하는 것은 친밀한 관계를 손상시키는 것일 수 있다. 제자에게 공공연하게 고맙다고 하는 것은 마치 제자를 외부인처럼 대우하는 것이다. 예의를 차려 언어로 고마움을 말하는 것은 외부 관계에만 적용되기 때문이다. 가족과 같이 내부 관계에 있는 사람들에게 말로 감사함을 표현하는 것은 상당히 무례하게 여겨질 수 있다. 반면에, 미국인들은 자신이 해준 일에 대해 언어적 감사 표현이 없는 것을 관심과 배려의 부족으로 느낀다. 이러한 오해는 서로 다른 문화적 기대에서 기인한다. 전형적인 미국식 관계가 아닌 인도식 관계에서는 상당 부분 공감적으로 지각하며 비언어적 의사소통이 오고 간다. 그래서 인도식 의사소통 양식은 미국식에 비해 오해를 불러일으킬 소지가 많다.

이러한 종류의 문화적 오해는 전반적인 영적 성장의 노력과 비교할 때 별것 아닐 수 있다. 하지만 가르침과 관행은 개인적 관계를 맺은 상태에서 전수되어야 하기 때문에, 미국 제자와 아시아 영적 스승이 관계하는 태도와 방식에서 서로를 더 잘 이해한다면 배움의 과정이 촉진되고 갈등과 오해가 줄어들 것이다.

요 약

이 장에서는 우선 미국 내 인도 지역사회가 재정적으로 가장 성공한 이민자 집단이 될 수 있었던 요인을 나열하였다. 그리고 인도계 미국인과 다른 미국인 사이의 문화적 접점 부분에 대해 자세히 살펴보았다. 그 접점 부분은 부조화를 이루기도 하고, 문제를 낳기도 하며, 갈등이 되기도 한다. 또 이 장에서는 인도의 가족 서열관계의 세 가지 심리사회적 차원을 설명하고, 그것을 북미의 개인주의와 서열의 다양한 측면과 비교했다. 구체적 비교를 통해 대부분의 오해와 문제가 양측 모두에서 생긴다는 점을 이해할 수 있다. 이렇게 극명하게 대조적인 문화적 기대를 다루면서 인도계 미국인은 이중문화적 줄타기를 통해 이중문화적 자기를 확장하고 발달시켜 가는데, 그 과정에서 그들은 상당한 내적 곤란을 자주 경험한다. 이 장은 1세대와는 다른 종류의 이중문화적 자기를 개발하는 인도계 미국인 2세대에 대해서도 기술하면서, 그들이 이중문화적 줄타기에 어떻게 다르게 접근하는지를 설명했다. 이민 1세대와 2세대 모두가 경험하는 이중문화적 줄타기는 미국 내 그들의 가족생활에 상당한 영향을 미친다. 문화의 양측에서 살아가면서 겪는 변화와 스트레스는 남편, 아내, 자녀 모두에게 커다란 영향을 미치며, 때로는 상당한 가족 간 갈등으로 이어진다. 이 장은 인도 혹은 다른 아시아의 영적 서열에 들어간 미국인 제자들이 경험하는 문제와 오해에 대해 설명하는 것으로 마무리된다.

후주

1. 이민 세대에게서 나타나는 이중문화적 자기의 발달을 자아심리학적인 관점에서 정신분석적으로 뛰어나게 풀어낸 논의를 보고자 한다면 Akhtar(1995)를 참고하라.
2. 대학교육을 받은 인도인의 상당수가 해외로 이민하는 데 영향을 미친 두 가지 중요한 요인이 있다. 하나는 1947년 인도의 독립 이후 Jawaharlal Nehru에 의해 과학, 공학, 약학 및 경영학에서 특히 수준 높은 교육을 제공하는 매우 서구화된 대학 시스템이 구축되었기 때문이다. 또 다른 하나는 최근까지도 그러한 대학 시스템이 배출한 제대로 교육된 수많은 인재를 수용할 수 없었던 인도의 경제 제반 때문이다.
3. 인도식 영어는 세계에서 세 번째로 많은 인구가 사용하는 영어의 방언이다. 이 언어는 인도가 식민 지배를 받던 두 세기에 걸쳐 형성되었으며, 현재까지 북인도와 남인도가 완전히 다른 어원을 가진 매우 다른 방언을 사용하면서도 두 곳 모두에서 공통적으로 보존되어 왔다. 따라서 영어는 인도에서 필수적인 교량 역할을 한다.
4. 이들 중 많은 사람이 다섯 곳의 인도 공과대학 출신이다. 이러한 엘리트 과대와 공대는 매사추세츠 공과대학의 교육과정을 답습하였다. 이들 엘리트 대학 출신의 학생 대부분은 인도에서의 기회 부재로 인해 서양 국가로 이민을 가게 되었다.
5. 미국에서 찾아볼 수 있는 인도인에 대한 문헌의 예는 다음과 같다. Clarke, Coline, Peach, & Vertovec (Eds.), 1990; Daniels, 1990; Fisher, 1980; Gonzales Jr., 1992; Jensen, 1988; Kandelwal, 1995; Mazumdar, 1991; Sanjek, 1989; van der Veer (Ed.), 1995.
6. Akhtar(1995)는 이에 대해 자세히 언급한다.
7. 모든 것이 그러하듯 인도에서도 항상 예외는 있다. 케랄라와 같은 인도의 특정 지역에서는 모권제가 지배적이다.
8. Akhtar(1995)는 이러한 경험을 확증한다.
9. Sandy Boucher(1988)에 이 사건이 기록되어 있다.
10. 나는 미국의 한 저명한 베단타 센터의 미국 승려로부터 이러한 문제들을 접하게 되었다.

다문화와 정신분석 **03**

일본과 미국의 접점

서 론

일전에 일본협회에서 '자기를 찾아서: 일본인과 미국인 사이의 강조점과 차이점(Exploring the Self: Highlights and Contrasts Between Japanese and Americans)' 이라는 주제의 강연을 한 적이 있다. 강의가 끝나고 저녁 시간에 옷을 잘 차려입은 한 미국인이 로비에서 내게 말을 걸어왔다. "로랜드 박사님, 저는 뉴욕에 있는 대규모 일본 무역회사에서 법률 서비스를 총괄하는 사람입니다. 우리 회사에서는 미국인 보조원과 일본인 경영진 사이에 많은 문제가 있습니다. 이제까지 저는 그게 단지 특정 부분의 의사소통을 개선하면 될 문제라고 생각했습니다. 그런데 오늘 박사님의 강의를 듣고 나서야 문제가 생각보다 훨씬 깊은 차원의 것임을 알게 되었습니다. 저와 우리 미국인 인사 담당자와 함께 점심 식사를 하면서 이런 문제들에 대해 논의해 주실 수 있을까요?"

그 후에 일본어를 유창하게 하는 일본 전문가인 Margaret Haas와 Kevin McBride도 비슷한 말을 했다. 그들은 미국에 있는 일본 기업과 일본에 있는 미국 기업에 인사를 배치하는 컨설팅 회사를 경영하는 사람들이었다. 그들은 극히 일부 예외를 제외하고는 일본인 관리자와 미국인 관리자가 서로를 이해하지 못한다고 했다. 그들은 서로에게서 이해할 수 없는 차이점을 발견하고 그것을 극복할 수 없다고 느꼈는데, 특히 언어적 장벽이 있을 때 더욱 그러했다.

몇 달 후 나는 로즈메리 라이트(Rosemary Wright)라는 아시아계 기관에서 비슷한 강연을 했다. 그때 쿠퍼 유니언 미대(Art School at Cooper Union)[1] 부학장을 알게 되었는데, 그녀는 일본 학생과 미국 학생이 미술 프로그램을 소화하면서 완전히 다른 창작과정을 겪는다는 것을 관찰한 경험 덕에 내 강의가 매우 흥미로웠다고 했다. 그녀는 도쿄에서 일본 미술생들을 관찰하면서 그러한 사실을 더욱 확신하게 되었다고 했다. 그녀는 나에게 "우리 또 만나서 일본인과 미국인이 가진 너무나 다른 창작 세계에 대한 심리학을 논해 볼 수 있을까요?"라고 청했다.

또 한번은 교육연합(Educational Alliance)[2]에서 국제결혼을 한 일본인과 미국인 부부의 초등 자녀를 위해 일주일에 이틀 정도 있는 방과후 프로그램을 짜는 일본인 여성이 나에게 찾아와 다음과 같은 얘기를 했다. "우리 학생들의 많은 가정에서는 미국에서 자녀를 어떻게 길러야 할지에 대한 의견 조율을 힘들어하고 혼란스러워해요. 어떤 부부들은 결혼생활에 문제가 있어요. 우리 학부모들을 대상으로 비교문화적 이슈에 대한 세미나를 좀 부탁드려도 될까요?"

나는 뉴욕에서 정신분석 및 정신분석적 상담을 하면서 두 명의 일본 남성과 세 명의 일본 여성을 상담했던 적이 있다. 세 여성은 모두 미국인과 결혼했으며, 그중 한 여성은 미국계 회사에서 일하고 있었다. 한 남성은 대학원에 다니고 있었다. 그들 모두 미국인과의 관계에서 자신이 경험했던 바를 상당 부분 얘기해 주었다. 그 접점의 반대 측에는 오랜 기간 일본 회사를 상대하면서 일본인과 미국인의 상호작용에 대해 너무나 잘 알고 있는 미국인 내담자가 있었다.

기업 세계, 예술적 창의성, 일본인과 미국인의 국제결혼을 접하고 또 일본인 및 일본인을 많이 상대한 미국인과 상담을 하면서 가진 많은 만남을 바탕으로, 나는 일본과 미국의 접점에 대해 기술하고자 한다. 어떤 면에서 이러한 문화적 · 심리학적 접점은 2장에서 기술한, 인도인이 미국의 개인주의 문화를 만났을 때의 현상과 비슷하다. 하지만 일본과 미국의 접점은 좀 더 일본인적인 자기의 측면, 가족의 특성 및 특히 직장 내의 서열관계의 특성, 그리고 일본 특유의 의사소통 양식에 의해 고유한 특성을 갖는다.

일본식 서열관계의 심리사회적 차원

2장에서는 인도의 가족 및 집단 서열관계에서 주로 나타나는 세 가지 심리사회적 차원에 대해 설명하면서, 인도인이 북미의 개인주의 문화를 접할 때 경험하는 부조화와 오해를 다루었다. 큰 그림에서 보면 일본식 서열관계의 세 가지 심리사회적 차원은 인도인이 보인 면들과 흡사하다(Roland, 1988, pp. 281-288). 특히 일본의 특성을 북유럽이나 북미의 특성과 비교해 보면 인도의 특성과 더욱 흡사해 보인다. 하지만 좀 더 자세히 들여다보면 각 차원에서 일본인과 인도인은 꽤 다르다. 각 차원의 특성은 그들이 미국인을 접할 때 큰 영향을 미친다.

공식적 서열관계

일본의 전통적 이에(ie)* 가족[3]과 직장 집단은 조직 면에서 인도나 미국보다 훨씬 더 수직적이고 피라미드식이며 맨 윗자리에는 오직 한 사람만 있게 되어 있다. 많은 사람이 함께 일하는 기업이나 관료체제, 전문 협회, 대학 내의 다양한 부서 등 직장 집단에서 나타나는 피라미드는 가장 높은 자리에 가기까지 일련의 하위자–상위자 서열관계로 이어진다. 이러한 작은 집단들은 전체적 기관구조 내에서 자주 매우 경쟁적이며, 그 소집단에 대해 대단한 충성심과 친밀함을 갖는다(Nakane, 1970). 집단 내 경쟁심과 자기주장성은 조화로운 관계를 위해 개인의 가슴에 몰래 묻어 둔다. 그것을 밖으로 내보이면 상당한 수치심을 경험하게 된다(Okano, 1994). 인도 사람들의 경우에는 정서적 안녕을 위한 기반을 주로 가족 및 친척 관계에 둔다. 반면에, 일본 남성은 직장 집단에 깊이 의지한다. 인도나 미국과 비교해 볼 때, 일본에서는 가족뿐만 아니라 직장이라는 집단 자체가 훨씬 친밀하고 타 집단 사람들에 대해 배타적이다. 외부 사람이 그 집단에 들어오려면 위에서부터 들어와야 한다. 즉, 그 집단을 이

* 역자 주: 집, 주택, 가정 등을 일컫는 일본어.

끄는 사람을 통해서만 그 집단에 들어오는 것이 가능하다.

일본인은 직장 집단의 높은 기능 수준으로 특히 유명하다. 이에모토(iemoto)라는 멘토와 제자의 관계는 집단이 잘 기능하도록 하는 데 주된 역할을 한다. 이 관계는 호혜적 기대와 책임으로 특징지어지는데, 2장에서 언급했던 가족의 서열관계의 특징이 직장생활에도 마찬가지로 적용되는 것이다. 북미의 환경에서는 인도인과 마찬가지로 일본인도 미국인 상사가 충분히 돌봐 주거나 품어 주지 않는다는 점 혹은 실수에 대해 직설적으로 얘기하는 점 때문에 실망하고 상처받을 수 있다.

의사결정은 집단을 움직이는 또 다른 요소로, 서서히 만장일치를 이끌어 내면서 이루어진다. 집단 구성원들은 자신의 생각을 내놓는데, 주로 넌지시 말하기 혹은 돌려 말하기를 통해 의견을 제시하여 어느 누구도 특별히 튀지 않는다.[4] 집단의 리더는 다양한 구성원이 나름의 의견을 제시할 때까지 자신의 생각을 보류한다. 일단 결정이 되면 각 구성원은 그 결정을 따라야만 하며 이견을 제시해서는 안 된다. 기업 환경에서 중간급 간부들은 이러한 과정을 통해 의사결정을 해 가며, 그 후에 정식으로 상위자에게 그 의견에 대한 승인을 요청한다(Haas & McBride, 개인적 서신).

공식적 서열관계에서 예의범절은 인도보다 일본에서 훨씬 더 엄격하게 지켜진다. 인도인은 동의하고 싶지 않은 책임이나 업무에도 말로는 하겠다고 한다. 다만 그것을 행동으로 옮기지 않을 뿐이다. 반면에, 일본인은 자신이 어떻게 느끼든지 하기로 한 것은 한다. 사회적 의무(기리[giri])를 다하는 것이 일본에서는 매우 중요하다. 일본인은 다른 사람이 자신을 어떻게 생각할지에 대한 걱정과 수치심이 대단하다. 특히 집단과 조화를 이루지 않고 혼자서 자신을 위한 일을 하게 되면, 그것이 자신 및 자신의 가족이나 집단의 명성에 미칠 영향을 생각하면서 대단히 걱정하고 수치심을 느낀다. 일본 사람들은 또한 복잡한 존댓말을 쓰는데, 다양한 단어가 서열관계의 성격에 따라 같은 대상을 지칭하는 데 사용된다. 관계의 서열을 보여 주기 위해 다양한 몸동작도 동반한다.[5] 외국인이 이러한 존댓말을 제대로 터득하는 일은 거의 없다. 일본인도 외국에 몇 년간 살다 보면 미묘한 뉘앙스를 잊어버리기도 한다. 일본에 사는 외국인으로 어느 정도 존댓말을 익히게 된 사람은 존댓말을 아예 잘 모르는 사람보다 사회적으로 더 큰 난관에 봉착할 수 있다. 왜냐하면 일본인들이 그들에게 더 많은 것을 기대하고, 따라서 그들의 실수에 대해 덜 관용적이 되기 때문이다.

인내, 장애물 극복, 주어진 일 및 엄격한 예의범절을 지키는 데 있어 최대한 철저할 것 등과 같은 문화적 이상은 일본인의 양심에 깊숙이 내재되어 있다. 내가 만난 모든 일본인 내담자는 인도인 내담자나 미국인 내담자보다 훨씬 더 완벽주의적인 자아 이상을 가지고 있었다. 일본인은 공적 자기인 오모테(omote)와 사적 자기인 우라(ura) 사이를 인도인보다 훨씬 더 확실하게 구별 짓는다. 그래서 공적인 서열관계에서 자기를 매우 조심스럽게 표현하고, 온갖 감정과 생각은 매우 비밀스러운 사적 자기에 담아 둔다. 일본인은 가족 및 직장 관계, 오랜 친구관계를 제외한 다른 외적 관계를 매우 공적인 관계로 보고, 감정 표현을 상당히 절제하며, 어떤 호의를 받든지 즉시 갚으려는 자세로 관계에 임한다.

서열적 친밀관계

가족과 직장 관계는 반합체 경험 속에 우리-자기(we-self)가 존재하는 관계로 정서적으로 매우 친밀하고 상호 의존적일 수 있다. 이러한 양상은 인도인의 자기와 비슷하며, 미국식 개인주의를 토대로 나-자기(I-self)나 나와 너를 분명하게 구별 지어 주는 관계와는 매우 다르다. 개인은 공식적 서열에서 공적 자기 및 반합체 경험에 균형을 잡아 주는 정도로 사적 공간을 갖는데, 이는 인도인의 사적 자기를 넘어선다. 이러한 사적 자기는 표현되기보다는 타인들에 의해 지각될 수 있다. 따라서 중요한 의사소통은 언어적이라기보다는 비언어적이다. "정말 중요한 얘기는 별로 표현하지 않는다."라는 일본의 속담이 이를 반영해 준다. 일본의 의사소통에는 상대의 필요와 감정에 대한 상당한 공감적 지각(오모이야리[omoiyari]*)이 있다. 자신에 대한 지각은 상대적으로 덜한 편이며, 상대를 칭찬하면서 자기비하(self-effacement)는 많이 한다. 대신 상대도 자신에게 똑같이 해 줄 것을 기대한다. 자존심을 높여 주고 이를 높은 수준으로 유지해 주는 것이 핵심이다.

기업 환경에서 일본인은 인도인이나 미국인에 비해 퇴근 후에 무리 지어 함께 초밥집이나 피아노 바에서 편하게 친분을 쌓으며 많은 시간을 함께 보내는 것으로 알려져 있다.[6] 그곳에서 정서적 친밀감이 회복되고, 하루의 힘든 일과 속에서 얽힌 관계가 풀어지는 것이다.

---

* 역자 주: 남의 심정과 입장을 헤아림을 지칭하는 일본어.

기업 세계에서 일본인과 미국인의 만남

일본인과 미국인이 기업 세계에서 접하면서 생기는 문제점은 여러 가지 방식으로 나타날 수 있다. 문제는 주로 일본인 집단이 자족적이고, 집단에 대해 대단한 충성심을 가지고 상호 의존성을 유지하며, 외부인이 들어올 수 없게 되어 있다는 점과 관련하여 생긴다. 한 회사의 미국인 인사부장은 일본인 간부들이 미국인 직원이 한 일에 대해 사사건건 감시한다고 불평했다. 그에 의하면 이러한 일본인 간부의 감시는 직장에서 훨씬 더 많은 자율성을 가지는 것에 익숙해 있던 미국인들에게 상당한 불쾌감을 주었고, 그들은 일본인이 항상 자기 어깨 너머로 지켜보는 것처럼 느끼게 되었다고 한다. 미국인 인사부장 자신도 이러한 행태에 몹시 언짢아서, 회사에서의 지위와 연봉은 꽤 괜찮은 편임에도 사직에 대해 진지하게 고민하고 있다고 했다.

우리가 이 문제를 함께 더 깊이 논하다 보니, 일본인 간부들은 미국인 직원이 무엇을 할지에 대해 상당히 의심스러워한다는 것이 분명해졌다. 일본인 간부의 입장에서는 미국인 직원이 회사에 대해 일본인 같은 충성심을 보여 주지 않는다고 느꼈고, 그래서 회사에 해가 되는 어떤 일을 할지도 모른다고 생각할 수 있었던 것이다. 내가 이 미국인 인사부장을 일 년 뒤 다시 보게 되었을 때, 그는 상황이 훨씬 호전되었다고 했다. 그 회사가 미국 내 일본 지사의 미국 지사장을 일본인 회장 밑에 두기로 한 것이다. 그 미국인 지사장이 미국인 직원을 맡게 되면서 일본인에게 감시받는 상황은 없어지게 되었다.

내가 처음 알게 된 일본 무역회사는 뉴욕의 고층 빌딩 한 층 전체를 일본 부서로 사용했는데, 한동안 그곳에서 진행된 대규모 공사와 관련하여 문제에 봉착했다. 공사 중에도, 또한 공사가 끝난 다음에도 미국인 직원은 공사의 진행 사항을 보는 것을 허락받지 못했다. 미국인 직원은 소외감과 거절감을 느꼈고, 이어 사기 저하와 생산성 저하를 경험했다. 인사부장이 이에 대해 일본인 선임 간부에게 얘기하자 그들은 미국인 직원을 불러 얘기를 나누기로 했다. 하지만 그 선임 간부 및 다른 일본인 간부들은 이러한 노력에 대해 평가절하하면서 정작 미국인 직원을 불러왔을 때는 자기 일을 하기에 바빴다. 외부인에 대해 여지를 주지 않고 미국인이 어떤 경험을 하고 있는지에 대해 이해하지도 않는 일본인 직장 집단의 자족적 모습이 다시 한 번 정면에 나왔던 것이다. 미국인은 이러한 태도와 행동에 몹시 난처해했다.

Haas와 McBride에 의하면, 미국 내 일본 회사에서 미국인들은 퇴근 후 친교 모임에 초대받지 않는다. 그런데 퇴근 후 친교 모임은 일본인들이 집단으로 기능하는 데 절대 필요한 요소로, 그곳에 가지 않으면 회사 내에서 실제 일어나고 있는 일에 대해 솔직하게 터놓고 얘기하는 네트워크에서 완전히 소외된다. 물론 일본식 관계의 친밀함을 키워 가는 것에서도 제외된다. 일본인 집단이 외부인에 대해 폐쇄적이라는 이슈는 다른 방식으로 등장하기도 한다. 일본인 선임 간부는 부하직원에 대해 신경을 많이 써서 중매를 서기도 하고, 생일잔치, 장례식 같은 행사에 참석하기도 한다. 그들은 많은 시간을 인간관계에 투자한다. 그런데 그들이 이러한 관심을 미국인 직원에게 보이는 일은 거의 없다. 그 이유는 어떤 면에서 미국인은 오래 함께 일할 생각을 하지 않는다고 생각해서다. 또한 다른 일본 선임 간부와 다르게 행동해서 눈에 띄고 싶지 않기 때문이다.

문화적 접점에서 문제가 발생하는 또 다른 양상은 의사결정 과정에서 나타난다. 미국인 간부는 자율성에 더 익숙하고, 그러다 보니 일본 회사에서 일할 때 일본 중간급 간부들이 오랜 시간에 걸쳐 의사결정을 하는 것과 그 후에 또 상급 간부에게 결재를 받으려고 시간을 더 끄는 것을 언짢게 생각한다(Haas & McBride, 개인적 서신). 이 문제는 아이라라는 내담자와의 상담에서도 나왔다. 아이라는 매우 전문화된 자신의 소프트웨어 회사를 인수하려는 일본 회사 사장과 끈질긴 협상과정에 있었다. 회사 이사회, 투자자들 모두 더 큰 기업에서 자신들의 회사를 인수해 주기를 오랫동안 기다려 왔다. 일본 전문가의 조언에 따라 아이라는 몇 년간 일본 기업의 사장과 관계를 돈독히 하면서 거래를 성사시키는 것은 뒷전으로 미뤄 두었다. 그러면서 아이라는 관계가 잘 맺어지면 모든 것이 가능하다는 것을 배우게 되었다. 반면에, 관계가 없으면 아무것도 되지 않았다.

하지만 아이라의 이사진은 오랜 협상과정[7]에 지쳐 갔고, 아이라에게 미국 회사들과도 협상을 해 보라고 재촉했다. 아이라는 오랜 사업 경험을 바탕으로 그런 식으로 여러 협상을 동시에 진행하는 것이 훨씬 적대적 관계를 만드는 요인이 될 수 있다는 것을 알고 있었다. 어린 시절 신체적 학대를 경험했던 아이라는 스스로를 미국 회사에게 '다시 두들겨 맞도록' 두고 싶지 않았다. 실제로 아이라는 자신의 회사에 가장 관심 있어 보이는 한 미국 대기업 상급 간부들과 협상을 하다가 그 간부들이 콧대를 세우고 적대적인 태도를 취하자마자 협상을 그만두고 나왔다. 아이라는 일본인 사장과 관계 중심적인 거래를 하는 것이 훨씬 편했다. 그리고 결국 7년 후에는 그 결실을 볼 수 있었다.

기업 환경에서의 문화 접점의 부조화를 보여 주는 또 다른 영역은 교육이다. 교육이 매우 잘 짜여 있는 특정 업무를 제외하고, 일본인은 그 집단에서 필요로 하는 것이 무엇인지에 대해 감지하고 그것을 하도록 기대된다. 미국인은 훨씬 더 분명한 지시 사항에 익숙하기에 일본인 집단에 들어가면 힘들어한다. 어느 정도 높은 간부 자리의 인사를 정할 때 일본인은 유능한 사람을 선발하긴 하지만 그 사람이 별로 경험이 없는 분야에 그 사람을 앉히기도 한다. 그러면서 일본인은 그 사람이 알아서 무엇이 필요한지 깨닫고 배워 갈 것으로 기대하는데, 이런 방식이 늘 좋은 결과를 가져오는 것은 아니더라도 자주 괜찮은 결과를 낸다. 반면, 미국의 인사부장들은 어떤 인사를 정할 때 언제나 그 분야에 경험이 많은 사람을 앉혀 놓는다.

기업 환경에서 문화 접점과 관련된 문제는 또 있다. 그것은 훨씬 미묘한 심리학적 성질과 관련된 것으로 객관적 사실과 자기존중감의 관계적 필요 사이에 생기는 문제다. 북미인은 합리성(rationality)이나 진실을 말하는 것에 더 관심을 가지며, 그것이 상대의 존중감에 미칠 영향에 대해서는 신경을 덜 쓴다. 반면에, 일본인은 관계와 타인의 존중감 혹은 체면에 훨씬 관심을 가지다 보니 객관적 진실보다 관계적 필요를 우선시한다. 이러한 매우 상반된 지향은 미국인과 일본인이 함께 일해야 할 때 불편한 문제를 만들 수 있다. 자신의 분야에서 일류 과학자인 아이라는 일본인과 협상하면서 평소보다 관계가 위태하다고 느낄 때는 객관적 사실과 진실에 직면시켜서는 안 된다는 것을 끊임없이 스스로에게 되뇌야 했다.

또 다른 사례가 있다. 미국인 과학자 마티는 미일 재단 모임에서 다음과 같은 얘기를 들려주었다. 그는 한때 일본에서 살았는데, 당시 명성 있는 대학의 학장 자리를 맡고 있는 저명한 일본인 보직 교수가 자신에게 말을 걸어온 적이 있었다. 그 교수는 마티의 최신 발명품 중 하나를 자신의 연구 프로젝트의 목적에 맞게 좀 고쳐서 구입하고자 했다. 교수는 그 연구 프로젝트에 수년간 시간을 투자해 왔다. 교수의 연구 내용에 대해 들으면서 마티는 그 연구가 수년간 과학적으로 완전히 틀렸음이 입증된 것임을 알았다. 그래서 그 교수가 연구를 위해 더 많은 투자를 한다는 것이 어이가 없었다. 마티는 다음 날 저녁 같은 분야에서 일하는 저명한 일본인 과학자와 식사를 하게 되었는데, 그가 하는 말을 듣고 더욱 할 말을 잃게 되었다. 그 일본인 과학자는 "글쎄, 아무튼 그는 학장이시잖아요. 연구가 잘될지 누가 알겠어요?"라고 말했다. 일본인 과학자는 객관적 진실을 빌미로 그 교수의 지위와 특히 존중감을 상하게 하고 싶지 않았던 것이다.

이와 같은 문제가 뉴욕의 일본계 무역회사에서도 발생했는데, 그것은 풀리지 않는 불쾌한 사건 중 하나가 되었다. 보조원 일을 하는 한 미국 여성은 많은 시간과 노력을 할애하여 사내 뉴스레터에 당시 사무실 내부 공사의 오랜 지체 상황에 대해 조사한 글을 썼다. 그녀는 뉴욕의 주택 관련 관료체제가 지나치게 형식주의적이기 때문에 공사가 지체된 것이라고 분석했으며, 그 프로젝트를 감독하는 일본인 간부가 잘못 운영한 탓이 아니라고 했다. 그럼에도 사내 뉴스레터를 관리하는 일본인 책임자는 그 기사를 삭제한 뒤 그 글을 쓴 사람에게 노발대발했다. 그녀는 객관적 사실을 최대한 요령 있게 풀어냈고, 일본인에 대해 어떤 비난도 하지 않았다. 하지만 그녀는 그 상황을 사람들이 다 알고 있다 해도 공사가 오랫동안 지체되고 있다는 것을 글로 공공연하게 쓴다는 것 자체가 일본인 간부들의 자기존중을 위협한다는 사실을 몰랐던 것이다. 실패 자체는 수치심을 동반하기에 그에 대한 책임이 없더라도 떠벌려서는 안 되는 것이다. 일본인의 관점에서 본다면 그 기사는 절대 쓰여서는 안 되었다. 미국인의 관점에서 본다면 그 여직원은 일을 잘 처리한 것이었다.

일본 사람이 미국 기업에서 일할 때는 어떤 일이 일어나는가? 요시코는 미국에서 대학원 공부를 한 제대로 교육받은 일본 여성이며, 미국인과 결혼했다. 심리치료를 받으러 왔을 때, 그녀는 미국 회사에서의 경험 때문에 괴로워했다. 회사에서 고객을 대할 때 단도직입적으로 하는 것이 너무 힘들다고 했다. 고객이 자신에게 고약하게 대하면 더 힘들었고, 그녀가 한 작은 실수에 대해 상사가 직설적으로 지적하면 완전히 정신을 잃을 것 같았다. 일본인과 미국인 사이의 의사소통 및 서열관계 방식의 차이 때문에 요시코는 미국 회사에서 일하는 것이 죽을 맛이었다(요시코에 대한 더 자세한 논의는 5장에 나온다).

예술적 창의성

한 젊은 일본인 영화 제작자는 어느 날 점심 식사 자리에서 다음과 같이 말했다. "미국에 사는 것은 예술가에게 정말 축복입니다. 미국은 일본보다 훨씬 자유롭습니다. 그런데 미국에서는 정서적 공허가 느껴지네요." 그녀는 일본에서 살 때와 비교했을 때 미국에서는 예술가로서 더 많은 사회적 자유와 기회를 가질 수 있었다. 동시에 그녀는 일본에서 자신이 너무나 익숙했던 정서적 친밀감을 미국에서는 전혀 느낄 수 없다고 이야기했다. 로어맨해튼에 살고 있는 많은 일본인 예술가는 예술가로서 사회적으로 덜 구속받으면서 더 많은 기회를 갖고자 하는 열망 때문에 고국을 떠나 미국으로 이민왔다. 뉴욕에서 나와 일 년 반 동안 상담을 했던 한 일본인 내담자는 예술에 관심이 많은 사람이었는데, 미국에 와서는 서열의 엄격성에서 벗어난 자유감에 도취되어 그곳의 삶을 한껏 즐겼다.

이제 나는 일본인과 미국인에게서 나타나는 예술적 창의성의 차이에 대해 더 자세히 다루고자 한다. 이 주제에 대해 여러 가지 얘기를 들려준 로즈메리 라이트에 감사한다. 많은 미국의 예술학교는 수년간 위험을 감수하는 것의 중요성을 강조해 왔다. 이러한 관점에서 예술적 창의성은 자기를 새롭게 만드는 것이며, 자신의 개인적 정체성을 만들어 가는 것이기에 매우 개인주의적인 것이라고 보았다. 이런 담론 속에는 개인이 자신만의 정체성을 스스로 만들어 가야 한다는 가르침이 담겨 있다. 미국에서 생활하면서 개인이 다양한 선택에 대한 결정을 스스로 내리고 자신만의 정체성을 스스로 만들어 가는 것은 미국적 개인주의의 중심이 되는 심리학적 패러다임과 일치한다. 또한 그 패러다임에는 예술 작품이 개인의 자기 및 정체성과 관련은 있지만 근본적으로는 자기로부터 분리되어 있다고 보는 관점이 내포되어 있다. 이것은 서양의 이원론적 철학 가정과 일치한다.

작품이 별로라고 해서 기본적으로 그 개인이 문제가 있는 것은 아니라고 본다. 따라서 위험을 감수하기가 훨씬 쉬워진다. 스승의 질책은 보통 매우 직설적이지만 받아들일 수 있는 것이다.

미국에서 보게 되는 일본 학생들은 미국 예술학교에서 강조하는 이런 종류의 위험 감수를 힘들어한다. 그들의 심리학은 정체성을 스스로 만드는 것과 관련하여 자기를 다시 만들 것을 강조하지 않는다. 그리고 예술 작품이 본질적으로는 자기로부터 분리되어 있다는 것도 강조하지 않는다. 작품은 비슷하게 보일 수 있겠지만, 이러한 결과는 고도로 개인주의적인 미국식의 창조과정에 의한 것이라기보다는 모방에서 나온 것이다. 일본계 예술 학생들에게 하는 비평은 스승과 제자 사이에 '우리' 라는 관계가 잘 형성되고 간접적인 의사소통이 있을 때만 효과가 있다.

일본식의 예술적 창의성은 다른 차원을 강조한다. 그중 하나가 마(ma)에 대한 강조다. 마는 선과 형태 사이의 공간으로, 경치에서 안개 같은 것이 그 예가 될 수 있다. 불꽃놀이 또한 또 다른 예다. 미국인들이 주로 화려한 불꽃놀이를 한다면, 일본인은 한 번에 하나씩 폭죽을 터뜨린다. 폭죽이 터지는 사이에 생기는 여백을 폭죽이 터지는 모습만큼 중요하게 여기는 것이다. Kunio Kudo는 다음과 같은 말을 했다. "서양에서는 형용하지 못한 것은 존재하지 않는 것이다. 그런데 동양에서는 형용하지 못한 것도 그 나름의 표현을 한다." 일본인 정신분석가인 Akahisa Kondo는 "우리에게 개별성은 말하지 않은 곳에 존재한다."(개인적 서신)라고 했다. 아마도 마(ma)는 그가 한 말과도 관련이 있는 것 같다. 그것은 풍부한 내면세계의 사적 자기인 것이다. 따라서 마(ma)는 미국인이 생각하는 것처럼 공허나 허무가 아니라 오히려 존재의 역동적 상태다. 이것은 물론 명상적 경험과도 관계가 있다.

일본식의 예술적 창의성의 또 다른 특징은 사회적·문화적 연결성을 재확인하려는 것이다. 이것은 기존의 이미지를 계속해서 사용함으로써 이루어지며, 때로는 외국에서 들여온 여러 가지 형태를 이용하기도 한다. 그러다 보니 현대 일본 예술가들은 사계와 같은 구식 주제를 여전히 활용하기도 한다. 또는 땅, 공기, 불, 물과 같은 오래된 소재, 혹은 원, 삼각형, 사각형과 같은 불교적 상징을 사용한다. 일본인은 예술 세계에서 끊임없이 합의를 재창하면서 이를 반박하려 하지 않는데, 이런 면에서 늘 도전하고 새로운 것을 시도하려는 미국의 예술가들과 차별성이 있다. 미국인 예술가들은 개인주의적 표현에 대한 열정이 대단하기 때문에 지난 시대의 상징적 내용을 사용하는 것을 꺼린다.

국제결혼

최근 삼사십 년간 미국에 이민 온 대학교육을 받은 일본 남성과 여성에 대해 내가 받은 인상은 그들이 가족과 집단에서 갖는 일본식의 서열관계와 기대를 지나치게 억압적인 것으로 경험한다는 것이다. 사실 한 내담자는 부모가 독려해서 미국에 오게 되었다. 부모는 그녀가 여자치고 너무 말을 잘하고 자기주장이 강해서 일본 사회에 적응하기에 힘들 것이라고 여겼던 것이다. 이런 사람들이 이룬 소규모의 이민 사회는 여전히 일본 사회와 문화에 깊이 관여하고 있는 것 같다. 물론 그들은 스스로를 미국에 사업하러 잠시 와 있는 사람들이나 서부 또는 하와이에 있는 훨씬 오래된 일본계 미국 지역사회와는 매우 다르다고 생각하지만 말이다.

인도 사람들이나 다른 남아시아 사람들은 쉽게 미국과 고국을 오가며 산다. 그와 반대로 일본인은 일본 사회 안에 있거나 밖에 있거나 둘 중 하나를 선택해야 한다. 일본계 미국 정신분석가인 Nobuko Yoshizawa Meaders(1996)는 미국에서 10년을 산 후 처음으로 일본 여행을 갔을 때의 경험을 적었다. 사람들은 그녀의 몸짓 언어가 외국인 같다고 했고, 그녀는 일본어를 바르게 말하기 위해서 계속 노력했다. 미국에서 교육받은 일본 이민자들은 일본보다는 훨씬 개인주의화된 사회에서 살아 왔다. 하지만 동시에 미국식의 개인주의 문화가 자신의 심리학적 구성과 매우 부조화를 이루는 것을 경험하게 된다. Meaders는 자신의 고난과 역경에 대해 기술했다. 그러면서 그녀가 자신의 일본적 정체성과 미국적 정체성을 통합하는, 그녀의 말로 초문화적 자기(transcultural self)를 성공적으로 획득하게 된 여정에 대해서도 기술했다. 사실 그녀가 이렇게 자신의 정체성을 통합하는 데는 수년이 걸렸고, 자신이 받은 정신분석도 상당히 도움이 되었다고 한다.

일부 일본인은 미국 사회에 살면서 미국인과 결혼한다. 미국인과 결혼하는 일본인은 대부분 여성이지만 남성이 그럴 때도 있다. 그런 국제결혼을 하면 어떤 일이 일어날까? 일본인 부인과 미국인 남편 사이에 자주 문제가 생기는 부분은 의사소통이다. 일본인 부인은 서로의 감정, 소원, 생각에 대해 진심 어린 공감적 지각(오모이야리)을 통해 알아채는 문화에 익숙해 있다. 그래서 그녀는 자신이 남편에게 그렇듯 미국인 남편도 그녀가 말로 하지 않아도 자신의 마음을 알아차려 주기를 바란다. 미국인 남편은 종종 자신의 일본인 부인이 언어적 의사소통 능력 및 표현력이 부족하다고 불평한다. 미국인 부부의 경우 이런 불평은 주로 부인이 남편에 대해 하는 불평이라는 점을 생각해 볼 때, 일본인 부인과 미국인 남편의 역동은 시사하는 바가 크다. 아내가 일본인이면 미국 결혼의 전형적인 양상이 반대가 되는 것이다. 한 일본 여성은 상담을 받으면서 남편과 좀 더 언어적으로 솔직하게 대화하려고 오랫동안 열심히 노력해야 했다. 다른 한편으로, 미국인 남편을 둔 일본인 부인은 미국인 남편에 대해 안도감을 느낀다. 그들은 일본인 남편을 두었다면 남편의 의존 욕구를 채우기 위해 상당한 관심과 돌봄을 주어야 했을 것임을 알고 있다. 미국인 남편에게는 그렇게까지 하지 않아도 된다는 점에서 그들은 안도감을 느끼는 것이다.

일본인과 미국인의 결혼에서 자주 나타나는 또 다른 요소가 있는데, 그것은 일본인이 미국인을 대할 때 일반적으로 느끼는 문제이기도 하다. 일본인은 자신이 하는 모든 일에 지나치게 높은 기준을 가지고 있다. 그래서 내가 상담한 일본인 내담자는 자신의 미국인 배우자가 비효율적이고 무능하다고 종종 불평한다. 물론 그들이 만나는 다른 많은 미국인에 대해서도 그런 불평을 한다.

다문화가정에서의 자녀 양육

미국에서 일본인과 미국인이 만나 이룬 가정에서 아이를 기른다는 것은 두 가지 상반된 가치체계와 관계 방식에 관여하는 것이다. 아마 이 문제는 내가 히로시마에 갔을 때 알게 된 한 일본인 정신분석가가 자신의 여덟 살짜리 딸에 대해 해 준 일화로 잘 설명할 수 있을 것 같다. 그 정신분석가는 수련을 받으려고 3년간 뉴욕에 갔다. 자신의 아내와 당시 다섯 살이었던 딸도 함께 갔다. 3년이 지나고 일본에 돌아온 지 얼마 되지 않았을 때, 그들은 함께 저녁을 먹으러 외출했다. 식당에 앉아 한동안 메뉴판을 보고 나서 딸에게 무엇을 먹고 싶은지 물었다. 딸은 "몰라요."라고 대답했다. 좀 더 기다린 후에 그가 딸에게 다시 물었다. 딸은 똑같이 "몰라요."라고 했다. 세 번째 물었을 때도 같은 답을 듣자, 그는 이번에는 딸에게 기분이 괜찮은지, 뭔가 잘못된 것이라도 있는지 물었다. 딸은 "아니요."라고 하고는 "제 기분은 아주 괜찮아요. 저는 그냥 다시 일본인이 되고 있는 것뿐이에요."라고 말했다.

물론 그녀가 다시 일본인이 되고 있다고 한 말의 의도는 자신이 말로 하지 않아도 부모가 자신이 뭘 먹고 싶어 하는지 알아차리기를 바란다는 것이었다. 그러면 부모는 자신들이 생각하기에 딸이 원하는 것을 주문하면 되는 것이다. 그렇지만 지난 3년간 뉴욕에서 살면서 그녀의 부모는 미국식 관계 방식에 익숙해져서 딸이 미국식으로 솔직하게 얘기해 주기를 바랐던 것이다.

이 정신분석가는 다른 일화도 들려주었다. 뉴욕에서 산 지 일 년 정도 지난 어느 날 5번가를 걷다가 문득 스치는 생각이 있었다고 한다. '토토로, 내가 원하는 것은 뭐지? 내가 바라는 것은 뭐지? 내가 원하는 바로 그것이 뭘까?' 그리고 이런 말을 했다. "이런 생각이 든 것은 처음이야." 한 일본인 여성 정신분석가의 말에 따르면, 일본인은 자주 자신이 원하는 것을 잘 인식하지 못하는데, 자신이 의지하는 상위자가 자신의 필요와 소망을 충족시켜 주지 않을 때가 되어서야 비로소 자신이 구체적으로 원하는 뭔가가 있었다는 것을 깨닫게 된다(Yoshiko Idei, 개인적 서신).

미국에서는 아이나 어른이나 똑같이 자신의 바람, 요구, 필요, 나아가 불평도 언어로 표현하는 것에 상당한 가치를 둔다. 언어적 표현은 미국의 개인주의에서 가장 중요한 가치가 되었으며, 민족집단에 따라 어느 정도 차이가 있긴 하나 여전히 가장 중요한 가치로 자리 잡고 있다. 아마도 말로 표현하는 것을 그렇게 강조하는 이유는 언어를 통해 독립된 개인이 서로 연결될 수 있기 때문인 것 같다. "뭘 해야 할까 싶을 땐 너의 마음을 들여다 봐." 이런 표현도 들어 봤을 것이다.

반면에, 일본인은 어린 시절부터 상대방이 무엇을 느끼는지, 상대방이 원하는 것은 무엇인지, 상대방이 어떤 생각을 하는지 알아차리도록 길러진다. 진심 어린 공감(오모이야리)의 정도가 일본식 관계의 핵심이다. 심리치료 장면에서 나는 내담자가 자신의 생각과 느낌을 말하지 않은 상태에서도 일본인 상담자가 정말 많은 것을 알아차린다는 것과 또 상담자가 내담자에게 자신의 생각을 알아차릴 것을 정말 많이 기대하는 것을 보고 많이 놀랐다. 또한 Tenezake의 『마키오코 자매(*The Makioko Sisters*)』를 읽으면서 소설 속 자매가 거의 별 표현이 없어도 서로의 생각과 의도를 알려고 많이 노력하는 모습에 놀랐던 기억이 있다. 물론 이것은 좀 더 전통적인 일본식 대인관계 방식이고 의사소통 방식이며, 현재는 어느 정도 변하긴 했다.

의사소통 방식과 대인관계 방식에 다양한 가치체계가 있다는 얘기만 하려는 것이 아니다. 이러한 가치체계는 다양한 자녀 양육 방식과 통합적 관계를 갖는다. 다양한 자녀 양육 방식은 다문화가정에 혼란과 갈등을 일으킬 수 있다. 모든 것은 영아기부터 시작된다. 미국에는 다양한 민족 집단이 있고 그만큼 다양성이 크지만, 미국의 자녀 양육에 있어서 가장 일반적인 형태는 아기를 엄마 옆에서 재우지 않는 것이다. 일본인이나 많은 아시아인은 아기를 옆에 끼고 잔다. 충분한 공간이 있을 때도 그렇다. 물론 그럴 만한 공간이 없을 때도 많다. 사실 미국의 중산층에서는 자녀를 양육하면서 훨씬 더 많은 분리성을 가질 것을 독려한다. 영아도 따로 크립에 재우고, 좀 더 크면 아기 침대에 재운다. 그리고 여유가 있으면 아이들은 자기 방을 따로 갖는다.

미국 엄마는 자녀들이 환경을 탐색하고, 독립적이며, 자신이 원하는 것을 말하고, 자기표현을 하고, 자기주장을 하는 것을 격려한다. 물론 자기주장 면에서 아들과 딸에게 다른 태도를 보이기도 한다. 미국 엄마는 일본 엄마보다 어린 자녀를 분리된 사람으로 대하려는 자세를 훨씬 많이 갖추고 있다. 이는 20~24개월의 영유아를 둔 미국 엄마들과 일본 엄마들을 찍은 비디오에서 잘 나타난다.[8] 엄마들과 계획한 전화 인터뷰를 할 때, 일본 엄마들은 이러한 통화가 아이를 보는 데 방해되지 않게 한다. 이에 반해 미국 엄마들은 자신의 분리성을 분명하게 주장한다.

이 모든 것이 자기와 타인, 매우 개인주의적인 나-자기라는 지각, 자기와 타인 사이의 명확한 정서적 경계성에 대한 분리된 내적 심상의 발날을 촉신한나. '마마보이'와 같은 비꼬는 말에서 볼 수 있듯이, 지나친 의존성은 당연히 문제시된다. 초기 어린 시절의 이러한 발달은 정신분석적 이론에 잘 개념화되었다. Erikson(1950)은 자율성과 주도성을 강조했고, Mahler(1965)는 분리-개별화의 단계를 잘 설명하였다.

일본 엄마가 아이를 키우는 방법은 꽤 다르다. 아이들은 엄마에게 매우 의존하면서 자란다. 보통 모자관계에서의 상호 의존성은 미국의 많은 민족 집단에서보다 더 끈끈하다. 전통적으로 일본 아이는 형제나 자매가 태어날 때까지 엄마 옆에서 자고, 그 후에는 다른 집안 식구와 잠을 잔다. 결코 혼자 자는 법이 없다(Caudhill & Plath, 1974). 영유아나 어린아이에게 혼자 방을 쓰라고 하는 것은 엄청난 벌로 여겨진다. 여기서 생겨나는 것은 대단한 정서적 친밀감이며, 일종의 우리다움 속에 타인 및 의존성과 상호 의존성을 많이 포함시키는 자기라는 감이며, 타인의 기분, 느낌, 필요에 대한 공감적 지각이다. 미국에서 "시금치를 먹어. 그러면 튼튼해질 거야."라고 한다면, 일본에서는 "시금치를 안 먹으면 시금치가 기분이 어떻겠니?"라고 한다.

다른 관계에서도 그렇지만, 미국 가정에서는 상대적 평등성의 개념을 가지고 자녀들이 부모에게 질문을 하며, 때로는 부모의 문제를 지적하고 도전하기도 한다. 특히 10대에는 심지어 부모가 아이에게 화를 내고 반항을 하도록 유도한다. 그러면서 자녀들은 외부의 또래관계에 집중하고 서서히 독립적으로 기능하게 된다. 일본 가정에서는 아동이나 청소년이 화를 내는 행동이 보통 억압되고 좌절된다. 어른에 대해 직접적으로 분노를 표현하는 것은 통제력를 상실해서 그 행동에 대해 완전히 책임지지 않아도 될 것 같을 때나 집단의 구성원으로서 개인적 책임을 지지 않아도 될 때다. 미국의 다문화가정 아이는 부모에게 쉽게 질문하기도 하는데, 이럴 때 일본 엄마는 모욕감을 느끼기도 한다.

일본 가정에서는 대체로 부인이 자녀 양육에 있어 대단한 책임감을 가지며, 모자관계가 지나칠 정도로 친밀하다. 아버지는 보통 말이 없고 약간 멀게 느껴지지만, 아이가 어머니에게 숨막힌다고 느낄 때 피난처 역할을 하기도 한다(Taketomo, 1982). 남편은 아내에게 매우 의존적이며, 아내는 남편이 자녀 양육에 있어 어떤 의견을 내놓으면 따르려고 한다. 일본인은 결혼생활에서 친밀감과 유대감을 기대하는 정도가 미국인만큼 강하지 않다. 친밀감은 보통 동성관계에서 채워지며, 여성의 경우 자녀와의 관계에서 채워지기도 한다.

국제결혼에서 남편이 일본인이고 아내가 미국인이면, 남편은 보통 아내가 많은 결정을 하게 해 주며 자녀 양육에서도 더 많은 책임을 지도록 한다. 하지만 자녀를 어떻게 양육해야 할지에 대해 남편이 어떤 분명한 의견을 갖고 있으면, 남편은 아내가 그것을 따라 주기를 바란다. 이러한 기대는 상당한 부부 갈등을 낳는다. 오늘날 많은 미국 여성은 남편을 무조건 따르려고 하지 않으며, 의견이 다르면 그에 대해 이야기를 나누고 의견을 조율해 가기를 바라기 때문이다.

반대로 아내가 일본인이고 남편이 미국인이면, 남편은 자녀 양육에 더 많은 역할을 한다. 아내가 남편의 의견을 따라 주기 때문에 보통 마찰은 피하게 된다. 물론 이러한 양상은 부부의 성격에 따라 가정마다 매우 다를 수 있다. 아이들도 양육 방식이 일본식이냐 미국식이냐에 따라 특정한 문화적 · 심리적 경험을 하고, 그러한 경험에 맞추어 초기의 자기를 형성한다. 일본식으로 길러진다면, 생애 초기부터 과제를 수행하고 적절한 사회 예의범절을 지키는 데서 높은 기준을 달성했으면 하는 기대가 있을 것이다. 지구력, 인내, 타인에 대한 수용, 때로는 힘든 상황을 감수하는 것과 같은 문화적 가치에 대한 높은 기준도 달성하기를 바랄 것이다.

일본 아이가 자기 성취를 하고 사회적으로 예의 바르게 행동하는 것에 대해 높은 기준을 갖는 것은 기본적으로 초기와 그 이후의 부모의 기대에서 비롯된다. 부모의 기대는 자녀들로 하여금 많은 것을 성취하게 하지만, 동시에 스스로 얼마나 잘하고 있는가에 대해 상당한 긴장감을 주고, 타인의 비판이나 어떤 종류의 실패에도 취약하게 만드는 단점이 있다.

미국이라는 사회적 환경에서 자녀를 양육하다 보면 다문화가정의 일본인과 미국인 부모는 이처럼 상반된 가치와 관계 양식을 대면해야 한다. 따라서 사람들은 쉽게 혼란스러워질 수 있다. 이러한 문화적 차이에 남편과 아내의 다른 성격까지 더해지면 이 문제는 더욱 복잡해진다.

요 약

나는 중요한 세 가지 영역에서 나타나는 일본 문화와 미국 문화의 접점에 대해 논의했다. 그 세 가지는 기업 세계, 예술적 창의성, 그리고 일본인과 미국인의 국제결혼 및 자녀 양육이다. 먼저 일본인의 서열관계의 심리사회적 차원에 대해 제시했다. 이 점에 있어 일본인은 기본적으로 인도인과 비슷하지만 구체적인 면에서 방식의 중요한 차이를 보인다. 기업 환경에서는 집단 서열관계, 의사결정 과정, 객관적 진실과 존중감 형성의 관계에 있어 문화적 차이로 생겨나는 문제를 설명했다. 또한 일본인이 미국 기업에서 일할 때 어떤 면에서 힘들 수 있는지를 보여 주었다.

예술적 창의성에서는 미국과 일본에서의 정체성 형성과 관련된 심리학적 차이를 주로 다루었다. 미국에서는 위험을 감수하면서 자신만의 독특한 정체성을 만들어 간다면, 일본에서는 사회적 합의에 순응하면서 사적 자기를 형성해 간다. 국제결혼 부부의 경우 다른 의사소통 방식과 높은 유능감에 대한 일본식의 기대 때문에 생겨난 문제를 다루었다. 자녀 양육에 있어서는 각 문화에서는 당연하게 받아들이는 자녀 양육 방식이 상대 문화의 방식과 완전히 달라서 생기는 몇 가지 혼란스러운 점을 강조했다.

후주

1. 많은 사람들이 쿠퍼 유니언 미대를 뉴욕 최고의 학부 프로그램으로 꼽는다. 이 대학의 모든 학생은 전액 장학금을 받는다.
2. 교육연합(Educational Alliance)은 뉴욕에 있는 가장 오래된 사회복지관 중 하나로, 원래는 로어맨해튼의 동쪽 지역에 거주했던 유대인 이민자를 위해 시작되었다. 일본인과 미국인 국제결혼 자녀를 위한 방과후 프로그램은 그리니치빌리지 지사에서 이루어진다. 이 아이들은 낮에는 일반 공립학교를 다니지만, 부모들은 자녀들이 일본 문화 및 언어에도 노출되어야 한다고 생각했다. 그래서 이 프로그램이 생겨나게 되었다. 물론 모든 부모는 아니지만, 상당수의 부모가 로어맨해튼에 사는 예술가들이다. 그들은 이민 온 일본인 남편 및 아내로 서부에 있는 좀 더 오래된 일본계 미국 지역사회 사람들과는 당연히 다르고, 뉴욕 근처

의 일본인 산업 지역에 잠시 머물다 가는 사람들과도 무척 다르다.

3. 전통적 이에 가족은 하나의 본가와 여러 개의 분가로 구성된다. 장남만이 유산을 상속받고, 나머지 동생들은 일자리를 찾는 정도의 도움을 받는다. 아버지와 아들 사이에 서열이 있으며, 아들들 사이에도 출생 순위에 따라 서열이 존재한다. 이러한 전통은 제2차 세계대전 이후 법적으로는 사라졌다. 하지만 일본인들은 이런 관습을 비공식적으로 유지하기도 하는데, 특히 가업이 있을 때 그렇다.
4. "튀어나온 못은 망치질을 당한다(The nail that stands out gets hammered in)."는 말이 자주 인용된다.
5. 단순한 예로, 상위자가 한 손으로 맥주를 따르면 하위자는 두 손으로 컵을 들고 술을 받게 되어 있다.
6. 일본 도심의 유흥가는 유럽, 미국, 인도의 도심에 있는 유흥가보다 더 면적이 넓다.
7. Rajesh Kumar(1993)는 일본인과 미국인 사이의 협상에서 종종 발생하는 교착상태에 대해 논한다. 이러한 상황은 보통 일본인은 협상 전에 관계를 증진시키고자 하고, 미국인은 관계적인 부분에 별로 관심을 두지 않고 일의 성취와 계약의 성사를 지향하기 때문에 벌어진다.
8. 이 비디오는 Calvin Settlidge 박사와 Joseph Okimoto 박사가 제작했고, 1993년 12월 뉴욕에서 열린 미국정신분석학회 동절기 모임에서 상영되었다.

다문화와 정신분석 **04**

문화적 장애물과 불가해한 혼란 상태

중국인과 백인(Anglos)[1]은 같은 일에 대해 종종 다른 입장을 갖는다. 예를 들어, 중국인은 장례식에서 흰옷을 입는다면, 백인은 결혼식에서 흰옷을 입는다. 중국인은 손님이 왔을 때 손님 위주로 일과를 처리하고 잠자리를 만들어 준다면, 백인, 특히 미국인은 손님이 자신들의 일과에 맞추어 주기를 기대한다. 때때로 중국인과 백인은 그들이 같은 일에 대해 다른 접근 방식과 태도를 가지고 있어 놀라곤 한다. 예를 들어, 중국인은 전통적으로 동성 친구끼리 손을 잡는다. 이에 반해 백인은 손을 잡는 것을 꺼리고, 특히 동성의 친구끼리 손을 잡는 것을 보면 눈살을 찌푸린다. 또 중국인은 생선을 먹을 때 눈과 꼬리를 선호하는데, 백인은 생선의 눈과 꼬리를 먹는 것에 비위가 상한다.

때때로 그들은 겉으로는 비슷한데 알고 보면 매우 다른 점 때문에 속곤 한다. 특히 같은 언어를 사용할 경우 자신들이 미처 깨닫지 못했던 문화적 장애물에 걸려 넘어지는 일이 생기곤 한다. 중국인과 백인은 같이 얘기를 나누면 대화 속에서 자신들이 갖는 다른 입장 때문에 부지불식간에 멀어진다.

같은 언어로 말하는 것이 대화에 대한 일련의 동일한 가치와 신념을 공유하는 것이라고 생각하는 데 문제가 있다. 실제로 그들은 말하는 데 있어 같은 습관과 지향을 공유하는 부분이 있다. 하지만 사실 겉으로 보기에 동일한 언어적 코드 때문에 문화적으로 다른 가정과 기대를 대화에서 간과할 수 있다. 각 문화에서 특징적으로 나타나는 대화 양식과 전략이 같은 언어라는 옷 때문에 간과되어 대화에 드러나지 않을 수 있는 것이다. 같은 언어로 대화하는 사람들은 자신들이 세상을 이해하는 데 공통분모가 있으며 상대의 의미와 의도를 잘 분별하고 이해할 수 있을 것이라고 착각한다. 그런데 실제로 대화를 하다 보면 그들은 자신도 모르게 대화에서 마음을 떼게 된다. 서로를 제대로 이해하지 못하다 보니 서로에 대해 좋은 인상을 갖지 못하며, 대화자는 수많은 불가해한 혼란 상태와 문화 교류로 인해 슬픔에 빠질 수 있다.

문화 교류의 장애물에 대한 쉬운 해결책과 설명이 몇몇 있긴 하다. 다음의 예를 보자. 한 영국 여성이 은행에 갔다가 좀 경직되게 예의를 차리는 중국인 은행 직원으로부터 점심을 먹었는지에 대한 질문을 받았다. 이에 그 영국 여성은 경악했다. 그녀는 중국 방식을 처음 접해서 당시만 해도 "밥 먹었어요?"가 중국의 일상적인 인사라는 사실을 몰랐다. 그녀는 회고했다. "영국 문화에서 그런 질문은 점심을 같이 먹자고 간접적으로 초대하는 것이다. 그래서 미혼 남녀 사이에 그런 질문을 하는 것은 그 남성이 그 여성과 데이트를 하고 싶어서 관심을 표현하는 것으로 여겨진다. 그 중국 남성이 초면이었기에, 나는 그의 질문에 정말 놀랐다." (Oatey, 1988, p. 48)

문화 교류적 장애물 중에는 앞의 예보다 발견하기도, 중립적으로 다루기도 더 힘든 예들이 있다. 익숙한 말이 낯선 형태와 느낌으로 쓰일 수 있기 때문이다. 한 예로, 영어를 하는 중국 사업가들 사이에 있었던 예산에 대한 가상 회의를 녹음한 내용을 자세히 살펴보자. 그들은 모두 홍콩에 있는 영국 기반의 다국적 기업에서 일하는 사람들이었다. 모인 다섯 사람 중 한 사람이 의장 역할을 하고 나머지는 부서장 역할을 했다. 회의는 의장이 18만 파운드의 잉여 예산이 있다는 것을 발표하면서 시작되었다. 의장은 그 예산이 어떻게 분배되어야 할지 물었다. 각 부서장은 예산을 자기 부서에 쓰일 수 있도록 하기 위해 논쟁을 벌였다. 각 부서장은 나름의 방식으로 자신의 논지를 펼쳐 갔는데, 내 기억으로는 '왜냐하면(because)…… 따라서(so)……' 등의 구조를 사용하였다.[2]

의장: 어, 링컨 씨, 당신이 방금 말한 새로운 기계를 사려면 6만 파운드가 들 텐데, 그 기계가 그 ( ) 그 새 모델, 그러니까 제프리 씨가 말한 소형 TV 세트에 부합할 거라고 생각하나요?

알파: 제 생각에 새로운 기계는 생산비를 확실히 경감시켜 줄 것으로 봅니다. 왜냐하면 우리는 18만 파운드 정도의 잉여 예산이 있기 때문에(because) 그중 3분의 1을 이 새로운 기계를 사는 데 사용하면 판매가 증가하면서 생신 시간이 길이질 것입니다. *그러므로(so) 제 생각에는 새 기계를 구입하는 데 적어도 6만 파운드는 투자할*

만한 가치가 있다고 생각합니다.

또 드리고 싶은 말씀이 있습니다. 왜냐하면 며칠 전에 인사부장 얘기가 새로 직원을 더 뽑는 것과 기존의 직원에게 초과 수당을 주면서 더 일하도록 요구하는 것은 어려움이 있기 때문에(because), *그러므로(so) 제 생각에는 새 기계를 사는 수밖에 없다고 봅니다. 그렇지 않고 기존의 기계만 사용하면 비용이 더 많이 들 것입니다.*

이 프레젠테이션에서 바로 눈에 들어오는 것은 평범치 않은 수사(修辭)상의 양상이다. 논지는 백인들이 일반적으로 기대하는 방식과 다른 방식으로 전개된다. 중국인 화자는 자신의 요구를 밝히기 전에 그것을 뒷받침할 만한 이유나 정당성을 먼저 말한다. 즉, 요구를 하기에 앞서 상황적 틀을 설정하는 것이다. 반대로, 영어 원어민 화자는 보통 자신의 입장에 대해 단도직입적으로 시작하고, 그다음에 부차적인 사항을 덧붙여 보충한다. 또한 '왜냐하면 ~때문에/~해서(because/as)' 는 토론을 시작하는 차원에서 쓰이고, '따라서/그러므로(so/therefore)' 는 새로운 정보를 도입할 때 쓰인다. 즉, 이러한 부사들이 담화 표시가 되어 '왜냐하면 ~때문에/~해서' 는 대화의 도입 그리고 정보를 지지해 주는 내용임을 알려 주고, '따라서/그러므로' 는 그다음에 주요 정보가 나올 것임을 알려 준다. 화자는 자신의 생각을 같은 방식으로 두 번 정리를 한다는 사실에 주목하라. 나는 이 대화에서 화자가 한 말을 독자가 잘 이해할 수 있도록 두 문단으로 나누었다. 모든 참가자는 자신의 말을 같은 방식으로 구조화했는데, 이러한 사실은 이것이 하나의 예외적 상황이나 독특한 개인적 습관이 아님을 말해 준다. 게다가 회의가 부드럽게 진행되었다는 점은 '왜냐하면…… 따라서……'라는 형식 안에서 자신의 생각을 순차적으로 전개해 가는 것에 대한 암묵적 동의와 이해가 있음을 보여 준다.

그럼에도 백인 영어 원어민들은 수많은 난관을 다루는 예산 회의의 내용 전체를 듣자고 요청했다. 그들의 설명에 따르면, 대화의 처음 몇 줄을 듣는 것은 전체의 주요 논점을 파악하는 데 별 도움이 되지 않는다는 것이다. 그들은 초기에 혼란스러워하면서 논점을 잃었다. 사실상 중국인이 처음 얘기했던 요점은 전체 논지의 요점과는 거리가 멀었고, 백인 영어 원어민들은 중국인의 도입부가 논지와 거의 상관이 없다고 봤다. 또 문제가 되었던 것은 생각을 정리하는 부분이다. 이유와 정당성을 설명하느라고 담화의 흐름이 복잡해져서 논점을 흐렸으며 그냥 나열되어 있는 것처럼 보였다. 한마디로 영어 화자(English speaker)는 논리정연하게 해석하는 것이 어려워졌다. 대체로 영어권 백인은 중국인의 언변에 초점과 설득력이 부족하다고 봤다. 설득하는 힘이 약하다고 본 것이다. 더 큰 문제는 정확성이 부족하고 논점을 직접적으로 말하지 않다 보니 중국인들이 수동적이고 간접적이며 왠지 모르게 꺼리는 듯 보였다는 것이다.

하지만 많은 중국어 원어민들이 회의에 대해 하는 질문들을 보면 그들 생각에는 중국인 사업가들의 토론이 주어진 당면 과제와 상황에 적절했다. 사실 비슷한 예산 회의에 대한 역할극을 해 달라고 요청했을 때, 중국어 원어민들은 모두 어떤 요청 자체를 하기 전에 그와 관련된 이유를 설명하면서 시작했다. 앞서 들었던 예와 마찬가지 방식이었던 것이다.

이러한 반응을 살펴볼 때 백인이 중국인의 담화를 보며 힘들어하는 것은 중국인이 우유부단하거나 노력이 부족해서라기보다, 백인이 중국식 담화 속에 흐르는 목적과 취지를 잘 이해하지 못해서다. 다시 말해, 백인들이 깨닫지 못했던 문화적 장애물 때문에 힘들어했다는 것이 더 적절할 것이다. 우리가 했던 담화의 예를 보면서 이러한 문화적 장애물에 대해 더 자세히 살펴 보기로 하자.

문화적 장애물 중에는 문법 및 언어 구조의 특징과 요구에서 드러나지 않는 차이점과 관련된 부분이 있다. 예를 들어, 중국어는 '왜냐하면/때문에' 부분을 '따라서' 부분보다 먼저 둔다. 예외 상황도 많겠지만, 전반적으로 중국어 화자는 "해수가 낮기 때문에, (따라서) 상어가 암초에 걸렸다."라고 얘기해야 한다고 여긴다. 그 반대의 논지 전개는 잘 안 하게 된다. 반면에, 영어 화자는 "상어가 암초에 걸렸는데, 해수가 낮아서 그랬다."와 "해수가 낮아서 상어가 암초에 걸렸다."를 바꿔 가며 논지를 전개해 간다. 물론 전자의 논지를 후자의 논지보다 더 자주 사용한다.

'왜냐하면…… 따라서……'는 사실상 중국어에서 정해진 구조다. 이것은 일련의 복잡한 구조 안에 포함되는데, 부가적 정보는 주요 정보 앞에 나와야만 한다. 때때로 '왜냐하면/때문에' 또는 '따라서'가 담화에서 선택적으로 생략될 수도 있다. 또 때로는 둘 다 생략되어 화자가 추론, 즉 상황적 맥락이나 실제 세상 물정에 빗대어 얘기하기도 한다. 어떤 경우든 '왜냐하면/때문에'와 '따라서'는 중국어에서 순서대로 등장한다. 그것은 문장 수준이나 대화의 수준과는 상관이 없다. 이러한 구조를 사용하기에 중국어 화자는 자기주장을 하기에 앞서 배경과 맥락이 될 만한 말들은 매우 많이 한다.

'왜냐하면…… 따라서……' 구조를 사용하는 경우, 수많은 설명적 정보가 '왜냐하면'과 '따라서' 사이에 들어갈 수 있다. 그러다 보면 대화가 빙빙 도는 것같이 된다. 동시에 '왜냐하면'과 '따라서' 사이에 수많은 정보를 포함하다 보니 청자는 화자의 주장보다는 상황이나 설명에 주의를 기울이게 된다. 이럴 경우 상황이 정면에 나오게 되고, 주장은 배경이 된다.

중국어는 또한 주제-언급(topic-comment, 즉, 주제 강조) 구조를 특징으로 하는 언어라는 점에서, 주어-술어(subject-predicate, 즉, 주어 강조) 구조가 주를 이루는 영어와 대조를 이룬다. 영어의 주어 강조 구소에서는 하고자 하는 말의 모든 부분이 말 속에 고스란히 정확하게 담긴다. 이와 달리 중국어와 같은 주제 강조 구조에서는 일단 주제가 정해졌으면 이어지는 발언에서는 그 주제를 언급하지 않아도 된다. 다시 말해, 어쨌든 주제가 이해되는 것이다. 그런데 이 말은 곧 이어지는 발언들이 서로 연결되어 일종의 거대한 문장을 이루고, 각각의 말은 의미를 갖기 위해 긴밀하게 상호 의존하게 된다는 것이다. 이것은 또한 '나' '너' '그/그녀'와 같은 주어(좀 더 정확히 말하자면 주제) 대명사가 담화 중에 생략될 수 있다는 의미다. 영어를 할 줄 아는 중국인 도넛 가게 주인이 여배우 Tracy Ullman을 그린 캐리커처에 대해 한 발언은 이러한 중국인의 대화 특성을 잘 묘사한다. "사랑은 도넛을 좋아한다. 모든 사람이 도넛을 먹고 싶어 한다. 모든 사람이 사랑을 하고 싶어 한다. 하지만 사랑이 끝나면 기분이 좋지 않다. 토할지도 모른다. 도넛도 마찬가지다." (*People Magazine*, January 29, 1996, p. 80)

어떤 관점에서 보면 주어가 되는 대명사를 빠뜨리는 것은 두 가지 다른 효과를 가질 수 있다. 우선 '너'와 '나' 사이의 구별이 대화 속에서 사라질 수 있다. 게다가 대화 속에서 사라진 일련의 '나'가 효과적으로 배경에 놓일 수 있다. Billy Crystal과 Meg Ryan 주연의 영화 〈해리가 샐리를 만났을 때(When Harry Met Sally)〉의 한 장면은 이러한 경우를 잘 보여 준다. 영화에서 중국 노신사는 자신의 중매결혼에 대해 회고하면서 자신이 정혼한 여인을 미리 한번 보려고 노력했던 장면을 떠올린다. "나는 그녀가 사는 마을에 들어갔지. 나무 뒤에 숨었어. 그녀가 빨래하는 것을 지켜보았지……."

또 다른 문화적 장애물은 세계관 및 관계 의례와 전략에서의 차이에서 나타난다. 중국인에게 사람(person), 자기(self), 의례(ritual)는 백인과는 다른 특성과 정서 양상을 가진다. 존경과 예의에 대해 매우 다른 관점을 갖듯이 의무와 협동에 대해서도 매우 다른 관점을 가진다.[3] 중국인의 관점에서 보면, 사람은 다양한 충성관계와 호혜적 의무를 가진 지속적인 인간관계 안에서 살아간다. 개인의 정체성은 개인 자신에게서 잘 발견된다기보다 그 개인이 맺고 있는 타인과의 친밀한 관계에서 나온다. 중국 사람들은 혼자 있을 때보다는 관계성 속에 있을 때 더 잘 이해될 수 있다. 이것은 마치 중국 사람들이 하는 많은 말을 그 말들의 상호관계 속에서 파악하면 더 잘 이해되는 것과 마찬가지다. 같은 맥락에서 중국인의 자기는 타인과의 상호 교류와 의존 속에서 발달해 간다. 이로 인해 타인과의 경계가 모호해져 타인이 개인적 사건과 삶의 선택 등에 관여하며, 개인도 타인에 대해 그렇게 한다. 좀 더 나아가서 얘기하면, 그들은 집단적 양심을 가지고 있다고도 할 수 있다. 그들은 서로 잘 지내는지, 또 어떻게 행동하는지에 대해 상관한다. 그들의 운명은 서로 엮여 있다. 사실 고대에는 '나'와 '우리'라는 단어가 구별되지 않았다. 두 단어가 모두 같은 특성을 가졌다. 중국이 제국이었을 때를 생각하면 자기의 중국적 의미를 더 잘 이해할 수 있을 것이다. 당시에는 누군가가 유죄로 판명되었을 경우 설령 그것이 사형당할 죄에 해당한다 하더라도 그의 아들, 동생 또는 조부가 대신 형벌을 받을 수 있었다.

공자의 사상으로 돌아가 보면 의례가 개인의 자기 및 공자가 강조한 인간성(humanity)을 계발하는 데 중요한 역할을 한다는 것을 알 수 있다. 공자에게 의례는 단순히 별 감정이 섞이지 않고 공허할 수 있는 사회적 정중함이나 공손함의 문제가 아니었다. 오히려 자기(self)나 개인의 인간성은 의례적 상호작용을 통해 계발되고 발전한다. 의례는 개인의 인간성이 표현되고 발전하는 수단인 것이다. 좀 더 구체적으로 말하면, 개인의 인간성(즉, 성숙함 또는 성장)은 의례와 같은 문명화된 교류의 의식적(ceremonial) 조화를 통해 드러나고 정교화된다는 것이다. 성숙한 사람은 개인적이고 이기적인 욕심을 절제하고 타인과의 조화로운 연합을 위해 노력할 수 있는 능력을 기른 사람이다. 간단히 말해서, 성숙한 사람은 타인과 협력하고 타인을 존중할 줄 알며, 더 중요한 공익을 위해 자신의 것을 포기하고 희생할 줄 안다. 실제로 의례를 나타내는 중국어는 '희생'의 의미를 가진다.

의례는 사람들로 하여금 함께 모여 상호작용하게 한다. 사람들은 사회적 교류를 돕는 관습과 의례를 통해 연합한다. 하지만 의례는 또한 사람들을 떨어뜨려 놓기도 한다. 중국적 조화와 서열적 질서의 기본 정신을 지키려면 상대를 존중해 주기 위한 적절한 거리를 두고 상대의 우수성과 지위를 배려해 줄 필요가 있다. 중국인은 서로가 같은 지위에 있을 때도 각자 자신을 낮추면서 상대를 높여 주기 위해 적극적으로 노력한다. 겉으로 보이는 의례적 요건과 전략을 보여 주는 일례로, 중국인 상급자와 하급자는 단체 사진을 찍을 때 다 같이 섞여서 뒤로 가려고 하면서 다른 사람을 앞으로 미는 것을 들 수 있다. 이런 것을 잘 모르는 백인이 보면 깜짝 놀랄 것이다. 이것은 단지 기꺼이 자신을 희생하여 타인을 돋보이게 하려는 문화적 의무를 보여 주는 의례적 표현일 뿐이다.

여기서 중요한 것은 단지 자신이 상대보다 높은가 낮은가의 문제가 아니라, 자신이 타인과의 관계에서 스스로를 낮춘다는 것이다. 중국인에게 중요한 것은 사람들 사이의 관계, 즉 지속적 돌봄과 존경의 표시다. 관계와 존경의 표시에 대한 강조는 고대시대로 거슬러 올라간다. 예를 들어, 대화에서 직접적으로 '너' 라고 말하는 것은 기원전 3세기부터 아주 친한 사이가 아니라면 무례한 것으로 여겨졌다. 대신에 중국인은 친척관계에서 쓰는 용어 혹은 다른 존칭적 관계에서 사용하는 용어로 호칭하는 것을 선호했다(Hong, 1985). 대화에서 '나' 라고 칭하는 대신, 중국인은 부모 앞에서는 '불효 자식' , 선생님 앞에서는 '하찮은 학생' 이라고 스스로를 칭하곤 했다. 심지어 동료나 친구 사이에서도 '연소자' 를 뜻하는 '샤오(xiao)' 또는 '연장자' 를 뜻하는 '라오(lao)' 라는 말을 성 앞에 붙여서 친근감을 나타내면서, 누가 연소자인지 혹은 연장자인지를 표현했다(때로는 이런 말이 누가 상급자인지, 누가 학식이 더 많은지를 나타내기도 했다). 좀 더 실용적인 의도에서, 어떤 사람은 중국 사람들의 사고 속에 내재된 연장자가 베풀 호혜적 의무 및 책임감을 생각하면서 일부러 스스로를 낮추는 자세를 취해 상황을 자신에게 유리하게 만들기도 한다. 상대에게는 상대가 가진 우월함과 권력을 강조하고 자신에 대해서는 열등함과 약점을 강조하면서 교묘하게 도움과 배려를 청하는 것이다.

일상적 대화 의식 속에서 중국인은 개인적 필요와 요구를 공공연하게 표현하기보다 사회적 협력과 조화를 이끌어 낼 만한 행동을 훨씬 더 강조한다. 비록 중국인 사업가들이 유리한 지점을 차지하기 위해 매우 경쟁적으로 열성을 보이는 것으로 유명하긴 하지만, 그들 역시 대화에서 자신을 드러내거나 자기주장을 하는 모습을 보이지 않으려고, 또한 자신을 타인과 달라 보이게 하는 말이나 행동을 자제하려고 무척 애쓴다. 오히려 그들은 공통적으로 합의할 수 있는 사항이나 적어도 상호 간에 합의할 수 있는 방향성을 찾음으로써 입지를 다지며 협상을 시작하려고 한다. 이를 통해 상호 배려나 협의 가능한 융통성을 강조하는 방식으로 담화를 전개해 간다. 그들은 상대방이 상대방 자신에게 유리한 대로 담화를 이끌어 가게끔 하면서 자신은 잘 반응해 주는 사람이라는 이미지를 심어 주려고 노력한다. 조화로운 조율을 위해 그들은 포괄적이고 상호적인 담화 방식으로 서로에게 많이 맞추어 가는 대화 방식을 추구한다. 이런 점에서 중국인의 사고 속에 내재된 조화라는 개념은 결코 정지해 있는 상태가 아니다. 그들에게 조화란 함께 노력하는 데 달려 있으며 대화 속에서 함께 만들어 가는 것이다. 달리 말하면, 조화는 예배하는 사원이 아니라 개인이 다른 사람과 함께 타협하고 달성해 가야 할 여정인 것이다.

미국인의 담화를 살펴 보면, 배경 정보를 전경에 두어야 사람들은 그 사람이 요구하는 것의 배경 상황에 대해 알 수 있다. 그러면 청자는 서서히 화자의 입장이 합리적인지 알 수 있게 된다. 게다가 정보를 이런 식으로 구조화하면 공통된 이해의 끈이 생겨나고 청자는 공동 기획자처럼 논증과정에 참여하게 된다. 이로써 화자와 청자, 즉 나와 너, 자기와 타인 사이의 역할 경계가 모호해지기 시작한다. 게다가 상대가 요구하는 것의 배경 상황을 명료화하다 보면 섣부른 방해나 상대에게 면박을 주는 반대를 하지는 않게 될 것이다. 그뿐 아니라 중국적 사회성의 기반이 되는 상호 교류 및 의존을 위협할 수 있는, 자기중심적인 자기주장을 한다는 말은 면할 수 있다. 주저하는 듯하고 수동적인 태도를 통해 그들은 상대방을 존중하려는 의도를 전달하고, 타협하고자 하는 융통성 혹은 적어도 자신의 의견을 강요하지 않으려는 마음을 보여 준다. 이런저런 모습을 통해 그들은 청자에 대한 존중을 표현하고 모두가 상호 간 조율과 수용에 참여할 수 있도록 가능성을 열어 둔다. 이러한 과정은 모든 참여자가 합의할 수 있는 안을 만들어 내어 문화적 이상인 조화로운 통합을 달성하는 데 필수적이다.

이러한 조화로운 통합과 상호 의존의 문화적 성향은 일종의 다양성 속에서 역동적인 연합을 이루는 것으로 중국인의 사고에 깊숙이 자리하고 있으며, 개인적 관계의 방법과 목적에도 중요한 영향을 미친다. 계속해서 변화하면서 서로 맞물린 음양의 그림을 생각해 보자. 어두운 부분과 밝은 부분은 서로 다르지만 각기 상대 부분의 작은 일부를 포함한다. 마찬가지로 중국인은 인간관계를 지속적으로 증진시키고 양심적인 행동을 하기 위해 친밀하고 공고한 의존성을 갖는다. 그러한 관계성에서 '너 안에 있는 나'와 '나 안에 있는 너' 가 존재하는 것이다(Yang, 1994, p. 192). 그들은 열심히 '관시(quanxi, 關係)' 관계를 추구하는데, 이는 유용하고 때로는 필수적인(Yang, 1994 참조) 사회적 관계로, 친밀하거나 지속적인 선물과 호의가 따르는 상호 교류에 의해 공고해지고 두터워진다. 이러한 사회적 관계는 런칭(renqing, 人情)이라는 온정적 정서와 함께 깊어진다. 그런 정서에는 흔히 하는 말로 '인간적 온정의 빚' 이라는 것도 포함된다. 즉, 누군가가 당신에게 호의를 베풀면 당신은 '인간적 정을 받는 것' 이다. 그러면 당신은 물질적으로든 정신적으로든 적절한 때에 그 호의를 두 배 혹은 그 이상으로 갚을 의무가 생기는 것이다(Chang & Holt, 1995). 즉, 관시 식의 주고받기 관계 속에 엮인 사람들에게 공짜 점심은 없는 것이다.

음식 얘기가 나온 김에 좀 더 얘기해 보자. 중국인은 예를 들어 뜨겁고 신, 따뜻하고 차가운, 말랑말랑하고 바삭바삭한, 감칠맛 나고 매운 식으로 맛과 질감을 짝지어 표현함으로써 음식의 즐거움을 극대화한다. 뿐만 아니라 상해 태생에 영국을 기반으로 활동하는 식도락가이자 외교관이며 중국인 박식가인 Kenneth Lo에 의하면, 중국인은 고기와 야채를 섞어 "향이 서로에게 스며들게 한다."(Lo, 1958, p. 13) 앞에서 얘기한 조화로운 통합과 상호 의존성은 메뉴를 선택하고 짝짓는 것뿐만 아니라 음식을 먹는 것 자체에도 적용된다. 미국인들은 서양식 레스토랑에서 식사를 하면 각자 자신이 원하는 음식을 고른다. 이와 달리, 중국인들은 음식의 짝을 짓는다. 눈으로 향기, 질감, 색깔, 조리법까지 서로 짝지어 조화를 이루는 방식으로 고른다. 중국식 식사는 거의 항상 같은 접시에 여러 가지 음식이 나와 함께 먹는 공동의 일로, 각 개인은 공동의 접시에서 이것 조금,

저것 조금 덜어 먹는다.

이는 많은 백인이 쉽게 시도해 보고 즐길 수 있는 식사 방식이다. 공동의 접시에서 함께 음식을 나누고 먹는 기쁨을 누리는 데는 문화적 장애가 별로 없다. 하지만 먹는 문제에서 말하는 문제로 옮겨 가면 얘기가 달라진다. 문화 교류적 대화의 리듬은 함께 떠먹는 식사의 리듬보다 조율하기가 더 어렵다. 같은 언어를 사용하면 마치 그들이 같은 이해의 틀을 가지고 있는 것으로 믿게 되어 상황이 더 악화될 수 있다. 사실 대화가 진행되면서 이해하지 못하고 놓치는 부분이 생기고, 그러면 오해가 생길 수 있다. 사회적 관계를 만들어 보려고 노력하다 보면 예기치 않게 완전히 관계를 망칠 수도 있다. 대화자들이 대화 속에서 서로 맞물려 가는 대신, 불가해한 혼란 상태에 빠져 스스로 쉽게 헤어 나오지 못할 수 있다. 문화 교류적 장애물은 극복하기가 만만치 않은데, 특히 한 문화에서 가장 많이 쓰이는 '나'와 '너'라는 단어가 다른 문화에서는 대화 시 쉽게 생략될 때 더욱 그렇다. 또한 한 문화에서는 '바로 요점을 말하는 것(getting straight to the point)'에 가치를 두는데 다른 문화에서는 '악령은 직선으로 다닌다(evil spirits travel in straight lines)'고 믿는다면, 두 문화가 만날 경우 그러한 문화 교류적 장애물이 등장할 수 있다.

흔히 영국과 미국은 같은 언어를 사용하는 두 문화라고 한다. 그런 문화 간 차이와 어려움은 중국인 대 백인의 대화 속에서 기하급수적으로 증폭된다. 중국인은 그 상황을 마치 닭이 오리한테 얘기하는 것과 마찬가지라고 묘사할 것이다. 아니면 닭이 오리를 닭으로 잘못 본 것이라고 생각할 수도 있다. 오리가 '꽥꽥' 하는 소리는 병든 닭이 내는 '꼬꼬댁' 소리로 들을 수 있고, 또 때로는 정말 그렇게 들리기도 한다. 하지만 대체로 '꼬꼬댁'은 '꼬꼬댁'일 뿐이고 '꽥꽥'은 '꽥꽥'일 뿐이다. 그 차이를 식별할 수 있는 귀를 가진 사람이 똑똑한 사람이다.

후주

1. 여기서 '중국인'이란 보통화(Putonghua), 대만어(Taiwanese), 광둥어(Cantonese)를 사용하는 사람들(영어를 사용하는 그들의 자손 포함)을 지칭한다. 이러한 중국 방언들은 상호 이해 불가하지만 '왜냐하면…… 그러므로……'라는 구조를 바탕으로 핵심 문법과 특징을 공유한다. 따라서 이러한 언어를 사용하는 사람들은 사업가의 숨은 의도와 전략을 잘 발견해 낸다. 여기서 '백인'이란 중산층이면서 주류적 성향을 공유하는 서구 국가의 영어 원어민 및 그 자손을 지칭한다.
2. 어떤 독자는 이 부분이 이해하기 힘들다고 느낄 것이다. 이 부분은 내가 단어 하나하나 있는 그대로 발췌하여 기록한 것으로, 일부러 말을 더듬는 부분, 문법적으로 맞지 않는 요소들 등을 남겨 실제 대화의 일부를 제시하고자 했다. (빈 괄호는 알아들을 수 없는 단어를 나타내는데, 이 때문에 이해의 어려움이 가중된다.) 나는 독자에게 내가 고딕체와 이탤릭체로 구별한 부분의 담화 구조에 주목해 주기를 권하는 바다. 여기에 나오는 중국 사업가들은 서양인의 역할을 해서 그들의 이름을 영어로 적었다. 예산 회의에서 나온 다른 중국 담화의 예를 보려면 내 책 『누화(*Crosstalk*)』, pp. 32–34를 참조하라.
3. 나의 책 『누화』는 이러한 차이점에 대해 더 자세히 설명한다. 그 예로 pp. 41–42, 44–46, 108–112, 137–167을 참조하라.

Part 3

상담 장면에서의 이슈

다문화와 정신분석 **05**

미국 분석가와 아시아 내담자 사이의 가치 문제

가치와 정상성/정신병리

정신분석을 하다 보면 내담자가 분석가와 완전히 다른 문화에서 왔다는 사실에 직면하게 되는데, 그때 분석가는 비로소 스스로가 내담자의 자유연상과 관계 방식의 적절성을 정상성/정신병리의 연속선상에서 계속 평가하고 있었다는 것을 깨닫게 된다. 우리는 어떤 평가를 할 때 우리 생각에 우리 문화 내에서 무엇이 벌어지고 있는지 혹은 벌어지지 않고 있는지에 대한 암묵적 이해를 기반으로 한다. 좀 더 구체적으로 말하면, 우리는 내담자가 어떻게 말하는지, 정서적 상태가 어떠한지, 어떤 대인관계를 형성하고 있는지, 어떤 식으로 상담자를 대하는지 등에 대해 우리가 일상적으로 생각하는 정상성/정신병리의 연속선상에서 지속적으로 평가를 내린다. 정신분석가는 항상 자신과 비슷한 배경을 가진 내담자와 상담을 하기 때문에 이러한 과정에 대해 거의 반추하지 않는다. 자동적으로 평가를 하면서 별 문제를 느끼지 못하는 것이다.

우리와 같은 문화권에 속해 있지만 다른 민족적 혹은 지역적 배경을 가진 내담자를 만날 때도, 우리는 단순히 분명하게 눈에 띄는 특정한 차이점만을 고려하는 정도다. 그러다 보니 뉴욕에서 일하는 분석가는 중서부에서 온 기독교인이 상담 장면에서 뉴욕에 사는 다양한 민족 집단의 사람들에 비해 좀 밋밋한 어투로 말한다고 해도 이를 정서적으로 메말라 있다고 생각하지 않을 수 있다.

아시아와 같이 자신과 매우 다른 문화적 배경을 가진 내담자와 상담을 할 때, 유럽계 미국인 분석가는 이제껏 자신도 모르게 가져온 이해와 판단이 별 소용 없을 수도 있다는 것을 깨닫는다. 분석가는 자신이 마치 항해를 하듯 무엇이 정상이고 무엇이 병리적인지 분별하지 못하고 있다는 것을 발견한다. 분석가가 다시 미국적 개인주의라는 문화적 기준에 의지하기로 하지 않으면 그러한 상황이 지속된다. 개인주의는 오늘날 마치 보편적인 잣대인 양 정신분석에서 필수적인 것이 되었다. 그런데 이러한 개인주의적 잣대에 의존하면 아시아인을 향한 식민지적 자세라 할 만한 태도가 분석가에게서 미묘하게 나타날 수 있다. 이러한 태도를 가지면 아시아인들이 가지고 있는 의존성과 상호 의존성, 상위자에 대한 공경 및 간접적 의사 전달과 같은 기준을 미국적 정신분석의 기준을 토대로 열등하다고 볼 수 있다. 미국적 기준으로는 분리-개별화, 자율성, 자기주장성, 언어 구사력 등을 중요시한다. 미국인들은 종종 자신들의 기준이 미국적 문화권 내에서 통용되는 현대 서구적 개인주의 문화와 밀접하게 연계되어 있다는 것을 고려하지 않는다.

미국인은 자신과 전반적으로 다른 문화권의 사람을 경험하게 될 때, 비로소 자신에 대해 더 많은 질문을 하기 시작한다. 이 사람이 어떤 얘기를 하고 있는 것일까? 내가 판단과 평가의 기준으로 삼고 있는 것들은 어디서 나온 것일까? 어떤 것이 정상일까? 어떤 것이 비정상일까? 발달의 어떤 측면이 다른 것일까? 진짜 문제는 어디에 있는 것일까? 물론 정신분석을 하면서 이러한 질문을 전혀 하지 않는다는 얘기가 아니다. 다만 타 문화권의 내담자를 접하면 분석가는 이러한 문화 교류적 만남 속에서 다급함과 불안함을 더 크게 경험한다.

이러한 비교문화적 경험이 없는 상담자는 보통 인간의 심리세계 안에 존재하는 커다란 차이에 대해 전혀 모른다. 이러한 차이는 사실 정신분석의 기초 토대까지 흔들 만하다. 그러한 상담자들은 종종 "아, 네, 저도 상담하면서 그런 경험을 항상 합니다."와 같이 반응한다. 그들은 사실 자신이 경험해 온 것과 전혀 다른 경험이 있을 수 있다는 가능성에 대해 무지하다. 하지만 아시아인들은 그 차이점에 대해 잘 알고 있다. 임상심리를 공부하는 한 중국계 미국인 대학원생은 자신의 동료 학생들과 교수들이 자신만의 독특한 문화적 배경에 대해 얼마나 무지한가를 얘기했다.

뉴욕 소재의 주요 사회복지 프로그램에 있는 일본, 한국, 중국 학생 집단이 자신의 프로그램 교수들에게 아시아인의 심리학에 대해 교육해 달라고 나를 초대한 것은 어쩌면 당연한 일이었다. 그들이 보기에 모든 교재 및 강의는 전반적으로 미국인의 심리학적 구성과 발달과정에 초점이 맞추어져 있었고, 아시아인의 것은 제대로 다루어지지 않았다. 이 학생들은 자신이 자란 동아시아 사회의 인간 발달에 대한 이해를 도와줄 뭔가를 원했다. 그 사회에서는 영유아가 주로 엄마 옆에서 자고, 크면서는 다른 사람과 같은 방에서 잔다. 또한 친밀한 상호 의존성이 길러지는데, 이러한 점에서 분리, 독립, 자립심, 자발성을 강조하는 미국 문화와 차별화된다. 이 외에도 자녀 양육에 있어서 나타나는 일련의 차이는 아이들의 발달에도 다른 영향을 준다.

상담을 하는 정신분석가가 또 다른 정상성/정신병리의 연속선이 존재한다는 것을 인정하는 일은 이러한 타 문화권 내담자와 작업을 하는 데 필수불가결한 사항이다. 이렇게 다른 연속선과 친숙해지려면 일정 정도의 개방성, 의구성이 필요하며, 나아가 정신분석가의 일반적 소양이라고 생각될 정도를 넘어서는 잘 모른다는 태도가 필요하다. 그래서 아시아 문화 배경을 가진 내담자의 마음속에 무엇이 벌어지고 있는지 혹은 벌어지지 않고 있는지에 대한 새로운 이해를 해 간다는 것은 언제나 도전이 되는 일이다.

그런데 다른 연속선상의 존재를 깨닫는 것은 정신분석가에게 단지 시작일 뿐이다. 내담자가 호소하는 특정 문제가 이 연속선상에서 어디에 놓이게 되는지를 파악하는 것은 훨씬 어려운 과제다. 그 과제란 이렇게 다른 문화적 · 심리학적 연속선상에서 발달과정에 문제는 없었는지, 가족관계가 이상하지는 않은지, 어떤 정신병리가 있는지를 알아내는 것이다. 분석가에 대한 전이와 같은 기본적인 요소도 그 정서적 표현이 다르게 나타나면 잘못 해석될 수 있다. 나는 인도 내담자 및 일본 내담자와 수년간 일해 왔지만 여전히 이런 문제로 고민하고 있다.

내담자를 더 잘 이해하기 위해서 상담자는 극명한 문화적 차이가 존재하고 그것이 심리 발달 단계에 영향을 미칠 수 있다는 것을 충분히 인지할 필요가 있다. 이를 위해 상담자는 내담자의 문화에 관한 문헌을 충분히 읽거나, 그에 대해 잘 알고 있는 동료 상담자에게 자문을 구하거나, 내담자에게 그 문화에서 나타나는 특징적인 가치와 사회적 양식에 대해 자주 물어보면서 내담자를 자원으로 활용할 필요가 있다. 이렇게 할 때 상담자는 해당 문화의 일반적 특성과 병리적일 수 있는 부분을 구별하게 된다.

이러한 점을 보충하기 위해 몇 가지 짧은 사례를 들겠다. 첫 번째는 카카르 부인(K부인)의 사례다. 그녀는 40대 중반의 인도 여성으로 상담하러 오기 2년 전에 세상을 떠난 어머니에 대한 힘든 감정을 해결하기 위해 정신분석적 상담을 받으러 나를 찾아왔다. 그녀와 그녀의 어머니는 평생 매우 친밀하고 친구 같았으며 서로를 지지해 주었다. 그런데 어머니가 죽기 몇 년 전부터 그들의 관계가 나빠져서 서먹해졌다. 문화적 관점에서 이 사례를 보면 흥미로운 부분이 많은데, 이 장에서는 특히 가치 문제와 관련된 점에 초점을 둔다.

나는 많은 인도인과 상담을 해 오면서(Roland, 1988), 인도인 내담자가 보통의 미국인 내담자에 비해 상담자로부터 더 많은 정서적 연결감과 돌봄을 기대한다는 사실에 익숙해졌다. K부인도 예외는 아니었다. K부인은 교육 수준이 높은 교양 있는 여인이었다. 그녀는 때로는 출판사에서 자신의 책임 업무를 끝내느라 상담에 늦었다. 왜 늦었는지 탐색하려고 질문하면 보통 금방 사과하고는 그 얘기를 다루지 않으려 했다. 때로는 청소년인 자신의 딸이 많이 아프다며 딸을 돌봐야 할 책임감 때문에 상담 시간을 조정하거나 빼먹기도 했다. 그러고는 자신이 놓친 상담 시간에 대해 보충해 주길 기대했다. 그녀는 몇 회기를 연속으로 빠지기도 했는데 그에 대해 별 책임감을 느끼지 않았다. 상담료를 늦게 낼 때도 있었는데 그럴 때마다 사과하면서 분명한 이유를 내세웠다. 나는 가치라는 관점에서 이 상황을 지켜보면서, 정신분석에서 저항에 대해 내리는 일반적인 딱딱한 질문과 해석을 하거나 상담 회기를 분명하게 구조화하면 K부인이 인도인으로서 이해받지 못했다는 생각에 더 이상 상담에 오지 않을 수도 있다고 판단했다.

그런데 나는 K부인이 정신분석적 상담 회기 및 상담료의 구조에서 벗어난 행동을 하는 것이 어떤 면에서는 그녀의 문화적 배경 때문이지만, 또 어떤 면에서는 단순한 문화적 차이의 문제 이상일 수 있음을 감지했다. 오랜 시간에 걸쳐 서서히 나는 침범당하고 있다는 미묘한 느낌을 받았다. 그런데 또 생각해 보면 나는 뭄바이에서 일할 때 늘 수많은 사람에게 침범당하는 기분이었다. 사실은 그들이 나를 삼키는 것 같았다. 그런 면에서 일반적 미국인이 갖는 자기와 타인 사이의 자아 경계가 인도 문화에서는 쉽게 사라질 수 있는 것 같다. 그렇지만 전이를 통해 표현하고자 하는 더 깊은 문제가 있지 않았을까? 이런 문제를 생각하면 조바심이 난다. 아시아인 내담자에게 있는 다른 면을 존중하면서도 혹시 그것이 정신병리와 관계가 있는지를 알려고 노력하는 것은 큰 도전이 된다.

2년에 걸쳐 일주일에 두 번씩 정신분석적 상담을 진행한 후에야 우리는 K부인과 그녀의 어머니의 관계에 대해 더 깊이 탐색하기 시작했고, K부인이 어렸을 때 어머니가 K부인의 방에 자주 와서 자신의 온갖 감정과 생각을 털어놓았다는 사실을 알게 되었다. 또한 K부인의 어머니가 남편과 함께 잠을 자기보다는 딸의 침대에서 자주 같이 잤다는 사실도 알게 되었다. 여기서 나는 비록 인도 가정에서 아이가 부모와 수년간 함께 자기도 하지만, 어머니가 남편을 떠나서 따로 떨어져 있는 자식 방에 와서 자는 것은 평범치 않다는 것을 깨달았다. 또한 내가 이전의 다른 내담자들과 상담하면서 배운 사실에 비추어 볼 때 인도인 어머니와 딸은 미국인의 관점에서는 지나치게 가까워 보일 수 있지만, 딸에게 계속 모든 속 얘기를 털어놓는 것은 아무리 인도인 어머니의 경우라 해도 정상 범위에서 벗어나는 듯했다.

이것을 깨달은 뒤 나는 K부인과 전이에 대한 작업을 시작했다. 즉, 그녀가 무의식적이면서 교묘하게 마치 그녀의 어머니가 그녀에게 했던 식으로 나를 대해 왔고 나로 하여금 그녀의 역할을 하게 한 것에 대해 작업을 시작한 것이다. 이런 얘기를 하다 보니, 그녀가 자신의 두 딸을 대할 때 가장 힘든 부분 중 하나가 딸들이 자신에게 하는 요구에 대해 어쩔 수 없이 들어줄 수밖에 없다고 느끼는 터무니없는 연약함이었다는 것이 드러났다. 그녀는 딸들에게 단호하게 "안 돼."라고 할 수가 없었던 것이다. 마치 그녀가 자신의 어머니에게 그렇게 하지 못했던 것처럼 말이다. 상담에서 이 모든 것을 다루고 해석하면서 그녀는 나아지기 시작했다. 그런데 가장 중요한 치료적 요소는 어린 시절 문제가 되었던 가족관계에서 나타난 병리적 모습을 친밀한 상호 의존적 관계성이라는 문화적 양상 속에서 재발견한 것이었다. 이처럼 친밀한 상호 의존적 관계는 미국 사회에 팽배한 기본 정신과는 매우 다르다.

가치와 역술 세계

상담은 또 다른 측면에서 미국 정신분석가의 일반적 가치 지향에 대해 쉽게 도전하기도 했다. 내가 상담을 했던 모든 힌두교 내담자가 그랬듯이, K부인도 영적 세계와 더불어 개인적 운명의 역술 세계를 믿었다. 덧붙이자면 이러한 면은 힌두교인 정신분석가에게서도 발견된다. 특히 그들은 역술이라는 관점으로 세상을 보는 경향이 있다. 인도인 내담자들은 서양인 분석가가 이성주의적 잣대를 가지고 점성술, 수상술, 영적 세계, 심령술 등 운명에 대해 가르쳐 주는 모든 분야를 비하하는 태도를 갖고 있다고 생각되면 자신이 믿는 역술 세계의 영역을 비밀로 하고 분석가에게 털어놓지 않는다. 아시아인은 상담자가 어떤 부분에는 수용적이고 어떤 부분에는 그렇지 않은지에 대해 극히 민감하며, 때로는 상담 내내 사적인 자기 내에 비밀을 간직할 수 있다.

K부인은 내가 이러한 영적인 영역에 대해 열려 있고 그것을 혐오하는 서양적 이성주의에 갇혀 있지 않다는 것을 눈치챘다. 어느 날 그녀는 청소년인 딸이 자신에게 별것 아니라는 식으로 입신 경험을 하고 있다는 말을 했다고 털어놓았다. 그녀의 딸은 오랫동안 자신의 유모에게서 배워 수년간 몰래 연습해 온 명상을 하다 보니 그러한 경험을 하게 된 것 같았다. K부인은 딸이 입신 경험을 했다는 사실을 알았을 때 너무 놀랐지만 꽤 현실적인 방식으로 상황을 풀어 갔다. K부인은 딸을 자신이 아는 명상의 대가에게 데려갔다. 그 스승은 K부인의 딸에게 자신의 나이에 비해 지나치게 오래 명상

을 하고 있는 것 같다면서 적절한 명상법을 가르쳐 주었다. 만약 상담자가 당신의 딸이 정신병적인 경험을 하고 있는 것 같으니 어서 상담자에게 데려가라고 제안했다면, K부인은 상담에 대해 완전히 마음을 닫았을 것이다. 사실 K부인의 딸은 상담자를 찾아가긴 했지만 완전히 다른 이유에서였다.

K부인은 자신의 딸의 정신적 능력에 대해서도 얘기했다. 그녀에 따르면, 딸은 때로 다른 사람의 마음을 읽는 듯했다. K부인에게는 어린 나이에 비극적으로 요절한 여동생이 있었는데, K부인은 그 여동생이 자신의 딸로 부활한 것일 수도 있다고 생각했다. 딸과 여동생은 모두 진단하기 매우 힘든 심각한 질병으로 고생했다. 그런데 이를 단지 정신병리적인 것으로 치부해 버리는 태도는 이성주의적인 서양적 가치체계를 인도인 내담자에게 강요하는 것과 마찬가지다.

그렇다고 해서 인도 내담자들 중에 이렇게 널리 행해지는 문화적 형태를 문제가 될 만한 방식으로 활용하는 사람이 없는 것은 아니다. 아속이라는 인도인 내담자는 오랜 기간 분석을 받았지만 그동안 매우 자기패배적이었다. 그는 자주 점성술사와 심령술사를 찾아 충고와 조언을 구했다. 그도 그럴 것이 그는 항상 자신의 생활에서 무엇을 해야 할지에 대해 갈등을 느꼈다. 이러한 모습은 지나칠 정도였다. 어떤 면에서 그는 점성술사와 심령술사에게 의지하면서 자신의 초기 가족관계를 재연하고 있었다. 그의 원가족에서는 늘 형과 누나들이 그에게 충고를 해 주었고, 그의 인생에 있어 중요한 결정들을 해 주었다. 그는 자주 꺼림칙한 심정으로 그들의 결정을 따랐다. 마찬가지로 점성술사와 심령술사의 조언을 구하고 나서, 아속은 자주 그들의 조언을 무시했다. 나중에는 자신이 자신의 형들과 누나들에게 그랬듯이 그들에게 욕을 퍼부었다. 또 다른 차원에서 아속은 무의식적으로 이러한 역술 세계의 매개체가 되는 사람들을 이용하여 내재된 자기파괴적 의도성과 표현하지 못한 분노로 가득 찬 삶에 대해 매우 수동적 태도를 드러냈던 것이다. 거기에는 상담자와 상담을 좌절시키는 전이적인 의미도 실려 있었다. 오랜 기간 나에 대한 전이 속에서 분노가 충분히 올라오자, 그는 점성술사와 심령술사를 찾아가는 일을 멈추었다. 물론 그래도 역술 세계에 대한 믿음은 아속의 세계관 속에 핵심적 부분으로 남았다.

가치와 지도

K부인과 진행했던 정신분석적 치료에는 가치 지향과 관련된 또 다른 측면이 포함되어 있다. 대부분의 인도 내담자는 분석가가 충고와 조언을 해 줄 것을 기대하며 상담실을 찾는다. 그들은 구루(guru)는 말할 것도 없고 부모나 다른 친척 어른을 찾을 때도 비슷한 기대를 한다. 인도인들은 가족적 서열관계에서 충고를 받을 때 보살펴 주고 걱정해 주고 돌봐 주는 태도도 느끼기를 기대하며, 동시에 그러한 충고와 조언에 수용적이도록 길러진다. 그러면서 친척관계와 다른 집단에서의 복잡하고 매우 서열적인 관계를 소화할 수 있게 된다.

K부인도 마찬가지로 상담하러 오면서 내가 자신에게 무엇을 말해야 할지 안내해 주기를 기대했다. 정신분석가는 이를 문제가 되는 저항이라고 보기보다는 내담자가 마음에 떠오르는 것을 최대한 자

유롭게 표현하도록 하면서 자신이 가진 문제의 핵심을 볼 수 있도록 도와주려는 자세를 가져야 한다. 실제로 K부인은 서서히 훨씬 더 자유롭게 자신의 생각과 감정을 표현했다. 물론 그래도 여전히 내가 자신에게 바라는 주제가 있을 수 있다는 것을 존중하는 태도로 회기를 시작했다.

상담자에게 충고와 조언을 기대하는 것과 같은 문화적으로 정상적인 관계 양식이 상담 장면에서는 문제가 되는 전이를 지속시키는데 무의식적으로 사용될 수 있다. 내가 좀 전에 언급했던 아속은 자신이 가족들에게 그랬던 것처럼 점성술사와 심령술사의 견해를 듣고자 했다. 동시에 지속적이고 끈질기게 나에게 조언을 기대하고 요구하면서 자신을 위한 결정도 해 달라고 했다. 그는 집단상담에서도 이러한 패턴을 반복했다. 심지어는 일상적 해석이나 질문도 의사결정을 위한 일종의 충고로 받아들였다.

서서히 그가 집단원이 제시하는 방향도 무시하고 나에게 얻은 충고도 무시하는 것이 분명해졌다. 게다가 그는 나와 집단원들이 자신에게 잘못된 충고를 해 줬다고 원망했다. 이 모든 것이 아속이 막 청소년이 되었을 때 아버지가 인도를 떠나게 되었던 가족 상황의 무의식적 재연임이 드러났다. 당시에 아버지가 떠나자 형들과 누나들이 아속을 위해 중요한 교육적 · 직업적 결정을 해 주었다. 사실 아속은 그들이 해 준 결정이 자신의 흥미 또는 바람과 맞지 않아 오랫동안 그들을 원망했다. 그는 형들과 누나들에게 너무나 의존적이어서 자신이 하고 싶은 일을 하겠다고 말하는 것이 불가능했던 것이다.

남성 우월주의와 우리 자존감

고팔이라는 젊은 인도 남성의 사례를 간단하게 나누고자 한다. 꽤 유능한 미국 여성 정신분석가는 그의 태도가 자신의 가치를 거슬러서 분노가 치밀어 옴을 느꼈고, 결국 그를 나에게 의뢰했다. 내가 인도 사람을 더 잘 알 것이라는 생각에서였다. 그녀를 화나게 한 것은 그가 미국 여성과 결혼을 했는데 그녀와의 관계가 겉보기에 별 문제가 없는데도 이혼을 진지하게 고려하고 있었기 때문이다. 사실 그의 결혼생활은 꽤 괜찮은 것 같았다. 그래서 그 분석가는 그의 태도를 이해할 수 없었고, 그가 완전히 자기중심적이고 남성 우월적이어서 그런 것이라고 생각했다.

고팔은 쉽게 이야기를 풀어 갔다. 그는 인도에서 대학을 졸업하고 나서 직업을 못 찾다 보니 가족들이 자신을 실패자로 보는 것 같아서 미국에 왔다고 했다. 미국에 체류할 수 있는 유일한 길은 뉴욕에 사는 친척들 사업을 돕는 것이었는데, 그들은 그의 어쩔 수 없는 상황을 이용해 그를 완전히 착취했다. 그가 인도로 돌아가지 않으면서도 이러한 덫에 걸린 상황에서 빠져나올 수 있는 유일한 방법은 미국 여성과 결혼하는 것이었다. 그래서 그는 아이 딸린 이혼녀와 결혼을 했고 그녀와 괜찮은 결혼생활을 해 왔다.

미국에서 살 수 있는 공짜 티켓을 얻은 후, 그는 당장 친척들을 떠나 자신의 사업을 시작했다. 열심히 일해서 성공했고, 인도에 있는 가족에게 상당한 돈도 보냈다. 사실 인도인을 비롯한 아시아인이 갖는 자존감의 상당 부분은 가족의 명성 및 그들이 가족을 어떻게 보이게 하느냐와 가족이 그들을 얼마나 대단하게 보느냐와 관련이 있다. 이러한 자존감은 개인주의적인 자기자존감이 아니라 우리 자존감(we-self esteem)이라고 표현하는 것이 더 정확하다. 고팔은 이제 성공했고, 가족의 명성을 높였으며, 가족에게 크게 존경받게 되었다. 이 모든 사건이 자신의 우리 자존감을 높여 주었기 때문에 중요했다.

하지만 그는 이혼녀와 결혼을 했고, 게다가 그녀에게는 전남편 사이에서 낳은 아이도 있었다. 그의 인도 가족은 카스트에서 신분이 높은 집안으로, 그의 이러한 결혼은 자신의 원가족의 명성에 큰 오점이 되었다. 한편으로 생각하면 그녀와 결혼을 해서 스스로 사업을 벌일 수 있었고, 사업에 성공해서 가족의 명성과 자신의 우리 자존감을 드높일 수 있었다. 하지만 동시에 그의 결혼은 가족의 명성과 자신의 자존감에 부정적 영향을 미쳤다. 그는 아내를 꽤 사랑했지만 그녀와 한평생 산다는 것이 마치 주홍글씨를 달고 사는 것 같았다. 이것이 그의 딜레마였다. 우리는 상담을 통해 그 딜레마를 명확히 볼 수 있었지만 불행하게도 해결할 수는 없었다.

일본인의 가치와 정상성/정신병리

이번에는 내가 주 4회 상담을 했던 일본인 내담자의 정신분석 사례를 살펴보면서, 정신병리로 보던 것으로부터 가치 지향에서의 차이일 가능성이 있는 부분을 분별하려 할 때 나타나는 어려움에 대해 더 설명하고자 한다. 케이고는 비교문학에 대한 대학원 공부를 하고자 미국에 왔다. 대학 상담자는 현명하게도 정신분석이 박사과정을 공부하는 데 매우 도움이 될 것이라며 그에게 정신분석을 받아 보라고 권했다. 그의 부모는 잘나가는 가족 사업을 오랫동안 하면서 그가 수년간 뉴욕에 있는 대학에서 공부할 수 있도록 경제적 지원을 해 주었다. 분석을 시작하기 전, 그는 나에게 엔화 가치가 더 높긴 하지만 뉴욕에서 공부하고 거주하는 데 드는 비용이 상당하다면서 상담료를 최대한 저렴하게 해 달라고 요청했다. 그래서 나는 내가 받을 수 있는 최저의 상담료를 책정하였다.

일 년이 지난 후에 나는 매년 상담료를 회기당 5달러 정도 인상한다는 말을 했다. 사실 이는 내가 웬만한 내담자와 일상적으로 하는 얘기다. 또 케이고가 최근에 대학원에서 조교장학금을 받았기 때문에 상담료를 이 정도 올리는 것은 합리적인 것 같았다. 하지만 그에게는 그렇지 않았다. 그는 일본에서는 한번 상담료가 정해지면 그대로 쭉 간다고 우겼다. 정신분석을 5년간 받아도 그렇다고 했다. 그는 은근히 나를 힐책하면서, 내가 일본인과의 상담 경험이 그 정도 있으면 일본인이 아매(amae)를 표현하고 중요한 서열관계에 매우 의존적이며 돌봄을 받아야 한다는 것을 알아야 한다고 했다. 그가 말한 중요한 서열관계에는 정신분석 관계도 포함되어 있었던 것이다. 덧붙여 그는 뉴욕에 살면서 박탈감을 느끼며, 상담료를 더 내는 것은 그러한 박탈감을 가중시킨다고 했다.

일단 우리가 분석의 첫 단계를 지나자, 케이고는 나에게 의존하고 보살핌을 받고자 하는 바람(아마에루[amaeru]*)이 커졌다. 그래서

---

* 역자 주: 사양하지 않고 타인의 호의에 기댄다는 뜻의 일본어.

우리 관계가 친한 상위자와 더 친밀하면서 공생하는 일본식의 관계 방식 속에 있기를 바랐다. 상담을 진행하면서 그의 어린 시절에 어머니가 가족 사업에 너무 몰두해서 그의 의존 욕구를 무척 좌절시켰다는 얘기가 나왔다. 그는 내가 자신의 좌절된 의존 욕구를 채워주기를 바라고 있는 것이 분명했다. 그보다 훨씬 나이가 많은 사촌 누나가 어느 정도 그의 의존 욕구를 채워 주었던 것처럼 말이다. 사실 그는 어린 시절 내내 상당히 많은 시간을 자신의 사촌 누나와 보냈다. 그가 가진 아매에 대한 열렬한 바람을 충족시킬 수 있는 하나의 방법은 상담료를 올리지 않는 것이었다.

그런데 어느 날 케이고가 만약 내가 상담료를 올리기를 바란나면 올려도 된다며 자신은 나의 결정을 따르겠다고 했다. 그러자 상황은 훨씬 더 복잡해졌다. 이것은 일본식 서열관계의 또 다른 측면으로, 상위자는 어떻게 해야 할지 정할 수 있고 하위자는 충성된 마음으로 그것을 따라야 한다. 그 과정에서 하위자는 기분 나쁜 모든 마음을 사적 자기 안에 감추어 둔다. 나는 일본 서열관계의 양 기둥 사이에 걸린 심정이었다. 한편으로는 돌봄의 상위자로서 그의 사촌 누나가 그랬듯 그의 의존 욕구를 채워 줘야 할 것 같았고, 다른 한편으로는 하위자의 의견에 별로 연연치 않고 결정을 내리는 권위 있는 상위자여야 할 것 같았다. 그런데 내가 후자를 선택하여 상담료를 올리면, 물론 그쪽이 쉽기는 하겠지만, 숨겨진 전이의 의미를 이해하기 어려워질 것 같았다. 그리고 전치된(displaced) 부정적 반응은 숨겨질 것 같았다. 그래서 나는 한동안이라도 상담료를 기존대로 유지하기로 했다.

서서히 나는 돈 자체가 그에게 매우 민감한 문제였다는 것을 알게 되었다. 그것은 그의 가족, 특히 그의 어머니가 돈으로 다른 사람들을 조종한 방식 때문이었다. 거의 2년간 분석을 받으면서도 상담료를 그대로 유지해야 한다고 했던 그의 주장 뒤에는 일본의 문화적 가치도 있었지만, 나를 돈만 아는 것 같았던 어머니로 경험하는 전이에 대한 저항도 있었다. 나는 이러한 해석을 그에게 해 주었다. 그리고 상담자에게는 회기당 25센트만 올리더라도 상담료를 올리는 것이 중요하다고 말해 주었다. 그는 이런 설명이 마음에 들지는 않았지만 납득했다.

상담료가 올라가면서 그는 정말로 나를 항상 돈 생각만 하던 욕심 많고 조종적인 어머니로 경험했다. 그는 나에 대해 점점 더 분노를 느꼈다. 이 경험을 통해 우리는 그가 어머니와 가졌던 매우 문제 많은 관계에 대해서, 또한 그가 자신의 분노 감정을 막기 위해 사용한 매우 강박적인 방어에 대해서 분석할 수 있었다. 이것은 분석에서 결정적인 전환점이 되었다.

사실상 이 사례에서 나는 분석이 매우 필요한 전이 경험에 무의식적으로 저항하는 것이 일반적인 일본의 문화적 태도에 의해 얼마나 지지되는지를 이해해야 했다. 만약 내가 상담료를 일정하게 유지한다는 특이한 일본식 가치를 처음부터 알고 있었다면, 나는 당연히 상담료 인상의 문제를 상담 초반에 얘기했을 것이다. 물론 그렇게 했으면 문화적 가치와 개인적 병리가 어떤 식으로 섞여 있는지를 알기 힘들었을 것이다. 사실 그것은 나 같은 미국 분석가가 풀기에는 무척 어려운 문제였다.

Yasuhiko Taketomo(1989)가 썼던 가치의 문제 중에 남성 분석가는 일본인 남성 내담자에게 언제나 멘토로 경험된다는 내용이 있다. 이것은 상담 동안에도 내내 그렇지만 일평생 그렇게 경험된다고 한다. 심지어 부정적 전이로 인해 나에게 가장 화를 많이 내던 때에도 케이고는 여전히 나를 멘토로 느꼈다. 이러한 이상화는 일본식 서열관계에 깊숙이 내재되어 있는 문화적 태도다. 대상관계 정신분석가는 이를 방어적 태도로 볼 수 있고, 자기심리학적 분석가는 치유적 경험(reparative)으로 볼 수 있겠지만 말이다. 케이고가 나를 멘토로 대한다는 점을 분석하는 것은 분석에 대한 애도 반응만 가져왔을 것이다. 물론 그러한 태도가 병리적으로 사용되었다면 분석을 해야 했을 것이다.

덧붙여 케이고가 나에게 기대했던 돌봄과 그의 의존 욕구 및 나와 아매 관계를 맺고자 했던 욕구는 일반적인 미국식의 정신분석 관계의 경계를 넘어 잘 충족되었다. 그런데 그것이 인도식 정신분석 관계를 넘어설 정도는 아니었다. 예를 들어, 케이고는 대학원에서의 대인관계를 포함하여 미국식 상황과 대인관계를 다루는 데 있어서의 복잡 미묘한 많은 부분에 대해 나의 조언을 듣기를 간절히 기대했다. 그렇지만 그는 다른 보통 문제에서는 내가 그를 돌봐 주고 공감하는 방식으로 대하는 데서 미묘하게 말없이 전달되는 위로를 받았다.

인도인들도 같은 방식으로 마음껏 나에게 의존하고자 하는 마음을 내비친다. 아직 미국화되지 않은 한 인도 여성이 있었는데, 그녀는 나보다 먼저 도착하면 내 상담실에 그냥 걸어 들어와 앉아 있었다. 인도에서는 일상적인 이런 관계 양식을 분석한다면 상담에 대한 애도 반응만 촉발될 것이다. 하지만 미국 내담자가 같은 행동을 했을 때는 전이적 의미가 충분한 것이 분명하므로 분석이 필요하다.

케이고는 각 회기의 시작 전과 종료 후에 나에게 고개 숙여 인사를 했는데, 그것은 공경과 존경을 표현하는 매우 일본적인 모습이었다. 그는 나에게 분노가 치밀었을 때도 그렇게 했다. 그가 어머니와 관련된 강렬한 부정적 전이를 해결하고 훨씬 덜 강박적인 사람이 되어서도 고개 숙여 인사하는 것은 계속되었지만, 그 인사는 훨씬 더 형식적인 것으로 보였다.

일본인의 초자아

일본인 내담자와 상담할 때 고려해야 할 필요가 있는 가치 지향과 관련된 두 가지 중요한 차별점이 있다. 첫 번째로 나의 일본인 내담자, 혹은 내가 슈퍼비전을 한 상담자의 일본인 내담자는 모두 하나같이 인간관계든 일이든 완벽하게 해야 한다는 자아 이상에 붙잡혀 있었다. 이러한 면은 정신분석적 상담을 하는 데 중요한 시사점을 갖는다. 그것은 일본인이 실패와 비판에 극도로 예민하다는 것을 보여 준다. 따라서 상담자는 해석할 때 보통 필요한 요령보다 더 많은 요령이 필요하다. 미국 정신분석가들 중에는 직접적으로 직면해 주는 접근을 할 수 있음을 자랑하기도 하는데, 일본인을 상담하는 데 있어 직접적 직면을 사용하는 것은 문제가 될 수 있다.

이러한 완벽주의적인 초자아에 대한 예로 케이고의 사례를 다시 보자. 케이고는 대학원 공부를 하면서 정말 많은 시간을 조교 일을 하고 다른 아르바이트를 해서 여윳돈을 벌고 또 졸업 논문을 쓰는 데 사용했다. 그런데 그는 이 모든 것을 동시에 해냈다. 게다가 모든 것을 지나칠 정도로 잘 해냈다. 그는 미국인의 비효율적인 모습에 놀라기도 하면서 짜증을 냈다. 특히 주문한 가구가 잘못 쓰인 영수증과 함께 한 시간 반이나 늦게 도착했을 때와 같은 경우에 그는 정말 짜증이 났다. 그는 종종 미국인이 일하는 방식을 비하하는 말을 했다. 미국인은 분명 그의 거부된 부분을 무의식적으로 상징하고 있었다. 그 거부된 부분은 그가 가진 엄격한 가치관 때문에 표현되는 것이 허락되지 않았다.

아카히사라는 일본 내담자는 12세기 이래 그의 가족에서의 장손에게 대대로 내려오고 있는 불교 승려 자리를 거부한 유일한 장남이었다. 대신 그는 자신의 가족이 살고 있는 시골 지역을 떠나서 교육자가 되었다. 그래도 그는 여전히 불교에 무척 관심이 많았다. 1년 정도 주 2회의 정신분석적 상담을 하면서 그가 그렇게 힘든 결정을 하게 된 이유를 명료화하고 그 결정에 대해 느끼는 죄책감을 완화하는 데 많은 시간을 할애했다. 가장 중요하지는 않을지 몰라도 적어도 매우 중요한 동기 중의 하나는 그의 어머니가 그에게 가지고 있는 기대에 반항하는 것이었다. 그의 어머니는 그가 그녀의 할아버지나 삼촌처럼 위대한 불자가 되기를 바랐다. 어머니의 기대대로 여생을 살도록 하는 것은 아카히사에게 너무 지나친 요구였다. 그런데 어머니의 기대감은 너무 부담스러울 정도여서 그가 자기 자신이 될 수 있는 여지를 남겨 주지 않는 것 같았다. 일본인 어머니가 자식에 대해 높은 기대를 갖는 것이 일본의 일반적 문화 양식이라면, 그의 어머니는 극단적인 것 같았다. 그 극성에 대한 반항으로 그는 일본에서 일종의 방랑자가 되있다. 대부분의 일본인보다 훨씬 개인주의적으로 살면서 자신이 가족 내 역할을 수행하지 못한 죄책감으로 마음고생을 하고 있었다. 하지만 그는 앞서 나온 케이고와는 달리 자신이 원하는 것을 할 수 있는 미국적 삶의 자유에 흠뻑 젖어 살았다.

일본인의 의사소통

가치 지향과 관련된 두 번째 차별점은 일본인은 전통적으로 언어적 표현보다는 걱정하며 공감해 주는 감지(오모이야리)를 통해 의사소통을 하기를 기대한다는 것이다. "정말 중요한 얘기는 말로 표현하지 않는다."라는 일본 속담은 미국적 정신분석 및 모든 감정과 생각을 말로 표현하는 문화의 핵심적 가치에 반한다. 그러므로 일본인 내담자와 상담을 하는 미국 분석가는 암시를 통해 넌지시 많은 이야기를 할 수 있다는 가능성을 잘 조율하고 있어야 한다. 미국인 내담자와의 상담과 비교할 때, 특히 상담 초기 단계에 더욱 그렇다.

일본식의 의사소통 방식은 미국인과의 다른 관계에서도 나타난다. 미국인과 결혼한 일본 여성 두 명이 모두 상담에 와서 자기네 남편이 자기들의 생각과 감정을 말하지 않아도 알아챘으면 한다고 얘기했다. 그들은 남편들이 자신들의 그러한 기대를 맞추지 못할 때 무척 화가 난다고 했다. 미국 상담자가 이러한 기대를 일종의 역기능이라고 치부하고 의사소통의 문화적 양식이 다르다는 것을 보지 못한다면 결혼생활에서 문제가 되는 것에 대한 공감적 이해를 놓치게 된다. 그러면 문제를 해결하기가 더 어려워진다.

미국적 관계에서 아시아인이 겪는 가치 부조화

미국에서 아시아 내담자와 상담을 하는 미국 상담자에게 매우 중요한 가치 관련 이슈는 또 있다. 그것은 내담자가 미국의 대인관계 및 직장관계에서 힘든 시간을 겪고 있으며, 그리하여 매우 힘든 상태로 정신분석이나 상담을 찾는다는 것이다. 사회적 기능과 발달에 있어서 자신의 문화와 주류 미국 문화의 가치가 다르거나 종종 반대될 때 그 차이를 분명히 인식하는 것은 매우 도움이 되며, 때로는 필수적이기도 하다. 분석가가 내담자의 실존적 · 문화 교류적 스트레스를 다루지 않고 바로 병리적 문제와 인생사를 파헤치면 내담자를 놓칠 수도 있다.

사회적 가치와 관계 방식에 존재하는 거대한 차이를 공감적으로 이해하려는 태도를 가질 때, 아시아 내담자는 더 쉽게 자신의 문제를 탐색할 수 있다. 나아가 그들이 얼마나 새로운 방식의 사회적 관계성을 습득하고 싶은지, 일본의 가치와 양식을 얼마나 많이 고수하고 싶은지, 어떻게 두 문화의 특징을 이중문화적 자기에 담아낼지를 파악하기 시작한다. 이러한 결정은 그들이 스스로에게 내려야 할 단번의 결정이지 계속 이어지는 결정의 문제가 아니다.

일례로 한 인도 여성의 경우를 살펴보자. 미국에 거주하는 국제적으로 인정받는 과학자인 그녀는 모든 결정을 언제나 혼자 해야 하는 것이 불만이었다. "우리는 독립적으로 살도록 양육되지 않았어요." 이 말은 내가 상담했던 다른 인도 내담자의 말을 반향했다.

이러한 가치의 부조화 문제는 미나와 조지의 부부관계를 정신분석적 부부상담에서 다룰 때 극명하게 드러났다. 미나는 인도 여성으로 조지라는 미국 남성과 결혼했다. 미나는 조지가 자신이 한 말을 지키는 법이 없다고 신랄하게 비난했다. 그녀의 말에 따르면 조지는 그녀의 상사나 멘토로서 행동할 때도, 그녀의 남편으로서 행동할 때도 자기가 한 말을 지키지를 않는다는 것이었다. "그는 어느 날 이 얘기를 하고 다음 날이면 마음을 바꿔요. 그래서 미치겠어요. 나는 그를 믿을 수가 없어요." 반면에, 조지는 미나가 모든 것을 지나치게 정해 놓고 하려 한다고 불평한다. "상황이 바뀌면 전에 합의했던 내용도 다시 상의할 수 있는 것이지 그게 뭐가 잘못인지 모르겠어요."

얼마간 상담이 진행된 후에야 그들이 문제시하는 것이 무엇이든 거기에는 각자의 강한 문화적 가정이 있으며, 그 차이가 갈등에 기여한다는 것을 알게 되었다. 미나의 입장에서 본질적으로 조지와의 부부관계나 직장관계는 정서적으로 밀착된 서열관계였다. 다른 인도 여성이 그러하듯이, 미나는 조지를 자신들의 결혼생활에 관한 결정을 내리는 상위자로 존중했다. 그녀는 보통 그가 충분히 상의하기를 바라지만, 일단 그가 어떤 결정을 내리면 그 결정에 따른다. 따라서 그의 결정은 그녀에게 나침반과 같이 방향을 잡아 주는 역할을 했다. 그가 결정을 번복한다는 것은 그녀에게 상위자로서의 책임을 포기하는 것이었다. 반면에, 조지는 개인주의 문화에서 살아왔기 때문에 그들의 부부관계가 독립된 두 개인 사이의 평등한 관계라고 생각했다. 그래서 함께 얘기하다가 결정이 될 수도 있고 더 얘기하다가 바뀔 수도 있다고 생각했다. 이러한 문화적 가정을 상담에서 다루고 나서야 그들은 서로에게 적응하기 시작했다.

하지만 미나가 경험한 가치 부조화의 문제는 결혼생활뿐만 아니라 직장생활에도 나타났다. 그녀는 조지가 총괄 책임자로 있는 회사에서 가장 중요한 부서의 부서장으로 일하고 있었다. 조지는 미나가 직장 후임들을 대하는 데 훨씬 더 자기주장적이고 당당하며 말을 잘해야 한다고 계속해서 충고해 주었다. 그렇지 않으면 그녀가 성공적인 부서장이 될 수 없기 때문이었다. 미나가 생각하는 인도식으로 보살펴 주는 상위자가 되어 후임들로부터 존경과 충성을 얻을 길은 거의 없는 것이 분명했다. 미나는 서서히 미국식의 경영적 리더십을 배워 가며 이중문화적 자기에 통합되기 시작했다. 자기주장성 훈련과 개인상담의 노움노 받았나. 미국적 관계 방식을 습득하면서, 마침내 그녀는 정말 유능한 부서장이 되었다.

직장에서 미나가 겪은 이러한 가치 부조화의 문제를 일본인들도 똑같이 경험할 수 있다. 6장에서는 요시코가 힘들어했던 상황에 초점을 두고자 한다. 요시코도 미국 회사에서 자신이 익숙했던 대인관계 방식과는 완전히 다른 방식으로 행동하게 되었다.

요 약

미국 및 다른 서양의 정신분석가들은 개인주의 문화에 근거한 가치체계를 바탕으로 상담을 하는 경향이 있다. 이런 사람들은 아시아 내담자들이 완전히 다른 세계관을 지니고 있다는 사실을 깨달아야 한다. 상남자 자신의 가치가 어떤 문화적 맥락에서 나온 것인지를 이해하면 앞서 언급한 사례들에서 나오는 다양한 가치 지향에 대해 더 열린 마음이 될 수 있을 것이다. 인도인의 자기존중감의 근원지가 가족이라는 점, 인도인이 영적인 것을 추구하고 운명적인 것을 추구해서 점성술, 수상술, 심령술 같은 것을 찾게 된다는 점, 일본인의 자아 이상은 모든 것을 완벽하게 하는 것이고 의사소통을 할 때는 비언어적으로 혹은 넌지시 많은 것을 얘기하게 된다는 점 등이 이러한 다양한 가치 지향의 예다. 분석가가 문화적 내관(self-awareness)을 한다면 다양한 양식의 기능, 특히 미국적 규준과 유의미하게 다른 의존관계에서 나타나는 양식의 기능을 더 쉽게 발견할 수 있을 것이다. 또한 정상성/정신병리의 연속선이 다른 문화권의 내담자를 상담할 때도 어떤 점에서 그가 어긋나 있는지를 평가하는 힘든 작업을 좀 더 수월하게 할 수 있을 것이다. 마지막으로, 미국인 분석가는 이러한 내관을 할 때 많은 아시아인이 미국에 와서 그렇게 다른, 어떤 면에서는 자신의 문화와 정반대인 삶의 방식과 가치에 적응하는 데서 갖는 갈등과 괴로움을 공감할 수 있을 것이다.

문화적 자기, 개인적 자기 그리고 심리적 갈등

문화적 자기의 개념화

나는 인도인과 일본인을 그들의 나라에서와 뉴욕에서 정신분석했으며, 미국 내에서도 다양한 민족 집단, 사회계층, 다양한 지역 출신의 광범위한 내담자들과 정신분석을 해 왔다. 그러한 경험을 바탕으로 이야기를 해 나가고자 한다. 지난 수년간 나는 이 모든 내담자와 분석을 하면서 사회적 · 문화적 요소를 고려해야만 그들 내면의 갈등을 이해하고 풀어 갈 수 있다는 사실을 더 분명히 깨닫게 되었다. 문화적 가치, 사회적 양식, 사회역사적 변화는 우리가 보통 생각하는 것보다 더 중요한 방식으로 인간의 심리세계에 침투하며, 때로는 강렬한 정서적 갈등을 야기한다. 따라서 사회문화적 양식과 사회적 변화는 단순히 사회과학자, 인문주의자, 역사학자만 연구할 분야가 아니다. 그것은 자기 속에 깊숙이 자리하고 있으므로 당연히 자기 속의 갈등에 관심이 조율되어 있는 정신분석가의 영역이기도 하다.

문제는 심리적 갈등과 정신병리에 있어서 사회문화적이고 역사적인 요소의 역할을 어떻게 개념화하느냐는 것이다. Freud(1923, 1930)는 그의 구조적 모델에서 이 문제를 부분적으로 다루면서, 갈등은 인간이 문명화된 환경에서의 사회적 삶의 요구와 사회적 비난 때문에 갖게 되는, 인간의 어쩔 수 없는 상태라고 보았다. 사회적 비난의 내용은 부모와 같은 존재를 통해 문화적으로 전달되고 초자아와 자아 이상으로 내면화되는데, 개인의 추동 및 소원과는 필연적으로 내적 갈등관계에 놓인다.

프로이트학파 내에서는 Erikson(1963, 1968)이 성격 발달 및 정신병리에 영향을 미치는 사회문화적이고 사회역사적인 요인의 효과에 대해 가장 광범위하게 공식화하였다. Erikson(1946)은 개인을 그가 속한 지역사회의 규범과 세계관 속에 놓으면서, 그 규범과 세계관이 개인의 정체감에 미치는 영향을 연구했다. 특히 그것이 정체성 갈등과 해결 부분에 주는 영향에 관심을 가졌다. Erikson은 인도와 같이 완전히 다른 문화를 연구하긴 했지만, 그의 임상 경험은 다양한 유럽 문화와 미국 문화에 속한 사람에게 국한되어 있었다.

정신분석은 매우 다른 문화의 사람들을 상담하는 데 활용되고 있기에, 자기라는 정신분석적 작업 틀 내에서 사회적 · 문화적 · 역사적 요인을 훨씬 더 자세하게 고려할 필요가 있다. 내 생각에 개인적 자기는 정신분석에서 현재 기술하고 있듯이 정상적 발달과 정신병리의 양측 모두에서 자기의 특성을 이룬다. 개인적 자기가 갖는 특성을 좀 더 구체적으로 보면, 자아심리학에서는 자기 및 대상의 표상이라는 관점에서 가족 경험과 자기의 전반적 구조가 개인적 자기를 특징짓는다. 대상관계 이론에서는 참자기와 거짓자기를 비롯하여 내적 대상세계가 자기를 이루며, 자기심리학에서는 자기응집성 대 자기파편화(self-fragmentation), 자기존중감과 자기대상 관계가 자기의 개념을 구성한다.

문화적 자기 역시 모든 수준의 자기 경험, 발달 단계, 초기 및 후기 대상과 자기대상 관계, 내면구조, 정상성/정신병리와 관련이 있다. 이 문화적 자기는 개인이 자라 온 사회문화적 환경 속에 놓고 살펴볼 필요가 있다. 물론 문화적 자기는 특정한 사회역사적 시대 속에서의 경험과 거기서 벌어진 변화와도 연결 지어 볼 필요가 있다. 부모 혹은 다른 가족이 자신과 다른 사회문화적 환경과 사회역사적 경험을 가지고 있으면 문제는 더 복잡해진다. 즉, 부모의 문화적 자기는 부부 사이에도 상당히 다를 수 있고, 그것은 그들 자녀에게 다양한 방식으로 영향을 미칠 수 있다.

이론적 차원에서 보면, 문화적 자기의 측면은 현재의 정신분석 이론에서 나온 자기에 대해 일반적으로 받아들여지는 설명에 새로운 모양과 내용을 덧붙인 것이다. 특히 개인이 완전히 다른 문화에서 왔을 때는 더욱 그렇다. 문화적 자기를 자리 매김하고 강조하는 것은 이론적으로 중요한데, 정신분석이 북유럽 및 북미의 개인주의 문화에서 생겨나고 발전했기 때문이다. 그래서 사람들은 정신분석 자체가 얼마나 개인주의 문화와 깊이 연계되어 있는지 인식하지 못한 채 문화적 세계의 영향을 대체로 무시하면서 정신분석을 논한다.

자기 경험의 개인적 차원에서 사회문화적 요인은 개인적 자아의 핵심 부분으로 경험된다. 사실 보기에 따라서는 사회문화적 요인이 자기에서 가장 비가시적인 부분일 수도 있다. 그런데 이러한 요인은 자기를 구성하는 너무나 기본적인 요소이기 때문에 사람들은 그에 대해 거의 인식하지 못한다. 그러다가 환경의 변화나 선택으로 인해 자신이 자라 온 문화와 정말 다른 문화에서 살게 되면 그제서야 그러한 요인을 의식하게 된다. 예전의 삶과 비교되는 삶의 경험은 우리가 당연시 여기는 우리 속의 자기의 측면을 부각시켜 준다.

북미를 배경으로 나타나는 상담 장면에서의 문화적 자기의 문제에 대해 논할 때는 내담자를 연속선상에 놓아 공식화하는 것이 도움이 된다. 그 연속선의 한 극단에는 아시아인, 중동인, 아프리카인과 같이 매우 다른 문화적 배경을 가진 사람들이 있다. 그들은 북미라는 환경에서 상당한 정서적 갈등을 경험하고 있으며 심지어 엄청난 고통을 느끼고 있을 수 있다. 연속선상의 중간에는 몇 세대에 걸쳐 미국에서 살아온 사람들로, 아프리카계 미국인을 포함하여 지중해 및 남미 사회 쪽에 뿌리를 둔 사람들이 있다. 그들이 내면화한 사회문화적 양식은 북미에서 주류를 이루는 삶의 방식과는 상당한 차이가 있다. 하지만 아시아인의 양식보다는 덜하다. 연속선의 다른 한 극단에는 북유럽 쪽에 뿌리를 둔 사람들이 있다. 이러한 시대적 흐름에 어느 정도 길들여진 사람도 있을 수 있다. 하지만 자신의 문화가 북미의 주류 문화와 잘 맞는 배경을 가진 내담자와 상담을 할 때라도 사회문화적 요인은 그들의 정신병리에 어떤 역할을 할 수 있으며, 때로는 매우 중요한 역할을 한다. 따라서 개인이 이러한 연속선상의 어느 위치에 놓이든 간에 특정 문화에서 나타나는 사회역사적 · 지역적 · 계급적 요인들은 내적 갈등에 중요한 역할을 한다.

문화 간 만남

내 식견의 다양한 측면을 설명하기 위해 몇몇 상담 내용을 소개하고자 한다. 첫 번째 사례는 일본 여성의 문화적 자기가 주류 북미 사업관계를 접하면서 생긴 문제를 담고 있다. 나는 요시코라는 젊은 일본 여성을 정신분석적 상담을 통해 약 1년간 만났다. 그녀는 뉴욕에서 좋은 직업을 가지고 있었고 미국 남편과도 행복한 결혼생활을 하고 있었다. 그럼에도 그녀는 직장에서 정서적으로 너무 힘들어서 상담을 갖게 되었다. 문제는 두 가지였다. 첫 번째는 회사에서 필요로 하는 제품을 구하려고 사람들에게 전화를 하고 자신 있게 가격을 타협하는 데서 오는 어려움이었다. 그녀는 이 일을 하는 것이 무척 힘들다고 느꼈고, 특히 상대방이 싫은 소리를 하면 마음은 훨씬 더 힘들어졌다. 특히 자신의 상사가 자신감이 부족하다며 질책하면 상황은 더 악화되었다. 두 번째 문제는 그녀가 가끔 보고서에 사소한 실수를 하는데 그에 대해 지적당하면 나타나는 그녀의 반응과 관련이 있었다. 사실 그녀는 자신의 동료들보다 실수를 훨씬 적게 했다. 하지만 그녀의 상사가 그녀가 느끼기에 엄한 태도로 질책하면 그녀는 동료들보다 훨씬 더 힘들어했다.

이 사례를 다루면서 나는 두 가지 문제 모두 요시코의 문화적 자기와 그녀가 미국적 환경에서 기능해야 하는 상황 사이에서 나타난 갈등의 일부로 보고 다루는 것이 필수적임을 즉각적으로 직감했다. 나는 일본에서 상담사들을 슈퍼비전 했던 경험이 있는데, 당시 나는 일본인이 미국 방식으로 직면하고 자기주장을 하는 데 익숙하지 않다는 것을 이해하게 되었다. 일본에서는 의사소통이 항상 간접적이고 공손하다. 나는 요시코가 자신이 익숙했던 방식과 완전히 다른 방식으로 일해야 하는 것이 얼마나 힘든지에 대해 공감할 수 있었다. 그녀의 문화적 자기가 미국이라는 사회적 환경에서 느끼게 되는 갈등을 상담에서 인정받다 보니, 그녀는 마음이 좀 가벼워졌고 좀 더 자신감 있는 모습을 보이게 되었다. 우리는 또한 일본인들이 극도로 높은 수행 기준을 갖고 있어 어떤 비판도 민감하게 받아들인다는 점, 그래서 실패에 항상 예민하다는 점에 대해서도 얘기를 했다. 그녀는 자신의 상사가 아주 가볍게 그녀의 실수를 지적한다 해도 매우 억울해하면서 완벽하게 일을 수행하기 위해 노력해야 한다고 느꼈다. 그런데 다른 직원들은 그 상사의 책망을 오리가 등에서 물을 털어내듯 쉽게 털어 버리는 것 같았다.

상담 장면에서 그녀의 문화적 자기가 미국적 관계에 적응하는 과정에서 겪은 갈등을 다루다 보니, 그녀는 좀 더 개인적이고 특이한 관계에 대해서도 얘기하기 시작했다. 그 관계의 경험 때문에 타인으로부터 비난이나 싫은 소리를 들으면 무척 기분이 상했던 것이다. 요시코의 친할머니는 매우 힘 있고 자기주장이 강했다. 할머니는 사무라이 집안의 안주인 역할을 했다. 보통 일본에서는 어머니가 자녀에게 엄격하게 하면 할머니는 손자를 무조건 감싸 주는 편이다. 그런데 이 할머니는 다른 할머니들과는 다르게 지나치게 높은 기준을 가지고 있었고, 계속 혼을 내기도 하였다. 공적인 삶에서도 할머니는 당당하고 똑부러지게 자기 목소리를 냈는데, 일본 여성이 그런다는 것은 극히 드문 일이었다.

한편으로, 나의 내담자는 자신의 할머니가 가졌던 높은 기대와 기준을 내면화했다. 그리하여 일본에서 가장 좋은 대학에 진학했다. 그곳은 남학생 대비 여학생 비율이 100 대 1 정도였다. 그녀는 대학원 학위를 받고 일과 가정을 모두 이루었는데, 당시만 해도 교육받은 일본 여성이 두 가지를 다 하는 것은 극히 드문 일이었다. 한편으로 요시코는 할머니의 비난이 무척 귀에 거슬렸는데, 이것이 다른 관계와 직장에서의 자신의 반응에 영향을 미쳤다는 것을 알게 되었다. 청소년기에 그녀가 할머니에 대해 가진 애증은 지나치게 강렬했다. 하루는 그녀가 전국 하이쿠(Haiku)* 쓰기 대회에서 상을 받았는데, 할머니는 자신도 하이쿠를 썼기에 요시코가 상을 받는 것은 당연하다고 말했다. 그 이후로 요시코는 한 행의 시도 더 쓰지 않게 되었다. 일단 우리가 이 일본 여성이 지닌 문화적 자기의 문제를 짚고 넘어가자, 좀 더 일반적인 정서적 갈등은 보통 정신분석 작업에서 하듯이 쉽게 탐색하고 해결할 수 있었다.

요시코의 정신분석 사례를 통해, 우리는 아시아인을 분석할 때 그들의 문화와 북미 주류 문화 사이에 존재하는 사회 기능 및 발달에서의 극명한 차이를 명확히 해 주는 것이 도움이 된다는 사실을 알 수 있다. 이러한 공감적 자세를 가지면, 상담자는 종종 내담자 입장에서 새로운 사회관계 방식을 얼마나 많이 받아들일지, 원래 익숙해 있던 지역의 양식대로 얼마나 남아 있을지, 그리고 이 두 가지를 어떻게 조합하여 이중문화적 자기를 구성해 갈지를 파악할 수 있다. 이것은 그들 스스로가 해 나가야 할 일련의 결정이다. 역설적으로, 이렇게 할 때 내담자는 자신만의 독특한 가족 배경에서 생겨

* 역자 주: 일본의 전통 단시(短詩).

난 문제를 깊이 파고들어 볼 수 있다.

갈등 구별하기

정신분석가가 내담자의 배경이 되는 특정 사회문화적 양식에 대해 잘 알수록, 주어진 갈등이나 문제 행동이 내면화된 문화적 가치에서 온 것인지, 힘든 가족관계와 관련된 것인지 구별하기가 수월해진다. 나라얀의 사례를 통해 이러한 갈등의 두 가지 원천을 어떻게 구별하게 되는지 설명하고자 한다. 상담이 진행되면서 나라얀은 자신의 새 신부에 대해 자주 불평하기 시작했다. 나라얀의 아내는 미국 여성이었다. 나라얀은 아내가 음악가라서 돈을 많이 벌지 못하는데다 집안 여기저기에 물건을 너저분하게 어질러 놓는다고 불평했다. 내 직감에 그의 결혼생활은 괜찮은 편이었다. 또한 중매결혼을 하라는 집안의 압력을 뿌리치고 그가 자유롭게 선택한 결혼이었다. 사실 나라얀은 혼자 미국에 왔고 이를 통해 부모님의 계속된 압력과 기대에서 벗어나고자 했다. 나는 그가 아내에 대해 취하는 비판적 태도를 분석하면서 두 가지 원천을 발견했다.

상담을 하면서 나는 그가 카스트 제도의 중간 계급이면서 중산층인 남부 인도 출신에 매우 똑똑한 사람임을 알게 되었다. 그는 인도에서 엘리트 공대를 졸업했고 미국에 와서도 최고 연구센터 중 한 곳에서 괜찮은 직장을 구했다. 그는 당시만 해도 그의 지역사회에서 대학에 진학한 소수에 속했다. 그가 상담 시간 중에 자신의 아내가 수입이 적은 것에 대해 불평을 하던 어느 날, 나는 그의 부모가 중매결혼에 대해 가지고 있던 태도에 대해 탐색하는 질문을 던졌다. 그러자 그는 자신은 학교에서 언제나 스타였기 때문에 부모가 자주 자신의 미래의 아내는 거액의 신부 지참금을 가져와야 한다고 말했다고 한다. 그 신부 지참금은 보석 및 자산 같은 형태일 수도 있고, 현대사회 실정에 맞게 그녀가 의사이거나 경영학 석사여서 수입이 상당해도 되었다. 나라얀의 설명에 따르면, 그러한 부모님의 태도는 그와 같은 카스트 배경을 가진 사람에게는 정상적인 기대였고, 그는 당연히 그러한 기대를 완전히 수용했다. 그는 이렇게 자신이 받아들인 기대가 자신이 아내의 수입에 대해 불평하는 마음에 얼마나 영향을 주고 있는지 진혀 모르고 있었다. 특히 그는 음악가인 아내가 수입이 많을 수 없다는 것을 너무나 잘 알고 있었는데도 그렇게 불만스러웠던 것이다. 회기 중에 그의 현재의 비난과 그가 내면화한 태도가 연결되자 그의 불평은 많이 가라앉았다.

반면에, 나라얀이 아내가 물건을 집안 여기저기에 어질러 놓는다고 비판하는 것은 사실 자신의 단정치 못한 성향에 대한 투사적 동일시였다. 그의 아버지는 군대 장관으로 나라얀이 단정치 못한 모습을 보일 때마다 항상 심하게 비난했다. 아버지는 가족, 특히 자신의 아들을 군대 병영을 다스리는 엄격함으로 대했다.

그런 면에서 나라얀의 아내가 물건을 어질러 놓는 것이 그에게는 무의식적으로 자신의 금지된 면을 보여 주는 것이었고, 그것은 아버지에게 심한 비난을 받은 부분이었다. 그의 아내에 대한 투사적 동일시와 그가 취한 아버지의 비난에 대한 동일시가 상담에서 해석되자, 나라얀은 아내의 단정치 못한 면에 대한 불만이 상당히 줄었다. 나라얀이 늘어놓은 아내에 대한 불평 각각의 심리적 근원에 대해 구별하는 것은 그의 심리적 갈등을 해소하는 데 매우 중요했다. 이 사례에서 보면 그의 불평 중 일부는 결혼을 둘러싼 내면화된 문화적 가치와 관련이 있었고, 다른 일부는 집안의 어떤 무질서도 용납하지 않았던 엄격한 규율가인 아버지와 관련이 있었다. 각 경우에 대해 나라얀은 자신의 불평에 이러한 원천이 있다는 것을 모르고 있었다.

전이에서의 문화적 자기

문화적 요소 및 사회역사적 변화와 관련이 깊은 내적 갈등은 전이에서도 드러난다. 프라카시는 뉴델리에서 뉴욕으로 이민 온 인도 남성이다. 그는 개인 분석과 집단 분석을 병행하는 정신분석을 받고 있었다. 어느 날 저녁 집단에서 그는 상담자였던 나를 포함하여 집단 구성원 대부분이 자신에게 더 미국적이고 더 독립적이어야 한다고 요구하면서, 자신과 함께 온 자신의 인도 가족에 대한 가깝고 의존적인 끈을 끊어 버리라는 부담을 주고 있다고 말했다. 동시에 그는 두 명 정도의 다른 집단원은 자신이 인도식으로 가족관계에 매우 밀착되어 있는 것에 대해 승인해 주고 있다고 느꼈다.

겉으로 보기에 이것은 그가 두 개의 세계에 껴 있게 된 상태에 대한 단순한 예일 수 있다. 우리 집단의 한편에서는 그가 더 미국적이 되도록 격려하고, 다른 한편에서는 그의 인도인다움에 대한 권리를 지지해 주고 있었던 것이다. 이 모든 것은 그 자신이 얼마나 미국인이 되고 싶은가에 대해 갈등하고 있는 모습을 반영하는 것이었다. 그런데 좀 더 가까이 들여다보면 프라카시의 반응은 그의 원가족 내에서 초기에 발생한 상충된 문화적 가치의 충돌에 기인했으며, 결국 그 자신 내에서 나온 것이었다. 그의 부모는 두 분 다 같은 마을 출신으로 구자라트(Gujerati) 문화를 공유했다. 그곳에서 그들은 중매결혼을 했다. 결혼을 한 후 프라카시의 아버지는 진취적 기상을 가지고 가족과 함께 뉴델리로 이사를 했다. 그곳에서 그는 앞서가는 영국의 문화적·식민적 가치에 더욱더 공감하게 되었다. 반면에, 프라카시의 어머니는 가족 및 친척 관계를 강조하는 전통 인도 문화를 고수했다. 이러한 분열은 그 시대를 살아가는 카스트의 상위층 도시 인도 가족에게서 그리 드문 현상이 아니었다.

프라카시의 아버지는 그의 여섯 자녀가 모두 영국식 엘리트 수도원 학교에서 공부하여 뉴델리에 있는 엘리트 대학에 진학해야 하고, 그 후에는 미국으로 이민 가서 경제적으로 성공해야 한다고 강조했다. 프라카시의 두 형들은 정확히 그렇게 했다. 한 명은 미국 기업의 차기 사장이 되었고, 다른 한 명은 한 회사의 부회장이 되었으며, 각각 미국 여성과 결혼을 했다. 인도의 지방 출신 집안에서 한 세대 안에 미국 회사로 진출하는 이러한 변화는 정말 놀라웠다!

하지만 이러한 변화로 인해 프라카시는 나름의 대가를 치러야 했다. 그의 어머니는 모든 아들이 인도에 살면서 가족과 끈끈히 교류하고, 자신과 잘 지낼 수 있는 여성을 자신이 골라 주면 그 여성과 결혼하기를 바랐다. 인도라는 맥락에서 부모가 자신들을 돌봐 줄 만한 아들과 며느리를 가까이 두는 것은 보험증서나 마찬가지다. 두 명의 장성한 아들이 미국으로 떠나 미국 여성과 결혼을 하자, 어머니는 프라카시를 자신의 마지막 희망으로 여겼다.

부모가 두 가지 불협적인 문화적 태도와 삶의 방식을 채택했기 때문에, 프라카시는 어떤 면에서는 인도의 도시생활에 스며든 식민주의의 영향을 상당 부분 받았으며, 내면에서 상당한 갈등을 경험했다. 그 갈등은 이제 그가 미국적 삶에 적응하려는 시점에 완전히 다른 문화적 무대에서 그 모습을 드러내고 있었던 것이다. 부모의 태도가 그의 내면에서 서로 어긋나 있었기 때문에 집단에 있는 우리 모두는 그의 어머니 혹은 아버지의 태도를 보여 주고 있었던 것이다. 분석 중 한 지점에서 나타난 전이에서 프라카시는 주로 가족의 결속을 원하는 어머니의 태도를 두둔하면서, 독립적인 것을 강조하던 아버지의 태도를 대표하는 집단원에 대해서 분노했던 것이다.

분석을 하면서 몇 년이 지나자 전이가 극적으로 변했다. 프라카시는 어머니가 아버지를 폄하하면서 프라카시를 완전히 자기편으로 만들려고 했던 것에 대해 점점 깊이 인식하게 되었다. 그러자 그는 내가 그의 아버지를 비난하는 듯한 해석이나 발언을 하면 나에게 점점 분노하게 되었다. 또 그는 내가 자기를 나에게 의존적이 되도록 조종하려 한다며 더욱 분노했다. 이처럼 그가 점점 부정적인 모성적 전이를 경험하게 되면서, 그는 생애 처음으로 자신의 흥미와 맞는 직업 분야에 들어갈 수 있었다.

이 사례의 경우 분석가는 전이를 이해하기 위해 내담자의 자기 안에 내면화된 문화적 요인과 사회역사적 요인 모두를 고려해야 했다. 이러한 요인은 분명 부모의 성격과 다른 가족원의 성격에 의해 어느 정도 조정되어 영향을 주는데, 이 사례에서는 인도 특유의 가치와 서양적 가치 사이의 줄다리기를 잘 이해하는 것이 중요했다. 그런데 이러한 줄다리기는 도시의 많은 카스트 상류층 힌두인들이

고심하는 부분이다. 바꾸어 말하면, 재미 아시아인들 특유의 문화적 배경을 아는 것이 필요할 뿐 아니라, 그들의 문화 속에 내재된 부조화와 갈등, 그리고 그것이 이민 전 그들의 가족관계를 통해 어떻게 그들에게 영향을 미쳤는지를 아는 것이 필요하다.

연속선의 중간 부분

원래는 자국에서 태어났다가 현재는 뉴욕에서 살고 있는 인도인과 일본인을 상담하면서, 나는 내담자를 이해하기 위해 내가 자라온 배경과 상이한 사회문화적 · 사회역사적 이슈에 대해 계속해서 주의를 기울일 수밖에 없었다. 그러한 이슈에 대해 주의 깊게 관심을 갖는 연습을 오랫동안 체계적으로 하다 보니, 뉴욕에서 상담을 하는 데 좋은 결과가 있었다. 서서히 나는 중요한 문화적 · 사회적 이슈가 모든 내담자에게 필연적으로 나타난다는 사실을 알게 되었다. 우리 모두는 특정한 사회문화적 배경을 갖고 있으며, 변화하는 특정한 사회역사적 요소의 영향을 받아 왔다. 때로는 이러한 요소들이 내담자를 분석하는 데 그저 보조적인 역할을 한다. 하지만 때로는 그것이 내담자가 어느 문화에서 왔든지 내담자의 심리학적 구성과 정신역동에 아주 중요한 역할을 하기도 한다. 나는 Erik Erikson(1946)이 내담자를 분석하는 장면에서 강조했던 것을 발견하게 되었다. 좀 더 정확히 말하자면 재발견하게 되었다.

나는 다른 분석가들의 사례 발표를 들으면서, 또한 숙련된 분석가 및 갓 졸업한 새내기 분석가를 슈퍼비전 하면서 다음과 같은 사실을 더욱 깨닫게 되었다. 분석가들은 내담자의 사회문화적 배경 및 그들의 가족이 경험한 역사적 환경에 대한 탐색을 거의 하지 않는다. 나는 가족 배경의 구체적 사항을 적절한 때 파고들도록 스스로 연습해야 했다. 그러고 나서 다른 사람들도 똑같이 하도록 훈련했다. 대개 단순히 내담자가 유대인인지, 이탈리아인인지, 중서부 개신교 집안 사람인지 아는 것만으로는 충분치 못하다. 좀 더 자세한 조사가 필요하다. 내담자가 누군지 알지 못하게 하기 위해서 사례 회의나 문헌에서 사례 보고를 할 때 정보를 곧잘 생략하곤 하는데, 많은 경우 그 정보가 내담자의 내적 갈등을 이해하는 데 필수적인 부분이다.

연속선상의 중간 부분에 속하는 사람들은 주로 지중해인, 남미인, 아프리카계 미국인 배경을 가진 사람들이다. 그들의 사회문화적 배경을 이해하는 것은 분석에 있어서 매우 중요한 역할을 한다. 예를 들어 보자. 그라치엘라는 노동자 계층이면서 시칠리아 가문 및 지역사회 출신의 여성이다. 교육의 기회를 통해 대학교 학위를 받고 매우 기능적인 전문인이 되었다. 그녀는 정신분석을 시작하면서 자신의 연애관계에서 나타나는 특정 문제들을 해결하고자 했다. 그녀의 가족은 브루클린 출신인데, 그녀는 자기 아파트를 얻어 맨해튼으로 이사했다. 하지만 그녀는 여전히 그녀의 어머니와 정서적으로 지나치게 가까운 것 같았다. 그녀의 어머니는 매일 전화를 했고, 그래서 그녀는 상당히 귀찮아하기도 했다. 그라치엘라를 더 괴롭힌 것은 그녀 자신이 매주 강박적으로 자기 빨랫감을 가지고 어머니를 찾아가서 세탁을 해야 하는 것이었다. 때로는 그렇게 하는 것이 무척 힘든 상황일 때도 그녀는 그렇게 했다.

그라치엘라는 대학원의 상담심리 프로그램에서 공부했고 심리학적 지식을 갖추고 있었다. 그래서인지 그녀는 자신이 세탁 관련 강박증을 갖게 된 것은 스스로 어머니로부터 충분히 분리되지 못했기 때문이라고 분석했다. 나는 그에 대해 동의하곤 했다. 사실 그녀의 아버지는 그녀가 매우 어렸을 때 돌아가셨고, 그녀는 크면서 어머니와 매우 가까웠다. 우리 둘 다 미국적 개인주의에 기반을 둔 주요 심리학적 가치를 지향하고 있었다. 그러다 보니 정서적 분리와 개인적 자율성과 같은 가치를 중요시했다. 문제는 그녀의 강박성을 불충분한 분리-개별화의 관점에서 접근한 것은 아무런 변화도 가져오지 못했다는 점이었다. 내가 사용한 이런저런 해석적 접근도 별 효과가 없었다.

결국 나는 내가 이해하지 못한 문화적 요소가 있을 수 있다고 감지하기 시작했다. 그래서 어느 날 그녀에게 "시칠리아인들이 사는 마을에서 빨래하는 것은 어떤 의미가 있죠?"라고 물었다. 그녀는 즉각적으로 큰 소리로 대답했다. 그 마을에서 여성들은 깨끗한 빨래를 집 뒤쪽에 있는 줄에 널어 모든 이웃이 볼 수 있도록 하는데, 그것은 정말 중요한 의미를 지닌다고 했다. 그것은 일종의 양심적 청결함과 순수함을 공개적으로 보여 주는 것과 같다는 것이다.

그라치엘라가 하루는 어쩔 수 없이 집 근처에 있는 빨래방에 갔는데 그곳의 모든 사람이 그녀가 이웃들과는 다른 방식으로 세탁하는 모습을 지켜보고 있는 것 같아서 정말 창피했다고 한다. 은유적으로 말해 그녀가 자신의 세탁물이 지저분해서 숨기고 있는 것같이 보였을 것 같다는 것이다. 그 문제는 분리라는 심리학적 문제가 아니라 내면화된 문화적 가치의 문제였던 것이다. 그런데 그녀의 갈등에는 또 다른 면이 있었다.

세탁 강박증과 관련된 더 중요한 동기가 나타났다. 그것은 매우 미묘한 요소로 내가 아시아인들과 상담할 때 겨우 서서히 알게 된 것이었는데, 시칠리아인에게도 그런 면이 분명히 있었다. 즉, 부탁은 일종의 베품이라는 것이다. 이러한 원리는 자립성과 독립이라는 보편적인 미국의 가치를 완전히 뒤집는 것이다. 이러한 관계 양식에서는 부탁하고 상대에게 의존함으로써 상대를 도움을 줄 수 있는 상위자로 대하고 그 사람의 자기존중감을 높여 준다. 이러한 미묘한 교환을 통해 더 많은 것을 나누고 정서적으로 친밀해진다. 게다가 그라치엘라는 자신의 어머니가 고생하면서 자신의 빨래를 해 주면 특별해지는 느낌이었다. 그런 면에서 그라치엘라가 매주 어머니에게 세탁물을 부탁하러 집에 가는 강박성은 혼자서 세탁할 때 느끼는 수치감을 모면하게 해 주었을 뿐만 아니라, 어머니와의 관계에서 서로의 존중감을 세워 주고 친밀감을 나누는 방식이었던 것이다. 그라치엘라와 내가 이러한 문제에 대해 시칠리아인의 가치와 관계 방식이라는 관점에서 이야기를 나누면서, 그녀는 처음으로 자신의 사정에 맞추어서 세탁물을 어머니에게 가져가거나 스스로 세탁하거나 할 수 있게 되었다.

그녀의 세탁 강박증에 대해 함께 작업한 부분은 분석과정에서 나타난 다양한 요소 중 하나였으며, 복잡한 전이/역전이 상호작용이 관계된 부분은 아니었다. 사실 전이/역전이는 어머니와의 관계, 자신이 어린아이였을 때 폭군에 의해 살해당한 아버지, 그리고 아버지의 죽음 후에 나타난 어머니의 우울증을 둘러싸고 그녀가 겪었던 내적 갈등을 해결해 가는 분석과정에서 많이 나타났다. 그렇게 보면 심지어 이러한 전이/역전이도 그녀가 노동자 계층 출신의 시칠리아인이며 마피아의 영향도 받았다는 배경, 즉 사회문화적 양식에 많은 영향을 받았다.

자기의 민족적 층 쌓기

그라치엘라의 정신분석에서는 문화적 요소가 또 다른 중요한 방식으로 나타났다. 이러한 양상은 그라치엘라와 같이 연속선상의 중간 부분에 속한 2세대 혹은 3세대 미국인에게서 어렵지 않게 발견할 수 있다. 자기의 한 수준에서 보면 그라치엘라는 앞에서 살펴본 것처럼 정서적인 면에서 매우 시칠리아인 같다. 그런데 훨씬 나중에 형성된 자기의 수준에서 보면, 그라치엘라는 대학원 과정에서 얻게 된 가치들, 특히 자아심리학에서의 가치와 동일시를 시작했다. 그런데 이러한 가치들은 아동기와 청소년기의 분리-개별화 과정을 무척 강조한다.

그라치엘라는 상담 장면에서 때로는 자신을 꾸짖었는데, 자신이 큰 사회적 관계망에 항상 관여하기보다는 더 독립적이 되어야 한다는 이유에서였다. 그녀가 관계하는 사회적 관계망은 부친상 이후에 자신을 더 적극적으로 돌봐 주었던 시칠리아 확대가족을 연상시켰다. 그녀는 심야 시간에 롤러스케이트 장에서 롤러스케이트를 타기도 하는데, 그러한 모습은 자신이 일하는 전문 분야의 사람에게서 기대되는 예절과 맞지 않는 것 같다며 스스로를 비난했다. 그녀가 아주 이른 새벽 시간에 롤러스케이트를 탄다는 것을 동료 전문가들이 안다면 그녀에 대해 어떻게 생각할까? 그녀가 노동자 계층 출신의 시칠리아인으로서 갖는 가치 및 관계 양상과 주류 미국 전문가로서 갖는 가치 및 관계 양상 사이에는 부조화가 있었다. 이러한 부조화에 대해 그녀가 얘기하도록 하는 것은 매우 큰 도움이 되었다. 이러한 논의를 통해 그녀는 자신 속의 시칠리아인 자기에 대해 비난하기보다 좀 더 편안하게 자기 자신이 될 수 있었다.

이와 비슷한 자기의 층 쌓기는 앨버트에게도 나타났다. 앨버트는 알바니아계 미국인 2세로, 뉴저지에 있는 매우 유착된 알바니아 지역사회에서 자랐다. 그는 회사에서의 자신의 지위에 대해 느끼는 불만족과 좌절감이 커지면서 상담에 오게 되었다. 그의 회사는 선도적인 '전문' 디자인 회사로 맨해튼에 있는 다양한 고층 빌딩의 사무실 내부를 보수하고 장식하는 일을 했다. 앨버트는 생각보다 회사에서 자신을 인정해 주지 않고 승진시켜 주지도 않는다고 불평했다. 그는 무시 당하고 모욕 당한다고 느꼈다.

앨버트는 자신의 상사가 자신이 고객을 대하는 스타일에 대해 못마땅해하는 것 같아서 특히 불편했다. 그 회사의 기업정신은 디자이너가 가장 잘 안다는 것이었다. 그는 고객을 상대하는 데 있어서 자족적이고 권위적이어야 했다. 이를 바탕으로 고객에게 어떤 일이 필요한지 가르쳐 줘야 했으며, 고객에게 결코 너무 친근하게 대해서도 안 되었다. 그런데 앨버트는 자신의 고객들과 친밀한 관계를 맺었고, 자주 그들에게 자문을 구했으며, 일을 진행하는 각 단계에서 그들의 의견을 물었다. 앨버트는 디자이너들 중에서도 거의 비용 초과 없이 마감일에 가장 근접하게 맞추어 일하는 디자이너였다. 그럼에도 그는 자신이 일을 제대로 된 방식으로 하지 못하고 있다고 믿었다. 자신의 상사들이 자신에게 그들의 방식처럼 좀 더 자신 있게 행동해야 한다고 얘기하면 심하게 자기비판적이 되었다.

우리는 서서히 그가 고객을 상대하는 방식과 회사의 기업정신이 두 가지 다른 문화적 세계에서 비롯되었음을 다루었다. 그의 방식은 알바니아식으로 함께 일하는 데 있어서 관계와 상호 의존을 강조하는 것이었는데, 그는 알바니아 지역사회에서 자라면서 그러한 관계를 경험해 왔던 것이다. 반면에, 그의 회사는 주류 백인 미국 사회의 개인주의적 가치를 지향하고 있었다. 그러한 가치를 따르기 위해 디자이너는 고객과의 관계에서 좀 더 권위적이며 고객과 거리를 둔다. 우리가 그의 접근 방식을 이렇게 문화적인 용어로 풀어내자, 앨버트는 자신이 일하는 방식에 대해 훨씬 더 확신을 가지게 되었고 상사와의 관계에서도 좀 더 자신감 있게 자기주장을 하게 되었다. 그는 고객을 대하는 데 있어 남들과 다른 방식을 취했음에도 회사의 일원으로 더욱 가치를 인정받게 되어 자신이 그렇게 고대하던 승진도 하게 되었다.

물론 우리의 정신분석 작업에서는 일상적인 전이의 문제들이 있었다. 그것은 그가 어머니와 가졌던 문제와 관련이 많았다. 그와 어머니의 관계는 몇 년 전 그가 대학과 대학원을 다니는 동안 그의 기능을 많이 방해했다. 당시에 그는 상담을 받았고, 자신이 상담자로부터 상당히 많은 도움을 받았다고 생각했다. 하지만 좀 더 전형적인 정신분석적 작업을 하다 보면 자기 안에 이러한 층이 존재한다는 사실을 배제할 수 없게 된다. 그 층은 개인주의적 가치대로 살면서 받아들이게 된 것으로, 조기의 민족석 · 문화적 자기를 둘러싸고 상당한 자기비난과 내적인 경악을 경험하게 된다.

자기 내부의 민족성의 만남

문화적 자기 내에 여러 구별이 생기는 것은 부모가 매우 다른 문화적 배경을 가지고 있기 때문일 수 있다. 이는 단순히 자기 안에 층을 쌓아 가는 문제가 아니라, 부와 모 각각의 가족 문화 속에, 그리고 그들 자신의 문화적 자기 안에 깊숙이 자리하고 있는 문화적 태도를 둘러싸고 어린 시절부터 갈등을 경험하게 되는 경우다.

프랭크는 전문가 집안 출신이다. 그의 아버지는 독일을 배경으로 하고 있으며, 엄격하고, 검소하고, 권위적이며, 정서적으로 거리를 두는 편이다. 반면에, 어머니는 비록 교육받은 집안이기는 하지만 남미의 가난한 나라 출신으로 감성이 풍부하고 가족을 잘 보살펴 주는 편이다. 장기 분석에서 가족 외상에 대해 주로 다루는 상당한 시간 동안, 프랭크는 자신의 책 구매 강박증 때문에 괴로워했고 때로는 분노했다. 매주 그는 돈도 별로 없으면서 맨해튼에 있는 수많은 중고 서점을 들러서 자신의 전공 분야인 건축 관련 책을 사들였다. 그 책들은 분명 그의 학업과 관련이 있었고, 나중에 그가 건축사로 일할 때도 도움이 되겠지만, 그의 소비는 일상적 수준을 훨씬 넘어섰다. 때로는 가족의 예산을 탕진해서 아내에게 상당한 부담을 주기도 했다. 그 자신도 자신이 보유한 책이 늘어 가는 점에서는 무척 자랑스러웠지만, 이러한 강박증에 대해 당혹스럽고 기분이 상하고 창피했다.

훨씬 더 심각한 문제들은 분석과정에서 서서히 해결되었지만, 이 강박증은 내가 어떤 말을 해도 전혀 흔들리지 않는 것 같았다. 나는 그의 강박증을 한 측면에서 해석하고, 다음에는 다른 측면에서 해석해 보았다. 그러면서 나는 그가 적어도 내 상담실에서 접하는 나에 대해 그리고 내 책들에 대해 분명히 경쟁하는 감정이 있는 것 같다고 말했다. 그는 자신이 나를 능가하고자 하는 바람이 있고 내가 복수할까 봐 걱정하는 두려움을 갖고 있다고 인정했다. 하지만 아무것도 변하지 않았다. 정신분석 작업에서 많은 문제가 해결된 후에도 특정 증상이 완강하게 저항하며 남아 있는 경우는 그리 드문 일이 아니다.

수년이 지난 어느 날, 나는 프랭크에게 그의 어머니의 남미 가족 배경에 대해 자세히 물어보기로 결심했다. 처음으로 그는 외조부, 외삼촌, 이모, 조카만이 잘 교육받은 사람들이 아니라, 가족 중 다수가 꽤 알려진 시인, 극작가, 소설가, 지식인, 전문가이며, 서너 명은 국제적으로도 대단한 명성을 가진 사람들이라고 말했다. 당연히 그의 어머니 집안은 그 나라에서 엘리트 집안에 속했고, 나아가 한두 명의 저명한 선조를 둔 스페인 귀족 후예였다.

그만하면 프랭크의 가족 및 그의 어머니는 집안이 몰락하기 전까지, 즉 프랭크의 어린 시절부터 청소년기 전까지는 프랭크도 어머니 가족의 저명한 지식가들처럼 되기를 바랐을 것임을 쉽게 짐작할 수 있다. 반면에, 아버지는 프랭크가 분수를 모르고 잘난 체한다며 거리를 두고 엄격한 태도로 프랭크를 무시했다. 아버지의 태도로 인해 프랭크는 자신이 어린 시절에 가졌던 지식인으로서의 정체성을 억압하고 심지어 훼손하게 되었다. 그의 지식인으로서의 정체성은 어머니의 가족적 문화 가치 및 기대와 너무나 부합하는 것이었다.

그렇지만 프랭크는 자신의 초기 정체성을 다 버리지는 않았다. 그의 책 구매 강박증은 그가 지적으로 상당한 기여를 하기를 바라는 그의 어머니의 바람 및 그 자신의 바람과 무의식적으로 상관이 있었다.[1] 이렇게 어머니로부터 온 기대를 아버지의 태도 때문에 그가 억압했던 사실을 함께 논의하면서, 우리는 나와의 관계에서 그가 느꼈던 경쟁적 오이디푸스적 전이와 내가 복수할까 두려워하는 마음에 대해 훨씬 더 잘 이해할 수 있게 되었다. 이 모든 작업을 통해 프랭크는 책 구매를 상당 부분 줄일 수 있었을 뿐만 아니라 그가 언제나 꿈꾸어 온 논문을 쓰고 명성을 얻는 것에 대해 훨씬 더 자유롭게 임할 수 있었다.

그는 이제 건축가로서 일하는 것뿐만 아니라 글쓰기에서도 잘해 보려고 더욱 열린 마음으로 노력하게 되었다. 사실 글을 쓰지 않아도 건축가로서 명성을 얻는 것은 가능하기 때문에, 프랭크가 어린 시절의 소원 충족이라는 의미에서 자신의 분야의 지식인이 되어 가는 것은 정말 놀라운 일이었다. 그의 문화적 뿌리에 대한 상세한 질문을 통해 우리는 그의 내면에 존재하면서 일부 오이디푸스적 갈등이 되었던 민족적 · 문화 교류적 만남 속에 내재된 커다란 갈등을 풀 수 있었다.

또 다른 짧은 사례는 같은 민족 집단 출신인 부모가 서로 매우 상이한 문화적 전통을 가질 경우 내담자 내면에 상당한 갈등을 야기할 수 있음을 보여 준다. 내가 슈퍼비전을 한 상담자 중 한 명은 중년의 유대인 여성을 상담하고 있었다. 그 여성은 자신보다 훨씬 열등하다고 그녀가 항상 폄하하는 남성과 함께 살고 있었다. 상담자는 그녀의 어머니도 그녀의 아버지를 폄하했다는 것과 내담자가 자신의 어머니와 자신을 동일시하고 있다는 것을 잘 알고 있었다. 이러한 해석은 사실 내담자에게 어느 정도 도움이 되긴 했지만 여전히 무언가를 놓치고 있는 것 같았다.

내가 그 상담자에게 내담자의 문화적 배경에 대해 물어봤을 때, 이 갈등에 대해 더 많은 것을 이해하게 되었다. 상담자는 자신의 내담자가 유대인이라고 했다. 그래서 나는 "어떤 종류의 유대인인데요?"라고 물었다. 상담자는 내담자가 기독교 가정에서 자란 사람으로 어떤 질문을 더 해야 한다는 생각을 해 본 적이 없다고 했다. 내가 그 질문을 한 후에야 상담자는 내담자에게 질문을 더 하게 되었고, 내담자의 어머니가 독일계 유대인 집안 출신으로 잘 교육받았고 나치 정부를 피해 도망가기 전에는 요직을 차지하며 재산도 꽤 있었다는 것을 알게 되었다. 내담자의 어머니는 후에 동유럽 출신의 유대인 남성인 아버지와 결혼하게 되었고, 아버지가 전문직을 가지고 있었음에도 내담자의 어머니와 그 가족은 언제나 그를 열등하다고 생각했다. 독일계 유대인이 동유럽 유대인에 대해 이런 태도를 취하는 것은 그리 드물지 않았다. 따라서 어머니가 아버지를 경시하는 것은 유럽의 유대 지역사회 내에 팽배한 문화적 태도에 근간한 것이었다. 이렇게 내면화된 문화적 태도가 상담에서 명확해지자 내담자가 남자친구를 대하는 태도는 서서히 바뀌었다.

사회역사적 외상

대참사를 겪었던 사람이나 그 자녀들을 정신분석적으로 치료할 때는 그들이 겪었던 사회역사적 외상을 고려해야 할 필요성이 점차 인정되고 있다. 각 개인이 그 외상을 직접 겪지 않았을 수도 있다. 하지만 그 영향은 부모, 심지어 조부모를 통해서 전해 내려올 수 있다. 유대인으로 미국인 3세대인 매릴린의 사례가 바로 그렇다. 그녀는 미국 주류 문화에 잘 동화되어 있었다. 그녀는 20대 중반에 정신분석을 받으러 나를 찾아왔다. 당시 그녀는 사회적으로 고립되었고, 친구가 없었으며, 사람들을 매우 불신했다.

매릴린은 자신이 젊은 나이에 죽을 것이라는 수수께끼 같고 불안한 강박관념에 사로잡혀 있었다. 그녀가 감기에 걸리거나, 두통이 생기거나, 운동 때문에 근육통을 느낄 때도, 매번 그녀는 자신의 삶이 곧 끝날 것이라고 절대적으로 확신했다. 이러한 강박관념은 그녀가 느끼고 있던 굉장한 사회적 고립감과는 별 상관이 없는 듯했다. 몇 년에 걸쳐 정신분석을 하면서, 우리는 그녀 내면의 삶과 어린 시절 가족관계의 여러 측면에 대해 다루었고, 그 작업 덕분에 그녀의 정서적 · 사회적 안녕에 있어서 상당한 성과를 냈다. 하지만 나 나름대로 노력하여 그녀의 강박관념을 여러 측면에서 파헤쳐 보려 했던 것에서는 별 성과가 없었다. 그녀의 강박관념은 그대로 지속되었다.

상담을 하던 어느 날 매릴린은 또 감기에 걸렸고, 또다시 불안에 떨면서 거의 울먹이는 목소리로 자신이 젊은 나이에 죽을 것이라고 얘기했다. 그때 나는 즉흥적으로 "마치 코사크 기병이 오고 있다는 얘기처럼 들리는군요!"라고 외쳤다. 나는 별 생각 없이 나 자신이 동유럽 유대인인 배경에 빗대어 막 죽을 것 같은 그녀의 마음을 표현했던 것이다. 어린 시절 가족 어른들은 내게 대학살에 대해 이야기해 주면서 거의 매릴린과 같은 목소리로 얘기를 했다. 그 과거의 외상으로 인한 불안과 공포가 세대를 통해 전해져 내려온 것이다.

매릴린은 곧 코사크 기병이 진짜로 왔던 일을 연상했다. 그들은 매릴린의 증조부와 삼촌에게 자신들의 무덤을 파게 한 다음 그들을 산 채로 묻었다. 매릴린의 증조모는 그 사건 이후 바로 몸이 쇠약해져서 30대 중반에 죽었는데, 그 죽음은 당연히 그 외상에 대한 반응이었다. 매릴린의 할머니는 대학살 직전에 미국으로 건너와 친척들과 살게 되었고, 그녀의 가족들도 곧 이민을 왔다. 매릴린의 할머니는 14세에 갑자기 고아가 되었고, 그것은 상당하기 힘든 외상이었다.

우리는 지난 몇 년간 함께 작업을 하면서, 매릴린의 할머니가 매릴린의 초기 어린 시절 중요한 사람이었고 거의 절대적인 존재였다는 것을 이미 알고 있었다. 매릴린과 그녀의 부모는 매릴린이 만 4세가 될 때까지 매릴린의 조부모 집에서 함께 살았다. 당시 할머니가 매릴린을 도맡아 키우다시피 하여, 매릴린은 할머니의 딸로 자랐다. 상담 도중 한 번 이상 매릴린은 자신도 모르게 할머니를 '어머니' 라고 칭했다.

이 회기에서 매릴린이 말한 연상들은 더 많은 것을 말해 주었다. 매릴린이 매우 어린아이였을 때 할머니는 매릴린에게 가족의 비극적인 이야기를 계속해서 들려주었고, 매릴린을 '우리 어머니' 라고 부르기도 했다. 사실 매릴린의 유대식 이름은 그녀가 평소에 사용하는 미국 이름과 달랐는데 바로 증조모의 이름, 즉 할머니의 어머니 이름이었던 것이다. 할머니는 매릴린을 자신이 결코 애도를 멈출 수 없는 대상인 자신의 죽은 어머니로 대했던 것이다. 따라서 매릴린은 자신의 내면에 증조모의 정체성을 가지게 되었는데, 그 증조모는 남편과 아들이 죽음을 당한 후 꽤 젊은 나이에 죽었던 것이다.

이 모든 것이 매릴린의 기억에서 나왔다. 그 어떤 사건도 재생되거나 재조직될 필요가 없었다. 억압되어 있던 부분은 젊은 나이에 죽을 것이라는 불안한 강박관념, 그리고 애도 중이던 그녀의 할머니에 의해 형성된 증조모와의 동일시 사이의 연결 부분이었다. 두 부분의 사이가 연결되자 곧 그녀의 강박관념은 상당히 완화되었다. 이러한 통찰은 또한 매릴린이 의도적으로 유대인이 아닌 사람을 남편으로 고른 이유와 그녀가 미국 기독교 사회에서 통용되는 식으로 스스로를 단장하고 살아가는 이유에 대해서도 밝혀 주었다. 그녀는 속으로는 유대인으로서의 정체성을 소중히 여겼지만, 공개적으로 유대인처럼 보이는 것에 대해서는 무척 부담스러워했다. 가족관계 속에 깊숙이 내재된 사회역사적 외상은 그녀를 정말 힘들게 했던 강박관념과 그녀의 고집스러운 성격을 이해하는 데 핵심적 역할을 했다.

매릴린과 비슷하게, 앤드류도 죽은 조상을 따라서 이름이 지어졌다. 그는 유대인 대학살에서 죽음을 당했던 외할아버지의 이름을 받았다. 그의 어머니와 외할머니는 당시 숨어서 살아남았으며 미국으로 이민 와서 살게 되었다. 그들은 앤드류를 죽은 외할아버지를 기념하는 사람으로 대했다. 그들의 태도가 앤드류에게 미친 영향은 강력하고 다양했다.

정신분석을 받기 시작한 지 몇 달 지난 어느 날, 앤드류는 매우 우울한 모습으로 상담에 왔다. 그러한 모습은 그의 평소 모습과는 사뭇 달랐다. 우울한 이유는 며칠 있으면 그의 생일이기 때문이었다. 그는 자신이 생일 때마다 항상 우울해진다고 말했다. 내가 그와 관련하여 어떤 것이 떠오르냐고 묻자, 그는 자신의 생일은 외할아버지와 중요하게 엮여 있다고 했다. 그의 어머니와 외할머니는 여전히 그의 외조부의 죽음을 깊이 애도하고 있었다. 그래서 그의 생일은 축하할 이유가 되기보다 우울한 기억을 불러일으켰던 것이다. 이러한 관련성에 대한 이해 덕분에 그는 다음 생일부터 훨씬 행복해질 수 있었다.

이 문제는 우리가 상담에서 오랜 기간에 걸쳐 다뤄 왔던 다른 문제와 연관되어 있었다. 앤드류는 여성이 힘들어하는 것에 대단히 약했다. 그 대상은 그의 아내가 되기도 하고 때로는 여성 직장 동료가 되기도 했다. 앤드류는 여성이 힘들어하는 것 같으면 자신의 필요를 내세우거나 자신의 아내나 여성 직장 동료에게 이견을 내는 것을 극도로 힘들어했다. 이는 분명 그가 자신의 어머니와 외할머니에게서 느낀 내적 고통과 관련이 있었다. 그 두 여성은 모두 대학살의 참사를 겪었다. 이러한 관련성을 이해한 후에도 앤드류가 좀 더 적절히 자기주장을 하게 되기까지는 시간이 걸렸고, 그 과정은 서서히 진행되었다.

대참사 생존자의 자식이 되는 것은 앤드류에게 또 다른 영향을 미쳤다. 매릴린이 유대인으로서의 자신의 정체성과 취약성을 사회생활에서 숨겼다면, 앤드류는 반대로 이러한 가족적이고 민족적인 외상을 자신의 사진 촬영에 있어 주요 모티브로 활용했다. 그의 작품은 국제적으로 인정을 받았다. 그는 유대인 대학살을 직접적으로 다루기도 했지만 테러, 피해 상황, 외상, 대참사의 흔적 등 불행히도 오늘날 세계에서 너무나 일상적으로 일어나는 모든 것을 다루었다.

그는 자기 안에 있는 이러한 심오한 정체성의 주제를 통해 자신의 예술 세계에 커다란 정서적 힘을 더할 수 있었던 것이다.

지역적 문화적 자기

루실의 남부 출신 배경을 고려하지 않았다면 그녀가 세상을 사는 방식을 이해하기란 거의 불가능했을 것이다. 그녀는 공적으로 저명한 남편과의 결혼을 통해 뉴욕의 상류 문화 및 정계에 입문하긴 했지만, 그녀의 남부적인 매력, 재치, 우아함, 지력을 통해서 쉽게 그녀 자신의 자리를 만들어 가게 되었다. 다른 시대와 장소에 있었다면 그녀는 자신만의 연회를 열었을지도 모른다. 루실은 조지아의 유복한 기독교 집안 출신이었다. 조지아에는 뚜렷한 계층 간 차이가 존재했고, 그녀의 어머니는 사실 원래 물납 소작인 집안 출신이었다. 하지만 루실의 유아기 시절 그녀를 애지중지 키워 준 것은 역동적인 성격의 친할머니였다. 당시 루실의 어머니는 산후우울증 때문에 오랫동안 고생하고 있었다. 루실은 할머니 손에 키워진 덕에 어머니 손에서만 컸던 자신의 동생들보다 더 나은 존재감을 느꼈다.

오랜 분석을 통해 루실의 인생에서 외상적 경험이 되는 전환점은 그녀가 만 열 살이 되었을 즈음이라는 것이 분명해졌다. 당시에 그녀의 첫 번째 여동생이 태어났다. 그녀가 겪었던 외상은 단순히 어머니가 새로 태어난 동생에게만 집중한 것과 관련된 문제가 아니었다. 물론 어머니가 동생에게 너무 집중해서 루실은 매우 홀대받는 기분이긴 했다. 훨씬 힘들었던 부분은 그녀의 아버지가 별 이유 없이 그녀에게 화를 내기 시작했다는 것이다. 그 전까지만 해도 그녀의 아버지는 그녀를 금지옥엽으로 여기며 그녀와 정말 좋은 관계였던 것으로 기억하는데, 그녀가 열 살이 되면서부터 대학에 갈 때까지 아버지는 엄격하고 혼을 잘 내고 폭력적인 성향으로 변했다. 개인분석과 집단분석에서 상호작용에서의 전이/역전이 관계를 통해 상당한 작업을 해 가면서, 우리는 그녀가 성인이 되어서 가학-피학적 관계를 맺은 것이 아버지에게 받았던 학대를 되풀이한 것임을 이해하고 풀어낼 수 있었다.

그렇지만 우리는 그녀를 대하는 아버지의 태도가 돌변하게 된 이유에 대해서는 알 수 없었다. 분석에서 몇 년이 흐른 뒤에야 이처럼 어그러졌던 부녀관계가 비로소 분명해졌다. 당시 그녀는 결혼생활의 위기를 맞고 있었다. 그녀의 남편이 다른 여성과 잠시 바람을 피웠고, 이 사건 때문에 그녀는 나를 포함해서 누구와도 결코 나누고 싶지 않았던, 마치 옷장 속에 숨겨 둔 시체 같은 자신의 원가족 내 문제를 다루게 되었다.

루실이 열 살 때 일어났던 일, 그녀가 너무나 수치감을 느껴서 그렇게 비밀로 간직하고자 했던 일은 바로 아버지가 다른 여성과 공개적으로 불륜을 저지른 사건이었다. 아버지는 바람 피우는 장면을 공공연하게 드러냈다. 루실의 가족은 조지아의 그 마을에서 사회적으로 높은 지위를 갖고 있어서, 이러한 아버지의 행동은 어머니에게 굉장한 수치감을 안겨 주었다. 루실의 아버지가 왜 그런 행동을 했는지는 밝혀지지 않았다. 하지만 적어도 그가 당시에 둘째 아이도 딸이라는 사실에 대해 상당히 실망했던 것은 분명하다.

루실의 어머니는 자신이 당한 수치에 대해 그녀와 같은 신분의 남부 여성들이 하는 전형적인 방식으로 대응했다. 루실은 그 여성들을 '철로 된 나비들' 이라고 불렀다. 어머니는 결혼생활을 유지했지만 아버지에게 분풀이를 했다. 어머니는 루실과 다른 자녀들에게 아버지 뒤에서 계속해서 아버지 욕을 했고, 아버지에게는 냉담하고 경멸하는 태도로 대했다. 그리고 자신만의 공간에 물러나 있으면서 다른 사람을 배타적으로 대하고 사회생활도 하지 않았다. 루실의 아버지는 아내의 그런 태도에 분노했지만, 죄책감 때문에 그 분노를 아내에게 직접적으로 표현할 수 없었다. 그래서 아내와 심리적으로 결탁하여 그 분노를 루실에게 쏟아냈다. 이 가족의 역동은 아버지의 불륜 때문에 완전히 바뀌었던 것이다. 루실이 자라 온 문화적 환경에서 배운 태도가 그녀 안에 깊숙이 자리하고 있었기에, 루실은 상담에서도 이 이야기를 꺼낼 수가 없었다. 왜냐하면 그녀의 어머니에게 배운 잣대로 보면 이 문제는 너무나 수치감과 모욕감을 주는 일이었기 때문이다.

이런 식의 많은 문화적 태도가 남부 출신이라서 존재한 것만은 아니다. 그 태도는 루실 나름의 독특한 색과 풍미, 권력이 덧입혀지면서, 루실이 이러한 가족의 수치를 아무에게도 언급조차 하기 힘들게 만든 것이다. 이를 다루면서 루실은 어머니가 취했던 남부식 방식으로부터 자신을 차별화해야 했다. 그래야 자신의 결혼에서는 힘든 문제에 대해 분풀이하는 대신에 좀 더 직접적이고 건설적인 방식으로 예민한 문제를 풀어 갈 수 있기 때문이었다.

여성과 사회적 변화

루실은 상담에서 또 다른 중요한 문제를 다루었다. 그것은 내가 뉴욕에서 상담을 한 모든 여성 내담자와도 상관이 있는, 중요한 사회적 변화와 관련된 문제였다. 여성 내담자들은 모두 직업에 대해 진지하게 고민한 적이 있거나 고민을 하고 있었다. 보통 직업과 결혼생활을 함께 할 수 있는 상황에서도 고민하고, 아이를 가지게 되는 상황에서도 심심치 않게 그런 고민을 한다. 30년이라는 주목할 만한 기간 동안 여성운동과 페미니즘 세계관을 통해 교육받은 미국 여성들에게 열린 가능성과 기회는 극적으로 변했다. 이러한 변화의 여파로 미국의 사회적 전경이 변했고, 여성의 내면세계에는 새로운 갈등과 고민이 생겨나기 시작했다.

루실도 성인이 되어서는 페미니즘적 가치에서 많은 영향을 받았다. 그녀는 그 기간 동안 정신분석을 받으면서 경력을 개발하는 문제에 대해 작업하고자 했다. 과거에는 루실과 같은 상황에 처한 대부분의 여성이 돈 많고 잘나가는 인물의 그늘에서 지내는 것에 만족했으며, 문호들을 자주 초대하고 남편이 지지하는 사회적 대의에 적극 참여하는 것을 통해 자신의 존재감을 과시했다. 루실은 그렇게 하는 대신에 서서히 자신의 직업적 관심을 개발해 가는 것을 선택했다.

많은 다른 여성과 비슷하게 루실도 자기의 층을 둘러싼 문제를 해결하느라 고군분투했다. 그녀 안에 있는 자기의 층에는 전통적인 여성의 역할과 가치에 매우 깊이 뿌리내리고 있는 더 어린 시절의 자기가 있었다. 그것은 그녀가 현재 지향하는 페미니즘적 이상과 대조를 이루었다. 루실의 사례에서는 두 가지 주요인 때문에 그녀가 자신의 현재 이상대로 나아가는 것이 정서적으로 힘들었다. 그녀의 어머니는 힘든 육체노동을 하는 물납 소작인 집안 출신이라서 성공한 사업가인 루실의 아버지와 결혼하고 집안의 안주인이 된 것에 무척 만족했다. 어린 시절 루실이 어머니와 동일시했던 부분은 성인이 된 그녀의 포부와 정말 맞지 않았다. 이 문제를 더 복잡하게 만든 것은 루실의 아버지였다. 아버지는 루실의 청소년기 동안 그녀가 독립적인 모습을 보일수록 그녀를 더욱 학대했다. 그녀가 직업훈련을 받고 직업적 관심을 계발해 나가는 데 있어 남몰래 하는 듯한 태도를 보인 것은 상담에서 해석되어야 할 전이의 중요한 부분이었다. 저명한 박물관에서 자신들이 전시하고자 하는 물품에 대해 상의하려고 그녀에게 연락을 하는 일이 있을 때처럼 매우 드문 경우에만 루실은 흘리듯 얘기를 해 주었던 것이다.

오늘날 내가 상담하는 대부분의 여성 내담자는 정신분석적 작업을 해 가는 과정에서 루실과 비슷하게 자신이 예전에 어머니와 동일시했던 부분에서 어떤 것을 간직하고 어떤 것을 버릴 것인지에 대해 고민한다.

돌로레스의 사례에서는 현대 여성의 자기 안의 층 쌓기가 다른 구조와 양상으로 나타났다. 돌로레스는 40대에 정신분석적 상담을 받으러 왔다. 당시 그녀는 유명한 출판사에서 선임 편집인으로 일하면서 자신의 커리어를 닦아 놓았다. 몇 해 전에 또 다른 상담자의 도움을 받아, 그녀는 오랫동안 밋밋했던 결혼생활을 끝내고 자신의 커리어를 쌓아 갔다. 그럼에도 돌로레스는 현재 자신의 삶에 대해 두 가지 면에서 불만스러웠다. 하나는 가끔만 글을 기고하는 편집인보다는 작가가 훨씬 더 되고 싶었다. 다른 하나는 현재 자신을 많이 위해 주는 남자친구가 있긴 하지만 그보다 자신의 예술적이고 지적인 관심을 좀 더 충분히 나눌 수 있는 남자와 연애를 하고 싶었다.

돌로레스의 어린 시절 외할머니와의 관계에 대해 탐색하면서 상담의 중요한 전환점이 찾아왔다. 그녀가 열 살 때 가족이 이사를 했는데, 그 전까지 그녀는 외할머니와 상당히 많은 시간을 함께 보냈다. 알고 보니 외할머니는 자신의 분야에서 박사학위를 가진 매우 교육을 잘 받은 여성이었다. 1960년대 여성운동 시대 이전에 이런 교육을 받았기에, 외할머니는 계속 학업 쪽으로 커리어를 쌓으면서 결혼을 안 하고 살지 혹은 결혼도 하고 가정도 꾸리되 커리어는 포기할지 가운데 선택을 해야 했다. 할머니는 후자를 선택했고, 자신이 갖고 있던 학문적 관심은 시간제로 연구하고 글을 쓰는 정도로 줄어들었다. 반면, 돌로레스의 어머니는 가정주부이자 어머니로서의 역할에 모든 것을 할애했고, 돌로레스는 주로 그런 어머니와 동일시를 했다.

우리가 이러한 어린 시절 관계에 대해 다루자, 할머니가 돌로레스의 어린 시절에 그녀가 지적이고 예술적인 관심을 키우는 데 중대한 영향을 주었다는 사실이 분명해졌다. 상담에서 갈수록 많이 표현된 부분은 바로 할머니와의 깊은 동일시였고, 어떤 면에서는 그녀의 교양 있는 할머니에 의해 형성된 어린 시절의 자기였다. 돌로레스는 문화적 관심에 집중된 자기의 모습을 더욱 확실히 인식하고 받아들이면서 우선 남자친구와 헤어졌다. 그런 후 풀타임 프리랜서 작가가 되기 위해 출판사를 그만두었다. 그녀는 글쓰기로 먹고 살 정도로 벌 수 있었을 뿐만 아니라, 자신의 전 남자친구보다 훨씬 더 그녀의 지적 파장에 맞는 예술가와 사귀어 결국 결혼하게 되었다.

루실과 달리, 돌로레스는 매우 지지적이고 교양 있는 할머니와 관련된 자기를 억압하고 있었다. 그런데 할머니의 가치와 관심은 돌로레스가 성인이 되어 가지게 된 이상과 훨씬 더 잘 부합하였다. 이러한 자기가 충분히 떠오르면서, 그러한 자기의 측면은 그녀의 아버지가 가졌던 전통적 여성상에 대한 기대 및 어머니의 주부 역할과 동일시했던 그녀 자기의 다른 측면들 위에 지배적인 자리를 차지하게 되었다. 덕분에 돌로레스는 자신의 커리어와 애정관계 모두에서 훨씬 더 충만한 삶을 살아가도록 작업해 갈 수 있었다.

요 약

사회문화적이며 사회역사적인 요인은 정신분석 및 정신분석적 상담에서 내담자의 심리학적 구성 및 내적 갈등을 이해하는 데 중요한 역할을 한다. 그럼에도 자주 그 중요성이 간과되어 그에 대해 여러 가지 방법으로 이를 알리려고 노력했다. 이를 위해 나는 문화적 자기를 개념화했고, 더불어 문화적 자기와 현대 정신분석의 다양한 모델에서 기술하는 일반적인 개인적 자기와의 관계에 대해 설명했다. 미국에서 상담을 하는 데 도움이 되도록 하기 위해, 나는 매우 다른 문화에서 온 사람들에서부터 의미 있게 다른 민족 집단에서 온 사람들, 그리고 주류 미국 문화에서 온 사람들에 이르기까지의 연속선을 설정했다. 사회문화적이고 역사적인 요인들이 이러한 연속선상에 있는 사람들의 내적 갈등에 영향을 미치는데, 그 양상은 연속선의 한 극단에서 다른 극단까지 매우 다양하다. 자기의 층 쌓기는 때로 내면에 갈등을 일으킨다. 또한 중대한 사회적 변화와 더불어 오늘날 대부분의 교육받은 미국 여성이 고민하는 부분이기도 하다.

후주

1. 이 역동을 더 잘 이해하고 싶다면 정체성 외상에 관한 Litchtenstein(1977), 그리고 모성적 반영 및 야망에 관한 Kohut(1977)을 참조하라.

 07

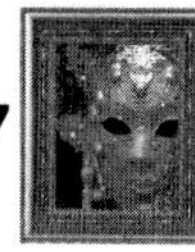

문화가 자기 및 자기대상 관계에 미치는 영향

■ 아시아와 북미의 비교 ■

비교문화적 관점에서 본 자기심리학

북미인과 아시아인에게 내재된 매우 복잡한 문화와 자기심리학(self psychology) 사이의 관계로 볼 수 있는 사례를 점점 더 많이 접하게 되어 그 주제에 대해 탐색해 보고자 한다. 나는 우선 자기심리학의 발달에 대한 필요를 그것이 처음에 만들어졌던 북미의 개인주의 문화라는 맥락에 놓아 보려고 한다. 그런 다음 아시아인의 경우를 살펴보면서 그들이 자기대상 관계와 자기에 있어서 북미인과 현저하게 다른 부분이 무엇인지 파헤쳐 보고, 이러한 점들이 아시아의 사회문화적 양상과 어떻게 관련되어 있는지를 설명하고자 한다.

비교문화적 관점에서 보면 자기대상 관계를 이론화한 것 자체, 즉 개인이 평생 동안 공감해 주고 이상화할 타인을 필요로 하며, 자기존중감과 응집성 있는 자기를 유지하고 향상시키기 위해 일련의 기술을 공유할 타인을 필요로 한다는 것 자체가 북유럽 및 북미의 개인주의 문화에 대한 신랄한 비판이었다. 북유럽과 북미의 개인주의 문화는 자족적이고 자립적인 개인을 무척 강조하는데, 자기대상 관계에서는 개인이 공감해 주고 이상화할 타인을 평생 동안 필요로 하며, 자기존중감과 응집성 있는 자기를 유지하고 향상시키기 위해 기술이 있는 친구들을 공유할 필요가 있다고 한다(Dumont, 1986; Kirschner, 1992). 고전적 정신분석에 대해 Mitchell(1988)은 일체의 심리학이라 했고, Stolorow와 Atwood(1992)는 고립된 개인 정신의 신화라고 했다. 이와 대조적으로 자기심리학은 타인에 대한 의존과 타인과의 상호 의존성이 평생에 걸쳐 필요한 요소라고 기술한다. 자기대상 관계가 결핍되면 개인의 자기존중감은 낮아지고, 자기존중감의 상처 입고 손상된 부분을 만회하기 위해 자신이 상처받기 쉬운 부분에 방어 기제를 형성하게 된다. 그 과정에서 개인은 문제 많은 대인관계를 형성하고 기능할 수 있는 능력이 떨어지는 것을 경험하게 된다. 좀 더 극단적인 사례에서는 자기가 분열되어 간다.

Kohut(1971, 1977, 1984)이 자기심리학을 발전시켰던 것은 우연이 아니었다. 자기심리학에서는 개인주의의 사회문화적 양상이 가장 강하게 나타나는 미국 중서부 지역에서 자기대상 관계 및 그 결핍에서 생기는 정신병리를 핵심 개념으로 강조하였다. 많은 논평가는 미국이 서양 사회에서 가장 급진적인 개인주의 문화를 가지고 있다고 말한다. 그래서 미국은 이례적인 물리적 · 사회적 이동성, 자기 주도성과 자립심에 대한 극단적인 강조, 결과적으로 약한 인간관계라는 특징을 가지고 있다. 자기대상 관계의 결핍으로 인해서 자기존중감이 낮아지고 자기분열을 겪고 있는 것이라는 사실을 많은 내담자에게 직면시켜 주면서, Kohut은 서서히 자기의 새로운 심리학을 이론화했다. 이에 대해 상당히 많은 논쟁이 있었지만, 이제 그 이론은 현대 프로이트학파 정신분석의 중요한 패러다임 중 하나가 되었다.

주어진 사회와 역사적 시대 속에서 기존과는 다른 종류의 정신병리가 내담자들에게 특징적으로 나타날 때, 새로운 심리학적 과정과 더불어 정상성과 정신병리의 관계에 대한 새로운 관점을 고안할 필요가 있다. 따라서 특정 종류의 기능 이상은 또 다른 개념화의 필요성을 제기하는 데 핵심적 역할을 한다. 새로운 개념화는 정신병리의 정신 역동을 기술하기 위해서도 중요하지만, 동시에 당연하게 여겨져 온 정상성의 여러 측면과 과정을 강조하는 데도 중요한 역할을 한다. 자기에 대한 심리학을 정교화하면서, 자기심리학자들은 자신의 이해체계를 모든 내담자와의 정신분석 관계에서 나타나는 자기대상의 실제에도 확대 적용하였다. 이러한 자기대상의 실제는 때로는 분석에서 핵심적 역할을 하기도 했고, 때로는 좀 더 일상적으로 나타나는 전이의 배경적 요소로 이해되기도 했다(Lachmann & Beebe, 1995).

자기심리학은 미국의 급진적 개인주의를 호되게 비판하지만, 동시에 개인의 역량, 개별성 자체의 성장, 사회적 실현을 너무나 강조하는 개인주의 문화에서 개인이 심리적으로 잘 기능하는 데 필수적인 요소로 기술되기도 한다. 이 과정에서 자기심리학은 개인주의의 다양한 관점을 활용한다. Erikson이 그랬던 것처럼 Kohut도 기본적인 문화적 가정을 당연시하는 데 있어 예외가 아니었다. 개인주의 문화의 기본적인 가정은 그의 이론에 별 비판 없이 포함된다. Kohut은 개인이 자기의 본질적 모습을 사회적으로 성취하는 데 있어서 주도성과 중추성(agency)을 개발해 가는 것이 얼마나 중요한지에 대해 기술하였다. 이러한 작업은 초기에는 어머니와의 반영적인 자기대상 관계를 통해, 나중에는 자신이 이상화하는 사람들의 이상과 목표를 이루어 가려는 긴장감 있는 갈망을 반영한 대리자아 관계를 통해 개발된 기술을 적용해 가면서 이루어진다. 이 과정은 개인주의 문화에서 잘 기능하기 위해 필수적이다. 그렇지 않으면 이러한 자기대상 관계에서의 결핍 때문에 개인은 스스로 책임져야 할 것이 많은 사회에서 역기능적이 될 수 있다.

자기심리학을 좀 더 넓은 문화적 · 심리학적 관점에 놓고 볼 수도 있다. 1982년 히로시마에서 내가 자기심리학에 대해 이틀 동안 세미나를 하면서 일본인 정신분석가들과 나누었던 얘기를 인용하면서 설명해 보겠다. 나를 초대한 일본인 정신분석가들은 미국에서 훈련을 받은 경험이 있었다. 그들은 나에게 다음과 같은 질문을 했다. "왜 미국에서는 자기심리학이 그렇게 중요한 위치를 차지하게 되었습니까?" 그들은 Kohut의 책을 읽었고, 어느 정도 공감하기도 했지만 그 유용성을 이해할 수 없었다. 왜냐하면 공감적 조율과 이상화할 수 있는 대상을 갖는 것과 같은 개념은 일본의 사회관계에 너무나 잘 통합되어 있었기 때문이다. 나는 그 질문에 잠깐 고민을 했지만 곧 즉흥적으로 대답했다. "Edward Hopper의 그림이나 Andrew Wyeth의 〈크리스티나 세상〉과 같은 그림을 본 적이 있습니까?"

그 집단의 인도자였던 Mikihachiro Tatara는 뉴욕의 윌리엄 앨런슨 화이트 연구소에서 훈련을 받는 동안 Hopper와 Wyeth의 전시회 슬라이드를 찍은 적이 있었다. 점심을 먹고 나서, 그는 〈크리스티나 세상〉과 Hopper의 그림들을 보여 주었다. 그 그림들은 분명히 미국의 정서적 풍경을 잘 보여 주는 고립감과 외로움을 표현했다. Hopper의 그림에서 사람들은 서로에게 별로 상관을 하지 않고 있다. 그제야 일본인들은 미국에서 자기대상 관계의 심리학이 왜 필요한지 쉽게 이해할 수 있었다.

아시아 대인관계에서 존중감의 중추성

우리가 아시아인의 자기와 그들의 자기대상 관계의 성격에 대해 파헤쳐 보면 무엇을 알게 될까? 정신분석적 관점을 가진 관찰자는 즉각적으로 자기대상 관계의 문화적 · 심리학적 현저성과 그들의 대인관계에서 자기존중감이 차지하는 지배적 위치를 깨닫게 될 것이다. 정신분석에서 자기의 심리학을 구상해 내는 데 70~80년 정도가 걸린 것과 대조적으로, 아시아 문화에서는 이것이 인간관계의 핵심이라고 기본적으로 가정한다. 예를 들어, '불교와 심리치료' 라는 콘퍼런스에서 티베트의 정신적 지도자인 달라이 라마는 미국인이 낮은 자기존중감 때문에 힘들어할 수 있다는 사실에 믿을 수 없다는 듯 반응했다. 그는 낮은 자기존중감이라는 개념 자체를 이해하기 힘들어했다.

아시아인의 자기존중감은 좀 더 정확히 말해 우리 자존감(we-self esteem)이다. 아시아인의 자기는 오랜 기간의 공생적 양육과 가족 내의 정서적 밀착에서 생겨나서 대부분 우리-자기로 경험되는 것이다. 이러한 아시아인의 자기존중감의 중추성은 네 가지 주요한 자기대상 관계와 관련이 있다. 첫 번째는 서양인이 보기에는 지나칠 정도로 높은 수준의 공감적 조율(empathic attunement)의 발달이다. 이러한 공감적 조율은 항상 충족되는 것은 아니지만 모든 아시아 사회에서 보편적으로 강조된다. 아시아인은 매우 긴밀하고 오랜 기간 지속되는 친밀한 가족 및 집단 관계에서 살아가는데, 이러한 관계는 상당한 대인관계적 감수성의 영향을 받는다. 일본에서는 이것을 오모이야리, 즉 걱정 어린 공감이라 칭하는데, 이는 사회 모든 단계의 관계에서 핵심적 역할을 한다.

아시아인들에게 만연해 있는 서열관계에는 지속적인 호혜 작용이 있다. 그 안에서 하위자는 상위자의 필요에 공감적으로 조율하고, 상위자의 존중감을 향상시키기 위해 경의, 존중, 충성을 보인다. 그에 대한 보답으로 상위자는 하위자의 필요에 조율하도록 기대되는데, 여기에는 하위자가 스스로의 존중감을 유지할 수 있도록 지시와 비판을 요령 있게 제공하는 것도 포함된다. 문화적 · 심리학적 규준은 자신의 필요보다는 타인 혹은 가족 및 집단의 필요에 계속해서 예민하게 반응하는 것이다. 대신에 타인 역시 자신이 말하지 않아도 자신의 필요에 조율해 줄 것으로 기대한다. 전반적인 규준에는 성별(gender)에 따른 중요한 차이가 존재한다. 그 차이의 정도는 아시아 사회 간에 다르고, 또한 그 국가가 얼마나 서구화되고 현대화되었으며 어떤 전통적 요소를 가지고 있는지에 따라 다르다.

의사소통은 아시아의 서열관계에서 높은 수준의 존중감을 유지하고 향상시키는 또 다른 주요 요소다. 간접적 의사소통, '아니요'라는 대답을 피하려는 강한 경향, 그 밖에 서양 사람들이 보기에는 너무 어지럽고 짜증나는 아시아적 의사소통의 측면은 언제나 상대방의 존중감을 세워 주도록 되어 있으며, 적어도 상대방의 존중감에 도전이 되지는 않는다. 동시에 지나칠 정도로 솔직히 말하지 않음으로써 스스로를 보호한다(Young, 1994). 일본에서는 고개 숙여 인사하는 횟수와 각도와 같은 온갖 종류의 비언어적 동작이 상당 부분 서열관계에서 존중감을 유지하는 것과 관련이 있다. 중국인의 의사소통에서 이와 관련된 재미있는 예를 중국계 미국인 2세이자 인류학자인 Ben Lee 교수와의 식사 대화 중에 알게 되었다. 그는 시카고에 있는 자신의 사회과학 연구소와 중국 본토에 있는 연구소 사이의 관계를 세 명의 중국인 신임 교수와 협상하게 된 이야기를 들려주었다. 협상과정이 잘 끝나 가고 있을 때, 가장 나이 많은 중국인 교수가 Ben에게 누가 중국 지사의 센터장이 되어야 할지 물었다. Ben은 갑자기 조용해지면서 한동안 자신의 신발 아니면 손목시계를 보면서 고개를 떨구었다. 이러한 행동은 말을 잘하던 그의 평상시 행동에 비추어 봤을 때 매우 이례적인 모습이었다. Ben 스스로도 자신의 행동에 놀랐다고 한다. 결국 그 중국 교수가 누가 센터장이 되면 좋을지 제안했고, 그 후에 Ben에게 동의를 구했다. Ben이 전에 미국에서 활동한 중국인 외교관이던 자신의 아버지에게 이 이야기를 들려주자, 그의 아버지는 "너도 결국은 중국 사람이구나."라고 대답했다. Ben은 자신도 모르게 중국인의 서열관계에서 적절하게 행동하고 말하기 위해 자신의 중국적 배경을 이용한 것이다. 중국인의 서열관계에서 상위자의 지위에 경의를 표함으로써 상대의 존중감을 세워 주었던 것이다. 중국인 교수가 물어보긴 했지만, Ben이 처음부터 자신이 원하는 센터장이 누구인지 말했다면 그 중국인 교수에게 무례한 행동이 되었을 것이다.

나는 인도와 일본에서 열린 정신분석적 콘퍼런스에서 그곳에 참석한 많은 사람이 주제에는 별 관심이 없지만 그들이 관계를 가지고 있는 강연자의 존중감을 세워 주려고 그곳에 참석한 것을 관찰하게 되었다. 어려운 질문이나 반박하는 의견은 강연자의 존중감을 해칠까 봐 거의 등장하지 않았다. 서로의 존중감을 지켜 주는 것이 문제의 진실을 알아내는 것보다 언제나 더 중요하다. 아시아인 관계에서는 그것이 가족이 되었든, 학교가 되었든, 사업장이 되었든, 존중감을 지키는 것이 객관적 진실에 우선한다.

친밀한 서열관계에서 존중감을 높여 주는 또 다른 방식은 의존성을 통해서다. 이것은 6장에서 나왔던 시칠리아인 그라치엘라의 사례에서 나타난 것으로, 대부분의 미국인이 이해하기에는 상당히 힘든 교역이다. 상대에게 의존하고 부탁하는 것은(의존하여 받을 수 있다는 기대는 전형적인 북미의 대인관계보다 아시아인의 대인관계에 훨씬 만연해 있다, Doi, 1973) 사실상 상대의 존중감을 세워 주는 것이다. 의존하고 부탁하는 것은 상대를 서열관계에서 상위자로 만드는 것이어서, 상대방의 마음에 하위자의 의존 욕구를 충족시켜 줄 수 있는 양육의 상위자가 되게 하는 자아 이상적 반응을 일으킨다. 따라서 하위자는 상위자를 통해 자신의 의존 욕구를 충족하면서 자신은 상위자의 존중감을 세워 주는 상위자의 자기대상이 되는 것이다. 부탁하는 것이 주는 것이며, 그 안에서 의존성과 존중감이 미묘하게 교환된다.

아시아 서열관계에서의 이상화

아시아라는 맥락에서 존중감을 향상시켜 주는 두 번째로 주된 자기대상 관계의 요소는 이상화에 대한 문화적 강조다. 이것은 두 가지 미묘하게 다른 이상화된 관계에서 나타난다. 첫 번째는 가족 및 집단 혹은 지역사회의 어른에 대한 이상화로, 여기에는 손위 형제자매에 대한 것도 포함된다. 일본에서는 존중감을 높여 주는 이상화가 타인을 마구 칭찬하면서 자신을 겸손하게 보이려는 일본 남성에게서 나타난다. 그들은 타인도 자신에게 똑같이 해 주기를 바란다(Dr. Miyamoto, 개인적 서신). 저명한 미국 농구 선수들과 대조적으로 일본 농구 선수들은 보통 모범적인 공인의 삶을 살아간다는 것은 아주 흥미로운 사실이다. 그들은 청소년들의 이상화 대상으로 그렇게 살아가도록 기대되고 있는 것이다.

좀 더 미묘하면서도 확실한 이상화에 대해 얘기하자면, 아시아인은 훌륭한 인격적 자질을 가진 사람과 명목상 사회적 서열관계에서 상위자 자리에 있어서 존경해야 하는 사람을 조용히 구별한다. 훌륭한 상위자는 사회적 서열관계에서 상위자일 수도 있지만 꼭 그렇지만은 않다. 동생, 아내, 심지어 하인도 그런 사람일 수 있다. 하지만 정말로 존경받고, 사람들이 모방하고자 하고, 가까이 동일시하고 싶어 하는 사람은 바로 이처럼 성숙하고 현명하거나 영적인 사람인 것이다.

인도인은 자신이 이상화하는 자기대상 관계의 특정한 어른, 종교 지도자 등에게 신적인 지위를 부여하거나, 이상화한 신적인 인물 혹은 신과 자신을 동일시하기도 한다. 인도의 환유적 사고방식에서 이상화된 어른이나 우상은 단지 서양의 이원론에서 말하는 상징적 대리자가 아닌 신의 부분적인 현현(manifestation)이다. 전통적인 모든 이름은 초월적 의미를 갖는다. 부모는 자식을 신적인 인물과 동일시하기도 한다. 한 인류학적 연구에서는 인도 여성이 자신이 중요시 여기며 이상화하는 자기대상 관계에서 여신의 특성과 동일시하는 부분에 대해 묘사하였다(Wadley, 1980).

이러한 이상화의 심리학은 자기심리학에서 말하는 이상화와는 다르다. 아시아 심리학은 자기(self)의 본래 디자인이라는 개념을 가지고 있다. 일본인의 하라(hara)와 인도인의 구나스(gunas), 삼스카라스(samskaras)가 그것이다. 하지만 목표는 더 많은 사회적 기회와 선택의 자율성을 강조하는 미국의 개인주의에서 말하는 사회 및 직장 세계에서의 자기실현에 있지 않다. 오히려 목표는 더 나은 사람, 더 성숙한 사람이 되어 결국 영적인 존재에 이르는 자기변형 과정에 들어가는 것이다. 달산(Darshan), 즉 영적인 사람이나 대상의 현존에 나아가는 것이 바로 이러한 심리학의 예가 된다.

자기대상으로서 가족의 명성

아시아인의 존중감을 높여 주는 것과 관련된 또 다른 주된 요소는 자신이 속한 가족, 지역사회(인도), 직장 집단(일본)의 명성이다. 개인이 가족에게 어떻게 비춰지는지, 개인의 기여와 행동이 다른 가족 구성원에게 어떻게 인정받는지는 그 가족 자체의 명성과 함께 우리 자존감의 핵심이 된다. 이 과정에서 수치심은 주요한 역할을 한다(Okano, 1994). 5장에 나왔던 고팔의 사례를 보면 이것이 잘 이해될 것이다. 그 사례에서 그의 자존심은 가족들에게 돈을 보내 주는 것 때문에 대단히 향상되었다. 하지만 그가 아이 딸린 이혼녀와 결혼했을 때는 자존심이 몹시 상했다. 각 경우 모두 주로 그가 가족의 명성에 어떤 영향을 미치는지와 상관이 있었다. 첫 번째 경우에는 좋은 영향을 미쳤고, 두 번째 경우에는 수치심을 주었다. 또 다른 내담자의 경우도 전반적으로 스스로에 대해 느끼는 바가 가족의 명성과 밀접한 관계가 있었다. 국제적으로 저명한 과학자였던 그녀는 19세기 중반부터 대학교육을 받은 여성이 배출된 저명한 인도인 집안 출신이며 자신의 선조들 중에는 당대에 유명한 사람들이 있었다. 그녀는 한 회기 이상 이러한 자신의 가족 및 친척 관계를 설명하고 자기에 대한 얘기를 하면서, 삶의 목적과 자신의 업적이 그러한 자신의 가족적 배경과 어떻게 상관이 있는지를 설명했다.

존중감과 가족 명성의 상호 관계성은 특히 인도인의 부자관계에 잘 나타난다. 인도인의 부자관계에서 아버지와 아들은 상대방이 서로를 계속 빛나게 해 주기를 바란다. 아들은 어른이 되어서도 아버지의 인정을 얻으려 하며, 심지어 아버지 사후에도 그렇게 한다. 내 내담자 중 세 명은 자신이 원하는 바를 하지 않고 아버지를 빛나게 하려고 힘든 역경을 견디었다. 그런가 하면 아시스라는 내담자는 자신의 아버지가 자살을 했을 당시 자신이 19세였음에도 우리 자존심에 심각한 상처를 받았다. 그는 아버지의 자살 때문에 다른 사람이 자신을 이상한 사람으로 볼까 봐 가장 친한 친구들에게조차 아버지의 자살을 비밀로 했다. 그는 상담을 받으면서 꿈에 이러한 비밀이 드러나자 그 이후 회기에 바로 상담을 종결했다(Roland, 1988, pp. 25-47 참조).

내가 상담한 몇몇 사례와 내가 친분이 있던 인도 남성들을 통해, 나는 인도에서는 아버지가 아들을 대할 때 아들이 마땅히 받아야 한다고 생각하는 대우를 해 주지 않더라도 아들이 자신이 원하는 것을 성취하겠다며 대놓고 반항하는 자세를 보일 수 없다는 것을 알게 되었다. 이는 북미의 경우 아들이 자신이 원하는 것을 얻기 위해 부모에게 반항하는 일이 흔한 것과 대조적이다. 대신 인도인은 아버지가 자신에게 강요하는 일을 형편없이 해 아버지의 명성을 실추시킴으로써 복수를 한다. 이러한 역동은 나와 장기 정신분석을 했던 인도인이 상담에서 아버지에 대한 매우 부정적인 전이를 보일 때 너무나 잘 나타났다. 그의 강렬한 자기파괴적 행동은 인도인에 대한 전문 분석가였던 나의 명성을 한동안 실추시켰다.

자기대상 관계의 호혜성

아시아인의 자기대상 관계에서의 존중감에 대해 설명하던 것에서 선회하여, 자기심리학에서 중요한 두 가지 이론적 이슈에 대해 고찰하고자 한다. 첫 번째는 호혜적 자기대상 관계의 문제다. 아시아 문화에서 호혜성은 그들 사이에 만연한 서열관계의 핵심적인 측면으로서 문화적으로 강조된다. 그들의 자기대상 관계는 너무나 호혜적이어서, 진심 어린 공감은 하위자와 상위자 모두에게서 기대된다. 하위자는 상위자를 이상화하며, 상위자는 하위자를 공감적으로 돌봐 준다. 이것은 북미의 서열관계가 권리와 의무라는 계약적 관계를 가정하는 것과는 대조적이다.

자기심리학자는 인간관계에서 호혜적 자기대상의 필요성에 대해 거의 다루지 않는다. 보통 그들은 개인적 관점에서의 자기대상의 필요성을 강조하고, 또한 특히 자기존중감 및 분열의 문제가 정신분석적 관계에서 자기대상 전이를 통해 어떻게 해결될 수 있는지를 강조한다. 호혜적 자기대상 관계에 대한 심리학의 필요성은 상호 주관성에 의해 충분하진 않지만 어느 정도 다루어졌다(Atwood & Stolorow, 1984; Stolorow & Atwood, 1992). 이러한 심리학의 한 차원은 부모 같은 사람이 발달적으로 좀 더 어린 자기대상 욕구를 가진 사람에게 성숙한 자기대상으로서 기능할 수 있는 능력을 포함해야 한다. 그 관계에서는 후자도 부모의 존중감을 세워 주는 자기대상으로 존재하게 된다(Hagman, 1996).

북미 문화는 자기대상 관계의 호혜성을 강조하지 않지만, 음악 분야의 오랜 사제관계에서는 그러한 호혜성이 아시아의 서열관계를 반향하는 식으로 두드러지게 존재한다. 학생들의 존중감은 자신의 저명한 스승의 명성과 밀접한 관계가 있다. 하지만 스승의 존중감 역시 학생이 얼마나 성장하고 잘 연주하는지에 상당히 좌우된다.

두 번째 이론적 이슈는 자기대상 관계가 문화적으로 드러나는 양상과 관련이 있다. 자기심리학자는 이것이 단순히 사회심리학과 상관이 있는 것이지 정신분석과는 별 관련 없다고 보는 경향이 있다. 자기심리학자는 개인에게 미치는 타인의 자기대상 기능을 설명하면서 그것이 정신분석적으로 갖는 의의를 보여 주는 데 공을 들이기 때문에, 사회적 관계성의 다른 측면을 고려한다든지 또는 자기대상 기능을 하는 사람의 개인적 성질에 대해 고려한다든지 하는 것은 피해 왔다. 하지만 이 장에서 계속해서 말하고자 하는 것은 일단 미국 정신분석가가 아시아인과 같이 자신의 문화와 완전히 다른 문화에서 온 내담자를 상담하기 시작하면, 자기대상 관계의 문화적 양상을 알고 그것이 존중감과 자기의 문제에 주는 영향을 깨닫는 것이 필수적이라는 사실이다. 문화와 관계 양상이라는 내면세계에 영향을 주는 요소를 무시하는 것은 다양한 서양 사회의 비교적 동질적인 내담자 집단과 상담을 하는 정신분석가가 누릴 수 있는 일종의 사치다. 그런데 세계화 시대에 그것은 거의 불가능하다.

공감적 조율의 방식

이제 북미 대상관계와 아시아 대상관계의 중요한 차이점에 대해 다루고자 한다. 공감적 조율의 방법과 내용은 문화에 따라 상당히 다를 수 있다. 미국에서는 언어적 명료성과 표현성을 강조하는 데 반해, 아시아에서는 자신들의 공감적 지각을 자주 비언어적으로 전달한다. 한국에서는 그것을 '이심전심' 의사소통이라고 한다. 친밀한 관계에서 고마운 마음이나 고마움의 표시를 언어화하는 것은 모욕하는 것은 아닐지라도 실례되는 것으로 여겨진다. 실제로 고마움을 상대에게 말로 표현한다는 것은 당신은 그렇게 친하지 않으며 서로가 외부인이나 낯선 사람과 같다는 것을 의미한다. 이러한 측면은 미국인이 이해하기 매우 어렵다. 미국적 의사소통 방식에서 더욱 이해하기 힘들어하는 부분은 아시아 여성이 다양한 종류의 침묵을 가지고 있으며 그것을 통해 서로 의사소통하고, 가족 내에서도 침묵을 통해 의사소통을 한다는 것이다.[1] 이를 이해하려면 상대방 측에서 상당히 공감적으로 조율해야 한다. 정신분석가들이 상담 회기 중에 다양한 종류의 침묵에 대해 파악하는 것처럼 말이다.

이러한 종류의 침묵적 의사소통에 대한 논의에서, May Ng라는 중국 정신분석 심리학자는 뉴욕의 차이나타운 출신의 10대 중국 소년이 상담 회기 중 자신에게 너무 화가 나서 벽에 의자를 던졌던 사건에 대해 얘기했다. 그녀는 그의 분노가 그녀가 그에게 제시한 해석 내용 때문이 아니었다고 확신했다. 오히려 그녀가 그에 대해 알고 있는 어떤 사실에 대해 그녀가 지각하고 있음을 그는 이미 알고 있었는데 그녀가 그것을 언어로 표현하는 실수를 범했기 때문이었다. 그것을 언어로 표현한다는 것은 그에게 대단한 모욕이고 굴욕감을 주는 일이었다. 그것은 그에게 그녀가 자신에 대해 알고 있는 것에 대해 지각할 능력이 없는 것이나 마찬가지로 여겨졌다. 반추해 보면 그녀는 그에게 좀 더 미국식으로 의사소통을 하고 있었고, 그는 그녀가 자신을 중국인으로 대해 주기를 기대했던 것이다.

그들 사회에서도 좀 더 전통적인 지역 출신의 내담자들은 그들을 상대하는 일본인 정신분석가들에게 자신이 별로 말하지 않아도 자신에 대해 상당 부분을 공감적으로 알아주기 바란다. 마찬가지로 분석가들은 굳이 자신이 내담자에 대해 알아차리고 공감하는 부분을 말로 자세히 설명하지 않아도 내담자가 자신의 생각을 깨닫기를 바란다(Roland, 1988, pp. 186-194). 미군정기에 일본에 소개된 로저스 학파의 심리치료를 일본인이 실시하면, 일본인은 공감적 반영을 언제나 비언어적으로 한다. 앞에서도 제시한 바 있지만, 뉴욕에서 나에게 정신분석을 받는 일본 여성들도 마찬가지다. 그들은 미국인 남편이 자신이 말로 하지 않으면 원하는 것을 이해하지 못한다고 종종 불평했다. 미국인 정신분석가가 이런 얘기를 들으면 그것이 내담자의 내면에 깊숙이 자리한 문화적 관계 방식이라기보다는 요구하는 의사소통의 퇴행적 형태라고 볼 것이다. 그래서 미국인 분석가는 이런 내담자들을 만나면 공감적으로 조율 불가능한 상태가 될 수 있다.

이와 같은 문제가 미국에서 매우 명성 있는 한 아시람(ashram)*에서 발생했다. 그곳에서 미국인 수도승들은 스와미들이 자신들이 해 준 어떤 것에 대해서도 고맙다는 소리를 하지 않아서 상처와 짜증을 경험했다. 앞에서 논의한 바와 같이, 미국인 수도승들은 스와미들 입장에서 보면 함께 살아가는 친밀한 사이에 고맙다는 말을 하는 것이 타인에게 무례한 것으로 여겨진다는 것을 알지 못한다. 인도인의 관점에서는 그렇게 하는 것이 친밀한 관계를 손상시킬 수 있다. 그런데 미국인의 관점에서는 감사가 언제나 언어로 표현되어야 한다. 따라서 표현하지 않는 것은 관심이나 관계의 부족을 의미한다.

공감적 조율의 내용

문화가 매우 다양한 만큼 공감적 조율의 방법이 다를 수 있다고 보면, 공감하고 가치를 두는 내용 역시 그러하다. 1993년 12월 미국

---

*역자 주: 힌두교도들이 수행하며 거주하는 암자.

정신분석학회 겨울 모임에서 비디오를 상영했는데, 그 비디오는 미국 어머니들과 일본 어머니들이 그들의 20~23개월 된 유아와 어떻게 상호작용하는지에 대한 연구를 바탕으로 한 것이었다. 그 연구는 Calvin Settlidge 박사와 Joseph Okimoto 박사가 수행한 것으로, 공감하고 격려하는 내용의 의미 있는 차이에 대해 가시적으로 잘 보여 주었다. 미국 유아들은 자신들의 놀이 환경에서 훨씬 더 주도성을 가지고 탐색했는데, 이러한 특성은 미국 어머니들이 분명히 가치를 두는 부분이었다. 연구 중에 어머니들과 전화 통화 및 대면 인터뷰가 진행되었는데, 그때 일본인 어머니들은 계속해서 아이와 눈을 제대로 맞추면서 비언어적인 의사소통을 이어 갔고, 인터뷰가 잠시 중단되면 아이가 어머니에게 더 가까이 있으려 하는 것을 얼마든지 허락했다. 반면에, 미국인 어머니들은 전화 통화와 인터뷰에 훨씬 더 몰두하면서, 아이가 자신에게 너무 의지하려는 것을 막는 경향이 있었다. 미국 방식에서는 어머니와 유아 간 어느 정도의 분리가 필요한 것으로 가정된다. 일본 방식은 그렇지 않다.

자기심리학자들과 상호 주관적 분석가들은 Mahler(1975)가 고안한 분리-개별화 발달 이론이 어머니에 대한 유아의 기본적 자기대상 관계와 욕구를 무시하는 것이라고 비판한다. 앞의 연구는 원래 Mahler의 이론에서 고안되었고 개념적으로도 그것을 기초로 하고 있긴 하지만, 미국 유아의 분리-개별화가 문화적으로 구체적인 자기대상 관계의 맥락에서 발생한다는 것을 보여 준다. 이러한 자기대상 관계는 어머니와 유아 사이의 일정한 분리를 매우 장려하는 관계다. 또한 유아가 서서히 자신의 다양한 능력을 사용하면서 환경을 탐색하도록 장려하는 관계이기도 하다. 이러한 관계는 일본식의 공생적 자기대상 관계와는 완전히 대조된다. 일본식의 자기대상 관계에서는 지속적인 공감적 조율과 의존 욕구의 충족이 강조된다.

다른 연구(White, 1987)에서는 일본인 어머니는 아이의 특성에 대한 이해를 하면서도 과업과 대인관계 행동 모두에서 높은 수준의 기술을 갖는 것에 가치를 두고 격려한다고 설명한다. 그런데 내가 관찰한 바에 의하면, 교육받은 미국 어머니는 교육받은 인도 어머니나 일본 어머니보다 훨씬 더 자녀들의 개인적 성향에 공감하고 그것을 키워 가도록 장려한다. 그러다 보니 미국식 자녀 양육에서는 훨씬 더 개인화된 정체성이 길러진다.[2]

이제 상담 사례를 보면서 공감적 조율의 내용이 오늘날 교육받은 북미인 집단에서 현재 나타나고 있는 현상과 얼마나 다를 수 있는지를 설명하고자 한다. 라크슈미는 대학교육을 받은 인도인 부모를 둔 인도계 미국인 2세다. 그녀는 상담에 와서 자신은 부모, 특히 어머니에게 칭찬을 받은 적이 거의 없다고 불평했다. 라크슈미는 초등학교 때부터 학교에서 두각을 보였고, 아이비리그 대학들로부터 입학 허가를 받았다. 그래도 그녀의 부모는 그녀가 이룬 수년간의 업적에 대해 단 한마디의 칭찬도 하지 않았다.

나는 이렇게 겉으로 칭찬하지 않는 것이 결코 아이를 칭찬하는 법이 없는 인도인의 특징적인 태도 때문일 수 있음을 지적했다. 인도의 선도적 아동발달 심리학자인 Anandalakshmi는 부모가 자식을 언어적으로 칭찬하지 않는 이유 세 가지를 다음과 같이 설명했다. ① 우리-자기라는 개념 때문에 자식을 칭찬하는 것을 자기 자신을 칭찬하는 것처럼 매우 거만하다고 여긴다. ② 자식에 대한 칭찬은 사악한 눈(evil eye), 즉 친척 중 다른 여성의 시기심을 불러일으킬 수 있다. ③ 자식을 칭찬하면 자신의 진정한 본성인 영적 자기(아트만)를 잃어버리고 이기주의에 빠지게 된다. 사실 두 해 정도 정신분석적 상담을 받으면서 그녀는 부모와의 관계 및 의사소통을 크게 향상시킬 수 있었고, 그 과정에서 부모는 항상 그녀를 무척 자랑스러워한다는 것을 깨닫게 되었다. 하지만 인도인의 특징적인 양육 태도 때문에 그들은 이것을 라크슈미에게나 그들의 친척 또는 친구들에게 얘기해서는 안 된다고 느꼈던 것이다. 보통의 미국인 정신분석가들이 그렇듯 이러한 칭찬의 부재를 자기대상 관계의 결핍 요소로 본다면 그것은 상황을 심각하게 잘못 이해한 것이었다.

아시아인의 우리 자존감의 문제점

앞의 이야기를 통해 아시아인의 존중감이라는 내적 감정 부분에 문제가 전혀 없다는 얘기를 하려고 하는 것은 아니다. 일반적으로 아시아인들의 경우 예전에 경험한 결핍된 자기대상 때문이 아니라 '체면 유지' 와 같이 높은 수준의 존중감을 유지해야 할 필요성으로 인해 존중감에 대한 위협을 느낀다. 이는 미국인들의 경우 과거의 자기대상의 결핍 경험 때문에 존중감에 위협을 느끼는 것과 대조적이다. 아시아인들은 현재의 대인관계에서 타인으로부터 매우 높은 수준의 자기대상 기능을 기대한다.

아무리 조심해도 어쩔 수 없는 실수, 실망, 또는 요령 없이 내뱉어진 비판이 있기 마련이고, 그럴 때는 상처와 분노를 경험한다. 아시아인의 맥락에서 이런 문제가 더 힘들게 느껴지는 이유는 보통 문제 있는 관계로부터의 출구가 없다는 데 있다. 관계를 끊지 않고 분노를 해소하려다 보니 그들은 자주 신체적 증상을 경험한다. 특히 아랫사람들이 화를 많이 삼키게 된다.

미국 방식의 관계에 진입하면 돌봐 주고 공감해 주는 자기대상에 대한 아시아인의 심리적 필요가 쉽게 좌절되고, 그래서 아시아인들은 때로는 상당한 상처와 고통을 경험한다. 6장에서 요시코의 사례가 이러한 면을 잘 보여 주는데, 요시코는 자신의 상사가 자신의 실수를 직접적으로 지적했기 때문에 완전히 기분이 상했다. 나는 인도 내담자와 일본인 내담자 모두에게서 대학의 행정 직원이나 상사가 무관심하게 자신을 대해 비슷하게 기분이 언짢았던 일을 들은 적이 있다.

어떤 사회에서나 일상의 삶에서 겪는 어쩔 수 없는 상처와 실망이 있기 마련이다. 하지만 이러한 자기대상의 실패를 경험했을 때 그 결과는 북미 사회보다 일부 아시아 사회에서 더 파괴적일 수 있다. 일본에서는 일상의 기능에서 극도로 높은 수준의 비언어적 공감 지각이 요구된다. 거기서 상위자가 공감보다는 무의식적 투사라는 방식으로 관계를 맺으면, 그 관계는 그로부터 벗어날 수 없는 하위자에게 매우 파괴적일 수 있다. 하위자는 이해받지 못한 데 대해 상당한 불안을 경험하게 된다(Okano, 1994). 아시아 국가에서는 상위자가 공경받고 추종받는데, 그들이 하위자를 보살펴 주고 공감해 주는 자세를 취해야 그 관계가 잘 이루어진다. 그런데 상위자가 가학적이거나 배려가 없으면 문제 많은 관계가 형성된다.

일본식의 자녀 양육에서는 어머니가 자녀의 어린 시절부터 자녀에게 높은 수행 수준을 상당히 기대한다. 그러한 상황에서 어머니가 자녀의 자질에 대해 공감적으로 조율하고 있다면 아이의 발달은 제대로 진행된다. 그러나 어머니가 공감적이지 못하면 아이에게 엄격한 자세로 요구만 하게 되어 의존적인 아이로 기를 수 있다. 그러면 그 아이는 거짓자기를 형성하게 된다. K부인은 다음과 같이 말했다. "우리 어머니는 자신의 생각과 감정을 갖지 못했어요. 대신에 어머니는 자신이 해야 된다고 생각하는 것만 했지요. 이제껏 어머니의 반응은 나 자신을 평가하는 데 주된 기준이 되어 왔어요. 그 결과로 불행하게도 나는 현재 내가 어떤 사람인지조차 모르겠어요." (Roland, 1988, pp. 186-194, K부인의 사례 참조) 그렇게 양육되다 보면 타인에게 좋은 대우를 받아야 한다는 부담스러운 특권의식이 생겨난다. 그것은 마치 "당신 때문에, 당신이 나에 대해 높은 기대를 하면서 공감도 안 해 줘서 내 인생이 실패했으니(K부인의 경우 그 실패는 자신에게 진정한 어린 시절이 없었던 것이었다), 이제 나는 제대로 대접받을 권리가 있어요."라고 말하는 것과 같다(Roland, 1988, pp. 274-281).

아시아인의 전형적인 자기심리학적 문제

아시아인 내담자들도 북미인들처럼 자기라는 지각에 깊이 영향을 줄 정도로 심각하게 결핍된 자기대상 관계를 가질 수 있다. 1991년 여름 뭄바이에 머무는 동안 두 명의 인도인 여성 정신분석가를 슈퍼비전 한 적이 있었다. 당시에 그들이 상담하는 내담자들 중에 그들 생각에 상담이 제대로 진행되지 못한다고 생각했던 내담자들은 바로 강한 자기대상 전이를 일으키는 이들이었다. 그들은 이런 분석가들이 작업을 해 왔던 평범한 내담자들이 아니었다. 나는 이러한 자기대상 문제와 전이를 그 내담자들의 사례를 통해 설명하고자 한다. 또한 아시아 문화라는 구조가 그들에게 어떠한 영향을 미치는지 보여 주고자 한다.

힌두교 집안의 아홉 자녀 중 막내인 우다얀은 분석을 받던 첫 2~3년을 반영적 전이를 통해 그에 대한 나의 반응을 더 많이 끌어내는 데 소모했다. 그의 연상은 Salmon Rushdie의 『한밤중의 아이들(*Midnight's Children*)』처럼 몽상적이고 환상적이었다. 나는 그의 연상이 다른 미국인 내담자와 어떤 면에서 그토록 다를까에 대해서 한 번 더 스스로에게 물었다.

나는 서서히 두 가지 다른 양상에 대해 식별할 수 있었다. 첫 번째로, 우다얀은 모든 것을 비유적으로 표현하는 데 열성적이었다. 이는 1년 반 정도 분석을 한 후에 진정되었다. 일례로 어느 날 그는 아메다바드에 있는 자신의 가족이 살던 텅 빈 아파트를 무덤이라고 했다. 시간이 지나면서 그가 아파트를 언급할 때마다 그는 단순히 무덤이라는 말을 사용했다. "나는 지난밤에 무덤에 대한 꿈을 꾸었어요." 또는 "2년 전 아메다바드를 방문했을 때 나는 무덤에 있었어요."라는 식으로 말이다. 구체적 대상에 대한 이런 비유의 사용은 그의 일상생활에 큰 활기를 불어넣었고, 덕분에 그의 연상은 환상적인 느낌을 자아냈다.

분석과정에서 3년에 걸쳐 지속되었던 두 번째 양상은 모든 사람을 자신과 관련된 사람으로 언급하는 것이었다. 가족 구성원 및 다른 등장인물을 언급할 때면 늘 자신과의 관계를 하나의 커다란 집합체처럼 지칭하거나 설명적인 용어로 지칭했고, 개인의 이름으로 언급하는 법이 없었다. '우리 캘리포니아 형'과 '우리 캘리포니아 형수'는 캘리포니아에 사는 자신의 맏형과 형수를 지칭했다. 그리고 둘째 형의 경우 형이 일했던 지역명을 따서 '우리 시머슨 레먼 형'과 '우리 시머스 레먼 형수'로 칭했다. 수년간 나는 그들의 진짜 이름을 알지 못했다. 사이다는 그에게 가장 중요했던 전 여자친구로 그의 분석 초기 몇 년간 계속 등장했는데, 그녀도 그냥 '내 전 여자친구'로 통했다. 미나는 그가 한동안 진지하게 사귀었던 또 다른 여자로 '새로 사귄 여자친구'로 통했다. 그의 누나들도 마찬가지로 다양한 방식으로 불렀고 결코 이름으로 불린 적이 없었다.[3]

이러한 방식의 의사소통은 분명 과도한 면이 있긴 했지만, 분석 초기 단계에서 나의 흥미와 관심을 끌어내기에 충분한 역할을 하였다. 그렇게 상상력 풍부하고 활기 있는 내담자를 마다할 사람이 누가 있겠는가? 나는 이 점을 분석하지 않고 그가 가진 문제의 다른 측면을 파고들었다. 서서히 나는 우다얀이 자라난 가족 환경은 매우 역기능적 가족으로, 대가족이었어도 그는 자주 무시되었고 타인의 필요를 위해 이용당했다는 것을 알게 되었다. 그의 부모는 그가 청소년기 초기였을 때 결별하였고, 우다얀은 당시에 자기대상으로 기능해 줄 사람 없이 남겨지게 되었다. 그의 생애 초기에 부재했던 아버지에 대한 보상심리로 나는 그에게 상당히 이상화된 대상이 되었다. 우다얀이 이러한 자기대상 전이를 통해 자기에 대해 더 나은 지각을 발달시켜 가자, 그는 가족 구성원과 자신에 대해 좀 더 부정적인 감정을 표현하기 시작하였다.

마노즈는 인도 북부 출신의 남성이다. 그는 정신분석을 받던 초기에 나를 매우 대단하게 이상화하는 특징을 나타냈다. 상당 부분 이러한 자기대상 전이는 그가 결코 가깝게 느낄 수 없었던 아버지와의 관계를 보상해 주는 것이었다. 어떤 면에서는 그가 신처럼 떠받들도록 교육받은 자신보다 훨씬 나이가 많은 형들을 이상화했던 관계에 대한 반영이기도 했다. 분석에서 수년이 지난 후에야 나는 비로소 그가 아버지와의 관계에서 그토록 문제가 많았던 이유가 상당 부분 어머니 때문이었다는 것을 알게 되었다. 그의 어머니는 아버지와 자주 싸웠는데, 그러다 보니 어머니는 마노즈에게 아버지를 폄하하는 발언을 계속하게 되었다. 분석을 한 지 6년 정도 지나서야 마노즈는 그의 어머니가 그랬던 것처럼 내가 자신의 아버지를 폄하한다고 느끼는 전이를 충분히 경험하면서 강렬한 분노를 표현하게 되었다. 그가 수년간 나에게 매우 의존적이었던 것처럼, 마노즈는 자신의 어머니에게 매우 의존적이었고 열한 살이 될 때까지 어머니 곁에서 잤다. 그런 상황에서 자신의 분노를 깨닫는다는 것은 너무나 위협적이었다. 마노즈의 사례에서 어머니가 아버지를 폄하했던 것처럼, 부나 모가 아이에게 상대를 깎아 내리는 행동을 함으로써 이상화된 자기대상이 심각하게 훼손되는 역동은 북미의 경우에는 부모가 이혼하는 상황에서 자주 나타난다.

공동의 자녀 양육

아시아의 대가족에서는 공동의 자녀 양육이 일상적이다. 인류학자인 Stanley Kurtz(1993)는 자녀 양육에 참여하는 모든 사람이 아이에게 똑같이 중요하다는 이론을 발전시켰는데, 사실 이 이론은 내가 아시아 내담자를 대상으로 정신분석을 해 본 결과 잘 맞지 않았다. 이모, 고모, 할머니, 언니나 누나, 아이 돌보미 아줌마도 아이를 키우는 데 상당히 중요한 역할을 할 수 있지만, 어머니라는 존재가 아이에게 가장 중요하다는 것은 이견의 여지가 없다. 그런데 가끔 예외적으로 어머니 외의 다른 사람이 더 중요할 때도 있다. 한 인도 여성의 사례에서는 그녀의 이모가 또 다른 어머니 같은 존재로 그녀에게 매우 중요한 사람이었다. 그렇게 된 배경은 그녀의 어머니가 아이였던 그녀에게 자기대상으로서 제대로 기능하지 못했기 때문이었다. 나는 이 사례에 대해 논하고자 한다. 내가 분석을 했던 일본 남성의 사례도 예가 될 수 있다. 그의 경우 그의 어머니가 제대로 된 자기대상 기능을 수행하지 못해서 작은어머니가 대신 그 자리를 메워 주었다.

알카는 심리학 전공의 대학원생이었다. 그녀는 만 4세였을 때 미국에 이민 왔다. 그녀는 대학원 생활을 하면서 다양한 학교의 관계 및 다른 대인관계에서 심한 소외감을 느꼈다. 그녀는 언제나 자신이 겉돌고 있다고 느꼈고, 그래서 자신에게 문제가 있다고 생각했다. 그런데 고등학교 때나 대학교 때만 해도 그녀는 몇몇 선생님 및 교수님들과 매우 친한 관계를 맺었고, 그들은 그녀를 매우 높게 평가했다. 대학에서 그녀는 지역사회를 위한 상당한 규모의 단체 사업의 중심에 있었다. 겉에서 봤을 때 그녀가 그렇게 힘들어하는 것은 그녀가 인도계 미국인이라서 스스로 이방인으로 느끼기 때문이라고 치부할 수도 있을 것이다.

그런데 더 깊은 차원에서 살펴보면 다음과 같은 사실이 존재했다. 알카는 인도에서 규모가 큰 대가족의 첫 손녀로 태어났다. 거기서 그녀는 모든 사람의 관심을 받았고, 여러 가족 구성원에게서 50개가 넘는 애칭으로 불렸다. 나는 그녀가 만 4세에 그토록 사랑받고 관심받던 가족 및 친척 관계에서 벗어나 미국에서 그녀의 부모하고만 살게 된 것은 상당히 외상적 경험이었을 것이라고 해석해 주었다. 게다가 더 심각한 문제는 그녀가 그중에 어떤 이모와 초기에 긴밀한 유대를 가진 것이었다. 그녀가 기억하기로 그 이모는 자신의 어머니보다 훨씬 더 그녀에게 잘 조율해 주었다. 어머니는 알카에게 집중하기보다 대가족 내의 복잡한 문제를 다루는 데 신경을 더 많이 썼다. 알카가 자신을 위해 주었던 이모 및 친척들과 분리되고 미국에서 자신에게 잘 공감해 주지 못하는 어머니와 살게 된 것은 그녀가 대인관계에서 겉도는 느낌을 받는 계기가 되었다. 그런데 알카는 자신이 이방인처럼 느끼는 것이 주로 미국이라는 사회적 환경에서 인도인으로서 살아가는 것과 관련된 문화적 적응의 문제 때문이라고 오해했던 것이다. 때로는 초기 학창 시절이나 대학 시절처럼 어린 시절 대가족 내에서 그리고 그 이모에게 그랬듯이 특별히 사랑받는 아이가 되려고 노력했던 것이다.

어느 날 그녀는 상담에 와서 한 연구소에서 정신분석 훈련을 받을 것을 고려하고 있다고 했다. 그곳은 그녀를 훈련생으로 받아줄 것 같지 않은 연구소였다. 그녀가 그 말을 했을 때 그녀의 절절한 소외감이 내 안에서 일어났다. 나는 그녀가 정말 어떤 감정을 느끼고 있는지, 자신을 사랑해 준 친척 및 이모라는 중요한 관계에서 배제된 수년간 어떤 감정을 느껴 왔는지를 깨달았고, 이는 우리 상담의 전환점이 되었다. 내게 전달된 역전이 반응을 토대로, 나는 그녀가 인도를 떠나 정말 어린아이였을 때 중요한 자기대상이 되었던 사람들과 분리된 외상을 탐색하는 작업을 잘해 갈 수 있었다.[4]

그런데 알카가 개인적 문제라고 생각했던 다른 문제들은 오히려 문화적인 문제로 드러났다. 알카는 막 걷기 시작한 자신의 아이를 다루는 데 있어서, 스스로 어머니 역할을 하는 데 뿌리 깊은 정서적 문제가 있다고 느꼈다. 왜냐하면 그녀는 한계를 설정하고 "안 돼." 라고 말하는 것이 너무 힘들었기 때문이다. 사실 한계를 설정하고 "안 돼."라고 말하는 것은 북미의 경우 자녀 양육에서 정상적인 방식이었고, 알카는 대학원 프로그램에서 발달심리 과목을 들으면서 그에 대해 배웠다. 나는 인도에서 통용되는 좀 더 인도적인 양육 방식에서는 아이가 무언가 하지 않았으면 할 때 어머니가 한계를 설정하기보다 아이의 주의를 딴 데로 돌리게 한다는 것을 알려 주었다. 알카는 내 말에 크게 안도감을 느꼈다. 그리고 그 방식이 바로 자신이 어렸을 때 특히 자신을 예뻐해 준 이모가 자신을 키운 방식이었음을 기억해 냈다. 알카는 자신의 아이에게 한계를 설정해 주느라 마음고생을 하는 대신, 아이의 관심을 딴 데로 돌리는 것에 대해 훨씬 편안하게 받아들일 수 있었다.[5]

후에 알카는 심리치료 실습을 하면서 내담자들을 만나 상담을 하기 시작했다. 그녀는 상담자로서 초심자에 해당했다. 그녀의 슈퍼바이저들은 정통 정신분석적 지향을 가진 이들이었다. 그런데 그녀는 자신의 슈퍼바이저들이 그녀에게 기대하는 것보다도 훨씬 더 공감적이고 정성 어린 방식으로 내담자들에게 자연스럽게 반응했다. 처음에 그녀는 이 역시 자신의 정서적 문제 때문이라고 생각했다. 그런데 인도와 미국이라는 매우 다른 문화적 영역에 기인하는 차이라는 것을 파악하게 되면서 그러한 고민도 사라졌다.

알카는 초기 아동기에는 자신의 어머니가 아닌 다른 사람이 어머니와 같은 자기대상 역할을 했고, 그 후 만 4세가 지나면서는 자신의 어머니와 아버지에 의해서만 키워졌다. 나는 그녀가 이러한 상반된 배경 속에서 자기를 발달시켰다는 것을 특별히 지적하고자 한다. 이러한 양상을 나는 매릴린과 루실(6장 참조)이라는 미국인 내담자에게서도 관찰한 바 있다. 이 두 내담자는 매우 다른 배경을 가지긴 했지만, 둘 다 자기발달의 초기 형성과정에서 할머니가 주도적 역할을 했고 상대적으로 어머니는 공감적으로 조율해 주지 못했다. 그녀들도 만 4세 정도부터 계속 자신의 어머니와 살게 되었다. 이로써 이 여성들은 두 가지 다른 자기를 가지게 되었다. 하나는 초기 아동기에 할머니와의 관계에서 생겨났고, 다른 하나는 후에 좀 덜 공감적인 어머니와의 관계에서 생겨났다. 이렇게 두 가지 다른 자기를 갖게 되는 이슈와 그래서 생겨나는 문제들은 자기심리학에서 좀 더 연구할 필요가 있는 영역이다.

요 약

나는 우선 북미의 개인주의 문화 속에서 자기심리학이 어떻게 생겨났는지를 설명했다. 그리고 자기심리학이 어떤 식으로 개인주의 문화를 비판하는 동시에 몇몇 기본 가정을 받아들이는지를 설명했다. 이어서 아시아인에게 있어서의 자기존중감의 중추성에 대해 언급하면서, 그들의 네 가지 주요한 자기대상 관계를 언급했다. 그

네 가지는 비언어적면서 간접적인 의사소통에 관여하는 대단한 공감적 지각 및 존중감을 위한 의존성의 교환, 공적인 사회적 서열관계에서의 자기대상 관계의 이상화, 영적인 존재로의 자기변형이라는 궁극적 목표하에 상위자의 자질을 기초로 서열관계에서 자기대상 관계를 이상화하는 것, 그리고 가족 명성에 대한 것이다. 또한 나는 두 가지 이론적 문제를 논의했다. 하나는 사회적 연결성에 있어 호혜적 자기대상이고, 다른 하나는 자기대상 관계에서 나타나는 문화적 양상이다. 더불어 아시아와 북미 자기대상 관계 사이의 두 가지 다른 중요한 차이점을 설명했다. 바로 공감적 조율의 방식에서의 차이점과 공감적 조율의 내용에서의 차이점이다. 아시아적인 존중감의 문제를 우선 일반적인 방식으로 다룬 후, 세 내담자의 사례를 통해 좀 더 임상적인 방식으로 다루었다.

후주

1. May Tung 박사는 중국인이 보이는 이런 식의 침묵을 통한 의사소통이 복잡한 가족 관계 내에서 대인관계적 민감성 혹은 공감을 높이는 것과도 관련이 있지만, 나아가 오랫동안 공유해 온 잘 정의된 '~해야 한다(shoulds)' 식의 문화적 전통 속에서 상대방의 감정을 지각하고 어떻게 행동해야 할지를 인식하는 것과 관련이 있다고 본다.
2. 스위스 출신의 미국 자기심리학자인 Peter Zimmerman은 비교문화적 관점에서 자기애의 변형된 형태를 이해한다. 미국인은 아이의 과시적 혹은 팽창된 자기를 반영해 준다. 한편, 중부와 북부의 유럽인은 팽창된 자기에게 수치심을 주는 편이며, 대신 자기통제를 반영해 준다. 반면, 아시아인은 공감적 조율을 위해 자신이 이상화하는 사람을 상위자로 삼고 동일시한다(개인적 서신).

3. 힌두 가정에서는 대가족의 각 구성원이 자신의 이름이나 조카 혹은 이모와 같은 일반적 호칭으로 불리는 것이 아니라, 자신이 가족 내에서 차지하는 정확한 지위로 불린다. 그래서 어떤 조카인지, 어떤 이모 혹은 삼촌인지가 구체적으로 드러난다. 이러한 호칭은 중국 가정에서도 마찬가지 양상으로 나타난다(May Tung, 개인적 서신).
4. 자기심리학과 상호 주관성은 안타깝게도 내담자를 공감적으로 이해하는 데 유도된 역전이 반응을 사용하는 것에 대한 개념을 포함하지 않았다. 영국의 대상관계와 미국 정신분석의 대인관계 및 실용적 학파의 주요 공헌점은 한때 전통적 프로이트학파 내에서 대단한 논쟁거리였다. 현재는 그 학파들의 공헌점이 훨씬 잘 수용되고 있다. 조만간 자기심리학과 상호 주관성은 확장된 공감의 활용을 위한 유도된 역전이 반응 사용과 같은 개념을 포함하게 될 것이다.
5. 이 부분은 내가 컬럼비아 대학 파티에 갔다가 남아시아 학자들, 미국 학자들, 인도 학자들 간의 대화 내용을 우연히 엿듣게 된 일을 떠올리게 한다. 손자를 둔 한 나이 든 미국 여성이 젊은 인도 어머니에게 말했다. "어떻게 어린아이에게 무엇을 해야 할지 말해 주지 않을 수가 있어요? 아들이 자동차가 다니는 거리로 뛰어나갈 기세라고 생각해 봐요." 그러자 인도 여성이 대꾸했다. "하지만 전 엄마예요. 어떻게 그에게 뭔가를 하지 말라고 할 수 있겠어요?" 인도 여성이 대화에서 누락한 부분은 그녀라면 자신의 아들이 그 위험한 상황을 모면하도록 다른 뭔가 관심거리를 찾았을 것이라는 것이다.

재미 인도인과 재미 일본인에 대한 정신분석

정신분석적 관계

비교문화적 정신분석 작업이 이루어져 온 과정을 살펴보면 심리학적 본성이 자신과 매우 다른 문화 출신의 내담자와 상담을 하는 상담자가 상당한 주목을 받아 왔다. 그래도 최근 Cabaniss, Oquendo와 Singer(1994)는 정신분석 그 자체가 개인주의 문화에서 나온 많은 가치를 실현하고 있음을 보여 준다. 그런데 개인주의적 가치는 아주 다른 문화 출신의 내담자들이 옹호하는 가치와는 완전히 다를 수 있다. 상담자가 이러한 가치관의 부조화를 알아차리지 못하면 분석적 작업이 난관에 봉착할 수 있다.[1]

아시아인들과의 정신분석적 관계를 이해하려면 미국인 정신분석가와 아시아인 내담자 사이의 이질적 가치를 넘어서고(5장 참조)

정신분석의 가치 지향 자체를 넘어서는(1장 참조) 중요한 추가적 요인을 고려해야 한다. 물론 이 둘 다 상당히 중요하지만, 나는 특히 아시아와 북미 사회의 밑바탕에 깔려 있는 심리학적 태도 및 욕구와 더불어 매우 다양한 정서적 양식의 대인관계를 강조하고자 한다. 그러한 관계 양상은 정신분석적 관계에서도 드러난다.

1장에서 간단하게 언급했듯이, 북미의 정신분석적 관계는 두 명의 분리된 개인이라는 분명한 가정을 기초로 한다. 그 두 독립된 개인은 각자 개인주의적 나-자기와 주체성을 지니고 있고, 둘 사이는 '나'와 '너' 사이의 어느 정도 분명한 자아 경계가 있는 계약적 관계이며, 시간과 전문성에 대해 상담료라는 사례를 지급하게 되어 있다. 그러한 관계 속에서 내담자는 서서히 자유연상을 하고, 상담자는 어느 정도 자신을 드러내지 않고 비판단적 자세로 내담자의 얘기를 들으면서 전이에서 나타나는 현상의 숨겨진 의미를 공감적이고 솔직한 방식으로 서서히 명료화해 준다. 분석이 어느 정도 진행되면 때때로 투사적 동일시가 일어나고, 유도된 역전이가 분석가에 의해 발견되어 전이를 이해하는 데 사용되는데, 그러면서 분석가와 내담자 사이의 분리가 어느 정도 모호해진다.

자기심리학자들은 주된 전이가 자기대상과 관련된 전이가 아니더라도 정신분석가는 내담자에게 자기대상 기능을 하게된다. (Lachmann & Beebe, 1995)는 사실을 깨닫게 되었다. 때로는 분석가의 자기대상 기능이 자기대상 전이와 밀접한 관계를 갖기도 한다. 하지만 때로는 이렇게 공감하고 이상화하며 대리 자아 역할을 하는 자기대상 기능은 좀 더 일상적으로 나타나는 전이, 치환과 투사의 대상에 대한 배경으로 작용하기도 한다. 좀 더 심각한 정신병리의 경우, 투사적 동일시와 방어적 이상화의 대상에 대한 배경으로 작용한다. 나는 이러한 분석가의 일반화된 자기대상 기능이 정신분석 관계에 중요한 영향을 주는 아시아인의 자기대상 관계 방식 속에서 어떻게 나타나는지를 자세히 기술하고자 한다.

정신분석적 관계를 아시아인에게 적용할 때 나타나는 양상은 세 가지 심리사회적 차원의 가족적/집단적 서열관계라는 틀에서 가장 잘 이해될 수 있다. 이 세 가지 면에 대해서는 2장과 3장에서 부분적으로 기술하였고, 나의 이전 책에서 좀 더 충분히 다루었다(Roland, 1988, pp. 212-223, 282-288). 분명한 사회적 예의범절과 호혜적 책임감이 부과되는 서열관계의 공적인 심리사회적 차원에서 인도인 내담자와 일본인 내담자는 모두 정신분석가를 자신들이 존경하고 따라야 할 상위자로 본다. 그에 상응하여 그들은 분석가가 자신을 대하는 데 있어서 잘 돌봐 주는 따뜻한 사람이기를 기대한다. 분석가가 양육적 심성을 바탕으로 충고해 주고 지도해 주며 보살펴 주기를 기대하는 것이다. 아시아인들은 보통 상위자가 자신들에게 원하고 기대하는 것에 잘 조율되어 있는데, 이것은 정신분석적 관계에도 잘 적용된다. 그들은 만약 분석가가 어떤 일련의 연상에 특히 관심이 있는 것 같다고 지각하면, 그들은 교묘하게 분석가가 관심을 갖는 것에 맞추어 연상을 진행한다. 그들은 또한 상위자로서의 분석가가 어떤 것에 수용적인지에 대해 매우 민감하다. 나는 인도인이나 일본인의 경우 자신의 분석가가 판단적이거나, 조율되어 있지 않거나, 단순히 특별한 관심을 갖지 않는다고 느끼면 의미 있고 흥미 있는 얘기나 갈등의 소재가 되는 얘기도 완전히 자신의 연상에서 배제하는 능력이 다분하다는 것을 알게 되었다. 상위자와의 관계에서 비밀은 사적 자기 속에 쉽게 감추어진다.

미국인 정신분석가는 인도 사람에 대한 책을 읽고 나서야 힌두인이 종교적 의식과 영적 수행에 깊이 관여하고 있을 수 있다는 것을 깨닫고, 그제서야 내담자에게 정말로 이러한 종교적인 것에 관여하고 있는지 묻는다. 그때까지 상담 중에 자신이 그런 것에 관심이 있다는 말을 한 번도 하지 않은 내담자라도 상담자가 관심 어린 질문을 해 주면, 내담자는 자신이 사실 매일 종교적인 의식과 수행에 깊이 관여하고 있으며, 그것이 자신의 자기라는 감각과 인생의 의미를 깨닫는 데 상당한 역할을 한다는 것을 밝힌다(Monica Rawn, 개인적 서신). 내담자는 아마도 상담자가 자신의 종교적 수행에는 전혀 관심도 없고 이해하지도 못한다고 가정했을 것이다. 심지어 상담자가 자신의 종교적 수행을 미신으로 치부하고 있다고 생각했을 수도 있다.

서열적으로 구조화된 정신분석 관계의 또 다른 측면을 살펴볼 때, 아시아인은 과거에 결핍된 이상화된 자기대상이 있든 없든, 혹은 좀 더 경계선적 정신병리와 관련된 방어적 이상화가 있든 없든 간에 상담자를 항상 이상화한다. 즉, 이상화는 정신병리와 상관없이 북미 내담자보다는 아시아 내담자에게 좀 더 분명하고 가시적으로 나타난다. 일본인이든 미국인이든 남자 분석가에게 상담을 받는 일본 남성은 분석가를 인생의 멘토나 스승으로 이상화하는데, 이것은 일본인들의 가족 외 남성적 서열관계에서 생겨나는 정상적인 현상이다(Taketomo, 1989). 인도인 역시 평생에 걸쳐 상담자와 이상화된 관계를 지속해 간다(Ramanujam, 1989). 물론 이는 각 개인이 이상화한 자기대상과 개인의 가족적 경험에 따라 각자에게 다른 형태로 나타난다.

이상화는 내담자가 실제로 분석가를 정말 따뜻하고, 성숙하고, 공감적이고, 통찰력 있고, 심리학적으로 도움이 되는 사람이라고 경험할수록 더욱 강렬해지는데, 다시 말하지만 이러한 현상은 정신병리와 관계없이 나타난다. 그 사람의 성품에 의해 맺어진 서열관계라는, 아시아인 서열관계의 또 다른 심리사회적 차원에서 이상화는 더욱 심화된다. 이러한 경우 하위자, 즉 내담자는 분석가와 가능한 한 가까워지려고 노력할 것이다. 아시아 문화에서는 좀 더 나은 사람이 되려면 성자와 같은 상위자의 성품을 몸에 배도록 해야 한다고 생각하며 거기에 큰 가치를 둔다. 이것은 상위자와 친밀한 유대를 가질 때 가장 잘 이루어진다. 아시아식의 심리학이 북미식 관계에서는 낯설게 느껴질 수 있다. 왜냐하면 북미에서는 개인주의의 중요한 가치인 평등주의에 대한 강조가 아시아식의 이상화 서열관계를 이루는 것에 반작용하여 그 관계를 완화시키기 때문이다. 정신분석적 작업은 분석가가 단지 윗사람 자리에 있어서가 아니라 우월한 성품을 지닌 것으로 서서히 지각될 때에야 실제로 진척된다.

서열관계의 친밀감 차원을 살펴보면, 인도인과 일본인은 내담자와 상담자 사이에서 북미의 내담자들이 보통 기대하는 것보다 정서적으로 훨씬 더 친밀한 우리 관계를 기대한다. 인도인 내담자와 상담하면 상담의 아주 초반부터 이러한 현상이 나타날 수 있다. 그들은 상담자가 수용적이고, 공감적이며, 성의 있고, 비밀을 보장해 준다고 판단하면 조반부터 자신들의 내적 감정, 생각, 공상을 상당히 많이 털어놓는다. 반면에, 일본인 내담자는 처음에는 좀 더 공적인 서열관계의 기대와 예의를 지키는 식으로 관계를 한다. 왜냐하면 정신분석적 관계가 처음에는 외부 관계(소토)로 인식되기 때문이다. 회기가 지나면서 관계는 서서히 내부 관계(우치)로 바뀌고, 그러면서 친밀감 차원이 매우 강화된다.

인도인은 종종 분석가를 자신과 친밀한 관계에 있었던 아버지 같은 존재 혹은 친척 어른으로 경험한다. 인도에서는 가족 밖의 관계에서도 중요한 관계를 맺은 사람을 가족과 같이 대우한다. 마찬가지로 그들은 분석가를 가족과 같은 관계로 끌어들이려 한다. 그런가 하면 일본인 남성에게 분석가는 멘토-제자 관계의 모델에 기초한 가족 외 관계에 있는 멘토다(Taketomo, 1989). May Tung(부록 1 참조)에 따르면, 중국인에게 상담자는 스승으로 여겨진다. 하지만 상담자는 친척 어른도 아니고 멘토도 아니기 때문에 내담자에게 정서적으로 그리 중요하게 여겨지지는 않는다.

정신분석적 관계에서 나타나는 친밀감 차원의 한 측면에서 보면, 인도인과 일본인은 모두 분석가로부터 상당히 따뜻하고 정성 어린 공감을 받을 것으로 기대한다. 전통적인 일본인 내담자와의 정신분석적 상담에서(Roland, 1988, pp. 186-194), 내담자는 자신이 겉으로 전혀 표현하지 않고 있는 것까지 분석가가 공감적으로 지각해 줄 것을 기대한다. 그 대가로 일본인 분석가도 자신이 겉으로 표현하지 않은 해석에 대해 내담자가 지각하기를 기대한다. 일본인의 이런 암시적 의사소통에 대해 정성 어린 공감적 지각을 하는 것(오모이야리)은 언어적인 의사소통에 초점이 맞추어져 있는 대부분의 미국인에게는 어처구니가 없는 짓이다. 미국인은 일본인의 이러한 의사소통을 거의 텔레파시 수준으로 본다. 나는 일본인 내담자들이 미국인 정신분석가를 만날 때 그런 점을 감안하여 좀 더 언어적으로 표현하려고 노력하는 모습을 보게 된다. 인도인들은 분석가가 언어적인 의사소통의 매우 복잡한 상호작용에 대해 공감적이기를 기대하는데, 이러한 의사소통은 그 자체가 때로는 비언어적 표정, 몸짓, 기분, 행동과 섞여 매우 애매할 수 있다. 그들은 분석가가 모든 차원에서 자신의 의도를 알아차리기를 기대하는데, 그 차원들은 서로 조화되기도 하고 그렇지 않기도 하다.

친밀감 관계의 또 다른 측면에서 보면, 아시아인은 분석가에게 의지하는 것을 매우 편안해한다. 그들은 분석가를 자신을 돌봐 줄 수 있는 상위자로 보고 그의 존중감을 향상시켜 주면서 그 대가로 의지한다. 다시 말하지만, 인도인들은 어떤 관계든 가족적이고 내부적인 관계로 바꾸려 하기 때문에 이런 현상이 매우 빨리 일어날 수 있다. 반면에, 일본인은 상당한 시간이 지난 후에 이런 시도를 한다. 북미의 정신분석가들은 아시아적 서열관계에서 의존과 존중감이 미묘하게 교환되는 것에 대해 무지하다. 또 이러한 교환이 미국 심리학에도 알려진 바 없기 때문에, 그들은 이러한 요구와 의지를 정신병리적인 것으로 쉽게 치부해 버린다. 결핍의 표현이라고 보기도 하고, 심지어 자신의 자율성에 대한 침해로 보기도 한다. 따라서 그들은 비공감적이거나 판단적으로 반응하게 된다. 분석가가 이러한 다른 차원의 의존성에 대해 인식하고 나면 그것이 그 아시아 문화에서 과한 것인지 아닌지를 판단해야 한다(5장의 K부인에 대한 논의 참조). 나아가 이러한 문화적 현상이 일본인 내담자와 상담할 때 부당한 특권의식으로 작용할 때가 있는지를 판단해야 한다.

저 항

이전에 언급했듯이(Roland, 1988, pp. 67-69), 정신분석에서는 주로 저항을 설명할 때 그것이 개인에 따라 다르게 나타나며 독특한 방식으로 그들 특유의 불안, 무의식적 방어구조, 초자아의 엄격한 기준 및 자신을 거부하는 내면화된 대상과 관련을 맺는다고 한다. 또 다른 면에서 저항은 내담자의 자아 이상 및 그 사회의 지배적인 관계 양식에 통합되어 있는 다양한 문화적 규준과 훨씬 밀접한 관계가 있다. 따라서 개인은 자립적이어야 하고 자신의 감정을 스스로 소화할 수 있어야 한다고 보는 개인주의의 특정한 전통적 가치에 영향을 받은 내담자들은 자신을 자유롭게 표현해야 하는 의존적인 정신분석적 관계에 들어가는 것이 꽤 힘들다고 생각할 수 있다. 정신분석가들은 이런 식의 문화와 관련된 저항을 항상 다룬다. 아시아적 환경에서는 정신분석적 과정에 상당한 저항을 가져올 만한 그들만의 사회문화적 가치와 관계 양식이 존재한다.

우선 가장 중요하게 살펴볼 것은 아시아 사회 출신의 사람들 대부분은 정신분석가 혹은 어떤 상담자에게든 상담받기를 무척 꺼린다는 것이다. 그것은 상담을 찾는 것이 자신과 가족의 명성에 미칠 영향을 생각할 때 떠오르는 수치감 때문이다. 정서적으로 힘든 것은 개인적인 문제가 아니며, 상담 초기에 바로 언급되어야 한다. 일본인에게 있어 상담자를 찾는다는 것은 종종 그들이 내면화한 매우 높은 수준의 기능에 대한 기대라는 삶의 맥락에서 볼 때 실패를 인정하는 것이다.

또 다른 일반적인 저항 가운데 하나는 아시아인이 훨씬 더 사적인 자기를 갖는다는 점에서 생긴다. 사적 자기로 인해 아시아인들은 특히 상담자가 자신의 어떤 측면에 대해 충분히 수용적이지 않을 것 같으면 자신의 온갖 비밀을 상담 내내 자기 속에만 담아 둘 수 있는 능력을 가지고 있다. 비밀스럽고 사적인 자기를 구성하는 일부분에는 가족의 옷장 안에 있는 해골을 누설하지 않는 것과 같은 강한 문화적 가치가 존재한다. 이러한 가치는 가족의 명성을 유지하게 해 주지만, 정신분석 작업에서 필요로 하는 열린 탐색을 방해할 수 있다. 상담이 진척되어도 아시아인은 분석가에게 직접적으로 불만족스럽다는 표현을 하는 것을 극도로 꺼린다. 그들은 충분히 불만족스럽게 느끼면 그 이유를 얘기하기보다 간단하게 상담을 떠날 것이다.

Cabaniss, Oquendo와 Singer(1994)가 한국인 여성 내담자의 사례에서 보여 준 것과 같이, 한국이나 일본 같은 유교 문화권에서는 언어적 표현보다 침묵과 비언어적 표현에 더 무게를 둔다. 사실 그 문화권에서는 말을 너무 많이 하는 것을 부정적으로 여긴다. 따라서 유교 문화권 사람들은 정신분석의 대들보라 할 수 있는 자유연상에 대해 상당한 반감을 가질 수 있다. 이런 내담자들을 상담하는 분석가는 가치의 부조화에 대해서도 언급해야겠지만, 내담자와의 의사소통이 잘 이루어지도록 하기 위해 좀 더 공감적으로 조율하고 직관력을 키울 필요가 있다.

인도인 내담자들은 대가족 내에서 그러는 것처럼 상담 장면에서 하위자의 역할에 맞게 적극적으로 충고와 지도를 구하고 기대한다. 일부 인도인 상담자들은 그 문화에서 일상적으로 기대되는 것에 맞추어서 상위자의 역할을 하며 안내와 지도를 하는 경향이 있다. 그런데 그렇게 하는 것은 사실 생산적인 정신분석 작업의 상당 부분을 방해한다. 뭄바이의 한 정신분석가는 이러한 문화적 기대를 상담 초기에 바로 다룬다고 한다. 그는 새로 온 내담자에게 자신은 내담자의 인생에서 그를 도와주려는 것이 아니라, 그가 스스로를 더 잘 이해할 수 있도록 도와주려는 것이라고 말해 준다(Udayan Patel, 개인적 서신). 나는 이러한 기대에 대해 작업을 할 때 보통 다음과 같이 말한다. "당신은 분명 다른 사람들에게 상당한 조언과 지도를 받아 왔다. 그럼에도 문제는 여전히 남아 있다. 그렇다면 그 문제에는 분명히 이제까지 아무도 잘 이해하지 못한 숨겨진 뿌리가 있다는 것이다. 우리가 함께 작업하면 어쩌면 현재 겪는 어려움의 근원에 서서히 다가갈 수 있을지도 모른다."

전 이

일부 비서구적 정신분석가들은 비서구적 내담자들을 상담하는 데 있어서 문화가 정신분석 초기에만 영향을 미친다는 견해를 제시했다. 그들의 견해에 따르면, 일단 전이가 일어나고 그것이 확실해지면 이러한 내담자들도 서구 사회의 내담자들과 다르지 않다는 것이다.[2] 그런데 인도인 내담자들과 일본인 내담자들에 대한 나의 경험은 그렇지 않았다. 나는 그들의 강렬한 전이 및 전이 신경증을 다루는 데 문화를 확실히 고려해야만 한다는 것을 깨닫게 되었다.

나의 경험과 그들의 견해에서의 차이에 대한 가능한 설명은 인도인 및 일본인 내담자들과 유럽인 및 북미인 내담자들 간의 차이는 그들이 상담을 한 터키인 및 이집트인 내담자들과 유럽인 및 북미인 내담자들 간의 차이보다 훨씬 유의미하기 때문이라는 것이다. 또 다른 설명은 좀 더 민감한 부분일 수 있다. 비서구인 정신분석가의 유럽 및 북미 정신분석 사회에 대한 일반적 적응이라는 매우 예민한 주제에 대해 관찰한 바와 대화를 나눈 바를 통해 그 설명을 풀어 볼 수 있을 것이다. 나는 서양 분석가 혹은 그 동료들이 정신분석에서 아시아 내담자들의 고유한 문화적 자기를 종종 불충분하게 다룬다는 인상을 받았다. 그래서 그들은 자신의 고유한 자기 및 자신과 정신분석 사회의 다수 회원들 사이의 문화적 · 심리학적 차이에 대해 억압하고 경시하게 된다. 따라서 동등한 대우와 인정을 추구하는 과정에서 그들은 정신분석에서 일반적으로 문화적 이슈를 경시하는 것과 같은 주류 정신분석적 태도를 받아들이게 된다.

때로는 다른 역동이 있을 수도 있다. 그들은 유럽 및 북미 사람들이 역사적으로 열등하게 여겨 온 사회 출신으로서, 서구적 교육을 받으면서 이러한 식민지적인 태도를 내면화했을 수 있다. 또 상처받게 될 수 있다는 생각에 그들은 유럽 및 북미 정신분석 사회의 문화에 완전히 동화되는 것에 훨씬 더 동기화되었을 수도 있다. 분명 이러한 역동은 아시아인 분석가인가, 중동인 정신분석가인가, 또는 다른 지역 분석가인가에 따라 상당한 차이를 보일 수 있다.

한 인도인 남성과 일본인 남성을 대상으로 한 장기 정신분석 사례에서 가장 놀라웠던 사실은 두 사람 다 꽤 오랫동안 상담자에게 분노, 비난, 양가감정을 직접 표현하는 것을 힘들어했다는 것이다. 일전에 저명한 중국계 미국인 사회과학자와 편안하게 대화를 나누었는데, 당시 그는 자신의 정신분석에 기초하여 이 사실에 대해 확인해 주었다. 정신분석적 상담에서 만난 남녀 인도인 내담자들과 일본인 내담자들을 비롯하여, 나의 이 두 내담자는 상담의 거의 초반부터 자신의 삶에서 만난 온갖 종류의 권위자에 대한 불평과 분노를 종종 표현했다. 그들은 권위자들이 자신에게 잘해 주지 않고 실망시켰을 때 어떻게 느꼈는지를 얘기했다. 하지만 그들 모두 나에 대해서는 작은 불만을 표현하는 데 일 년이 넘게 걸렸다. 그 중국계 미국인 사회과학자는 자신의 정신분석에서 분석가에게 화를 표현하는 데 2년이 걸렸다고 했다.

그들은 겨우 화를 표현한 후 다음 회기에는 불안한 상태로 상담에 임했다. 이런 불안한 상태는 전 회기에서 표현한 비난이나 화와 연관 지어 해석해야 했다. 그렇게 해 주자 두 내담자는 계속 진행되는 상담 중에 나를 비난하는 것에 좀 더 대담해졌다. 물론 그렇게 한 후의 다음 회기에는 불안 발작이 일어났다. 이는 또다시 나에 대한 비난과 연관 지어 해석되었다. 그 후 그들은 나에 대해 불평할 일이 있을 때 더욱 담대해졌다. 이런 식으로 나에 대한 비난, 불안 발작, 해석이 수없이 반복된 후에 숙성된 부정적 전이가 두 내담자 모두에게서 나타났다. 그것은 전이 신경증이 되었다. 물론 미국인 내담자들도 이러한 부정적 표현에 대해 어느 정도 불안감을 갖긴 하지만, 나의 미국인 내담자 대부분은 보통 상담의 매우 초기 단계에서 나를 비난하거나 불만족스러운 부분에 대해 언급한다. 이런 점에서 그들은 위의 두 내담자의 경우와 대조된다.

이러한 전이의 진전에 관여하는 문화적 요소에는 어떤 것이 있을까? 두 가지 주요한 요소를 생각해 볼 수 있다. 모든 아시아 사회의 사람들은 남성이든 여성이든 간에 부모, 어른, 시댁, 스승, 상사와 같은 상위자에게 비난이나 화를 직접 표현하는 것에 대해 상당한 문화적 제약을 느낀다. 이러한 제약은 강력한 초자아 속에 깊숙이 자리 잡고 있다. 또 다른 요소로 하위자-상위자 관계에서 하위자는 상위자에게 돌봄을 받고 상위자는 하위자에게 존경받고 추종받고 신뢰받는 것에 대한 엄청난 기대가 있다. 정신분석적 관계도 이러한 부류에 속한다. 하위자, 즉 내담자는 이 중요하고 돌봐 주는 관계가 훼손될 수 있는 사건이 일어나면 심한 불안을 느낀다. 내담자가 상담자에 대해 비난이나 화를 표현하면 그들은 상담자가 내담자에 대해 성성을 훨씬 덜 쏟음으로써 복수할 수 있다는 예상을 하게 된다.

두 사례 모두에서 내담자는 상당한 화를 표현하고 때로는 분노를 표현하더라도 돌봄의 서열관계가 흔들리지 않을 것이라는 것이 확실해진 다음에야 부정적 전이를 확실하게 펼칠 수 있었다. 내가 받은 인상은 그처럼 강렬한 화를 자신의 주 양육자, 즉 두 사람의 사례에서는 그들의 어머니에게 표현해 보지 못했다는 것이다.[3] 상담에서 주목을 끌었던 또 다른 부분은 그들의 행동화(acting out)였다. 그들은 마치 부정적 전이 속에서 어머니에게 복수하거나 상처 주는 데 상당한 욕구가 있는 것처럼 행동했다. 인도인 내담자 마노즈는 직장에서 실패하고 해고당하며, 이상한 음식을 먹고 앓는 등의 다양한 방식으로 스스로를 처벌하는 행동을 했다. 그는 서서히 실패작이 됨으로써 나에게 복수하고 있음을 알 수 있었다. 그럼으로써 인도인 전문으로 알려진 정신분석가인 내가 매우 형편없어 보이도록 하고자 했다. 그는 나의 살아 있는 실패작이 되려고 했던 것이다.

마노즈가 자신의 분노를 나에게 거르지 않고 직접적으로 표현할 수 있게 된 후, 그는 자신의 삶을 다시 추스리고 자신의 가족 및 친척이 자신에게 지시한 것 대신 자신이 원하는 것을 더 많이 하기 시작하였다. 전이에서 나타난 그의 분노에는 사회역사적 요소뿐만 아니라 문화적 요소도 있었다. 처음에 그는 화를 내면서 나를 가끔 그에게 냉소적이고 거절하는 것 같았던 아버지와 같은 인물로 경험하였다. 그런데 시간이 지나면서 그의 전이는 모성적 전이에 더욱 초점을 맞추었다. 그의 가족에서 아버지는 서구화된 사고를 가져서 자신의 장성한 아들들에게 미국에 가서 미국인과 결혼하라고 했다. 그러자 그의 어머니는 막내아들인 자신에게 의지하면서 나이가 들면 자신을 돌봐 달라고 했다. 이러한 기대는 장남과 그의 아내가 늙어 가는 부모를 돌보는 데 있어 중추적 책임을 맡는 그 사회의 문화적 관습에 역행하는 것이었다. 하지만 아버지의 격려로 인해 장성한 아들들은 이미 그 기대에서 벗어날 수 있었다.

마노즈의 어머니는 그를 자신에게 최대한 가까이 두려 했다. 그녀는 그를 대할 때 보통 인도인 어머니가 자식을 양육하면서 잘해 주는 것 이상으로 특별히 예뻐하고 그의 요구에 잘 맞춰 주었다. 그리고 그의 아버지에 대해 계속해서 부정적인 발언을 했다. 전이에서 그는 내가 자신을 지나치게 조작하려고 한다는 것에 대해 분노를 표현했다. 내가 그로 하여금 나에게 매우 의존적이 되도록 하면서 자신의 아버지를 폄하했다는 것이다. 사실 분석 초기에 그는 자신의 아버지를 매우 부정적으로 설명했는데, 그에 대해 내가 했던 말들이 아버지를 폄하한 것으로 들렸다는 것이다. 거의 2년에 걸쳐 모성적 전이 속에서 나에 대한 분노를 계속해서 쏟아낸 후에야 그는 나를 믿을 만한 아버지상으로 생각하는 관계를 확립할 수 있었다. 모성적 전이를 해결해 가면서, 그는 자신의 방에 있던 남신 시바(Shiva), 여신 두르가(Durga)와 그 아들인 가네시(Genesh)라는 신적 가족의 상들을 훨씬 가까이 모아 나란히 둘 수 있게 되었다. 그 과정에서 그는 결국 그의 아버지와 어머니의 긍정적인 면을 잘 통합하기 시작했고, 새로운 직장에서 승승장구하게 되었다.

케이고라는 일본인 내담자에게는 대학원 시절에 미국에서 만나 함께 동거하고 결혼을 약속했던 미국 여성이 있었다. 그 여성과의 관계가 매우 진지하게 진행된 지 얼마 안 되어 그는 다른 여성과 바람을 피기 시작했다. 그가 바람을 피우기 시작한 것은 상담에서 그가 나를 자신을 충분히 돌봐 주지 않으면서 돈에 집착하는 어머니로 경험하면서 나에게 심하게 화를 내고 있던 시점이었다. 그는 내연관계를 시작하면서 나와 자신의 약혼녀 모두에게 복수를 하고 있었다. 이러한 내연관계는 전이적으로 봤을 때 어린 시절에 그보다 나이가 훨씬 많던 사촌누나가 그를 자주 보살펴 주었던 것과 관계가 있었다. 그 사촌누나는 그가 가장 좋아했던 누나로, 사실 내담자는 그 누나와 살았으면 했다. 그는 자신의 어머니가 가족 일에 많이 관여하기보다는 자신의 의존 욕구에 더 관심을 갖고 잘 보살펴 주어야 한다는 기대와 그러한 보살핌에 대한 강한 특권의식을 가졌는데, 이러한 기대는 그가 속했던 문화에 의해 지지되었다. 나는 상담을 하면서 일본인 내담자들에게서 이러한 강한 특권의식이 나타난다는 사실은 발견하였다. 그것은 모든 것을 아주 특별하게 잘 해내는 것에 대한 어머니의 높은 기대를 충족시켜야 하는 의무감과도 관련이 있는 듯하다. 그것은 마치 "나는 당신이 나에 대해 갖는 높은 기대를 충족시키기 위해 항상 노력해야 해요. 그러니까 당신은 나를 더 잘 돌봐 줘야 해요."라고 말하는 것과 같았다. 흥미롭게도, 나의 유도된 역전이 반응은 종종 내가 회기 중에 나의 재정 상태에 대해 많이 염려하게 되는 것으로 나타났다. 이것은 마치 그의 어머니가 돈에 대해 많이 걱정했던 것을 떠오르게 했다.

정신분석적 치료와 인도인의 미국 생활

미국에서 인도인과 일본인을 대상으로 정신분석적 상담을 할 때 갖게 되는 문화적 문제에는 그들이 이민 오기 전에 자신의 나라에서 겪었던 그들의 고유한 자기 및 사회역사적 변화와 관련된 문제뿐만 아니라 그들이 미국에 와서 겪는 개인주의 문화와의 대면에 대한 것, 즉 가치 부조화와 좀 더 새로운 기회에 대한 것도 포함된다. 인도인과 일본인 이민자 모두 두 세계의 균형을 잡아 가느라 내적 고군분투의 시간을 보내지만, 내가 보기에는 특히 잘 적응하지 못하는 사람들이 주로 힘든 내적 갈등 혹은 결핍으로 버거워한다.[4] 때때로 이런 문제들은 미국적 삶에서 더 많은 기회를 누릴 수 있다는 맥락에서, 혹은 자신의 고국에서보다는 더 독립적일 수 있다는 맥락에서 생겨난다. 때로는 미국에서는 그들 스스로 감당해야 할 문제가 더 많다는 것에서 오는 긴장감, 혹은 이민 2세대로서 스트레스와 어려움을 겪는 1세대의 부모와 잘 지내야 하는 것에서 오는 긴장감 때문에 문제가 생긴다. 정서적 갈등은 이 모든 요인을 충분히 포함한다.

나라얀

나는 이상의 요점을 잘 보여 주는 몇몇 상담 사례를 제시하고자 한다. 나라얀은 인도에서 엘리트 공대를 나온 자신의 친구들 중 다수가 그러하듯 미국에 이민 왔다. 당시 인도에서는 직업 기회가 부족한 반면, 미국에는 훨씬 더 많은 기회가 있었다. 그의 기대대로 나라얀은 미국 최상의 과학연구센터 중 한 군데에서 연구직을 얻었다. 그곳은 미국의 과학적 창조성을 너무나 잘 대변하는 요소라 할 수 있는 매우 혁신적 작업이 기대되는 곳이었다. 나라얀은 거기서 일하는 것을 무척 흡족해했다. 하지만 그는 일상적인 과학적 작업은 매우 잘 수행할 수 있었지만, 상기간의 혁신적 연구를 수행하는 데는 심각한 어려움을 느꼈다. 그래서 그는 상담을 받으러 왔다.

나라얀이 겪는 문제의 원인을 이해하고 그가 직장에서 더욱 창조적으로 자유롭게 기능할 수 있도록 돕는 데는 여러 달이 걸렸다. 2년에 걸친 주 2회의 정신분석을 최대한 요약해서 얘기하자면, 상담과정에서 그는 센터가 기대하는 혁신적 연구를 수행하려면 오랜 기간 동안 별 성과가 없을 수 있다는 사실을 분명히 이해하게 되었다. 연구자는 주어진 문제에 대해 여러 이론과 방법을 시도해 보아야 했다. 새로운 해결책을 찾으려면 많은 경우 시작부터 잘못될 수도 있었고, 부분적인 해결만 가져올 수도 있었으며, 여러 번 방향을 바꿀 수도 있었다. 확실히 그것은 직선적 과정이 아니었다.

이러한 불확실성과 애매함 속에서 나라얀은 무척 불안해했다. 그에게는 자기감(a sense of self)과 자존감을 확인시켜 줄 결과가 필요했다. 그의 일을 가장 방해하는 요인은 그가 자라면서 겪은 그의 어머니의 태도였다. 나라얀의 가족은 그 세대 학생들 가운데 극소수만 대학에 보낼 수 있었던 지역사회의 일원이었다. 그곳은 교육에 특별히 가치를 두지 않는 중간 정도의 카스트 계급 사회였다. 이렇게 쉽지 않은 가정과 지역사회에서 나라얀은 학창 시절 내내 매우 총명한 학생이었다.

그의 어머니는 그것에 만족하지 않았다. 그녀는 나라얀이 잘하려면 그녀가 계속해서 그에게 동기부여를 해 줘야 한다고 생각했던 것이 분명하다. 그녀는 그들의 지역사회에서 관습적으로 쓰는 양육 방식인 수치감 주기 기법을 활용했다. 그녀는 수시로 나라얀을 이웃집 아이와 비교했다. 그녀의 눈에는 이런저런 면에서 이웃집 아이가 나라얀보다 항시 나아 보였다. 그녀는 항상 "어떻게 더 잘할 수가 없니?"와 같이 얘기했다. 그래서 나라얀은 자신이 얼마나 잘했는지에 상관없이 언제나 충분히 잘하고 있지 못하다고 느꼈다. 그 결과, 그는 자신이 괜찮게 하고 있다는 것을 확인받기 위해서 학교에서 늘 A를 받아야 했다.

센터에서 즉각적 결과 없이 오랜 기간 혁신적인 연구를 하려다 보니 나라얀은 공황감과 수치감을 느꼈다. 그는 자신이 충분히 잘하고 있지 못하다고 느꼈으며, 그래서 어머니와 가족을 실망시키고 있다고 느꼈다. 그의 아버지의 태도는 별로 도움이 되지 않았다. 아버지는 군대 중사로, 나라얀이 예의 있게 행동하고 모든 것을 잘 정리정돈하는지를 주시했다. 우리가 분석을 통해 그의 부모의 태도, 특히 어머니가 그에게 수치감을 주던 방식에 대해 탐색해 가자, 나라얀은 창조적이고 혁신적인 연구의 불확실한 요소들을 견디기 시작했다. 그는 좀 더 수월한 중간 정도 난이도의 프로젝트를 시작으로 서서히 장기 프로젝트까지 감당하게 되었다. 그리하여 그는 그

산업 분야에서 상당한 돈을 절약해 줄 수 있는 의사소통 과정의 새로운 방식을 내놓게 되었다.

요약하자면, 만약 나라얀이 당시 인도에서 그냥 살았다면 그가 미국 직장에서 할 수 있었던 종류의 창조적 과학 연구를 할 기회는 거의 없었을 것이다. 새로운 기회는 어떤 면에서 나라얀에게 심각한 장해를 초래하였다. 그것은 정신분석에서만 다룰 수 있는 문제들이었으며, 상담을 받지 않았다면 그는 더 낮은 직책을 찾아야 했을 것이다. 그가 경험한 문제 자체는 주로 수치감 주기라는 지역 문화 특유의 자녀 양육 방식과 상관이 있었다. 그 방법은 인도 남부 지방의 특정한 중간 카스트 지역사회에서 통용되는 일반적인 자녀 양육 기술이었다. 나라얀이 대학에서 알게 된 브라만 계급 출신의 다른 친구들은 어느 누구도 이런 식의 수치감 주기 방식으로 양육받지 않았다.

카카르 부인

카카르 부인(K부인)은 뉴욕에서 정신분석적 상담을 받으러 왔다. 그녀는 상담을 찾기 2년 전에 세상을 떠난 자신의 어머니에 대해 매우 힘든 감정을 해결하려는 목적으로 왔다. 그녀와 그녀의 어머니는 평생 지나칠 정도로 친했고, 친구 같았으며, 서로 돌봐 주는 관계였다. 그런데 그녀의 어머니가 죽기 전 몇 년 동안 서로 감정이 상한 채 멀어지게 되었다. K부인은 자신과 어머니 사이에 일어났던 일에 대해 도저히 이해할 수가 없었다. 그녀와 어머니는 매우 지적이며 높은 학위를 가진 교양 있는 여성으로, 인도에서 여성의 시위를 높여 주는 현대적 사고에 있어 선두에 있던 사람이었다. K부인의 어머니와 더불어 아버지도 진보적 기업가로 인도 독립운동에 깊이 관여했으며, 독립을 쟁취한 후에는 인도의 발전을 위한 간디와 네루의 프로그램에 참여했다. 수년 전에 아버지가 살아 있는 동안 가졌던 한 저녁 식사 자리에서, 인도에 온 미국 대사는 K부인에게 자신이 대화해 본 여성 중 K부인의 어머니가 가장 지적이고 똑똑한 여성이라고 말하기도 했다.

"왜 우리 사이의 모든 것이 엉망이 되었을까요?" K부인은 상담 중에 소리쳤다. 그에 대한 대답은 3년에 걸친 주 2회의 상담에서 다른 이슈를 다루며 돌고 돈 끝에 밝혀졌다. 그 이야기에는 K부인이 남편과의 관계를 비롯하여 미국에서 겪은 삶과 더불어 어머니의 자기의 층에 놓인 중요한 사회역사적 요인, 그리고 두 사람 사이의 심각한 충돌이 포함된다.

K부인이 어머니와의 관계에서 겪은 어려움은 분명히 그녀가 상담에 오기 6, 7년 전에 뉴욕에서 남편과 갈라서면서 시작되었다. 그녀와 남편은 뉴델리에서 살다가 어린 딸을 데리고 뉴욕에 임시로 이사했다. 그들은 갈라서기 몇 년 전에 뉴욕에 오게 된 것이었는데, 그 결정은 남편의 수출입 사업을 더 잘 개발해 가기 위한 것이었다. 뉴델리에서 친하게 지냈던 그들의 가족, 친척, 친구들과 떨어져 살게 되면서, K부인은 남편이 정서적으로 매우 냉담한 사람이라는 사실을 깨닫게 되었다. 그는 직업에서 승진하고 고객을 만족시키는 데만 집중하고 부인과 딸에게는 거의 신경을 쓰지 않았다. 그는 사업 목적으로 가족의 이민 기간을 무한정 늘렸다. 그녀는 그들의 부부관계를 참을 수가 없었고, 결국 남편에게 이혼을 요구했다. 이것은 많은 인도 이민 가족이 가족과 친척이라는 친밀한 지지관계에서

떨어지게 되었을 때 내리는 선택의 극단적 형태였다. 인도에서는 절대 경험하지 못했던 방식으로 그들끼리 살게 되면, 그들은 서로 잘 맞지 않는다는 것을 알게 된다. 물론 예외도 많다.

K부인이 상담을 찾아왔을 때쯤에는 상당히 안정되었지만, 남편과 헤어지기로 결심한 첫해는 무척 혹독했다. 그녀는 이혼을 요구했고, 남편은 거절했다. 그들 누구도 미국 시민이 아니었기 때문에, 그녀는 자녀 양육에 있어서 그의 선의에 의지하는 수밖에 없었다. 그는 딸의 사립학교 학비를 대고 K부인에게 생활비도 보조해 주었다.

K부인이 별거를 결심했을 때 그녀의 아버지가 돌아가셨다. 그녀 생각에는 아버지가 살아 있고 그녀의 상황을 안다면 그녀의 결정을 충분히 지지해 줄 것 같았다. 그녀의 어머니는 그녀의 결정에 반대했다. 그녀가 뉴욕에서 자문을 구했던 인도인 정신과 의사도 마찬가지였다. 인도 여성은 남편을 떠나지 않는다는 이유에서였다. K부인이 별거를 진행하자, 그녀의 어머니는 K부인과 그 딸이 뉴델리에 있는 가족에게 돌아와야 한다고 고집했다. 만약에 K부인이 인도에 살고 있었다면 그녀도 정확히 그렇게 했을 것이다.

하지만 K부인은 이미 뉴욕에서 독립적 여성이 될 가능성을 맛보았다. 그녀는 제대로 교육받았으며, 뉴델리에서 이미 출판사에서 일한 경험도 있었다. 그녀는 출판사에서 괜찮은 직업을 찾을 수 있었으며 뉴욕에서 열리는 다양한 인도 및 미국의 문화적 행사에도 참가할 수 있었다. 그녀는 이런 삶의 방식이 훨씬 좋았다.

그녀가 주로 걱정하는 것은 남편이 자녀 양육비 및 사립학교 학비를 끊어 버리고, 후에는 딸의 대학 관련 비용도 끊어 버리지는 않을까 하는 것이었다. 만약 그가 그렇게 하면 그녀는 실질적으로 인도의 가족에게로 돌아가야 했다. 그녀는 모든 것에 대한 재정 부담을 혼자 감당할 수 없었다.

그때쯤 그녀는 어머니에게 집의 일부를 그녀가 상속받게 해 줄 것을 요청했다. 그 정도면 주방도 만들고 그녀와 딸이 살 만한 공간을 만들 수 있었다. 그녀가 이러한 상속을 받게 되면 언제나 돌아갈 수 있는 안정된 장소가 있음에 안심할 수 있을 것 같았다. 그녀 생각에 이 아이디어는 정말 합리적인 듯했다. 당시 인도에서는 독립운동 및 간디와 네루 사상의 영향으로 법제화가 이루어져 딸도 아들과 똑같이 상속을 받을 수 있었다. 이것은 과거에는 아들만 유산을 상속받던 풍습과 대치되었다. 그녀의 생각은 아버지의 이상과도 일치했고, 겉으로 보기에는 어머니의 이상과도 조화가 잘 되는 듯했다. 그녀의 어머니같이 현대적인 여성이 어떻게 이런 제안에 동의하지 않을 수 있겠는가?

그런데 어머니는 그녀의 제안을 거절했고, 이에 K부인은 크게 놀랐다. 그녀의 어머니는 K부인이 언제든 가족의 집으로 돌아올 수는 있지만 그녀가 요구한 집의 일부를 주지는 않을 것임을 확실히 했다. K부인의 오빠와 그의 가족이 올케의 노부모와 함께 그 집으로 이사 올 것이라는 얘기가 나오자, K부인은 자신과 딸을 위한 공간이 별로 남지 않을 것이라 생각해 그에 반대했다. 그러자 그녀의 어머니는 단순하게 K부인과 그녀의 딸을 언제나 돌봐 주는 것이 그녀 오빠의 달마(dharma)*라고 응했다.

K부인은 자신의 안정을 위해서 그 집의 일부가 정말 필요하다고

* 역자 주: 의무라는 뜻의 인도어. 인도 종교에서의 우주적 진리법.

느꼈다. 그래서 어머니에게 자신이 마땅히 받아야 할 유산에 대해 더 강력하게 주장했다. 그럴수록 어머니도 그녀의 요구를 매몰차게 거절했다. K부인이 더욱 단호해지자 그들 사이에는 골이 깊어지고 쓴 뿌리가 자랐다. 설상가상으로 어머니가 돌아가시기 전에 K부인의 오빠는 그의 가족을 데리고 그 집으로 이사를 했고, 얼마 후에 그의 나이 든 장인, 장모가 그 집의 공간을 대부분 차지하게 되었다. K부인은 어떻게 자신의 어머니같이 그렇게 선견지명이 있고 현대적인 인도 여성이 구시대의 도덕관으로 역행하여 아들만 상속받는 서열관을 고수하는지 이해할 수가 없었다. 그 구습에서 딸은 아버지가 살아 있지 않고 자신을 부양할 남편이 없으면 자신의 남자 형제에게 완전히 의존적으로 살 수밖에 없었다.

우리는 여러 회기에 걸쳐 다양한 관점에서 그녀와 그녀의 어머니의 관계에 대해 얘기했다. 그중에는 K부인에게 치료적으로 꽤 도움이 되는 경우도 있었는데, 특히 전이/역전이 관계가 나타났을 때 그러했다(5장 참조). 나는 오랜 시간에 걸쳐 K부인의 가족과 그녀의 어머니의 배경에 대해 많은 것을 알게 되었다. 가장 중요한 것은 그녀의 어머니가 전통적인 북인도 브라만 계급 출신이라는 것이었다. K부인의 외할아버지는 공학자로 서구식 교육을 받았고, 자신의 딸인 K부인의 어머니가 높은 학위를 얻어 교육자가 되기를 바랐다. 이러한 목표를 위하여 그는 K부인의 어머니를 영국에 보내 대학원 교육을 받게 했다. 당시만 해도 그것은 흔치 않은 일이었다. K부인의 어머니가 다시 인도로 돌아왔을 때, 그는 그녀가 여학교의 교장이 되도록 실질적으로 도왔다. 그 후 K부인의 어머니는 K부인의 아버지를 만났다. K부인의 아버지는 인도를 더욱 현대화하는 데 관심이 있는 성공적이고 영향력 있는 기업가였다. 그는 현대적 관점에서 봤을 때 결혼하기에 정말 좋은 조건을 갖춘 남성이었고, K부인의 외할아버지도 결혼을 쉽게 승락했다. 하지만 그가 그들보다 낮은 카스트 출신이었기 때문에 K부인의 외할머니는 진심으로 그 결혼을 받아들이지 못했다. 그래서 그들이 그 집을 방문할 때 진심으로 반갑게 맞아 준 적이 없었다. K부인의 어머니는 K부인의 외할머니와 정말 다른 것 같았다. 훨씬 더 교양 있고, 제대로 교육받았으며, 자유로운 사상을 가진 듯했다.

그녀의 가족 배경에 대한 모든 것을 듣고 K부인이 자란 뉴델리에서의 범상치 않은 가족 및 사회 분위기에 대해 많은 것을 알게 되면서, 나는 어쩌면 그녀의 어머니가 자신도 깨닫지 못한 채 그녀의 매우 전통적인 브라만 출신의 어머니와 깊이 동일시했을 수 있다는 의견을 제시했다. 물론 그렇다고 해서 그녀의 어머니가 실제로 그녀 자신의 어머니와 매우 다른 인생관을 갖게 되었다는 것을 부정하려는 것은 아니다. 실제로 K부인의 어머니는 자신의 어머니보다 훨씬 더 좋은 교육을 받았고, 여행도 많이 했고, 한때 자신만의 전문 분야에서 활동했으며, 국가 독립운동의 지도자들과 관계를 맺으며 활동했던 매우 진보적인 남편과 살았다. 나는 그럼에도 K부인이 생각했던 것보다 더 많은 자기의 층이 그녀의 어머니에게 있었음을 이야기했다. K부인의 아버지가 돌아가시고 K부인의 어머니가 훨씬 더 많은 것을 혼자 감당할 수밖에 없는 상황이 되자, 그녀는 예전에 자신이 자신의 전통적인 어머니와 동일시했던 때로 역행했을 수 있다. 이러한 예전의 자기가 K부인의 어머니의 의식에 떠올랐다고 볼 때, 그녀가 K부인에게 집의 일부를 상속하는 것을 거절하고 대신 그것을 아들에게만 주면서, 아들로 하여금 전통적인 의무감에 따라 위급할 때 여동생을 돌보도록 한 것은 어쩌면 당연했을 수 있다.

3년간의 분석을 통해 이러한 이해에 도달했고, 이제 K부인은 모든 것이 정말 말이 된다고 느꼈다. 그녀는 다만 자신의 어머니의 오래되고 전통적인 자기가 그토록 지적이고 현대적인 여성 안에서 재등장한 것에 대해 놀랄 뿐이었다. 몇 해 만에 처음으로 K부인은 평온했다.

이 이야기는 현대 인도의 사회적 변화라는 더 큰 조직 속의 한 줄기이자 그것이 어떻게 심리학적으로 영향을 주는지에 관한 것이다. K부인은 이러한 변화의 시기에 딸이 고등교육을 받고, 직업을 가지며, 자신이 원하는 배우자를 만날 것을 기대하는 굉장히 현대적인 관점을 가진 가족 속에서 자랐다. K부인은 뉴욕에서 매우 불만족스러웠던 결혼생활을 접으면서 독립과 개별화를 위해 한 발짝 더 내딛게 되었다. 그 후 K부인은 혼자 남은 자신의 어머니와 살기 위해 뉴델리로 돌아가기보다는 스스로 부양하기 위해 전문직을 얻었다. 이것은 분명히 인도보다는 미국이라는 사회적 · 경제적 풍토에서 훨씬 더 가능한 일이었다. 그녀가 현대 인도의 딸로서 가질 권리에 대해 주장하자 어머니의 반대라는 벽에 부딪혔다. 그녀의 어머니는 예전의 자신의 전통적인 어머니와 동일시하는 쪽으로 선회했다. 변화의 바람은 그녀 어머니의 가족 내에서 변덕스럽게 불었던 것이다. 그녀의 외할아버지는 서양식 교육을 받고 자신의 장녀에게 같은 맥락의 포부를 가졌으나, 그녀의 외할머니는 좀 더 전통적인 여성으로 남았다. 이것은 그 시대에 그리 특이하지 않은 조합이었다. 특정 아시아 내담자의 문화적 자기를 알아 가고, 나아가 그것이 내담자의 가족 배경에서 사회역사적 변화라는 거대한 조직 속에 어떻게 엮이는지를 똑같이 중요하게 다루는 것은 정신분석가에게 매우 유익하다.

요 약

이 장에서는 정신분석적 관계를 북미의 개인주의와 아시아의 서열관계의 세 가지 심리사회적 차원 및 인도와 일본에서의 변형이라는 측면에서 다루었다. 정신분석적 관계에서 아시아인과 북미인은 일반적 자기대상 관계 방식에서 차이를 보인다. 의사소통 방식에서도 차이를 보이기는 마찬가지다. 그런 다음 북미인과 아시아인 모두가 보여 주는 문화와 관련된 저항을 설명했다. 문화는 강렬한 전이의 발달에도 영향을 미치는데, 이에 대해서는 인도인 내담자와 일본인 내담자의 사례를 통해 설명했다. 정신분석적 상담에서 인도인이 등장하는 두 사례는 인도인의 개인주의 문화와의 대면을 보여 주었다. 한 사례는 미국에서 창조적인 과학적 작업을 할 수 있는 좋은 기회를 갖게 되자 특정한 인도적 배경에 근거한 제약과 갈등을 맛보게 된 경우였다. 다른 사례는 미국에서 더 독립적으로 기능하기 위해 남편과 헤어진 여성이 능력 때문에 어머니와 심각한 갈등을 갖게 된 경우였다. 이 사례를 통해 가족관계에 미치는 영향이라는 관점에서 아시아 사회의 사회역사적 배경을 이해하는 것이 분석가에게 큰 도움이 된다는 것을 알 수 있었다.

후주

1. 그들은 다음과 같은 예를 제시한다. 뉴욕에서 일하는 한 인도인 전문가 남성은 가족들이 자신의 결혼을 중매하도록 했다. 이것은 그의 가족 문화에서 일상적인 것이었고, 미국에 사는 많은 인도인도 그 관례를 따른다. 하지만 분석가는 이를 그가 자신의 자율권을 사용하여 자주적인 결정을 하는 것을 회피한 것으로 분석했다. 그러자 그는 분석가에게 크게 분노했다. 한 한국 여성은 상담 회기 동안 침묵할 때가 많았다. 이유인즉 한국 문화에서는 말을 너무 많이 하면 사람들이 좋지 않게 보기 때문이었다. 하지만 분석가는 자유연상을 통해 가치의 부조화를 깨닫기까지 그녀의 침묵을 저항으로 다루었다. 또 한 쿠바 여성은 자신의 문화적 배경으로 인해 자신에게 금지된 부정적 감정과 접촉하면 악귀가 자신을 처벌할 것이라고 믿었다. 당연히 그녀에게는 정신분석의 핵심 가치인 무의식적 갈등과의 접촉이 힘겹게 느껴졌다.
2. 이러한 견해는 두 가지 자료에 근거한 것이다. 하나는 터키 출신으로 현재 미국에 거주하고 있는 Vamik Volkan 박사가 미국정신분석학회의 겨울 모임에서 6장의 초고에 대해 했던 논평이다. 다른 하나는 영국과 미국에 거주한 이집트 정신분석가인 Ishak Ramzy 박사가 발표한 내용이다(Jackson, 1968).
3. 어떤 문헌에서는 일본인 내담자의 경우 어머니에 대한 강렬한 분노를 작업하는 것이 불가능하다고 본다. 일본인 내담자에게 어머니는 너무나 강력하고 자기희생적인 사람이라서 그런 작업을 하면서 너무나 큰 수치심, 죄책감, 불안을 경험하게 되기 때문이다(DeVos, 1980; Jackson, 1968). 하지만 본문에 제시된 사례에서는 어머니에 대한 강한 분노가 결국 분석 작업을 통해 상당히 해소되었다.
4. 이는 뉴욕에 있는 인도 정신분석가인 Loveleen Posmentier와의 대화를 통해 알게 된 사실이다.

다문화와 정신분석 **09**

성, 인도의 대가족 그리고 힌두 문화

서 론

고전적 정신분석의 주인공인 성(sexuality, 性)은 그의 적수인 초자아와의 영원한 드라마라는 관점에서 다루어져 왔다. 그 드라마는 각각의 배역에 따라 달라지기도 하지만, 성의 발달과 변천 그리고 초자아의 발달과 변천이라는 부분은 보편적 용어로 쓰여 왔다. 그 드라마는 비극적 주인공인 오이디푸스가 대세를 장악해 왔다. 좀 더 현대적인 프로이트학파 정신분석에서는 새로운 등장인물이 성이라는 드라마에 들어오게 되는데, 거기에는 발달적 자아 형성과 훨씬 관계 깊은 개념과 더불어 자기의 자기대상 욕구, 초기 대상관계 등이 포함된다. 이 모두가 고전적 추동 및 구조 이론을 포함하는 정신분석보다 더욱 관계 중심적인 정신분석에 포함된다.

드라마의 등장 배경이 올림포스산에서 카일라사산으로 바뀌면 어떻게 될까? 아니면 도덕성의 개념이 정언적 명령 및 성산에서의 설교 내용처럼 매우 보편적인 것에서 달마의 내용으로 바뀌면 어떻게 될까? 달마에서는 적절한 행동이 관계, 상황, 관련 인물의 특정 성향이라는 맥락에 철저히 의존하게 되어 있다. 자녀 양육 방식, 초기 대상관계, 가족구조가 상극이라면 어떻게 될까? 인도에서의 정신분석적 상담 덕분에 우리는 Freud 및 다른 서양 정신분석가가 공식화해 온 상담을 인도에서의 상담과 비교하면서 성의 드라마에 대한 문명적 효과를 시험해 보게 된다.

근친상간적인 환상

성이 여러 가지 문명화된 맥락 속에서 상당히 변형된 모습으로 나타나는 양상에 대해 깊이 있게 다루기 전에, 나는 상담 경험에서 알게 된 사실을 이야기하고자 한다. 근친상간에 대한 초자아의 처벌적 반응은 오이디푸스 콤플렉스의 전형적 구조다. 그런데 내가 상담 경험을 통해 알게 된 사실은 이러한 근친상간 및 그에 대한 초자아의 처벌적 반응이 인도의 남성과 여성 모두에게 실제로 나타난다는 것이다. 근친상간적인 환상은 주로 꿈을 통해 나타나며 때로는 의식적인 환상에서도 나타난다. 인도 내담자들은 남녀 모두 내가 만난 자유로운 미국 내담자들보다도 성적 환상 및 성 관련 연상에 대해 얘기하는 것에 대해 매우 열려 있는 듯하다. 이 점에 대해서는 인도 내담자 및 미국 내담자를 모두 치료해 온 경험이 있는 B. K.

Ramanujam 박사(개인적 서신)도 인정한 바 있다. 사실 오랫동안 인도인을 관찰해 온 사람은 인도인이 자신의 영적 생활에 대한 부분을 이야기하는 것보다 성적 생활에 대해 자세히 이야기하는 것을 훨씬 수월하게 받아들인다는 것을 발견하게 된다.

나는 인도 여성에게서 나타나는 근친상간적 환상에 대해 기술하기 위해 몇몇 사례를 인용하고자 한다. 샤쿤탈라는 20대 후반의 미혼 여성이었다(힌두 사회에서 결혼은 여전히 주로 중매에 의해 이루어진다는 사실에 비추어 볼 때 샤쿤탈라가 이 나이까지 결혼을 하지 않은 것은 매우 드문 경우라 할 수 있다). 그녀는 몇 해 동안 기혼 남성인 쿠마르와 관계를 갖게 되었고 다음과 같은 꿈을 꾸었다(이 사례에 대한 더 자세한 기술은 Roland, 1988, pp. 154-174 참조). "쿠마르가 자신의 막내아들을 내 아파트에 내려 주고는 나를 자기 차에 태워서 넓은 잔디밭과 나무들이 있는 곳으로 데려가요. 우리가 키스를 하려고 할 때 경찰이 와서 우리더러 차에서 내리라고 해요. 나는 '이건 말도 안 돼요. 쿠마르는 우리 외삼촌일 뿐이에요.' 라고 말했어요. 하지만 경찰은 쿠마르가 내일 오후 5시까지 출두해야 한대요. 저는 무척 불안해요." 넓은 잔디밭과 나무에 대한 그녀의 연상은 그녀가 자란 집에 대한 것이었다. 그 외삼촌은 평범한 조카와 삼촌 간의 낭만적인 애착을 상징하는 것으로 그 문화에서는 이해된다. 하지만 샤쿤탈라는 외삼촌들과 그런 식의 연애관계를 가져 본 적이 없다. 그렇게 볼 때 이것은 분명 꿈에서 나오는 우회적 전술이다. 오후 5시에 대해 그녀가 떠올린 연상은 그것이 정확히 우리의 상담 시간이라는 것이었다. 그녀의 지속적인 불안감에 대해서는 비나(쿠마르의 아내)에 대해 걱정하는 것이라고 연상했다. 사실 쿠마르는 최근 두 시간 정도를 샤쿤탈라와 보낸 적이 있었다.

나는 그 꿈에서 쿠마르는 그녀의 아버지와 동일시된다는 분명한 무의식적 공식에 대해 그녀에게 설명해 주었다(연애관계는 그녀가 성장한 곳에서 생겨난다). 더불어 쿠마르와 그녀의 관계에서 중요한 요소는 그녀의 아버지를 둘러싼 근친상간적 환상이며, 경찰(이 사람은 나에 해당하는 것으로 보임)은 그녀의 양심이고, 그녀의 어머니에 대한 두려움이 삼각관계에서 비나에 대한 것으로 대치되었다고 해석했다. 샤쿤탈라는 금지된 사랑 및 끌림에 대해 인정했다. 나는 그때 말하지는 않았지만 샤쿤탈라가 최근에 나를 그녀의 대학에서 강의하도록 초대하려고 노력한 것이 일정 부분 나를 도움이 되는 사람으로 간직하고자 하는 그녀의 소망에서 나왔다고 생각했다. 그렇게 되면 그녀가 무의식적으로 나에 대해 가지고 있는 투사된 처벌적 양심의 이미지를 상쇄시킬 수 있을 것 같다고 그녀는 생각했을 것이다.

우리의 상담이 진척되면서 샤쿤탈라가 자신의 어머니와 자신을 분리하기 시작하자, 아버지 및 처벌적인 모성적 초자아를 둘러싼 근친상간적 주제가 표면화되었다. 이것은 여성에 대한 정신분석에서 그리 특이하지 않은 진행이다. 초반에 쿠마르는 무의식적으로 그녀의 어머니에 해당했다. 그녀의 어머니는 그녀가 유아였을 때 매우 특별하게 대해 주다가 그녀의 남동생이 태어나자 그녀를 버렸다. 그 후에 그녀는 쿠마르를 무의식적으로 그녀의 아버지 및 남동생과 동일시했다. 샤쿤탈라의 어머니는 매우 우울했고 그녀를 질식시킬 것만 같았다. 샤쿤탈라는 그런 어머니에게서 이 두 남성을 분리해서 생각하곤 했다. 이제 쿠마르는 무의식적으로 아버지의 이미지가 되었다. 샤쿤탈라는 그와의 근친상간적 환상을 통해 처벌적인 모성 초자아에 대해 반발하고 있었던 것이다.

이번에는 안잘리의 사례를 살펴보자. 안잘리는 인도계 미국인 2세로, 나와 뉴욕에서 상담을 하던 당시 사회복지학을 공부하는 학생이었다. 안잘리는 뉴저지 병원의 외래병동에서 현장 근무를 하고 있었는데 그곳의 여성 슈퍼바이저와 꽤 친했다. 슈퍼바이저는 남미 출신이었으며, 안잘리는 자신과 그 사이에 가족관계 및 자녀 양육에 대한 민감성을 포함하여 많은 공통점이 있다고 느꼈다. 사실 이런 경우는 그들의 문화가 북미에서 지배적인 기풍과 차이가 있을 때가 많다. 안잘리는 후에 지역 사회복지처로 옮겼는데, 그곳에 그녀의 슈퍼바이저가 먼저 이식해 있었다. 그런데 안잘리는 외래병동에서 심리치료를 할 때와는 달리 그 슈퍼바이저를 대하는 것이 편하지 않다고 느꼈다. 그래서 그곳의 새 소장에게서 배우고자 했다. 새 소장은 지역사회 복지에 있어서 매우 역동적으로 일하고 지식도 많은 사람이었다. 그는 안잘리를 범상치 않은 유능한 학생으로 보고 관심을 많이 쏟는 것 같았다. 그런데 그가 안잘리를 칭찬하던 중요한 순간, 안잘리는 그에 대한 불평을 쏟아 놓았다. 이후 안잘리는 한동안 그를 멀리했고 이로 인해 잘 발전하던 중요한 직업관계는 틀어졌다.

이러한 자기파괴적인 행동을 분석하다 보니, 안잘리는 자신의 여성 슈퍼바이저가 안잘리와 그 남성 소장의 관계를 못마땅하게 여기고 있다고 생각한다는 것이 분명해졌다. 그것은 마치 안잘리가 자신의 아버지와 가깝게 지낼 때마다 어머니가 질투한 것과 비슷한 느낌이었다. 그래서 안잘리는 소장과 자신의 관계를 무의식적으로 힘들게 했던 것이다. 그녀가 어머니의 질투를 경험하면서 아버지를 여러 해 동안 소원하게 대한 것과 마찬가지였다. 따라서 질투하는 어머니와 분명히 관계 있는 처벌적 초자아와 함께 부성적 인물을 둘러싼 무의식적 환상, 그리고 모성적 인물의 사랑을 상실할 것에 대한 두려움이 합쳐져 안잘리는 너무나 중요한 직업관계를 무의식적으로 망쳤던 것이다.

안잘리와 소장의 관계에는 아버지의 사랑을 위해 어머니와 오이디푸스적 경쟁을 하는 것을 넘어서는 다른 문제가 있었다. 이는 안잘리에 대해 아버지가 취했던 태도 및 미국 내의 인도 이민 가정에서 그녀가 자라게 된 사실과 관계가 있었다. 직업적으로 가장 잘나가던 시기에도 안잘리는 소장이 진심으로 자신을 전문적 여성으로 높게 평가하고 있다는 것을 믿을 수가 없었다. 이것은 그녀의 아버지가 속해 있던 구자트르 산업 지역에서 아버지가 가졌던 태도 및 가치와 관련이 있었다. 그곳에서는 딸을 사랑해 주고 아껴 줘야 할 대상이자 괜찮은 사람과 중매결혼을 시키고 아이를 가질 대상으로 보지, 결코 직업을 가질 사람으로 보지는 않는다. 그녀의 아버지는 그녀가 전문가가 되는 것을 격려해 준 적이 전혀 없었다.

소장이 병원에서 힘든 정신건강 관련 서비스 일로 인해 상당히 스트레스를 받으면서 혼자 뭔가에 몰두하고 있는 듯한 모습을 보이면 안잘리는 훨씬 더 힘들어했다. 그녀는 그의 자기몰두를 마치 그가 그녀에게 전혀 신경을 쓰지 않는 것으로 경험했고, 그래서 자신이 유능한 사회복지 학생인지에 대해 심한 불안감을 느끼기 시작했다. 상담에서 내가 그 소장의 스트레스와 그녀의 아버지가 그녀의 성장과정에서 이민자로서 고생하면서 겪은 스트레스를 연관시켜 해석해 주고 나서야 그녀의 자기홀대와 우울이 사라졌다. 그녀는 아버지가 회계사로 일하면서 미국 기업의 기대에 맞추려고 필사적으로 노력할 때 오랜 기간 아버지에게 정서적으로 기댈 수 없었던 사실을 생생하게 기억했다. 당시에 그녀가 스스로에 대해 얼마나 부정적이었는지도 기억했다.

다음은 조앤의 사례다. 그녀는 20대 중반의 기혼 여성으로 기독교 지역 출신이다(Roland, 1988, pp. 108-124 참조). 주 3회의 정신분석 상담을 수개월 간 받던 중, 그녀는 처음으로 대학 시절과 대학원 시절에 가졌던 독일인 신부에 대한 각별한 애착에 대해 이야기했다. 그 독일인 신부는 그녀의 집에 자주 방문하여 얘기를 나누었으며 그녀를 대단하게 보고 인정해 주었다. 그녀는 나와의 관계가 아버지와의 관계보다는 그 신부와의 관계와 더 비슷한 것 같다고 했다. 그래서 그녀는 내가 상담 중에 말이 별로 없으면 속상해했다. 한동안 나는 조앤이 어머니에게 얻지 못한 인정을 얻으려고 처음에는 그녀의 아버지, 다음에는 남편, 그 전 상담자, 그리고 이제는 나에게 의지하고 있다고 생각했다. 그런데 그 회기까지 와서야 나와의 전이관계가 그 독일 신부와의 관계를 반영한 것이라는 사실을 깨닫게 되었다.

다음 회기로 진행되면서 그녀의 모든 남성에 대한 애착이 반영적 자기대상 관계 이상이라는 것이 분명해졌다. 그녀는 자신의 남편이 다른 여성과 데이트하는 것에 대한 환상을 가졌으며, 그에 대한 꿈을 꾸고 그로 인해 긴장감이 고조됨을 느꼈다. 나는 그 경험에 대해 그녀가 남성들에 대해 갖는 애착에는 다른 여성을 이기고자 하면서도 복수에 대해 두려워하는 마음이 숨겨져 있을 수 있다고 해석해 주었다. 이 주제는 다음 날 이어진 상담에서도 지속되었고, 그녀는 자신이 시작한 특별 워크숍에서 몇몇 어머니가 아이들을 데

려갔을 때 느꼈던 슬픔과 패배감에 대해 표현했다. 이 경우에는 그 어머니가 이겼던 것이다. 나는 무의식적인 근친상간적 애착과 처벌적 초자아 반응에 대해 해석하기 시작했다.

뉴욕에서 내가 만났던 30대 초반의 두 인도인 남성 내담자가 있었는데, 한 명은 힌두 지역사회 출신이고 다른 한 명은 기독교인이었다. 두 사람에게서도 근친상간적 환상이 쉽게 나타났다. 힌두 출신 남성은 7남매의 막내로 열한 살이 될 때까지 어머니와 한 침대에서 잤다. 그는 자신의 어머니와 자신보다 열두 살 정도 많은 가장 좋아하는 누나에 대해 갖는 성적 환상을 기독교인 내담자보다 잘 의식하고 있었다. 그 내담자는 직장에서 여성 슈퍼바이저들과 일하면서 그들과 매우 가까운 관계를 맺었다. 한때는 그녀들에게 부적절한 성적 관심 및 성적 유혹을 느꼈는데, 그것은 그가 가졌던 근친상간적 환상의 실제를 의미했다.

인도의 오이디푸스

인도인 남자아이에게 어머니와 아버지를 둘러싼 삼각관계는 서양인들의 그것과는 다른 순서로 나타난다. 남아는 결코 어머니를 빼앗기는 법이 없다. 충분한 만족과 스킨십을 제공하는 장기간에 걸친 초기 공생적 자녀 양육은 아이가 만 4, 5세가 될 때까지 계속된다. 그렇게 시작된 모자관계에서 아들은 어머니와 계속 깊은 애착관계를 갖고 평생에 걸쳐 원가족 일에 관여할 것으로 기대된다. 인도 어린 아이는 남아든 여아든 그다음 동생이 태어날 때까지 어머니 곁에서 잔다. 그 후에는 다른 형제나 자매, 고모나 삼촌과 함께 자고 혼자 자는 일은 거의 없다. 분리, 자율, 주도, 자기결정과 같이 현대 미국의 자녀 양육에서 중요시하는 가치에 대한 추구가 의존성과 상호 의존성을 중시하는 인도에서는 장려되지 않는다. 이것은 청소년기에도 똑같이 적용되어 그 시기에 반항이나 독립된 정체성의 추구는 나타나지 않는다.

이와 같은 친밀한 모자관계는 인도 남아에게 어떤 영향을 미칠까? 인도 남성은 전형적인 서양 남성보다 훨씬 더 모성적이며 여성적인 자질을 많이 개발한다(kakar, 1978, 1989; Roland, 1988). 따라서 그들은 서양 남성보다 더 많은 양성성을 지닌다. 또한 임상적 자료에 따르면 서양인보다 거세 불안이 훨씬 적은 것으로 알려져 있으며, 인도 여성 또한 음경 선망이 훨씬 덜하다(T. C. Sinha, 개인적 서신, 인도정신분석학회 전 회장). 어머니로서의 여성이 인도 남성의 심리세계에서 차지하는 비중은 서양의 경우보다 훨씬 크다. 여성은 무의식적으로 매우 강력한 존재로 지각되며, 이것은 매우 강력한 어머니 여신의 모습을 한 힌두 신들에 의해 강화된다. 인도인 남성에게 있는 모성적 · 여성적 특성은 인도의 서열관계에서 상위자가 하위자에 대해 공감적이고 돌봐 주기를 기대하는 데서 볼 수 있듯이 매우 적응적이다. 그러다 보니 인도의 서열관계는 계약적 권리와 의무에 의해 성립되는 서양의 서열관계보다 훨씬 따뜻하다.

인도의 대가족 구조는 이러한 모자의 끈을 강화시켜 준다. 그곳에서는 다세대가 모여 사는 대가족이 전통적으로 우선시되고, 기본적인 관계의 끈은 잘 정의되어 있는 복잡한 서열관계를 중심으로 성립된다. 인도의 대가족 구조 속에서 부부관계는 미국의 핵가족에서 갖는 중요성과 끈끈함을 갖지 않는다. 젊은 아내는 전통적으로 남편의 가족구조 사다리에서 가장 낮은 부분으로 통합되고, 주로 남편의 애정을 놓고 시어머니와 부딪힌다. (흥미롭게도, 정신분석적 심리학자인 Niti Seth 박사의 관찰에 따르면 시어른들이 갓 결혼한 여성을 너무 쉽게 잘 받아 주면 새신랑은 종종 발기부전을 경험한다고 한다. 오히려 아내가 이방인처럼 취급되면 남편은 좀 더 수월하게 자기의 가족 내의 여성에 대해 자신이 가진 근친상간적인 환상에서 아내를 떼어 놓고 생각하게 되는 듯하다.) 가부장적 시스템에서 그녀는 아이를 낳으면, 특히 자신이 늙어 갈 때 자신을 보살펴 줄 것으로 기대되는 아들을 낳으면 지위가 상당히 올라간다. 따라서 아들의 애착을 독려하는 것은 그녀 자신의 안위를 챙기는 데 도움이 될 뿐 아니라 다세대에 걸친 대가족의 결속을 영속화하는 데도 도움이 된다.

부자관계에서 아버지는 어떤 역할을 할까? 아버지는 아버지-어머니-아들의 삼각관계에서 아들과 크게 경쟁하는 일이 별로 없다. 오이디푸스 단계에서 혹은 청소년기 동안 세대 간 갈등이나 반항이 있다는 증거도 거의 없다. 이것은 서양의 아들이 자주 아버지 혹은 멘토와 같은 부성적 인물을 넘어서려 하는 것과 대조된다. 인도의 대가족 내에서 남성 사이의 경쟁은 상호 의존성, 조화, 협력에 대한 선호로 인해 상당히 축소된다. 그렇다고 해서 경쟁이 존재하지 않는다는 말은 아니다. 11장에서 언급하겠지만 특히 형제들 사이에서 질투와 경쟁이 나타나기도 한다. 또한 힌두 문화는 아버지 및 형들에 대해 이상화할 것을 매우 장려한다. 그러한 이상화 속에서 아버지, 형들 및 남녀 어른들은 신과 여신의 부분적 현현화로 여겨진다. 인도 아들은 왕을 넘어뜨려 왕좌를 차지하려고 하지 않는다. 그 아들은 자신이 차지한 왕자로서의 지위를 훨씬 선호한다.

인도의 가족관계를 겉에서 보면 전통적으로 아버지는 정서적으로 거리를 두는 규율가로서 집안의 기준을 만들고 가족 구성원들이 그것을 준수하도록 하는 역할을 한다(B. K. Ramanujam, 개인적 서신). 정신분석적 치료를 해 보면 그 안에 숨어 있는 부자간의 정서적 유대가 드러난다. 아들은 아버지를 절실히 필요로 한다. 그에게 아버지는 자신이 동일시하는 남성적 모델의 역할을 할 뿐 아니라 자신을 질식시킬 듯한 모성적 공생관계로부터 자신을 구별하고 어느 정도 분리하는 것을 가능케 해 주는 동맹관계의 역할을 한다(Kakar, 1980). 일생에 걸쳐 아들은 겉보기에는 거리감 있는 아버지의 존중을 얻어 내려고 애쓰는데, 그 노력은 아버지가 세상을 떠난 후에도 지속된다. 그들은 아버지가 빛나도록 노력하면서 아버지의 명성과 존중감을 향상시키려고 한다.

현대 미국에서 10대에게 성은 가족 외의 관계에서 자신의 자율성을 키우도록 도와주는 해방적 힘이 된다. 하지만 인도의 10대에게는 성이 그렇게 경험되지 않는다. 오히려 성은 가족과 더욱 과잉 밀착 관계를 가지고 더 많은 의무감을 지게 되는 것과 관련이 있다(Grey, 1973). 배우자는 가족이 정해 주는 경우가 대부분이고, 그렇지 않다 해도 적어도 가족의 허락이 있어야 한다. 결혼은 부부간의 문제라기보다는 두 집안 사이의 문제로 여겨진다.

민속학에서는 인도 남성이 여성의 과도한 성욕에 대해 불평한다고 하는데, 이러한 현상은 상담 장면에서도 나타난다. 인도에서는 여성의 성욕이 여성의 권력을 반영한다. 인도에서는 어머니 여신들이 우주적 에너지와 활동을 주관하는데, 서양의 경우는 이를 남성적 법칙으로 본다. 인도의 문화적 전통에는 너무 많은 정액을 배출해 버리면 몸이 쇠하게 될 수 있다는 두려움이 존재한다. 내가 상담을 하면서 받은 인상은 인도 남성이 느끼는 여성의 성욕에 대한 두려움은 거세 불안에서 기인하기보다, 지나친 관계 몰입에 대한 두려움 혹은 여성에게 자신을 송두리째 맡겨야 할 것 같은 두려움에서 기인한다.

인도의 신화에서 오이디푸스 콤플렉스는 아들이 아버지를 살해하고 어머니와 결혼한다는 주제에 초점이 있지 않다. 오히려 아들에 대해 질투하는 아버지가 아들을 살인하고 싶어 하는 충동에 초점을 둔다(Ramanujan, 1983). 이것은 원래의 오이디푸스 신화에서 매우 부수적인 주제에 지나지 않았다. 인도의 오이디푸스적 주제는 보통 남편보다는 아들이 대우받는 인도의 가족구조와 잘 어울린다. 시바의 아내였던 파르바티(Parvati)의 예를 살펴보자. 그녀는 목욕을 하면서 자신의 장남인 가네시에게 아무도 못 들어오게 지키고 있으라고 했다. 아버지 시바가 도착했을 때 가네시는 아버지가 집에 못 들어가게 했다. 그러자 시바는 가네시의 머리를 베어 버렸다. 나중에 파르바티의 마음을 달래 주기 위해 시바는 가네시에게 머리를 달아 주었다. 그런데 운명의 장난인지 그것은 코끼리 머리였다.

여성의 성

인도 여성들의 성은 대가족의 도덕률에 의해 상당 부분 형성된다. 대가족 내 도덕률은 그들의 자아 이상에 깊숙이 내재되어 있다.

인도 여성들은 성에 대해 쉽게 잘 받아들이며 청교도적 가치관이나 빅토리아 시대의 가치관과 같은 성에 대한 억압은 거의 느끼지 않는다. 역설적이게도, 그들은 다른 내면화된 가치로 인해 성적 표현을 상당히 꺼린다. 그 가치는 현대 미국 사회가 성적 표현에 대해 허용하는 것과 비교하면 정말 엄격할 수 있다. 인도 처녀의 성은 그녀의 원가족의 명예와 명성에 정말 중요한 역할을 한다. 나아가 그녀가 결혼할 시댁 가족의 영속화에도 매우 중요하다. 그녀, 그녀의 형제자매 그리고 사촌이 결혼 상대가 될 만한지는 가족의 명성에 달려 있다. 따라서 대가족 관계 내에서 일어나는 일보다 겉으로 보이는 것이 가족의 명성을 결정하는 데 훨씬 더 중요한 역할을 한다. 온갖 종류의 사랑 놀이와 음행이 사촌들 사이에, 조카와 삼촌 사이에 있을 수 있으며, 대가족 내에서 불륜이 있을 수도 있다. 하지만 그들이 그것을 밖으로 공개하지 않는 이상 가족의 명성은 손상되지 않는다. 힌두 영화에서는 여성들의 성이 갖는 이중적 속성이라는 오래된 주제를 자주 다룬다. 영화에서 보면 성적으로 문란하여 가족 내에 큰 혼란을 야기하는 여성은 성적으로 자유로운 서구화된 여성과 동일시되며, 성적인 면에서 조심스럽게 행동하는 여성은 전통적 인도 여성과 동일시된다(Nandy, 1979; Vatsyayan, 1975).

나는 뭄바이에서 만 17세의 여대생 집단을 대상으로 집단상담을 할 때 협력 리더로 참여한 적이 있었는데, 그중 많은 학생이 매일 아침 등교할 때 대단한 불안감을 경험한다는 사실에 놀랐다. 그들은 모든 사람의 눈이 자신들을 향하면서 자신들을 혹독하게 판단하고 있다고 생각했다. 특히 그들이 알지 못하는 사람들이 자신을 비난하고 있다고 생각했다. 나는 이러한 투사가 가족 내에서 그들의 어머니와 다른 여성들이 그들을 혹독하게 비난한 것을 내면화한 데에서 기인했을 것이라고 생각했다. 상담을 하면서 알게 된 사실은 그들의 어머니는 딸을 비난한 것이 아니라 주로 다른 소녀들이 적절치 못한 행동을 하면 손가락질을 하면서 그들의 행동에 대한 소문이 그 가족의 명예를 얼마나 실추시키는지에 대해 설명했음을 알게 되었다. 그 교훈이 여대생들에게 남아 있었던 것이다. 그들은 자신을 어머니가 해 준 이야기의 주인공이 되는 다른 소녀와 쉽게 동일시하게 되었고, 남녀공학이라는 좀 더 자극적인 환경에서 남들이 보는 앞에서 어떤 행동이든 조금이라도 부적절해 보이면 심하게 수치심과 창피함을 갖게 됐던 것이다. 그들의 두려움은 자신들이 신뢰하는 친구가 하는 비난의 소리가 아니라 뒤에서 자신의 이야기를 할 수 있다고 여겨지는 낯선 사람에 대한 것이었다. 실제로 인도에는 "여성의 몸에는 1,000개의 눈이 있다."라는 속담이 있는데, 이 속담을 통해 그들이 얼마나 감시받고 있다고 느끼는지를 알 수 있다.

대가족 내에는 '겸손/부끄러움'이라는 이름하에 여성에 대한 엄격한 도덕률이 존재한다(Das & Nicholas, 1979). 기혼 여성은 시아주버니(남편의 형), 시아버지 그리고 남자 시어른들과 거리감을 유지하면서 그들을 대할 때 조심스러워야 한다. 도련님(남편의 남동생)과는 정서적으로 좀 더 가까운 관계를 가질 수 있다. 이러한 가족 내의 도덕률 때문에 인도의 대가족에서는 미국의 대가족에서보다 남녀유별이 훨씬 심하다. 전통적으로 아내와 남편은 다른 가족 구성원들 앞에서 애정을 과시해서는 안 되며, 가족들이 함께 식사를 할 때도 따로 떨어져 앉아야 한다.

상담에 온 인도 여성들은 자신의 남편들보다 시댁 식구들과 어떻게 잘 지낼지에 대해 훨씬 더 걱정하는 것 같다. 그런가 하면 인도와 미국의 교육 수준이 높은 사람들 사이에서는 남편과의 좀 더 동등한 관계에 대한 요구가 늘어나고 있다. 자신의 결혼을 주로 스스로 결정하는 2세 인도계 미국인 여성들은 부부관계에 대해 훨씬 더 관심이 많다. 전통적으로 인도 여성들은 정서적으로 친밀한 관계를 자신들의 아이들 및 가족 내의 다른 여성들과 맺는 경향이 있다. 특히 여러 세대가 함께 사는 집안에 살면 그 경향은 더욱 두드러진다.

이를 잘 보여 주는 예로 사이다의 사례가 있다. 그녀는 나와 1980년에 상담을 했는데, 그때 그녀가 주로 호소하는 문제는 전형적인 시어머니와 며느리 사이의 갈등이었다(Roland, 1988, pp. 174-179). 그녀는 당시에 결혼한 지 2년 되었고, 상담 시간 중 많은 시간을 매우 까다로운 시어머니에 대해 몹시 화가 난 마음을 표현하는 데 사용했다. 그녀의 시어머니는 사이다에게 이것저것 하라고 명령했고, 그녀가 친정에 방문하는 것을 허락하지 않았으며, 그녀보다 자신의 딸들에게 더 많은 선물을 주었다. 그들은 모두 함께 모여 살았고, 그곳으로부터의 출구는 없었다. 사이다의 결혼은 중매결혼으로, 결혼 당시 그녀는 남편이 장남이므로 당연히 시댁 식구와 함께 살 것으로 이해하긴 했다. 한 달간 주 3회 상담을 진행하면서 나는 사이다가 원가족 내의 문제 있던 관계를 시어머니와의 관계에 무의식적으로 전이하고 있으며, 이로 인해 사이다가 시어머니 대하기를 무척 힘들어하게 되었다는 것을 지적할 수 있었다. 이 해석은 그녀에게 상당히 도움이 되었다.

11년이 지나고 사이다는 자신의 시어머니에 대한 괴로운 마음 때문에 다시 상담을 찾았다. 상담을 찾은 이유는 지난번과 무척 달랐다. 그녀의 시댁 식구들은 좀 복잡했던 가족 사업 문제로 인해 사이다 가족에게 뭄바이의 매우 좋은 지역에 있는 넓고 호화로운 저택을 구입하여 이사하도록 했다. 그들이 이사한 후 시어머니가 그 집을 방문하곤 했는데, 시어머니는 하룻밤도 그곳에 머물지 않으려 했다. 사이다와 그녀의 남편은 둘 다 매우 상처받고 속상했다. 지난 11년 동안 사이다와 시어머니는 정서적으로 매우 친밀해졌고, 시어머니는 사이다를 많이 의지하게 되었다. 예전 관계와 완전히 반대가 됐던 것이다. 처음에 사이다가 나를 찾아왔을 때만 해도 찾아볼 수 없었던 상당한 정서적 유대감이 생긴 것이다.

우리는 두 회기에 걸쳐 이러한 상황에 대해 이야기했다. 사이다는 그녀의 시어머니가 여섯 살 때 어머니를 잃었다고 했다. 나는 사이다와 그녀의 가족이 시댁에 있다가 새 아파트로 이사한 것에 대해 시어머니가 버림받은 기분을 느꼈을 것이라고 해석했다. 비록 그 시어머니도 이사에 찬성하긴 했지만 자신의 어머니가 죽었을 때 느꼈던 그런 감정이 떠올랐을 것이다. 나는 사이다에게 바쁜 직장생활에서 시간을 내어 시어머니를 더 자주 부르고 시어머니와 더 많은 시간을 보내 보라고 제안했다. 이 제안은 효과가 있었다. 이후에 시어머니는 그 집에서 잤고, 이로 인해 가족 내에 생기고 있던 큰 균열이 치료되었다.

정신분석적 치료를 해 보고 사회 상황을 관찰해 보면 모녀간의 유대뿐 아니라 부녀간의 유대도 상당하다는 것을 알 수 있다. 아버지는 특성상 적어도 겉으로 보기에는 아들과는 거리를 많이 두고 딸과는 거리를 덜 두는 편이다. 그래서 부녀간에는 더 친밀한 관계를 맺기도 한다. 여성은 때로는 나이 차이가 많이 나는 큰오빠와 친밀한 관계를 갖기도 하며, 때로는 삼촌하고 친하기도 하다. 사이다의 경우에는 큰오빠와 친했다.

비록 인도의 가족구조는 일반적으로 가부장적이고 새 신부는 남편 집안에 통합되게 되어 있지만, 대가족 내에서 인도 여성의 역할은 매우 크다. 그들은 결혼을 중매하고, 가족 내의 화합을 도모하며, 가족의 안녕을 위한 의례를 행하고, 의사결정의 상당 부분에 관여하는 등의 일을 한다. 게다가 인도에서는 서양과 대조적으로 활동, 에너지, 힘(샤크티[shakti]*)과 같은 철학적 원칙이 여성적이다. 여신들은 힌두 신들 중에서 매우 강력한 존재이며, 여성이 동일시할 수 있는 여성적인 신화적 인물이 수없이 많다. 따라서 인도에서 여성은 상당한 힘과 권력을 가진 존재라는 정체성을 가지면서 겉으로 보기에는 남성적 가부장제 속에서 남성이 더 높은 지위를 갖는 것에 대한 균형을 맞추어 준다.

추동 이론과 인도인의 성격

인도인의 자아 이상과 초자아는 서양적 양심과 다른 형태로 발달하기 때문에 심리성적 발달과 성격 형성에 대한 고전적 정신분석 이론에 의문을 제기하게 된다. 여기서는 Mark Sylvan(1981)이 구강적 성격에 대한 고전적 정신분석 이론을 인도인의 성격과 행동을 설명하는 데 적용한 것을 인용하고자 한다. 그가 적용한 내용을 살펴

---

*역자 주: 여성의 기를 의미하는 인도어.

보면 심리성적 발달 이론을 보편적인 것으로 가정하고 개인주의 문화에서 나타나는 어린 시절의 발달을 별 반성 없이 기준으로 삼을 때 심각한 문제점이 드러난다. 나아가 현대 서양 문화와 매우 다른 문화 및 역사적 시대를 고려하지 않고 어머니와 아이로 이루어진 한 쌍을 둘러싼 초기 대상관계를 설명하고, 이를 바탕으로 자아 이상과 초자아의 발달과 기능 양상을 설명하려 할 때도 심각한 문제점이 드러난다.

Sylvan은 인도인의 친밀한 어린 시절 의존관계를 지나치게 만족된 구강기로 본다. 그는 사람들이 그러한 구강기를 보내면 적극적이지 못하고 타인에게 지나치게 자신을 돌봐 달라고 요구하게 된다고 비하한다. 다른 아시아인들도 비슷하다고 볼 수 있다. 그의 관점에서 보면, 인도인의 관계에는 구강적 가학증이 두드러져서 그 관계를 경험한 사람들은 잘 회유되고 순응적이게 된다. 그래서 사람들은 무언가에 대해 거절하거나 '아니요' 라고 말하기를 매우 힘들어한다. Sylvan은 이 모든 것을 구강적 공격성에 대한 반동형성(reaction-formation)이라고 본다.

내 생각에는 순응성과 '아니요' 라고 직접적으로 말하지 못하는 것과 같은 대인관계 행동적 양상은 반동적 구강적 가학증이라고 보기보다, 인도 아이들이 잠재기와 청소년기를 지나면서 공적인 서열관계에서 적절히 예의를 갖추기 위해 자신의 자아 이상과 초자아에 엄격한 사회적 가치를 내면화하면서 나타난 결과라고 보는 것이 훨씬 타당하다. 순응적으로 행동하는 것은 대가족 및 다른 집단에서 기능하는 데 핵심적 역할을 한다. 반동형성이 자주 나타나는 것은 사실이지만, 그들의 순응적 행동은 구강기 및 구강적 가학증과 관련이 있기보다, 서열관계에서 예의 있게 행동하도록 하는 강력한 단속으로 인해 형성된 엄격한 잠재기의 초자아와 훨씬 관련이 깊다. 따라서 추동의 움직임보다는 양심의 구체적 규율과 발달이 전치 및 반동형성에 대한 강조와 더불어 인도인의 성격 발달 및 그 후에 나타나는 행동에 훨씬 더 핵심적 역할을 한다고 보아야 한다. Sylvan이 순응적 태도와 '아니요' 라고 직접적으로 말하지 못하는 것(이는 모든 아시아인에게 해당한다)을 그렇게 부정적으로 보았다는 사실 자체가 바로 그가 서양적 개인주의의 핵심인 자기주장 및 언어적 표현력에 가치를 두고 있다는 것을 반증한다. Sylvan은 Freud의 구조적 이론을 비교문화적 작업에 적용하는 것에 대해 진지하게 고려하지 못했던 것이다. 당연히 그는 문화가 양심에 미치는 영향에 대해서도 전혀 고려하지 못했다.

마찬가지 맥락에서 초기 어린 시절의 구강 욕구 충족과 의존성 때문에 인도인이 비활동적이고 극도로 수동적이 되었다고 보지는 말아야 한다. 오히려 그러한 경험 때문에 그들은 타인을 민감하게 수용하게 되었으며, 타인에게 더 많은 보살핌 받기를 기대하기도 하지만 동시에 타인의 욕구를 채워 주는 데 있어서 모성적으로 돌보는 역할을 하기도 한다. 즉, 이러한 초기의 공생적 모자관계(대가족 내의 다른 어머니들을 포함하기도 한다)는 유럽 및 미국의 전형적 관계보다 훨씬 더 상호 의존적인 관계가 된다. 상호 의존성은 인도의 대가족 관계에서 기능하는 데 필수적이다. 보통 구강적 특성이라 하면 개인의 비활동성 또는 극도의 수동성과 연관 지어 멸시적 느낌을 준다. 그런데 이러한 느낌은 사실 분리-개별화 과정에서 중요시하는 요소 및 개인주의와 조화를 이루지 못하는 일종의 서양적인 공생적 자녀 양육 방식에서 나오는 것이지, 초기 아동기에 리비도(libido)의 만족을 극대화한 것이 문제가 되는 것은 아니다.

서양 문화에서 고전적 정신분석 모델은 어느 정도 임상적 설명력을 가진다. 하지만 내가 보기에 전반적으로 이것은 서양에서의 자녀 양육이 어느 정도 미묘한 변형은 있지만 대체로 일률적 방식으로 이루어져 왔기에 가능하다. 초자아의 발달을 비롯하여 초기 어머니와의 관계에서의 정신내적(intrapsychic) 내면화는 여러 서양 사회에서 꽤 비슷한 방식으로 이루어져 왔다. 고전적 정신분석가들은 심리성적 발달의 각 단계에서 추동들 사이의 만족 및 좌절 양상에 대해 자신들이 일반화한 부분이 모자 사이의 정서적 관계 및 초자아의 명령이라는 복잡한 상태와 밀접한 관계를 갖는다는 사실을 잘 인식하지 못한다.

비교문명적 정신분석 작업을 해 보면 정신분석적 추동 이론을 크게 고칠 필요가 있다는 사실이 분명해진다. 초자아와 자아 이상 발달의 변천 및 초기 대상관계는 모두 문화와 관계를 맺으며 성격 발달 및 그 후에 나타나는 행동 그리고 여러 종류의 방어의 형성에 있어서 중요한 역할을 한다. 따라서 문화의 역할은 추동들 그 자체로 설명되는 초자아, 자아 이상, 대상관계만큼 혹은 그 이상으로 강조된다.

영적 문화와 성

힌두교적 문화는 관능적인 것과 금욕적인 것 사이를 오간다. 성과 관능은 바크티(bhakti) 수행*을 통해 종교적 영역에 만연하다. 그와 완전히 반대되는 것은 금욕과 고행을 통해 표현된다. 나는 어느 날 뭄바이에 위치한 유명한 바라트 나티암(Bharat Natyam)** 학교의 리허설을 관람했는데, 거기에서 평소에는 전혀 그렇지 않던 댄서가 가끔씩 극도로 관능적이 되면서 미묘한 눈빛과 얼굴 표정을 만드는 것을 보고 정말 놀랐다. 나는 서양적 시각을 통해 춤을 보고 있던 터라 그 대단한 관능미가 세속적인 춤과 관련 있을 것이라고 생각했다. 그런데 실제로는 주제가 종교적이면 종교적일수록 댄서는 더욱 철저히 관능적이 되었다. 관능은 사회에서 금욕생활을 하는 데 적절히 절제되다가 금욕적 종교성이 있는 곳에서 충분히 표현되고 있었던 것이다. Barbara Stoler Miller(1977, p. 17)가 자야데바(Jayadeva)***의 서정시 〈Gitagovinda〉를 소개하면서 표현했듯이, "자야데바의 운문은…… 분명히 관능적이며 신적 사랑에 대한 관능적 즐거움을 찬양한다."

바크티라는 영적 여정에서 인도 남성은 주로 크리슈나(Krishna) 신을 숭배하면서 그의 연인인 라다(Radha)와 자신을 동일시한다. 환원주의적으로 보면, 이것은 종교적 수행을 통해 초기 모성적 동일시로의 퇴행을 조장하는 것이라고 볼 수 있다. 이 남성들이 헌신된 종교적 여정에 참여하기 위해 어린 시절 모성적 여인과 무척 동일시했던 경험에 의지하는 것으로 이해될 수도 있다.

*역자 주: 신에 대한 헌신적 사랑을 위한 종교적 수행.

**역자 주: 일종의 인도 고전 발레.

***역자 주: 인도의 서정시인.

종교적 훈련의 주요 요인이라 할 수 있는 초연성은 인도인들 사이에 만연한 강렬한 관능과 성에 내포되어 있다. 인도에서 성은 서양에서처럼 개인적 자율성을 내포하기보다 크게 가중된 가족에 대한 의무감을 함축한다(Grey, 1973). 따라서 브라흐마차리아(brahmacharya)* 에 대한 갈망, 혹은 영적 수양을 위해 성인기에 선택하는 성적 절제 및 금욕(청소년기의 성적 금욕은 세대주가 되기 위한 준비로서 적절한 것으로 여겨진다)은 대가족 및 지역사회 관계에서 보면 강하게 얽혀 있는 개인적 애착관계 및 의무감을 어느 정도 느슨하게 해 주는 요소로 이해될 수도 있다. 하지만 영적인 영역에서 보면 개인적 자율성을 향한 발걸음으로 이해될 수 있다. 간디가 브라흐마차리아를 열망했던 사례에서, Grey(1973)는 Erikson(1969)이 유능감과 영적 자율성에 대한 갈망보다 방어적 동기를 강조한 것을 적절히 비판한다.

요 약

이 장에서는 인도 문화 속에서 인도인이 서양인과 확연히 다른 자녀 양육, 가족구조, 자아 이상 및 초자아, 그리고 초기 대상관계를 경험하면서 형성하는 성과 심리성적 발달에 대해 탐색했다. 정신분석 상담을 받은 인도인의 사례들을 통해 근친상간적 환상과 처벌적 초자아의 반응이 인도에도 존재함을 확인할 수 있었다. 또한 남아에 대한 인도적 오이디푸스에 대해서 이러한 여러 가지 요소를 통

---

* 역자 주: 자기정화를 의미하는 인도어.

해 분석했다. 여성의 성에 대해서는 대가족의 도덕성 및 관계라는 측면에서 살펴보았다. 인도인의 성격에 추동 이론을 적용한 예를 보면 성격 형성과 관련된 심리성적 이론은 비교문명적 분석을 위해 새롭게 공식화될 필요가 있다. 이 장에서는 힌두의 영적 문화와 성 사이의 관계에 대해 나름의 결론을 내렸다.

다문화와 정신분석 10

정신분석 및 정신분석적 치료에서의 영적 세계와 역술 세계

정신분석적 관점

프로이트학파 정신분석은 영적 세계가 인간 심리의 핵심 영역임을 거의 인정하지 않았고, 신프로이트학파(neo-Freudian) 분석가들만이 아주 제한적으로 그것을 인정했다. 종교의 신비성을 말살하고 이성적 세속주의와 과학을 숭상하던 계몽주의적 관점은 Freud(1927)에게 이어졌으며, 그 역시 종교를 인간의 유아적 무력감이라는 취약성을 극복하기 위해 채용된 일종의 환영(illusion)이라고 치부했다. 정신분석에서는 보통 영적 경험을 초기 모사 사이의 공생적 관계(바다와 이어진 기분[oceanic feeling][1])로 퇴행하는 것으로 치부하거나 다양한 방식으로 정신병리적인 것으로 본다(Masson, 1976). 프로이트학파 정신분석가들 중 극소수만이 이러한 견해를 넘어섰다.

좀 더 최근 들어서는 William Meissner(1984)와 Anna Marie Rizzuto(1979)라는 천주교 정신분석가들이 Winnicott의 대상관계 이론을 활용하여 정신분석과 종교의 관계를 새롭게 정립했다. 두 정신분석가는 Winnicott이 환영을 초기 어린 시절 발달 및 종교를 포함한 모든 문화 영역의 상징화에 핵심적이라며 긍정적으로 평가했던 것을 강조하면서 종교에 대한 새로운 정신분석적 시각을 제시하였다. 그들은 또한 Freud가 환영 위에 현실을 두었던 것에 바탕이 된 실체 이원론을 비판하였다. 그들은 일반적으로 영적인 경험에 대해서는 구체적으로 고려하지 않았는데, 그런 면에서는 Freud와 비슷하다. Kakar(1991)는 환상에 대한 Winnicott의 견해에 근거하여 라마크리슈나(Ramakrishna, 1834~1886)*와 같은 위대한 인도의 신비 사상가가 말한 '바다와 이어진 기분'을 퇴행적이지만 긍정적으로 보는 관점을 정당화한다. 따라서 Kakar는 영적 경험을 환원주의적으로 풀어냈던 정신분석적 전통을 계승하면서도 훨씬 더 세련된 방식으로 이를 설명했다.

정신분석가들이 신비주의와 영성에 붙여 준 오명은 너무나 파급효과가 커서 프로이트학파 분석가들 중에서 이 영역에 직접적으로 기여했던 사람은 극소수였다. 그중 한 명인 Marion Milner(1987)는 신비주의에 대한 자신의 글을 출판하는 것을 수년간 미루고 사적인 방식으로 그 글을 유포했다. 프로이트학파 분석가들 중 영적 영역을 직접적으로 인정했던 사람은 Wilfred Bion(1970)과 Erik Erikson(1958, 1969)이다. Bion은 궁극적 현실(ultimate reality)과 알 수 없는 세계(the

---

*역자 주: 힌두교의 종교개혁자이자 신비 사상가.

unknowable)라는 개념을 통해, Erikson은 루터와 간디에 대한 자신의 글을 통해 영적 영역을 다루었다. 물론 덜 알려진 사람들 중에 플라워 5가 정신분석 연구소(Flower Fifth Avenue Psycho analytic Institute)의 공동 설립자인 Harmon Ephron, 그리고 Erikson과 가까이 지내며 함께 일한 Margaret Brenman-Gibson도 있다.

Karen Horney와 Erich Fromm 같은 신프로이트학파 정신분석가들(Fromm, Suzuki, & DeMartino, 1960)은 선불교를 접하면서 영적 세계에 훨씬 더 개방적이 되었다. 특히 Horney 그룹은 1940대 이후 Martin Buber 및 하시디즘(Hassidism)*[2]에 참여하고 선불교도 접했으며, 나아가 인도의 영성 문화 및 크리슈나무르티(Krishnamurti)와 같은 영적 지도자에 대해서도 관심을 가졌다.[3]

최근 정신분석과 영성 사이의 접목 지점에 대한 관심이 재등장했다. 이러한 경향은 주로 선불교 명상법이나 미얀마의 비파사나 불교 명상법, 티베트의 불교 명상법에 깊이 관여한 정신분석가 또는 정신분석 수련생들에 의해 주도되었다. 1994년 4월 뉴욕에서는 '고통받는 자기: 정신분석가와 불교인의 담화' 라는 주제로 이틀 동안 콘퍼런스가 열렸다. 이러한 주제로 콘퍼런스가 열린 것은 미국에서 처음 있는 일이었다.[4] 500명 이상이 여기에 참석하겠다고 지원했는데, 이는 보통 다른 정신분석적 모임에 참여하는 수보다 훨씬 많은 수였다. Nina Coltart(1992), Paul Cooper(1995), Mark Finn(1992), Jeffrey Rubin(1996), John Suler(1993)와 같은 분석가들 혹은 분석 수련생들은

* 역자 주: 18세기에 폴란드와 우크라이나의 유대교도 사이에 일어난 신비주의적 경향의 신앙부흥운동.

모두 정신분석의 과정 및 이론을 불교식의 명상법 및 이론과 접목하는 것에 대해 적극적으로 집필하고 있다. Eigen(1995), Leavy(1995)와 같은 분석가들은 정신분석 및 신비주의 같은 광범위한 영역에 대해 집필하고 있다. 불교와 심리치료에 대한 대규모 콘퍼런스도 몇 번 열렸는데, 거기서는 달라이 라마가 자주 연설을 했고, Brown(1986), Engler(1986), Epstein(1995), Goleman(1977), Kornfield(1977), Wilbur(1986)와 같이 불교와 심리치료에 모두 관여하고 있는 심리학자들 및 정신과 의사들이 그 주제에 관한 연구 발표를 했다.

정신분석가들이 인간의 심리세계에 있어서의 영적 영역을 대충 다루어 왔다고 본다면, 점성학, 수상학, 심령술, 영적 세계 등에서 말하는 개인적 운명에 대한 역술 세계는 현대적이고 과학적인 교육을 받은 서양 정신을 가진 사람들에게 금기 대상이 된다. 여기에는 정신분석가들을 비롯하여 남아시아 전문가들도 포함된다. 서양 문화에서도 분명 이러한 흐름에 대한 역류가 있다. 하지만 그들은 종종 반체제 문화를 홍보하는 역할에 그쳤으며, 주류 문화에서는 개인적 운명 및 역술 세계라는 개념을 완전히 미신으로 평가절하한다.[5]

이에 반해 힌두인들은 기본적으로 자기가 서구적이고 개인화된 자기보다 훨씬 더 관계적 세계와 관련이 있다고 가정한다. 아시아인들은 좀 더 가족적인 자기를 보여 준다. 나아가 힌두인들은 자기가 다양한 비가시적 영역과 영향에 개방되어 있고 그 수명 또한 훨씬 길다고 가정한다. 이러한 기본 가정은 불교, 도교, 신도(Shintoism) 등에 영향을 받은 다른 아시아 문화권의 사람들도 어느 정도 공유하고 있다. 따라서 아시아인들에게 자기는 영적 세계, 조상, 행성적 영향, 현재에 작용하는 과거 삶의 행위와 경험 및 미래에 영향을 줄 현재 행위와 경험에 열려 있다. 나아가 힌두인들은 점성학, 수상학, 심령술, 영적 세계 등을 통해 개인의 운명에 대해 인지하게 된다. 의례 및 다른 수단을 통해 그 운명을 부분적으로 바꿀 수도 있다. 이 모든 담론이 서양의 정신분석가에게는 완전히 낯설다. 하지만 그것은 정신분석적 치료를 할 때, 특히 힌두인 내담자를 대상으로 할 때 치료의 중심에 자리할 수 있다.

정신분석적 치료에서 영적 세계

나는 지난 35년 동안 인도와 뉴욕에서 25명 남짓의 인도인 내담자를 대상으로 단기 및 장기 정신분석적 치료를 해 보았다. 그동안 다양한 미국계 내담자들도 상담했다. 그중에서 영적인 추구에 대해 진지하게 깊이 관여해 온 사람들은 소수에 불과했다. 힌두인과 미국인 사이에 차이가 있다면, 전반적으로 인도인들은 자신들 안에 영적 실체가 존재하며 노력을 통해 그것이 실현될 수 있다고 가정한다는 것이다. 세 아이의 어머니인 한 회교도 여성은 뭄바이에서 상담을 받던 어느 날 다음과 같이 말했다. "만일 제가 매일 새벽 4시에 일어나서 기도하고 묵상하면 결국 신을 만나게 될 거예요. 하지만 저는 너무 피곤해서 그렇게 일찍은 못 일어나요." 이러한 태도는 영적 세계의 가능성 자체에 대해 의문을 갖거나 단순히 그러한 부분은 중요하지 않다고 보는 미국적인 태도와 대조를 이룬다.

인도인들은 인생에 있어서 근본적인 심리학적 목표는 좀 더 훌륭한 성품을 갖도록 하는 자기변형에 있다고 암묵적으로 여긴다.

그러한 자기변형을 이루다 보면 서서히 적극적으로 영적인 것을 추구하게 되는데, 이것은 보통 인생의 후기 단계나 미래에 나타나는 변화로 볼 수 있다. 영적 변화를 추구하는 데 열심인 사람들은 가장 존경받는 대상이 된다. 성지 순례에서 막 돌아온 한 친구가 델리에서 집에 가려고 택시를 잡고 있었는데, 아주 이른 새벽 시간이라 택시를 잡는 데 애를 먹었다. 그런데 그녀가 "아저씨, 제발요. 제가 몸이 너무 피곤해서 그래요. 성지 순례 갔다가 막 돌아왔거든요."라고 말하자 곧 택시를 잡을 수 있었다.

지속적으로 명상이나 기도, 의식 같은 영적 수행을 열심히 해 온 몇 안 되는 내담자들의 경우, 미국인과 인도인 모두 매일 명상을 하면서 자아가 해체되는 것 같은 현상을 경험한다고 보고했다. 샤쿤탈라는 종교적 스승에게 자신의 자리를 물려받으라는 제안을 받을 정도로 종교에 심취해 있는 신비주의자였다. 그녀는 10대 때 여신이 움직이는 환상을 보았으며, 뭄바이에서 1977~1978년에 걸쳐 나에게 정신분석을 받으면서는 20세기 초에 살았던 유명한 수피파 성인(sufi saint)의 환상을 보기도 했다(Roland, 1988, pp. 154-174). 1991년 나와 마지막으로 상담을 하던 때에 그녀는 자신이 겪었던 영적인 경험에 대해 자세히 설명했다. 그녀의 설명에 따르면 그녀는 신을 빛으로 경험했는데, 그 빛은 흰색과 황색 빛으로 태양보다 더 강렬했다. 또한 위대한 영적 지도자들이 태양 그 자체보다 강한 빛으로 나타나 그와 일체가 되었다. 나는 그녀가 11년 전에 상담을 받으면서 자신에게 종교적 수련이 부족한 것이 문제라고 했던 것을 기억하면서, 그녀에게 얼마나 자주 명상 시간을 갖는지 물었다. 그녀는 이제는 항상 만트라(mantra)*를 가까이 한다고 대답했다. 히말라야

산에서 요가 수행자들을 위해 병원을 시작한 한 저명한 스와미가 그녀에게 병원 경영을 도와달라고 청한 것을 보면, 그녀의 영적인 변화가 정말 대단한 것임을 알 수 있다.

영적 세계와 정신병리는 복잡하게 상호작용을 할 수 있는데, 그 상호작용의 성격은 정신분석가들이 보통 기술한 것과는 완전히 다르다. 영적 세계와 정신병리 세계는 두 가지 분리된 연속선상에 있지만 다양한 방식으로 서로 연결될 수 있다. 예를 들어, 영적 세계에 대해 특별한 지향을 갖지는 않지만 꽤 성숙하고 사려 깊고 자의식이 있는 사람들이 존재한다. 이러한 예는 성공적으로 정신분석을 마친 내담자들에게서 쉽게 찾아볼 수 있다. 대인관계에 있어서 성숙하고 민감하면서 영적으로 성숙된 사람도 있을 수 있다. 그런가 하면 영적인 여정은 잘하고 있지만 가끔 심각한 정서적 문제 때문에 괴로워하거나 단순히 타인과 관계를 잘 맺지 못하는 사람도 있다. 그들이 정서적 혹은 관계적 문제를 가지고 있다고 해서 그들의 영적 경험이나 영적 수행이 무효가 되는 것은 아니다. 다만 그들은 그러한 문제들로 인해 영적 여정이 복잡해질 수 있고 때로는 심각한 지장을 받을 수도 있다. 한편, 그들의 영적 생활이 보통 기대하듯이 근본적으로 자신들의 정서적 갈등이나 결함을 바꾸어 놓지는 못한다. 물론 자주 도움이 될 수 있긴 하지만 말이다.

요약하자면, 개인은 매일의 기능을 수행함에 있어서는 성숙하지만 자신의 영적인 가능성을 실현하는 데는 특별히 관심이 없거나 관여하고 있지 않을 수 있다. 어떤 사람은 영적으로는 뛰어나지만

---

* 역자 주: 힌두교의 경전.

여전히 꼬여서 해결되지 않는 정서적 갈등을 가지고 있을 수 있다. 때로는 선불교 또는 힌두교 지도자가 정서적으로 문제가 있는 제자를 상담자에게 의뢰하기도 한다. 그 제자는 상담을 받으면서 계속해서 영적인 수행을 해 나가게 된다. Coltart(1992)는 서양인들의 경우 정신분석적 치료가 제대로 진행되고 있을 때 명상을 통해 정서적 고통의 해결책을 찾게 되는 경우를 드물지 않게 관찰했다.

여기서는 명상이든 기도든 어떤 영적 생활에 열심히 참여하면서 동시에 정신분석을 받고 있는 사람들의 얘기가 더 핵심이 될 것이다. 심각하게 기능이 손상된 사람들은 명상을 해서 더 불안정해질 수도 있고 무의식적으로 방어적인 방식으로 명상을 사용하게 될 수도 있다. 그런 측면에서 오히려 명상이 정신건강에 해가 될 수 있다고 보고되기도 한다. 하지만 단순한 집중훈련 같은 것을 해 보면 대부분의 사람은 정신분석 동안 불안을 더 쉽게 견디며, 자신의 정서적 문제에 더 깊고 더 빠르게 들어가 탐색한다(Carrington, 1977). 따라서 적어도 내가 관찰한 바에 따르면 영적 생활에 진정으로 깊이 관여하고 있는 사람들의 경우에는 상담이 빨리 진행되거나 오랫동안 자신을 괴롭히던 힘든 정서적 문제를 잘 다룰 수 있게 된다.

다른 측면에서 보면 정서적 갈등이나 결함은 사실 개인의 영적 잠재력의 발달을 저해할 수 있다. 역으로 정서적 문제를 해결하면 개인은 영적 생활에 더 잘 집중할 수 있다. 샤쿤탈라는 영적 성숙을 위해 매우 열심이던 사람이었는데, 우울한 어머니와 지나치게 허용적인 아버지에 대한 심리적 문제 때문에 그녀 생각에 당연히 필요하다고 느낀 만큼의 명상을 하거나 경건한 생활을 해 갈 수 없었다. 그런 면에서 그녀는 자신이 역량에 비해 성장을 제한받고 있다고 느꼈다. 이러한 문제들이 일정 부분 상담에서 해결되면서 그녀는 매일의 경건한 생활에 더 깊이 관여할 수 있게 되었다.

아시스라는 내담자는 집필에 대해 심한 내적 갈등을 겪었다. 그는 이러한 고통을 Rabindranath Tagore가 말했던 것처럼 자신의 사다나, 즉 영적 수양이라고 여겼다(Roland, 1988, pp. 25-47). 덧붙여 한 명의 다른 인도인 내담자와 두 명의 미국인 내담자는 모두 예술가였는데, 그들은 모두 자신들의 작품이 영적 세계와 밀접한 관계가 있다고 생각했다. 아시스의 갈등은 자신에게 높은 수준의 서구화에 대한 생각을 심어 준 지배적인 아버지와의 관계에 깊이 뿌리를 둔 갈등과 상관이 있었다. 아시스의 아버지는 인도 문관제(Indian Civil Service)에서 요직을 맡고 영국의 식민적 가치를 많이 받아들였는데, 자신의 이상을 아시스에게 적극적으로 심어 주면서 모든 에너지를 직업에서 앞서고 성공하는 데 쏟아야 한다고 가르쳤다. 아시스가 처한 상황에서 가장 촉망받던 분야는 공학 분야였다. 아시스의 아버지는 힌두 문화 및 아시스가 관심을 갖던 문학적 · 영적 영역에 대해서 폄하했다. 아시스는 직업적으로 인정을 받는 데 별 도움이 되지 않는 집필 작업을 하러 갈 때마다 내면화된 아버지의 상 때문에 정말 고통스러웠다. 그러던 중 샤쿤탈라의 사례에서처럼 단기 정신분석을 받으면서 이 문제를 어느 정도 해결할 수 있었고, 그 결과 자신의 영적 수양에 더 깊이 관여할 수 있었다.

나와 상담을 했던 또 다른 내담자인 프로밀라라는 여성은 자신은 영적인 것에 관심이 많은데 남편은 그렇지 않아서 결혼생활이 정말 허무하게 느껴진다고 했다. 그녀는 남편이 다른 면에서는 꽤 괜찮은 사람이고 나름대로 존경할 만한 사람이라고 했다. 정신분석 작업을 통해 그녀가 한동안 청소년기 초기 사건을 무의식적인 전치를 통해 남편과의 관계에 투사했던 것을 다루면서 그 이슈를 해결하게 되었다. 그녀의 어린 시절 기억을 살펴보면, 그녀의 외할아버지는 마을 사람들이 성자로 여기던 사람이었다. 외할아버지는 프로밀라가 예술적 재능을 개발하는 데 큰 관심을 보였다. 외할아버지는 프로밀라가 청소년기에 접어들었을 때 돌아가셨는데, 그 후로 그녀의 가족은 친가 쪽 사람들과 훨씬 많은 시간을 보내게 되었다. 친가 쪽 식구들과 더 많은 시간을 함께하는 것이 당시로서는 꽤 평범한 사회적 양상이었다. 그녀의 가족이 예전에 외할아버지와 그렇게 많은 시간을 보냈던 것이 오히려 그녀가 살던 북인도 지역사회에서는 흔치 않은 일이었는데, 외할아버지가 너무나 존경받던 인물이었기에 그렇게 지내는 것이 허용되었던 것이다. 프로밀라의 친가는 이렇게 존경받던 외할아버지와 대조적이게 너무나 물질적이었고 평범했다. 프로밀라는 친가에 있으면 무척 허무하다고 느꼈다. 수년간 외할아버지와 보냈던 경이롭던 시간 후에 친가 쪽 가족들과 함께하는 것은 그야말로 고통스러운 시간이었다. 그 시간이 무의식적으로 남편에게 투사되고 있었던 것이다. 이러한 기억이 꿈을 통해 회복되고 분석되면서, 프로밀라는 자신의 결혼생활에 대해 훨씬 더 편안해졌다. 자신이 추구하는 예술 세계에도 좀 더 충분히 관여할 수 있었다. 아시스처럼 그녀도 자신의 예술 세계를 일종의 사다나로 여겼다.

영적 여정에 관여하고 있는 미국인 내담자들도 비슷한 경험을 해 왔다. 기도와 의례에 깊이 관여하면서 영적 수련회를 잘 이끌기로 유명한 한 천주교 수녀가 장기 정신분석적 치료를 받으러 왔다. 그녀가 주로 호소하는 문제는 그녀와 다른 수녀들 사이에 발생한 매우 적대적인 관계 때문이었다. 이러한 관계는 어린 시절 그녀와 그녀의 언니들 사이의 관계에 대한 전이로 해석되었다. 사실 그녀의 언니들은 그녀에게 꽤 가학적이었다. 반면, 나와의 전이관계는 대부분 반영와 관련된 자기대상적인 것이었다. 정신분석적 치료를 하는 내내 그녀의 영적 생활은 별 문제없이 잘 이어졌고, 사실 더 깊어지는 것 같았다. 오랫동안 묶여 있던 자신의 정서적 문제와 타인을 배척하는 관계 방식에 대해 작업해 가면서, 그녀가 이끄는 수련회는 훨씬 더 집중감을 갖게 되었다. 그 과정에서 자신이 매우 의구심을 가져왔던 종교적 신념의 주요 영역에 대해 이야기하면서 깊이 탐색해 볼 수도 있었다.

한 미국인은 자신에게 명상을 가르쳐 준 인도인 구루와 심도 있는 교제를 나누었다. 그는 수년 동안 집중 정신분석을 받으면서 서서히 매우 위축된 분열성 지위에서 벗어나려는 작업을 하며 고군분투했다. 분석 초기의 수년 동안, 그는 자신의 명상 습관을 부분적으로는 자신의 분열성적인 무관심을 덮는 데 사용하는 것 같았다. 하지만 분석 후기로 가면서 그는 명상을 자신의 강한 분열성 지향을 해결하면서 자신의 인내력을 고양시키는 역할을 하는 데 사용했고, 덕분에 그는 타인과 훨씬 깊은 정서적 유대감을 갖게 되었다. 명상을 통해 그는 대단한 직관력을 길렀고, 그 직관력 덕분에 그는 대학에서 상담원으로 일하면서 더욱 유명해지게 되었다.

영적 세계와 정신병리가 어떤 식으로 복잡하게 얽혀 있는지 좀 더 자세히 이해하기 위해 다시 샤쿤탈라의 사례로 돌아가 보자. 뭄바이에서 나에게 상남을 받으러 왔을 때, 그녀는 오랫동안 유부남과 내연관계에 있었다. 그녀는 또한 부모님이 자신을 위해 중매를 서려는 노력을 뿌리치고 있었다. 그녀는 내연관계, 결혼 그리고 고모의 사원으로 가서 종교 지도자가 되는 것 사이에서 상당한 갈등을 느꼈다. 6개월간의 단기 정신분석적 상담을 통해, 특히 꿈 분석을 통해, 우리는 그녀가 관계하고 있던 유부남과 관련된 무의식적 동기에 대해 어느 정도 탐색해 볼 수 있었다.

분석 중 한 단계에서 그녀의 남자친구는 매번 그의 아내에게 돌아갔고, 당시 그는 무의식적으로 그녀의 어머니를 상징하고 있었다. 그녀의 어린 시절, 어머니는 정서적으로 그녀를 버리고 남동생을 돌봐 주었던 것이다. 다른 단계에서 그 남자친구는 그녀의 남동생과 아버지를 상징했다. 그녀의 남동생과 아버지는 우울했던 어머니에게서 그녀를 구해 주는 역할을 했다. 좀 더 지나서 남자친구는 근친상간적 상상에서 그녀의 아버지를 무의식적으로 상징했다. 상담 동안 샤쿤탈라는 남자친구와 남자친구의 가족과 함께 남자친구의 영적 이상향이었던 성자가 있는 성지로 성지 순례를 나섰다. 물론 남자친구의 이상향이 그녀 자신의 이상향은 아니었다. 그 후에 그녀는 계속해서 그 성자를 환상으로 보는 경험을 했고, 그녀와 남자친구가 전생에 그 성자의 추종자였다고 확신하게 되었다. 그녀는 자신과 남자친구가 전생에 영적 쌍둥이 같은 관계를 가졌기 때문에 그들의 관계에 무의식적이고 갈등적인 동기가 존재하게 되었다고 이해했다.

덧붙이자면 이 사례는 인도인의 환유적 사고를 보여 준다. 이러한 종류의 인식에는 서양의 이원론적 사고에서보다 더 많은 연속성과 일치성이 존재한다. 한 권의 책이 있다고 했을 때, 그것은 단순히 배움의 여신인 사라스와티(Saraswati)의 상징일 뿐 아니라 그녀의 부분적 현현인 것이다. 샤쿤탈라는 그녀의 전생, 갈등적 가족관계 때문에 생겨난 정신병리, 그리고 행성의 영향 사이에 수용할 만한 연결점을 보게 되었다. 대부분의 서양인은 이러한 개념적 이해를 상당히 낯설어하고 받아들이기 힘들어할 것이다.

명상가/정신분석가

명상을 하는 정신분석가는 내담자들과 작업하는 능력이 명상 덕분에 향상되었다고 보고한다.[6] 이것은 다양한 측면을 포함하는 얘기다. 일단 분석가는 내담자의 연상에 대해 더 잘 집중하게 되는 것 같고, Bion이 말하는 기억이나 욕망 없이 순간에 대한 집중을 포함하여 Freud가 말한 고르게 떠 있는 주의를 더 잘할 수 있게 되는 듯하다. 몇몇 분석가들은 분석 회기 자체가 명상과 비슷하게 경험된다고 한다.

명상은 또한 개인의 직관력을 향상시켜 주는데, 이는 분석가에게 매우 중요한 부분이다. Coltart(1992) 등은 내담자와의 상담 작업이 더 명료해질 수 있으며, 내담자를 더욱 귀하게 느낄 수 있다고 보고한다. 어떤 분석가는 자기심리학적 모드에서 내담자 감정의 미묘함과 뉘앙스를 더욱 공감적으로 느낀다. 비슷하게 어떤 분석가는 상호 주관적인 상담관계에 있게 되면서 자기 자신의 반응과 태도를 더 잘 지각하게 된다. 그리하여 분석가는 자신의 반응과 태도에 대해 더 잘 객관화하게 되며, 나아가 그 반응과 태도가 유도된 역전이를 사용하는 대상관계 방식에서 전이와 어떤 관계를 맺는지 이해하게 된다. 또한 정신분석 작업에서 밝혀지지 않은 부분 및 지속적으로 애매한 부분을 인내심을 갖고 대하며, 부정적인 경험을 소화하는 능력이 향상된다. 내담자와 의사소통하고 내담자에게 해석을 제공하는 데 있어 더 큰 용기를 갖게 되고 담대해지면서 더 큰 즉시성을 갖게 되었다는 보고도 있다.

이러한 사실이 명상을 하는 정신분석가가 명상을 하지 않는 다른 분석가들보다 우월하다는 것을 의미할까? 꼭 그렇지는 않다. 여러 정신분석적 모임에서는 심리학적 마인드 또는 직관력, 그리고 다양한 분석가들의 치료적 성격에 대해 언제나 비공식적 토론이 진행된다. 이런 주제들은 매우 질적인 성격을 갖기 때문에 연구 논문에서 쉽사리 논의되지 않는다. 좋은 상담이 되려면 모든 분석가가 상당한 심리학적 마인드와 치료적 성격을 가져야 한다는 것에는 논란의 여지가 없다. 하지만 그것이 어떤 자질인지는 분석가마다 상당한 차이가 있을 수 있다. 따라서 명상을 하는 정신분석가가 그렇지 않은 분석가보다 꼭 우월하다고 주장하는 것은 불가능하다. 그렇지만 모든 자기 보고서에서 명시하는 바는 명상을 하게 된 정신분석가들이 분석가로서의 자신의 기능이 상당히 향상되는 것을 관찰하게 되었다는 것이다.

개별성, 정체성 그리고 영성

영성이라는 주제와 관련된 모임에서 강연해 달라는 요청을 받아서 가면, 나는 종종 "당신은 명상을 하십니까?"라는 질문을 받는다.

그 질문을 접하면서 의아한 기분이 들곤 했다. 인도에서는 그런 질문을 절대 하지 않는다. 인도인들은 이 주제에 대해 침묵하는 편이다. 미국 출판사 자문가인 Arthur Eisenberg는 수년간 인도에서 살아 본 사람이다. 그의 말에 따르면, 인도인들은 자신의 영적 생활에 대해 이야기하는 것보다 성생활에 대해 자세히 얘기하는 것을 훨씬 편하게 생각한다. 델리에 위치한 인도의 유명한 사회과학 연구센터인 개발도상국센터(Centre for Developing Societies)의 선도적인 사회과학자들은 그들이 아는 사람들 중에 얼마나 많은 사람이 명상이나 기타 영적 수련을 하느냐는 질문을 받자 인도 사람들은 그에 대해 주로 과묵하다고 대답해 주었다. 그들의 말에 따르면, 그 점에 대해서는 거의 알기가 불가능하다는 것이다. 뭄바이 대학 강사인 샤쿤탈라는 교수들과 교직원들 사이에서 사교의 여왕으로 알려져 있다. 하지만 그녀의 주변 사람들은 그녀가 얼마나 영적 생활에 관여하고 있는지 전혀 모르고 있었다. 인도에서는 영적 생활이 무척 사적인 영역으로 여겨져 한 집안 사람들도 서로의 기도문을 알지 못한다.

이와 대조적으로 영적 생활에 참여하고 있는 내가 아는 대부분의 미국인은 자신의 영적 생활에 대해 보통 개방적인 편이다. 명상, 기도와 같은 부분이 자신의 정체성을 형성해 가는 데 또 다른 주요 구성 요소가 되는 것 같다. 나아가 미국 개인주의 문화에서 개인의 정체성은 개별성에 핵심적 역할을 하며 대인관계에서도 공공연하게 표현하게 되어 있다. 반면, 인도인에게 영적 생활은 타인과의 관계를 지속하면서도 복잡한 가족 간의 밀착관계에서 자신을 개별화하고 분리해 주는 수단이 되는 것이다. 이 역시 깊이 뿌리내린 개별성의 일부인데, 다만 좀 더 개인적이고 사적인 개별성인 것이다.

역술적 개인 운명과 정신분석적 치료

개인의 운명에 대한 역술적 지향은 내가 만난 모든 힌두 내담자에게서 언제나 발견된다. 하지만 내가 상담한 기독교, 파시교, 이슬람교 내담자들 사이에서는 이따금만 발견되었다. 나의 내담자들은 거의 모두 대학교육을 받았으며, 대학원 학위를 가진 사람도 꽤 있었다. 내담자들의 관심은 주로 결혼 및 직업과 관련된 삶의 주요 결정 사항에 맞추어져 있었다. 물론 다 그런 것은 아니지만, 여성은 전반적으로 결혼에 더 관심이 많았고 남성은 직업에 더 관심이 많았다. 내가 만난 모든 힌두 내담자는 중요한 인생 사건과도 연관이 있으면서 궁극적 영적 자기 실현을 위한 자기변형을 내포하는 개인적 운명과 같은 것이 있다고 단순하게 믿었다. 그들은 좀 더 이성적이고 연역적이며 논리적인 현대 서양적 사고방식과는 매우 다른 사고방식을 가지고 있었다. 역술 세계는 전생 및 행성의 영향력, 사건들 간의 동시 발생, 일상 사건에 대한 손금 및 점성술 도표 사이의 일치성과 많은 관련이 있다.

인도인은 운명에 대해 수동적 자세를 갖는다는 서구적 고정관념과 대조적으로, 나는 나의 내담자들이 자신이 원하는 것을 성취하는 데 있어 매우 적극적이며, 그 일환으로 역술에서 말하는 분석이나 예언을 사용한다는 것을 알게 되었다. 그들은 운명의 이슈가 전생으로부터의 카르마와 연결되어 있으며, 행성적 영향력이 궁극적으로 자신이 할 수 있는 것에 영향을 미친다고 믿으면서도 자신들의 노력이 여전히 매우 중요하다는 태도를 취했다. 나아가 그들은 개인적 운명이 점성학, 수상학, 심령술, 영적 세계와 같은 다양한 수단을 통해 더 확실해질 수 있다고 믿었다. 이런 면에서 그들의 사고는 현대 서구적 마인드와 반대된다. 그들은 또한 운명이 의례와 같은 특정 수단에 의해 바뀔 수 있다고 믿었다. 몇몇 내담자는 나와 상담을 하는 것을 특정한 예언을 성취하거나 상쇄하는 것으로 보았다.

내가 관찰한 이런 내용을 잘 보여 주는 예를 살펴 보겠다. 30대 초반의 샤시라는 힌두 여성은 인도에서 매우 높은 지위에 있었고, 아이비리그 대학에서 박사과정을 마치고 있었다. 그녀는 매우 결혼하고 싶어 했다. 그녀가 아직 미혼이라는 것은 그녀 나이의 힌두 여성에게는 매우 드문 일이었다. 물론 현대 미국 여성에게는 흔한 일이지만 말이다. 샤시는 20대 초반에 중매결혼을 하지 않고 계속 대학원 과정을 밟아 최고 수준의 직업 경력을 쌓아 갔다. 그녀가 20대 후반이 되면서 결혼할 준비가 되었다고 생각했을 때 그녀의 아버지가 돌아가셨다. 그녀의 오빠들은 그녀의 남편 후보 역시 비슷하게 높은 수준의 교육과 지위를 갖추고 제대로 된 가정과 지역 출신이어야 한다고 생각했기에 그녀에게 맞는 짝을 찾지 못했다. 그녀의 장래 남편은 캘커타 지역에서 고등교육을 받고 좋은 직업을 가진 사람의 계급에 들어야 했던 것이다.

뉴욕에서 내가 샤시를 상담할 때, 그녀는 점성술사와 수상술사에게서 그녀가 늦은 나이에 결혼하긴 하지만 금실 좋은 부부생활을 하게 될 것이라는 말을 계속 들었다고 했다. 그러한 예언이 없었다면 그녀는 자신이 32세이고 미혼이라는 사실에 대해 절망했을 것이다. 샤시는 나를 가족 어른들의 빈자리를 채워 주는 공감적 자기대상으로 활용하면서, 체계적으로 자신의 결혼을 위해 노력했다. 인도 신문에 광고를 내기도 하고 친구들 사이의 관계망을 이용하기도 했다. 이런 노력은 효과가 없었다. 하지만 우리가 함께 작업하던 것을 그만둔 지 2년쯤 지나 내가 우연히 샤시를 만나게 되었을 때, 그녀는 이미 자신의 모든 기대를 충족시키는 남자와 결혼해 있었다. 그녀는 비행기에서 우연히 그를 만나게 되었다고 했다.

다시 샤쿤탈라의 예를 들어 보자. 그녀 역시 결혼 문제 때문에 고민이 많았다. 20대 후반인데 미혼이었고 유부남과 깊은 내연관계를 맺고 있었다. 점성술적 도표에 따르면, 그녀는 망갈(mangal, 화성의 영향력하에 태어남)이라서 결혼하기가 무척 어렵다고 나왔다. 실제로 그녀는 20대 초반에 두 번 중매결혼을 할 뻔했는데 두 번 다 마지막 순간에 취소되었다. 이러한 불길한 행성적 영향력을 상쇄하고 샤쿤탈라가 결혼할 수 있도록 하기 위해, 그 가족의 사제는 길일에 그녀를 데리고 결혼 의례를 치름으로써 한 신과 그녀를 결혼시켰다. 내가 읽거나 본 사례에서 그 결혼 대상은 보통 나무나 솥이 되기도 한다. 샤쿤탈라의 경우 그 의례는 의도한 효과를 내지 못했다. 대신 그녀는 신과의 영적 생활에 깊이 관여하게 되었다.

여성만 역술을 통해 결혼이라는 개인적 운명을 다루는 것은 아니다. 내가 좀 오래 상담을 했던 사일레시는 30대 중반의 미혼 남성이었다. 가족 내의 많은 문제 때문에 그는 스스로 자신의 짝을 찾아 결혼해야 한다고 생각했다. 그런데 그가 여성에 대해 가지고 있는 깊숙이 자리한 정서적 문제들 때문에 쉽지 않았다. 새로운 여성을 만나거나 사귀게 되면 매번 그는 가족 사제에게 상담을 받고 인도와 뉴욕에 있는 점성술사들에게도 상담을 받았다. 놀랍게도 점성술사들이 특정한 여성의 자질이나 사일레시와 그 여성 사이의 궁합에 대해 얘기해 준 것은 그가 점성술사들을 찾기 전에 상담에 와서 설명한 것과 매우 비슷했다. 그 점성술사들은 상대 여성에 대한 어떤 배경적 지식도 없었는데도 말이다.

인도에 있는 인도 점성술사들과 미국에서 한동안 산 점성술사들 사이에 태도 면에서 분명한 차이가 있다는 사실에도 나는 놀랐다. 미국에 있는 점성술사들은 사일레시가 신부 후보자와 여러 가지 면에서 어떻게 잘 지낼지에 대해 더 관심을 가졌다. 그들은 자신들의 분석을 더욱 개인화하면서, 결혼하게 되면 부부가 인도에서 살면서 대가족 내에 통합되기보다 미국에서 자기들끼리 지내게 될 것으로 보고 이를 염두에 두었던 것이다.

상담을 받으면서 사일레시는 여성과의 관계에서 생기는 문제가 구체적인 자신의 내적 갈등과 어떻게 관련되는지를 깨닫게 되었고, 점성술적 분석을 강박적으로 찾는 것을 멈출 수 있었다. 그렇다고 해서 그가 점성술사들이 한 말을 버린 것은 전혀 아니다. 매일의 삶에서 그는 점성술에 관여하지 않을 때가 거의 없었다. 분석 후반에 그가 강렬하고 혐오적인 전이 감정을 드러냈을 때, 그는 점성술사를 자신에게 무엇을 해야 할지 말해 주는 박해적 대상으로 경험했다.

아시스는 직업 문제로 그 지역에 있는 수상학자에게 정기적으로 상담을 받았다. 그 수상학자는 국제적으로 저명한 과학자이기도 했는데, 아시스는 중요한 직업적 결정을 할 때마다 그를 찾았다. 이러한 행동은 자신의 영적인 부분을 계발하는 것에 대해 그가 가지고 있는 갈등과도 관련이 있었다. 수상학자가 해 주는 말들 중 상당 부분은 내가 정신분석적으로 해석해 주는 말과 일치했다. 파시교도인

루스텀은 미국에 있는 대학으로 유학을 가게 되었다. 그런데 그가 전공하고자 했던 분야는 인도에서도 좋은 교육을 받을 수 있는 분야였다. 하지만 가족들이 신뢰하는 점성술사의 조언이 있었기에 그는 그러한 결정을 하게 됐던 것이다(Roland, 1988, p. 300).

직업과 관련하여 점성술사를 찾는 것은 인도 남성들에게만 해당하는 문제가 아니다. 프로밀라는 나에게 뉴욕에 있는 괜찮은 점성술사를 아는지 물었다. 당시만 해도 나는 아는 점성술사가 없었다. 그녀는 남편의 힘든 직업적 선택 문제로 점성술사를 찾고 있었다.

뭄바이의 상담 집단에 있던 17세, 18세 여대생들은 계속해서 영적 세계와 접촉을 하고 있는데, 나는 그들이 주로 점괘판을 사용해 영적 체험을 시도하고 있다고 얘기해서 놀란 적이 있다. 그들이 왜 그런 행위를 하고 있는지 의아했고, 내 동료 중 두 명에게 그에 대한 자문을 구했다. 한 명은 정신분석가였고 다른 한 명은 사회복지사였다. 그들은 여성들이 결혼 상대자와 결혼생활에 대해 별 결정권이 없이 중매결혼을 앞두고 있어서 그런 것이라고 설명했다. 물론 그 젊은 여성들은 자기 가족의 분별력을 신뢰했지만, 그래도 결혼이 자신들의 의지와는 전혀 상관없게 느껴졌던 것이다. 따라서 영적 세계의 접촉을 통해 그들의 장래 배우자와의 결혼생활에 대해 좀 더 알 수 있다고 생각했던 것이다. 따라서 그녀들의 행동은 이 부분에 있어 일종의 통제감을 얻으려는 노력이었다. 나에게 이런 얘기를 전해 준 두 명의 동료는 둘 다 한순간도 영적 세계의 존재를 부정하지 않았다. 그나마 사회복지사는 영적 세계에 너무 자주 접촉하는 것은 그리 좋지 않다고 말해 줬다. 그녀는 귀신과 자주 접촉하는 은사를 가졌던 자신의 삼촌이 요절했다고 덧붙였다.

역술 세계에 대한 관여는 도시 엘리트 층인 인도인에게도 여전히 만연해 있다. 그들 중에는 종종 정신분석적 상담을 받으러 가는 사람도 있을 것이다. 이러한 내담자들과 작업을 하는 데 있어서 정신분석적 상담자는 평소에 하던 정신분석적 방식에만 빠져 환원주의적 태도를 가져서는 안 될 것이다. 그렇게 하면 내담자의 내면세계에 있어 매우 중요한 영역에 대한 대화가 심각하게 단절될 것이다. 내 경험에 따르면, 인도인들은 상담자가 이러한 영역에 대해 수용적인지 아닌지를 빨리 눈치챈다. 만약 상담자가 수용적이지 못하면, 내담자는 그냥 그것을 비밀로 하고 자신의 사적 자기 안에 모든 비밀을 감추어 둔다. 이러한 모습은 인도인에게서 흔하게 나타난다. 따라서 내담자의 정신병리와 역술 세계에 대한 관여 사이에 상관이 있는 것 같다면, 상담자 편에서 그에 대해 적극적으로 알아보려고 노력하는 자세가 필요하다.

신화적 지향

나는 인도 남부에서 정신분석적 연구를 하면서 전통적 인도 여성이 일상의 관계에서 신화를 즐겨 사용한다는 사실을 깨닫게 되었다. 신화에 등장하는 신적 존재와 사악한 존재는 환원주의적 방식으로 일상화된다. 서사시 및 푸라나스(Puranas)*에 나오는 신화의 풍부함을 바탕으로, 사람들은 삶의 경험에 많은 의미를 부여한다.

---

* 역자 주: 고대 인도의 신화, 전설, 왕조사를 기록한 문헌.

때로는 재미 인도인과 정신분석적 상담을 할 때도 이러한 현상이 나타난다. 프라디프는 상담을 받던 중 다른 형제들처럼 아버지와 친밀한 관계 갖기를 동경했던 어린 시절을 회상하게 되었다. 상담에서 그는 자신의 감정을 마하바라타(Mahabharata)*에 나오는 한 신화를 통해 표현했다. 그 서사시의 주인공은 판다바(Pandava) 가문의 형제들이었다. 이 삽화에서 판다바 형제들의 사촌은 판다바 형제들이 훌륭한 스승인 드로나에게 전쟁 기술을 훈련받는 식으로 자신도 훈련을 받고 싶었다. 하지만 자신은 판다바 형제들처럼 귀족 가문 출신이 아니었기 때문에 그럴 수 없었다. 그는 몰래 판다바 형제들의 궁술 수업을 관찰했고, 그 결과 자신의 사촌들처럼 훌륭한 궁수가 되었다. 그러나 드로나 선생이 이 사실을 알게 되면서 그는 엄지손가락이 잘리는 형벌을 받았다. 프라디프는 이 신화를 통해 자신의 감정을 표현했다. 자신은 아버지와 가까워지길 바라지만 동시에 아버지로부터 교육을 받게 되면 거세를 당할 것 같은 두려움을 느낀다는 것이었다. 거세에 대한 두려움은 원래 어머니에 대한 것이었는데 상담을 하던 중 대부분 아버지에 대한 것으로 치환되었다. 사실 그의 어머니는 프라디프가 어렸을 때 아버지 근처에서 걷는 것조차 허락하지 않았다.

상담 후반기의 한 시점에 프라디프는 도시 빈민가 지역에서 일하는 의료보조원이 되었다. 어느 날 그는 한 가족과 여러 시간을 보내게 되었는데, 그중 한 명은 사고로 다친 상태였다. 물론 그들 모두가 힘들어하며 스트레스를 받았다. 프라디프는 그들의 상태가 무척

*역자 주: 옛 인도의 대서사시.

딱하게 여겨졌다. 그가 그들과 함께 있어 주는 것이 그 가족원들에게 상당한 위로가 되는 것 같았다. 그날 밤 그는 독약을 마시는 꿈을 꿨다. 그는 즉시 시바 여신이 독약을 마시면서 그 효과를 중화시켜 악마에 의해 세상이 멸망당하는 것을 막아 내는 내용이 담긴 신화에 대해 연상했다. 대상관계 이론을 지향하는 정신분석가는 프라디프의 경험을 일종의 힘든 마음을 소화해 내는 것(containment)으로 해석했을 것이다(Bion, 1970). 하지만 프라디프는 인도인으로서 자신의 강렬한 경험을 신화적 이미지를 통해 편안하게 표현할 수 있었던 것이다.

요 약

도입부에서 종교와 영적 세계에 대한 정신분석의 이전 관점과 최근 관점을 간단하게 설명하면서 여전히 정신분석은 역술 세계를 거부한다는 것을 설명했다. 그런 다음 영적 세계와 정신분석적 치료의 관계를 심도 있게 논의했다. 영적 세계와 정신병리는 두 개의 분리된 연속선상에 있는 것으로 보이지만 복잡하게 상호작용한다. 그 상호작용을 이해하는 것은 매우 의미 있다. 상담 사례는 이러한 상호작용을 보여 주었다. 명상 같은 영적 수행을 하고 있는 정신분석가들은 자신의 정신분석 작업 능력이 향상되었다고 보고한다. 한편 문화적 · 심리학적 역동을 통해 어떻게 미국인이 인도인에 비해 자신의 영적 생활을 표현하는 데 더 개방적인지를 설명했다. 이 장은 인도인들, 특히 그들이 개인의 운명에 대한 역술 세계에 보편적으로 관여하며 그것이 정신분석 상담 장면에도 나타난다는 것을 설명하고, 정신분석 상담에서 힌두인들이 가끔 보여 주는 신화적 지향에 대해서 설명하는 것으로 마무리된다.

후 주

1. '바다와 이어진 기분'이라는 용어는 저명한 프랑스 작가인 Romain Rolland이 Freud와 나눈 서신에서 영적 경험을 적으면서 사용한 것이다. Rolland은 위대한 19세기 힌두 성자였던 Ramakrishna의 추종자였다. 이 용어는 Freud와의 서신 교류를 통해 정신분석 문헌에 사용되기 시작했다.
2. 1940년대 이후 유대 신비주의의 주를 이루었던 하시디즘에 대해 Horney 그룹이 보였던 관심은 그룹원인 Antonio Wenkart에 의해 주도되었다. 그는 하시디즘의 창시자였던 발 셈 토브(Baal Shem Tov)라는 랍비 가문의 직계 후손이었다.
3. Horney 그룹에서 인도의 영적 문화에 관심을 가졌던 다른 주요 정신분석가로는 Harold Kelman과 Davic Shainberg가 있다.
4. 메트로폴리탄 정신분석적 심리치료 훈련소(Metropolitan Institute for Training in Psycholanalytic Psychotherapy)라는 상대적으로 소규모 연구소가 이 콘퍼런스를 주관했다. 대부분의 유명한 정신분석 연구소는 이 주제를 다루지 않으려 했다. 게다가 불교에 관심이 있거나 심취해 있던 몇몇 잘나가는 정신분석가들을 이 콘퍼런스에 참석하도록 초대했으나, 그들은 프로그램에 다른 인지도 있는 정신분석가가 있는지 확실하지 않으면 발표를 하는 것에 대해 무척 난색을 표했다.
5. 이러한 태도는 1991년 12월 뉴욕에서 있었던 정신분석과 인류학의 학제 간 세미나 모임에서 드러났다. 당시 그 모임에서는 소라(Sora)족과 그 주술사들에 대한 현장 연구를 했던 한 인류학자가 연구 결과를 발표했다. 몇몇 분석가들은 인류학자들에게 "당신들이 정말로 주술사들의 능력을 믿은 건 아니겠죠? 설마 그

런가요?" 라고 물었다.

6. Coltart(1992)와 Rubin(1996)은 이에 대해 보고했다. Epstein(1995)이 상담자들을 위해 그랬던 것처럼 말이다. 이는 내가 관찰한 다양한 사례에서도 확인되었는데, 나의 관찰 대상에는 나의 동료들 및 명상에 관여했던 정신분석 수련생이 포함된다.

다문화와 정신분석 11

인도의 조직관계에서 심리학적 세계 및 심리사회적 세계

아시아와 미국의 경영 이론

지난 60여 년 동안 미국적 경영 이론은 의심 없이 수용되는 보편성이라는 가정하에 세계적으로 퍼져 갔다. 최근에 와서야 이러한 미국적 경영 이론이 고도로 개인주의화된 문화적 가치체계 및 사회적 양식을 반영한다는 것, 따라서 그 추구하는 가치가 타 문화권에는 쉽게 적용될 수 없다는 것을 인정하는 노력이 이루어지고 있다(Gupta, 1991; Hostede, 1980). 인도에서는 조직 내 경영관계 및 직장관계가 미국의 경우와는 매우 다르며, 일본의 경우와도 상당 부분 다르다는 점을 점차 이해하게 되었다(Dayal, 1977; Gupta, 1991; Parek, 1977; Sinha, 1980, 1988). 현대화 및 생산성 증가를 최적의 상태로 진행하기 위해 이론가들은 미국 또는 일본과는 구별되는 인도인의 기본 심리학 및 사회적 양식과 잘 부합하는 인도 특유의 경영 이론 및 실제를 만들어 가려 한다. 그들은 이전에는 거의 시도해 보지 않은 방식으로 인도인의 가족적-공동체적 자기(familial-communal self) 및 가족적 서열관계를 고려하기 시작했다.

일본인은 가족적 가치와 태도를 이에모토 사제관계를 통해 다양한 조직 집단에도 적용한다. Gupta와 같은 이론가들은 일본인과는 달리 인도인은 가족 및 친척 관계를 그들 삶의 심리적 중점으로 보고 직장관계보다 우선시하며, 주로 가족관계에 관여하고 있다는 데 주목한다. 따라서 인도에서는 조직에 대한 충성도가 저조한 편이다. 계약적으로 지향된 관계, 평등주의적 가치, 비개인적 조직이라는 특성을 가진 직장 내에서 좀 더 개인주의적 동기에 호소하여 생산성을 높이려는 서양적 방식을 활용하면, 인도인들은 오히려 소외감을 느끼고 생산성이 저하된다.

Gupta와 같은 이론가들은 가족적 가치와 태도를 인도의 조직에 적용하려고 한다. 인도의 가족적 관계를 조직에 적용해 보면 그 관계는 개인적이고 마음을 쓰는 관계가 된다. 거기에는 동정적이고 돌봐 주는 아버지 같은 인물이 있으며, 개방, 신뢰, 협동과 같은 가치에 기반을 둔 친화적 관계가 맺어지며, 해야 할 일과 각자의 역할이 분명해진다. 비공식적 차원에서 한 얘기이긴 하지만, 정신과 의사인 Ravi Kapur는 많은 작은 조직은 그 조직에 맞는 맞춤형의 양육적 서열관계를 수월하게 적용할 수 있으며, 그러면 더 효과적으로 일할 수 있을 것이라고 했다. 그는 이러한 관계가 좀 더 큰 조직에도 적용될 수 있을지에 대해서는 의문시한다. 반면에, 뭄바이에 있는 타타 산업(Tata Industries)의 한 고위 간부는 만약 기업의 고위 경영

진이 의식적으로 좀 더 돌봐 주는 가족적 관계를 실천한다면 타타와 같은 거대 조직에도 이러한 관계가 적용 가능하다고 말했다. 그 간부는 자신의 사무실 문을 보통 열어 두는 편이며 사람들에게 약속이 없어도 자신을 찾아도 된다고 알려 준다고 한다. 그는 실제로 누군가 문제를 들고 찾아오면 우선 콜라를 한 잔 건넨다고 한다.

마지막으로 Gupta 및 Sinha와 같은 학자들은 인도의 영적 문화가 일본에서처럼 조직생활에 들어가야 한다고 본다. 인도에서는 S. K. Chakraborty(1987)가 이러한 접근을 주로 공식화하여 실천적으로 적용하고 있다. 그는 간단한 요가운동 방식의 실천적 적용을 제시할 뿐 아니라 베단타 철학과 상키아(Sankya) 철학을 인도인 경영인들이 이해할 만한 현대적인 방식으로 풀어서 제시한다. 궁극적으로 그가 이루고자 하는 것은 개인적 자기변형(self-transformation)을 통한 더욱 효과적인 경영이다.

사례 예시

네 가지 사례를 통해 다양한 인도 조직에서의 심리학적 세계 및 심리사회적 세계에 대해 설명하고자 한다. 처음 제시되는 세 사례에서는 우선 조직 상황에서 생긴 어려움을 인용하면서 그와 관련된 근원적인 심리학적 · 심리사회적 요인을 제시하겠다. 마지막 사례는 이질적일 수 있겠지만 서구적 심리학 패러다임인 정신분석을 활용하여 경영 기능을 향상시킨 경우를 다루고자 한다. 이러한 사례를 통해 인도의 조직관계에 작용하는 심리학적이고 심리사회적인 요소를 추가적으로 밝히고 더욱 인도적인 경영 이론 및 실제의 틀을 만들어 가는 데 도움이 되길 바란다. 나아가 조직이라는 맥락 속에서의 인도적 자기개념에 대한 향상된 이해를 바탕으로 인도 남성들의 중요한 심리적 이슈를 새로운 각도에서 살펴볼 수 있기를 기대한다.

사례 연구 1

이 사례는 뭄바이의 경영 컨설턴트인 수시마 샤르마 부인이 나에게 알려 준 것이다. 잘나가는 컴퓨터 회사에 젊은 소프트웨어 직원들이 사직하는 문제가 있었다. 회사는 이 직원들에 대한 의존도가 컸다. 직원의 다수가 남성이고 여성은 소수였는데, 이들은 20대로 제대로 교육받은 현대적 뭄바이 가정 출신이었다. 인도 스타일의 경영관계라는 측면에서 볼 때, 이 젊은이들은 당연히 자신과 자신이 하는 일에 경영적 관심을 많이 쏟아 주기를 바랐고, 자신들에게 정성 어린 돌봄과 배려를 해 주기를 바랐다. 이 모든 요소가 이제는 전통적 인도 직장관계의 기본적인 심리사회적 측면으로 인정되고 있다. 샤르마 부인 말로는 문제가 생겼을 때 직원들은 서양식 경영에서 하듯 '직접적으로 직면하는 대신 돌봄적 대면(carefrontation, not confrontation)'을 해 주길 원했고 또 그러한 대우를 받았다. 그녀는 직접적 대면 및 비판이 개인주의에 지나치게 치우친 방식이라는 입장이다. 다른 사람들도(Gupta, 1991) 직장에서 인도식의 양육적 서열관계를 갖는 것이 인도에서 성공적 경영을 하는 데 핵심적이라고 언급한 바 있다. 동시에 이 젊은 전문가들은 자신의 관점, 필요, 소망을 상사에게 자유롭게 표현할 수 있는 좀 더 개인화된 방식으로 기능하고자 했다. 이것은 인도의 도심에서 현대화와 함께 나타나는 개인주의적 변화를 보여 주는 측면이다.

40대 남성인 부서장은 관심과 배려와 존중의 태도로 젊은 직원들을 대했다. 그들의 개인적 생각과 필요에도 관심을 보였다. 그럼에도 한두 해 동안의 연수 후에 그가 가르친 다수의 직원이 회사를 그만두려 했다. 이 일은 쉽게 넘길 일이 아니었으며 부서장은 당황했고 낙담했다. 그는 샤르마 부인에게 연락하여 무엇이 잘못되고 있는지에 대해 컨설팅을 하게 되었다.

샤르마 부인은 부서장이 별 생각 없이 놓친 인도의 서열적 직장관계에서의 미묘하지만 중요한 심리사회적 요소를 발견했다. 그의 행동에는 기대 이상으로 젊은 직원들에게 잘 대해 주는 측면이 있었지만 그들과 스스럼없이 잘 지내고자 하는 그 자신의 필요도 있었다. 그는 자신의 문제, 스트레스, 어려움을 그들과 나누고자 했다. 그는 자신이 힘들 때면 상사보다는 동료와 같이 그들에게 다가갔던 것이다. 이 부분이 문제가 되고 있었다.

인도의 서열관계에서는 하위자가 존경을 보여 주고 상위자가 돌봄을 베푸는 것이 정상적이다. 어린 사람은 상위자를 이상화하고자 하며, 상위자가 가지고 있는 자신보다 나은 자질에 대해 동일시하고 본받기 위해 그 이상화한 상위자와 가능한 한 가까워지려고 노력한다(개인적 자질에 의한 서열에 대한 논의는 2장 참조). 이러한 이상화는 개인적 성장과 자기변형에 대한 인도적 심리학에 있어서 미묘하면서도 심오한 부분이다. 물론 이상화 과정에서 때로는 자기 자신에 대한 부인이라는 부정적 측면도 생길 수 있다. 여하튼 그 부서장은 젊은 사람들과 동등한 척하고 그들에게 자신의 문제를 털어놓으면서 자신도 모르게 하위자의 이상화 과정을 방해했던 것이다. 그 결과로 많은 젊은 직원이 떠나게 되었다. 샤르마 부인이 이것을 그에게 지적해 주자 그는 이전 행동을 멈추었고, 그러자 훨씬 적은 수의 직원이 회사를 떠났다. 샤르마 부인은 자신도 비슷한 경험을 했다. 그녀가 교육하던 관리들에게 자신의 문제를 나누자 그 관리들은 자신을 이상화할 수 없었고, 이는 자신과의 관계에 오히려 방해가 되었다. 이를 발견하면서 그녀는 자신의 문제를 나누는 것을 그만두어야 했다. 그때 그녀는 이 이슈의 중요성을 깨닫게 되었다고 한다.

사례 연구 2

두 번째는 뭄바이에 있는 경영상담 분야의 한 전문 컨설팅 협회의 사례다. 이 협회는 같은 분야이면서 규모가 더 큰 스코틀랜드 협회와 강한 유대를 맺고 있었다. 스코틀랜드 협회 사람들은 이 협회에서 이루어지는 교육 및 연수를 상당히 많이 도왔다. 내가 처음 이 협회를 알게 된 것은 1980년인데, 당시 협회는 빠른 속도로 성장하고 있었고, 리더십도 탄탄했으며, 뭄바이의 컨설팅 분야에서의 입지도 견고해지고 있었다. 그런데 1991년에 이 전문 조직은 심각한 불황을 맞게 되었고 미래에 대한 분명한 해결책 없이 침체되었다. 그룹의 여러 구성원들과 인터뷰를 해 보니 그들 중 상당수가 더 이상 서로에게 말을 하지 않고 있다는 것을 알게 되었다. 또한 협회가 그렇게 갑작스러운 불황을 맞게 된 원인을 이해할 수 있었다.

협회가 이렇게 심각한 결과를 맞게 된 첫 번째 요인은 사실 스코틀랜드 협회의 사장에게서 연유되었다. 그는 분명 최상의 의도를 가졌겠지만 가장 유능한 구성원들이 뭄바이 그룹을 이끌어야 한다고 믿었다. 그런데 유능한 사람들은 거의 모두가 그가 훈련을 도왔던 하급 회원들이었다. 스코틀랜드 협회의 사장 및 다른 회원들은 그 협회에서 두 가지 주된 구조적 변화를 시도했다. 그런데 두 변화 모두 유능성을 기반으로 한 평등주의적 이데올로기에 치우쳐 있어 전통적인 인도식 서열관계를 약화시키는 것이었다. 서열에 있어서 첫 번째 변화는 뭄바이 그룹에서 신입 회원 자격을 스스로 부여하는 것이 가능하도록 하는 것이었다. 원래 신입 회원들은 방갈로르에 있는 오래된 전문 협회 지점에 먼저 지원하게 되어 있었던 것을 바꾸었던 것이다. 이 변화로 인해 뭄바이 조직은 이전의 방갈로르 중심의 서열구조에서 독립하게 되었다.

서열에 생긴 두 번째 구조적인 변화는 훨씬 더 파격적이었고 파괴적인 결과를 가져왔다. 보통 인도의 전문 조직에서는 오래된 회원이 존중받아 회원 자격을 부여받으려는 지원자를 교육하며 이들의 입회를 받아들이거나 거절할 권위도 갖는다. 하급 회원이 특별히 똑똑해 보이면 서열구조상 자신의 지위에서 보통 감당하는 일보다 더 많은 책임감을 부여받게 된다. 그래도 하급 회원은 상급 회원을 따르게 되어 있다. 1980년까지 재능 많은 하급 회원 중 한 명은 실제로 이런 식으로 더 많은 책임을 부여받기도 하였다.

하지만 이 스코틀랜드 사장은 대부분의 하급 회원들이 상급 회원들보다 더 잘 훈련받고 더 유능하다고 판단했고, 따라서 상급자 우선의 서열구조 대신에 그 하급 회원들이 중추적 역할을 해야 한다고 생각했다. 사장은 무척 영향력이 있었기 때문에 이러한 구조적 변화를 이끌어 낼 수 있었다. 결과적으로 하급 회원들이 거의 모든 요직을 차지하게 되었고, 그들도 방갈로르 서열구조에서 독립하게 되었다.

여기서부터 두 가지 매우 좋지 못한 결과가 생겨났다. 첫 번째는 뭄바이 그룹의 상급 회원들이 지위를 잃은 것에 대해 매우 불쾌해하면서 협회에서 완전히 멀어지게 되었다. 심지어 그들은 스코틀랜드 협회에서 주최하는 매우 수준 높은 훈련 회기를 포함하여 어떤 회의에도 참석하지 않겠다고 했다. 게다가 특별히 인도적이라 할 수 있는 심리사회적 과정인 전통적 서열구조를 무시하다 보니 좋지 않은 분위기가 매우 은근한 방식으로 퍼져 가게 되었다.

앞서 언급한 바 있듯이, 그룹의 하급 회원들 중에는 재능 있고 타고난 리더인 라비라는 회원이 있었다. 그는 여러 번에 걸쳐 다른 하급 회원들을 보조하는 데 큰 역할을 했으며, 특히 프라디프라는 사람이 컨설팅 회사를 세우는 데 큰 도움을 주었다. 인도 조직의 가족적 용어로 풀어 보자면 라비는 정말 책임감 강한 맏형과 같았고, 어린 동생들은 그를 의지하고 추종하는 관계였다. 물론 라비는 자신이 대부분의 상급 회원보다 유능했음에도 협회의 상급 회원들을 잘 따랐다. 이전 세대가 서서히 은퇴하면서, 1980년에 라비가 그 조직의 리더를 차지하게 될 것은 분명했다. 당시 훈련 중에 있는 사람이 대여섯 있었고, 그 협회의 접근 방식에 대한 관심은 커져 가고 있었다. 그 방식대로 하면 쉽게 회원이 될 수 있을 것 같았고 계속해서 성장할 수 있을 것 같았다. 훈련을 많이 받은 학생들 중 몇몇은 협회의 하급 회원만큼이나 훈련과 경험이 잘 갖춰져 있었다. 이것이 1980년 협회의 상황이었다.

1980년대 초반에 스코틀랜드 사장에 의해 협회의 공식적 서열체계가 해체되자 라비가 가장 많은 도움을 주었던 프라디프가 라비를 배신했다. 내가 알게 된 모든 정보를 바탕으로 볼 때, 프라디프는 이 '큰형'에 대해 상당한 질투심을 느꼈다. 라비가 1980년대 초반 외국에서 매우 위상 있는 보조금을 받게 되면서 상황은 더 복잡해졌다. 프라디프는 라비에 대한 온갖 저질스러운 정보 및 소문을 퍼뜨렸다. 그 얘기는 남아 있는 한두 명의 상급 회원들 및 상당히 영향력 있는 뭄바이 그룹의 행정관 귀에 들어갔고, 나아가 스코틀랜드 협회에도 퍼졌다. 이러한 방식으로 프라디프는 라비가 협회에서 나가도록 몰아갔다. 그런 후 자신이 하급 회원들 사이에서 리더 역할을 하게 되었고, 그 하급 회원들은 실세가 되었다. 그는 1980년대 중반까지 오랜 훈련과정을 마친 학생들 거의 대부분을 영입하기를 거부했다. 그러한 방식으로 그는 자신의 지위를 굳혀 갔다.

그는 새로운 학생들은 더 받아들이기를 거부했을 뿐 아니라 그들 중 누구도 뭄바이 협회의 기준에 못 미친다고 주장했다(지원자들 중 한 명은 그 후에 스코틀랜드로 가서 훈련에 지원해 바로 합격했다). 이러한 결정들이 내려진 데는 또 다른 심리적 요인이 중요한 역할을 하고 있는 듯했다. 내가 프라디프와 대화를 해 보니, 그는 스코틀랜드 사장에 대해 대단한 열등감을 느끼고 있는 것 같았다. 그 열등감은 인도가 영국으로부터 독립한 지 40여 년이 흘렀음에도 인도인에게 남아 있는 영국적 식민 태도의 영향이 전수된 것으로 볼 수 있었다. 인도인은 영국인에 비해 열등하다고 느끼도록 강요되었던 것이다. 프라디프는 스코틀랜드 사장이 훈련시킨 다른 하급 회원들에게도 수용되었고, 그 사장에게도 수용되었다. 이에 대해서는 스스로도 많이 놀랐다. 하지만 프라디프는 훈련과정에 다른 인도인들을 영입하지 않을 셈이었다. 인도인들은 열등해 보일 수 있다고 생각했고,

그런 사람들과 그가 관계를 맺는 것을 꺼렸던 것이다. 즉, 그는 스스로 영국인과 비교해 가며 느끼는 열등한 인도인이라는 자기상을 그가 탈락시킬 새로운 지원자들에게 무의식적으로 투사했던 것이다. 그러다 보니 뭄바이 협회에는 소수의 하급 회원들만 남게 되었다. 대부분의 상급 회원들은 협회에서 멀어졌으며, 수년간 새로운 회원을 영입하지 않았고 교육할 학생도 없게 되었다.

형과 아우 사이의 질투라는 이슈는 인도인들에게, 특히 대가족 환경에서 그리 낯선 문제가 아니다. 윗세대의 남성이 물러나면서 형제들 사이에 다툼이 일어나고 그 문제 때문에 가족들 사이의 관계가 단절되는 일은 그리 드물지 않게 일어난다. 이 조직의 경우, 문제는 스코틀랜드 협회라는 외부 영향력 때문에 공식적 서열체계가 무너지게 된 것이었다. 그것이 형제들 사이에 질투와 반목이 생기도록 길을 닦아 준 셈이었다. 그렇지 않고 만약 공식적 서열체계, 즉 뭄바이 협회와 그 부모 격인 방갈로르 조직의 관계가 그대로 유지되고 뭄바이 그룹 내에서도 상급 회원의 지위가 유지되었다면, 질투로 인해 이렇게까지 파괴적인 결과를 낳는 일은 없었을 것이다. 인도 조직 내 형제들 사이에 발생하는 질투와 반목에 대한 탐구는 다음 사례에서도 계속될 것이다.

사례 연구 3

비자이는 50대 초반의 남성으로 점잖고 잘 교육받은 사람이었다. 그는 계속해서 우울감과 수동성을 보여 주었는데, 그런 증상이 새로운 사업을 꾸려 가는 데 방해를 했고, 가족관계에도 악영향을 미치고 있었다. 그는 아내가 나에게 상담을 네 번 정도만 받아 보라고 우겨서 상담을 받으러 오게 되었다. 그의 우울증은 자신의 어머니 집을 방문한 다음에는 이틀 정도 훨씬 더 심해지는 경향이 있었지만, 그래도 지난 몇 해 간 힘들었던 것에 비해서는 전반적으로 많이 나아졌다. 그러다가 갑자기 너무 심각하게 우울해져서 한동안 정서적 마비 상태에 놓이게 되었고, 그 문제로 인해 거의 파산하게 되었다.

나와 만난 네 번의 상담 회기 동안 드러난 사실은 그가 겪은 가족 내의 끔찍한 드라마였다. 그것은 그의 세 남동생의 파괴적인 질투심이 만들어 낸 드라마였다. 비자이는 북인도 상위 카스트 집안의 장남이다. 그의 아버지는 매우 시구적이고 영국화된 사람이었다. 아버지는 비자이를 다섯 살 때부터 인도에 있는 영국식 기숙사에 보냈다. 이것은 돈 있는 영국인들에게는 그리 드문 관행이 아니었지만, 인도인들에게는 무척 드문 경우였다. 자라면서 비자이는 영국으로 유학가서 고등학교를 다녔으며 영국의 엘리트 공대를 나왔다. 그의 아버지는 나머지 세 아들에게도 그러한 투자를 할 계획이었으나 재정적 여건상 비자이 외의 자녀들에게는 그렇게 할 수 없다는 사실을 알게 되었다. 그래서 아버지는 나머지 세 아들을 모두 집에서 길렀으며 뭄바이에 있는 괜찮은 초 · 중 · 고교 및 대학에 보냈다. 그동안 비자이는 더 수준 높은 학교에서 교육을 받느라 집에서 떨어져 지냈다.

비자이가 영국 유학에서 돌아왔을 때, 그의 아버지는 자랑스러운 아들을 위해 정말 괜찮은 결혼 중매를 할 수 있었다. 상대는 무척 유명하고 서양화된 갑부 집안의 딸로서 그녀가 물려받을 재산도 상당했다. 이러한 결혼 덕에 비자이 집안의 지위도 많이 향상되었다. 그의 결혼은 다른 형제들보다 훨씬 나은 조건의 대단한 결혼이었다. 자연스럽게 나머지 형제들은 비자이에 대해 상당한 억울함과 질투심을 갖게 되었다. 하지만 그들의 질투는 무엇보다도 아버지가 계속해서 비자이를 편애한다는 것에서 촉발되었다. 아버지에 비해 어머니는 교육에 대해 별 말이 없었으며 오히려 어린 아들, 딸들을 챙기면서 비자이와는 별로 연락을 많이 하지 않았다. 이런 식의 질투 양상은 보통 정신분석에서 하는 설명에 역행한다. 정신분석에서는 주로 초기 모자관계가 형제간 질투심의 핵심이 된다. 또한 그들의 질투는 Kakar(1978)가 설명한 인도인의 발달에서의 모자관계의 총체적 중심성에 대한 설명에도 역행한다. 그렇지만 인도의 대가족 내에서 아버지와 할아버지는 전통적으로 아들은 물론이고 딸에 대해서도 교육 및 직업 선택의 결정권을 가진다.

비자이가 인도로 귀국한 지 얼마 안 되어 그는 가족 사업에 참여하게 되었다. 그는 아버지가 갖추지 못한 교육 수준과 전문성을 가지고 있었다. 사업은 무척 잘 뻗어 나갔고, 여기에는 비자이가 가지고 있는 공학적 노하우가 상당 부분 기여했다. 그럼에도 비자이는 언제나 자신의 아버지가 자신이 뭔가 다르게 접근하는 것에 대해 못마땅해한다고 느꼈다. 그의 남동생들도 나이가 들면서 가족 사업에 동참했다. 그들이 비자이에 대해 갖고 있던 질투심 및 억울한 감정은 처음부터 분명히 드러났고 이는 갈등의 소재가 되었다. 아버지는 오히려 그들 간의 갈등을 이용해서 가능한 한 자신이 원하는 대로 통제력을 행사하려 하였다. 이러한 문제가 있었음에도 회사는 수년간 계속 번창했다.

아버지가 늙고 병들어 가면서 비자이의 형제들은 더욱더 가족 사업에 관여했는데, 비자이는 그것이 불만이었다. 그러다가 아버지의 상태가 위독해지고 결국 돌아가시자, 두 남동생은 비자이가 회사에 남아 회사를 경영하지 못하도록 만들어 갔다. 비자이는 결국 아버지가 돌아가신 지 얼마 지나지 않아 사업에서 손을 떼게 되었다. 그는 자신이 챙길 수 있었던 사업 배당에 대한 법적 소송을 하지 않기로 하면서 그의 형제들이 알아서 그에게 배당을 챙겨 주기를 기대했다. 물론 형제들은 그에게 아무것도 주지 않았다.

그 후 비자이는 매우 우울했고 정서적으로 마비되었다. 그는 특히 자신의 어머니에게 서운했다. 그는 어머니가 공평한 유산 상속을 위해 형제들을 설득해 줄 것으로 기대했던 것이다. 어머니는 그렇게 하지 않았고, 그것은 마치 어머니가 나른 형세들과 더 오랜 시간을 보내서 그들 편을 들고 있는 것같이 여겨졌다.

절망한 심정으로 비자이는 어머니 집을 찾아가 단식 투쟁에 들어갔다. 그에게 공정한 사업 배당을 해 줄 때까지 먹지도 마시지도 않겠다고 했다. 이런 행동은 가족을 공개적으로 욕보임으로써 가족들에게 뭔가 크게 잘못된 것을 바로잡아 달라고 요청하는 매우 인도적인 방식이었다. 나흘째 되던 날, 의사는 비자이가 계속 이렇게 단식 투쟁을 하면 단수 때문에 신장이 상해서 정말로 죽게 될 수도 있다고 말했다. 이에 그의 어머니는 드디어 형제들을 설득하기 시작했다. 여섯째 날에 형제들은 재산권 분배에 합의했고, 변호사인 그들의 매제를 불러 합의문을 쓰게 했다. 비자이는 그로부터 한 달 내에 자신의 배당을 받을 수 있게 됐던 것이다.

그런데 그 배당이 이루어지기 시작하는 데는 열 달이 걸렸다. 나와 상담을 할 때는 그로부터 몇 년이 지난 후였는데, 그때까지도 비자이는 합의한 배당의 상당 부분을 받지 못하고 있었다. 그는 자신의 매제가 다른 형제들과 결탁하여(사실 다른 형제들은 비자이 모르게 그에게 돈을 빌려 줬다) 정말 법적으로 구속력 있는 합의문을 적지 않았다고 원망했다.

비자이가 가족 사업에서 손을 떼고 수년이 지나자 사업은 상당히 어려워졌다. 물론 이것은 형제들 사이에 질투와 반목이 있을 때 생기는 드물지 않은 결과다. 나머지 세 형제는 회사를 나누어서 어느 정도 벌이는 하고 있었지만 예전만큼 잘 벌지는 못했다. 비자이는 자신에게 공정한 배당을 주지 않는 형제들에 대한 억울함 때문에 가족에게서 등을 돌렸다. 그의 세 형제와 두 자매 모두가 비자이에 대해 가지고 있던 적대감은 이제 서로를 향하게 되었고, 대가족 내에는 상당한 분쟁이 생기고 있었다. 나는 상담을 하면서 대가족 내의 긴장과 분노가 자주 무의식적으로 한 사람에게만 집중될 수 있다는 것을 알게 되었다(Roland, 1988, pp. 69, 11-112, 259).

세 번째 회기에서 나는 비자이에게 그가 재정적 보상이나 어머니의 정서적 지원 없이 가족 사업에서 축출된 것 때문에 느끼는 극심한 우울감은 그가 다섯 살 때부터 가족과 떨어져 기숙사에 보내져야 했을 때 느꼈던 감정의 무의식적 반복이라고 해석해 주었다. 사실 그는 매우 특혜받은 장남이긴 했지만 성장과정에서 가족 내에서 정서적 박탈감을 느껴 왔다. 그는 어머니로부터 반복적으로 버림받은 기분을 느껴 왔을 것이다. 그의 가족들은 언제나 자신을 특혜받은 자로 보았고, 그가 어린 시절과 청소년기에 지속적으로 느꼈던 정서적 박탈감을 이해하지 않았다. 그는 이러한 해석에 대해 놀라워하며 받아들였다.

그는 마지막 회기에 30분 늦게 나타났는데, 이러한 행동으로 보아 나의 해석이 그에게 상당한 영향을 준 것 같았다. 이에는 버림받은 기분에 직면하는 것에 대한 경계심도 포함되었을 것이다. 그는 예전에 뭄바이의 정신분석가에게 상담을 받을 때보다 자신에 대해 훨씬 더 개방적이긴 했다. 나는 다음 날 그곳을 떠날 예정이었는데, 아마도 그것이 그에게는 또 다른 버림받음으로 경험되었을 것이다.

사례 연구 4

마지막 사례는 그 분야의 리더에 해당하는 규모가 꽤 큰 중소기업의 경영관계에 대해 정신분석적으로 접근한 사례다. 그 회사의 사장이자 경영자는 하버드 대학에서 경영학 석사를 취득했다. 그는 인간관계 중심의 경영적 지향을 강하게 선호했는데, 뭄바이에서 그러한 지향을 가진 회사는 극소수였다. 그는 좀 더 평등한 상하 경영관계라는 철학을 실천하기 위해 노력해 왔다. 처음 몇 년간 그는 교류분석 훈련을 받은 컨설턴트를 통해 그것을 실천해 가려 했으며, 후에는 다른 양식의 경영훈련을 도입해 보기도 했다. 지난 두 해 동안 그는 우다얀 파텔이라는 뭄바이 정신분석가를 고용하여, 매달 한 명의 상급 간부와 8~10명의 하급 간부가 팀을 이루어 미팅을 가지면서 필요한 대로 상담을 받도록 했다. 그 경영자는 이전에 적용했던 방식들보다 우다얀 파텔의 정신분석적 접근이 훨씬 더 도움이 된다는 애기를 나에게 해 주었다. 그는 우다얀 파텔의 접근 덕분에 문제가 되는 경영관계를 훨씬 더 깊이 있게 다룰 수 있었다고 했다. 우다얀 파텔은 집단 회기 중 두 번 정도 나를 초대했으며 개인상담을 위해 다섯 명의 사원을 나에게 의뢰했다.

나는 한 명의 상급 간부와 세 명의 하급 간부들 사이에 있었던,

감정이 많이 실린 상호작용에 대한 문제를 다룬 집단 회기에 대해 처음으로 보고하고자 한다. 그 회기는 인도인의 경영관계에서 발생하는 심리적 문제를 잘 보여 준다. 상급 간부와 두 명의 하급 간부를 개인 회기에서 상담하면서, 나는 문제가 되는 상호작용에 대해 더 잘 이해할 수 있었고 어느 정도 해결책도 찾을 수 있었다. 결과적으로 나는 우다얀 파텔이 지난 2년 동안 정기적으로 해 왔던 일을 단기간 동안 경험해 볼 수 있었다.

집단 회기

파텔은 정신분석적 집단상담 방식으로 집단을 진행해 가면서 간부들이 서로에 대해 생각한 점이나 느낀 점을 무엇이든 표현해 보도록 격려했다. 맨 처음부터 그는 자신이 돕거나 지도하는 역할을 하는 대신 그들이 스스로를 더 잘 알 수 있도록 하기 위해서 거기 있는 것이라고 말했다. 사실상 그는 대부분의 인도인이 상담자에게 투사하는, 조언을 주고 지도를 해 주는 집안 어른의 상을 포기했다. 그러면서 그는 어떤 갈등이 생겨나는지, 특히 자율성 및 의존성과 관련하여 어떤 갈등이 생겨나는지에 대해 관찰했다.

여덟 명의 간부 집단은 매달 여섯 번씩 만났는데, 파텔의 말로는 그리 깊이 들어가지 못하고 있었다. 내가 그들에게 소개되었을 때를 돌이켜 보면, 잠시 침묵이 있은 후 상급 간부인 50대 남성 아메드가 집단원 모두 자기상에 대해 더 다루면서 각자가 서로에 대해 어떻게 생각하는지 나누어야 한다고 말했다. 사실상 아메드가 그 집단에서 대표자 역할을 하고 있었던 것이다.

그러자 아메드보다 약 스무 살 이상 어린 세 명의 하급 간부들이 서서히 아메드에 대한 자신의 감정을 표현하기 시작했다. 그중 한 명이었던 라지브는 지난달 집단 회기에서 아메드가 자신은 이 집단에 있는 것보다 상급 간부들 집단에 있는 게 낫겠다고 말했을 때 실망스러웠다는 얘기를 하면서 말문을 열었다. 그러자 두 명의 다른 간부도 맞장구를 치면서, 그들은 업무 외의 영역에서는 아메드와 친밀하고 좋은 관계를 가지고 있지만 회사에서 일하는 동안에는 그를 상대하기가 무척 힘들다고 했다. 세 명 모두 아메드가 일할 때 다가가기 힘들어서 사무실에서는 그와 거리를 두면서 별로 상대를 안 하다 보니 마음도 상하고 그에게 제대로 반응하는 것도 힘들다고 말했다.

아메드는 상급 간부로서 자신은 직장에서 무척 소외감을 느끼며 하급 간부들이 자신이 어떤 업무 결정을 내리는 데 필요한 정보를 주지 않는다고 불평하기 시작했다. 그의 생각에는 그들이 다른 간부에게 더 충성심을 가지고 있어서 이러한 행동을 보이고 있는 것 같았다. 파텔과 내가 보기에 아메드와 하급 간부들 사이의 의사소통이 교착 상태에 이른 것이 분명해졌을 때 우리는 개입을 시작했다. 우리는 아메드에게 자신을 좀 더 들여다보면서 자신도 모르게 이 문제에 기여하고 있는 부분은 없는지 생각해 보도록 했다. 그는 세 명의 하급 간부들이 자신에 대한 불만을 토로하면서 다른 집단원들 앞에서 자신에게 복수하고 있는 것처럼 느꼈다.

나는 그가 왜 세 간부들이 사실 그와 더 가까워지려고 노력하고 있는 것으로 보기 힘든지에 대한 의문을 제기했다. 파텔은 그가 왜 회사가 장려하는 식의 좀 더 동등한 상급-하급 경영관계를 맺어 가는 것이 힘든지에 대한 의문을 제기했다. 우리의 질문에 아메드는 그가 일에 있어서 무척 높은 기준을 가지고 있는 것에 대한 연상을 시작했고, 자신이 너무 바빠서 사람들을 상대할 시간을 갖지 못한다고 했다. 그는 모두가 자신의 전문성에 대해 인정하고 자신을 존경한다는 사실을 깨달았다. 회기에서 감정이 점점 고조되었다. 결국 그 회기는 아메드가 하급 간부들과의 관계에서 교착 상태에 빠지는 데 기여한 자신의 문제 행동에 대해 깊이 탐색하면서 끝났다.

요약하자면, 자유로운 표현을 강조한 정신분석적 집단 회기에서 상급 간부의 초대가 있자 세 명의 하급 간부는 그 상급 간부에게 가졌던 불만을 통렬하게 표현하는 위험을 감수할 수 있었던 것이다. 그들은 그 상급 간부가 업무에 있어서 너무 자신의 일을 돌보기에 급급하여 자신들을 별로 상대해 주지 않는 것처럼 느꼈던 것이다. 그들은 상급 간부의 돌봄 부족을 경험한 것에 대해 상처받은 마음을 인도식으로 다루었던 것이다. 즉, 문제에 대해 상급 간부에게 직접 얘기하기보다, 여러 방식으로 그에게 비협조적으로 대했던 것이다. 반면, 아메드는 그들의 비협조적 태도를 자신에 대한 불충이자 다른 상급 간부에 대한 선호라고 경험했다. 그는 처음에는 집단 회기에서 그들이 이러한 불만을 표현하는 것이 다른 사람들 앞에서 자신에게 복수하는 식의 공격이라고 생각했다. 실제로 보통 인도의 서열관계에서 하급자는 상급자에게 절대 직접적으로 비판적인 목소리를 내지 않게 되어 있다. 그래서 처음에는 이 하급 간부들이 진심으로 자신과 더 나은 관계를 맺고 싶어 한다는 것을 깨닫기가 매우 힘들었다.

그 집단 회기가 끝난 후, 아메드와 그 회기에서 불만을 표현했던 하급 회원 중 한 명인 앤소니가 개인상담을 받기를 원했다. 파텔은 그들에게 나에게 상담을 받아 보라고 권했다. 나는 그 집단 회기가 있기 전부터 이미 하급 간부 중 또 다른 한 명인 라지브와 상담을 하고 있었다. 어쩌면 나와의 상담 덕에 그는 아메드에 대해 솔직하게 말할 수 있었는지 모른다. 이제부터 그들과 가졌던 개인 회기에 대해 보고하면서, 심층 정신분석적 상담이 회사의 문제 있는 상호작용을 이해하고, 문제와 관련된 개인적 생애사와의 관계를 이해하며, 나아가 그들의 문제가 직장에서 그들이 기능하는 데 어떤 식으로 방해가 되는지를 이해하는 데 어떻게 도움이 되었는지를 보여주고자 한다. 우선 아메드의 사례를 시작으로 라지브와 앤소니의 사례를 차례로 제시하겠다.

나는 내가 그들에게는 매우 낯선 사람이었음에도 그 회사에 머물면서 상담한 다섯 명의 직원 모두가 나에게 매우 열린 자세로 상담을 받았고 내가 도움이 될 것이라는 기대를 가졌다는 사실에 놀랐다는 점을 말해 두고 싶다. 그들은 나를 보면서 잘 보살펴 주는 행정원을 연상했고, 심리적 전문가인 내가 온정적이고 잘 보살펴 주는 집안 어른과 같을 것이라는 기대와 태도를 가졌다.

아메드

아메드는 개인상담을 받으면서 자신은 집단의 어른이자 자수성가한 부자 이슬람교 사업가인 아버지와 힘든 갈등관계에 있다는 얘기를 털어놓았다. 그는 아버지가 가장 총애하는 자식이었지만 자신의 형제들처럼 아버지 사업에 관여하고 싶지 않았다. 자신의 아버지가 지나치게 소유적이고 통제적이라고 느꼈기 때문이다. 그는 장자가 아니었기 때문에 어느 정도 자유롭게 결정하는 것이 허락되었다. 아메드는 대학에 진학했고, 그 후에는 독일로 유학을 가서 심화된 공학교육을 받았다. 유학에서 돌아올 쯤에는 큰 회사에서 대단한 요직을 맡고 있었다. 그의 아버지는 이 모든 과정을 지원해 주었으며 아들의 성취에 대해 매우 자랑스러워했다. 아메드는 다른 형제들과 마찬가지로 처자식을 데리고 아버지 댁에서 살긴 했지만 다른 회사에서 일했기 때문에 다른 형제들에 비해서는 아버지의 간섭을 덜 받았다.

약 13년 전쯤 아메드가 뉴델리로 전근가게 되면서 회사에서 매우 좋은 자리로 승진할 기회가 있었다. 그는 자기네 식구들하고만 이사를 했고, 아버지는 그가 집을 떠나는 것에 대해 그를 결코 용서하지 않았다. 9개월쯤 지나 아메드는 심장 발작 때문에 치료를 위해 뭄바이에 있는 집으로 돌아오게 되었다. 건강이 호전되었지만 의사는 그가 뉴델리로 돌아가는 것에 대해 반대 의사를 분명히 했다. 이유는 그곳에서 생기는 간헐적인 정전 사태 때문이었다. 그에게 다시 심장 발작이 생기면 정전 때문에 의사나 병원에 연락을 취하지 못하게 될 수도 있었다. 그럼에도 아메드는 아버지 곁을 떠나 이사하기로 결심했다. 그는 자신의 아내나 딸이 아버지의 소유욕, 비난, 울화통 때문에 마음고생 하게 되기를 원치 않았기 때문이라고 했다. 물론 이것은 분명 자신이 아버지에 대해 가지고 있던 감정을 그들에게 투사한 것이었다.

아메드의 결정에 대해 그의 아버지는 그와의 의절로 응대했다. 아메드는 아버지가 돌아가실 때 가족 재산 중 최소한의 기본적인 정도밖에는 상속받지 못하게 될 터였다. 아메드는 이제 더 이상 형제들이 지원받는 식으로 별도의 돈이나 보석을 지원받지 못하게 되었다. 그는 가족에게 자신의 건강 문제로 인해 딸의 결혼식과 생활비에서 보조가 필요하다는 것을 분명히 전달했지만 소용없었다. 아메드는 이제 아버지에 대해 매우 속이 상하고 분노하게 되었다.

상담을 진행하면서 아메드가 완벽주의적 기준을 가진 강박적 성격의 사람이라는 사실이 분명해졌다. 그는 내면에 있는 상당한 화를 통제하려고 노력하고 있었다. 그의 분노는 아버지를 향해 쌓여갔고 완벽주의적 기준과 함께 그의 강박적 방어 기제는 강화되어 갔다. 결과적으로 그는 집에서도 울화통을 자주 터뜨리게 되어 회사와 집에서 모두 접근할 수 없는 사람이 되어 갔다. 이러한 면에서 그는 아버지와 무의식적인 동일시를 하고 있는 듯했다. 사실 그의 아버지도 비슷한 기질을 가지고 있었다. 직장에서 하급 간부들에게 시간을 내주지 못하는 방식으로 교착 상태에 이르게 된 것도 이런 문제가 발단이 되어서였다. 그가 보기에는 하급 간부들이 다른 상급 간부들에게 더 충성하고 있었는데, 이것은 그의 형제들이 자신의 아버지에게 보여 준 충성심에 대한 그의 감정이 투사된 것인 듯했다. 직장에서의 문제는 그가 자신의 책임하에 있는 일을 다른 하급 사원에게 맡기지 못하면서 더 복잡해졌다. 그는 모든 일을 완벽하게 해야 하는데 다른 사람들은 그가 하는 만큼 일을 잘해 내지 못할 것 같았다. 그가 경영관계에서 보이는 문제와 아버지와의 관계에서 보이는 문제 사이의 무의식적 연결성에 대해 내가 해석해 주자, 아메드는 정기적인 정신분석 상담이 필요하다는 것을 명확히 깨달았다. 그는 간절히 도움을 원했다. 파텔의 도움으로 나는 그를 한 정신분석가에게 의뢰할 수 있었다. 아메드는 이를 기꺼이 수용했다.

아메드와의 상담 회기를 통해 그가 가지고 있는 강박적 성격과 더불어 고압적이고 비판적인 아버지와의 문제 많은 관계가 이렇게 지적이고 능력 있는 상급 간부가 하급 간부와 잘 지내는 데 크게 방해가 될 수 있다는 것을 알 수 있었다. 특히 경영관계에서 돌봄과 평등성을 가장 중요하게 여기는 회사에서도 그것이 문제가 되었다는 사실에 주목할 필요가 있다. 아메드가 겪은 직장에서의 어려움과 더불어 개인적인 문제에서도 아버지의 역할은 중추적이라는 사실도 분명해졌다. 회사의 상급 행정원들은 아메드가 개인상담을 받으면서 이런 문제를 작업해 가는 데 시간이 좀 걸릴 수 있다고 판단하여, 그를 하급 간부들과의 접촉이 훨씬 덜한 지위로 옮겨 주었다.

라지브

라지브는 30대 초반의 친절하고 생기 넘치는 하급 간부다. 그는 아메드와 관계하는 데서의 문제를 제기한 사람들 중 하나였다. 그는 그 집단 회기가 있기 전에 3회기 동안 나와 상담을 했고, 그 이후에도 3회기 동안 상담을 받았다. 그의 주 호소 문제는 업무를 방해하는 강박적 사고였다. 그는 뭔가 나쁜 일이 생기면 자신의 행동 때문에 그렇게 된 것이라는 생각에 사로잡혔다. 그래서 이런 부정적인 일이 생기지 않도록 하려고 특정한 강박적 의례를 행했다. 예를 들어, 지나가면서 보게 되는 모든 절간이나 예배당에 절을 하거나 첫 번째로 출근하면 물을 마시지 않는 식이었다. 그는 어느 날 집에 가면서 평소 가던 길 말고 다른 길로 갔는데, 그 때문에 장인이 심장발작을 일으키게 되었다고 생각했다. 이런 식의 강박적 사고는 3년 전부터 시작되었다. 당시에 그는 지역 판매업의 부장이 되어서 책임이 많이 늘었다. 때마침 가정에는 아이가 생기고 아내가 직장을 그만두면서 가정에 대한 그의 책임도 함께 늘게 되었다. 그의 전반적 상태는 최악의 경우를 걱정하는 불안으로 가득했다.

상담을 하면서 나는 라지브의 아버지가 일에서 성공한 사람이지만 매우 비판적이었고 라지브를 신임하지 못했다는 것을 알게 되었다. 라지브는 그러한 아버지와 별로 좋지 못한 관계였다. 아버지가 그에 대해 비난을 할수록 그의 학교 성적은 나빠졌다. 그러면 아버지는 그에 대해 더욱더 비난하였다. 그는 학교 공부를 너무 엉망으로 해서 이류 중 · 고등학교와 대학에 가게 되었다. 대학에 다니는 동안과 졸업 후 2년간 그는 출판 사업을 하는 외삼촌의 회사에서 일했다. 외삼촌은 그를 좋게 생각하고 관심과 신뢰를 보였다. 라지브는 그곳에서 일을 잘했고 모든 것이 잘 풀렸다. 상담을 진행하면서 우리는 또한 그의 인생 초기에 그가 자신에게 관심을 가져 주고 자신을 아껴 주었던 가정교사가 있었을 때도 그가 학교 공부를 잘했다는 사실을 알게 되었다. 이 회사에서도 마찬가지로 자신에게 관심을 가져주는 상사나 동료가 있을 때 그는 일을 잘 풀어 갔다.

직장과 관련하여 그가 힘들어하는 주된 문제는 불안 외에도 두 가지가 있었다. 하나는 새로 담당하게 된 업무를 자신이 망치고 있다는 것이었다. 이것은 그가 다른 사람에게 일을 어떻게 해 나가야 할지에 대해 조언이나 정보를 구하지 않아서 비롯된 결과였다. 또 다른 문제는 그가 자신이나 회사 및 자신의 회사 제품에 대해 신뢰하지 않는 한 회사와 거래를 하고 있는데, 그 회사와의 거래에서 결정해야 할 사항들에 대한 결정을 자꾸 지연하고 있다는 점이었다. 사람들이 고집스럽다 싶으면 라지브는 그들을 싫어했다. 그는 이러한 상황에서 자신이 아버지와 가졌던 힘들었던 관계를 재연하고 있었다. 그는 아버지에게 조언을 해 달라고 접근해 본 적이 없으며 아버지가 자신을 신임하지 않는다고 생각해 왔다. 책임감이 늘어나면서 그는 아버지가 예전에 자신에게 했던 비난을 다시 받게 될 것 같은 내적 두려움으로 인해 더 많이 불안해졌을 것이다.

라지브는 내가 현재의 문제 및 불안과 그의 예전 아버지와의 관계를 연결시키는 해석에 잘 반응했다. 이러한 해석을 했기에, 또 집단 회기에 내가 있음을 인식했기에, 그는 더욱 자신감을 가지고 아메드에 대한 자신의 불만을 토로한 첫 하급 간부가 될 수 있었을 것이다. 그 집단 회기가 끝나고 한 동료 직원이 라지브 및 다른 직원들이 아메드가 업무 시간에 자신들에게 너무 시간을 내주지 않는다고 느꼈던 때를 말하면서 "네가 느꼈던 것을 그 문제가 있었을 당시에 아메드에게 얘기해 봤다면 어땠을까?" 라고 얘기한 것이 그에게 깊이 박혔다. 그는 상사에게 그런 식으로 접근해 볼 수 있다는 생각을 해 본 적이 없었던 것이다.

이제 그는 아메드 같은 사람들이 자신의 아버지처럼 고집 센 사람이 아니며 그들과 대화할 수 있고 자신의 의견도 좀 더 직접적으로 표현할 수 있다는 것을 알게 되었다. 그는 또한 자신이 예전에 했던 방식으로 비협조적이고 무관심하며 위축적인 반응에 의존하지 않아도 된다는 것을 깨닫게 되었다. 라지브가 예전 식으로 반응했을 때 아메드는 고립된다고 느꼈으며, 아메드는 라지브 및 다른 직원들이 자신이 필요로 하는 정보를 주지 않는다는 생각에 약올라 했다. 라지브의 비협조적 태도가 분명 아버지의 비난에 대한 그의 반응이긴 했지만, 후반에 가졌던 회기에서는 동시에 어머니와의 관계에서도 그 근원을 찾을 수 있었다. 어머니에 대한 비협조는 그가 아내와 데이트할 때 옷을 제대로 차려입지 않는 식으로 나타나기도 했다. 그는 어머니와 아내에게 지배당한다는 기분에 쉽게 휩싸였는데, 그런 기분이 들면 비협조적이 되거나 냉담하고 건성적인 태도를 취했다. 어머니와의 문제도 있긴 했지만, 나는 라지브가 간부로서 갖는 주요 문제들은 자신에게 지나치게 비판적이면서 믿어 주지 않았던 아버지와의 갈등관계에서 비롯된 이전 반응을 무의식적으로 전치시켜서 생겨난 것이라는 인상을 확실히 받았다.

앤소니

앤소니는 환한 미소를 간직한 예의 바른 사람이었다. 그는 회사의 부하직원들 및 자신의 아내에게 뭔가를 지나치게 설명하는 문제, 그리고 그가 항상 미소를 띠고 있어서 경영자 및 다른 상사들이 그가 무엇을 생각하며 여러 이슈에 대해 그의 입장이 어떠한지를 알 수 없어 힘들어한다는 문제로 나를 찾아 왔다. 앤소니는 자신이 늘 웃는 상이라는 문제보다는 지나치게 설명하는 경향이 있다는 문제에 대해 훨씬 더 지각하고 있는 듯했다. 두 회기 동안 상담을 하면서 아메드나 라지브와 유사하게 앤소니도 아버지와의 관계에서 무척 힘들었다는 것이 분명해졌다. 그의 아버지는 매우 엄격하고, 잔소리가 심했으며, 늘 훈계를 했다.

앤소니는 열세 살 때 친구들이랑 콘서트에 갔는데, 아버지가 자신을 그곳에서 잡아내면서 창피를 주었던 사건을 기억했다. 당시에 아버지는 앤소니가 계속 집에서 같이 살려면 언제나 아버지 말에 순종해야 하며, 그렇지 않으면 집을 떠나야 한다고 했다. 그때 앤소니는 속으로 절대로 아버지 말씀을 듣지 않겠다고 스스로에게 맹세했다. 하지만 겉으로는 순종적인 척하면서 몰래 반항했다. 예를 들어, 아버지는 앤소니가 공부를 열심히 할 것이라는 전제하에 대학에 가는 것을 허락했다. 앤소니는 아버지 말씀을 따르겠다고 약속했다. 하지만 일단 대학에 들어가자 마약을 했고 처음 1년 반 동안 성적을 엉망으로 받았다.

앤소니는 자신이 겉으로는 순응적으로 행동하는 상황에서도 속으로는 늘 자기 마음대로 행동한다는 것을 잘 인식하고 있었다. 아메드와의 관계에서 아메드가 접근하기 힘든 사람으로 느껴졌던 것이 그 예가 된다. 그는 아메드에게 예의 바른 태도를 취했지만 아무것도 주지 않았다. 그런가 하면 부하직원 및 아내와의 관계에서 그는 훈계하는 아버지와 무의식적으로 동일시했다. 한때 그는 회사 경영자가 자신 앞에서 거래처 사람에게 했던 말에 모욕감을 느껴 회사를 떠나려 했다. 한 친구가 회사를 떠나기 전에 그 사건에 대해 경영자에게 직접 먼저 얘기해 보라고 제안했을 때에서야 그는 경영자에게 그 얘기를 해 볼 것을 고려해 보았다. 앤소니가 얘기를 꺼내자, 그 경영자는 어떤 이유에서 자신이 그렇게 말하게 되었는지를 설명해 주면서 나중에 그 거래처 사람에게 사실은 앤소니가 최고의 사원 중 한 명이라는 말을 했다는 얘기를 들려주었다. 앤소니는 자신이 아버지에게 그랬던 것처럼 자신의 불만을 직접적으로 얘기할 수 없다고 생각했던 것이다. 그런데 두 번의 상담 회기를 가지면서 그는 비판적인 아버지에 대해 가졌던 반응을 현재 그가 맺고 있는 상사 및 부하직원과의 직장관계에서 반복했던 것에 대해 더욱 잘 인식하게 되었다.

아메드와 그 부하 간부들이 회사에서 느꼈던 교착 상태를 살펴보면, 하급 간부들은 아메드의 일에 대한 강박적 집착을 아버지 같은 인물이 무정하고 거부하는 태도를 보이는 것으로 이해했다. 이에 대해 그들은 비협조적인 정서적 냉담함과 아메드가 필요로 하는 자료를 주지 않는 것으로 응대한 것이 분명하다. 개인상담에서 나타난 또 다른 차원에서 보면, 아메드와 그의 하급 간부들 모두의 반응은 그들 각자가 자신의 아버지와의 관계에서 경험했던 힘든 관계에 근원을 두었다는 것이 분명하다. 자신의 아버지와의 관계에서 그들은 모두 대화나 상호성이 결여되었다고 느꼈던 것이다. 집단상담 및 개인상담을 통해 그들 사이의 이러한 악순환의 고리가 어느 정도 풀리기 시작했다.

한 명의 상급 간부 및 두 명의 하급 간부로 구성된 세 명의 간부와 정신분석적 경험을 하면서, 나는 인도에서는 부자관계에 대한 심리학적 탐색이 정신분석 서적에서 말하는 것보다 훨씬 더 깊은 탐색이 필요하다는 것을 알 수 있었다. 두 번째와 세 번째 사례에서 알 수 있듯이 형제간의 반목과 질투에 대해서도 더 깊이 있는 심리학적 연구가 필요하다. 이 간부들과의 경험을 통해 얻게 된 교훈은 적어도 이 회사에서는 사원들에게 좀 더 관심을 가지고 돌봐 주려는 행정적 지원 덕에 간부들이 자신이 가진 문제 있는 태도와 행동을 깊이 들여다보며 해결해 보려는 노력을 할 수 있었다는 것이다. 경영적 상호작용에 있어서 현재 드러난 문제와 과거 가족관계의 문제를 연결해 주는 정신분석적 접근은 상당히 도움이 되는 것으로 보인다.

요 약

인도의 경영 이론가들은 미국 및 일본의 이론이 인도의 조직이나 심리에 잘 맞지 않는다는 점에 착안하여 기존의 이론을 대체할 만한 인도 특유의 경영 이론을 개발하기 시작했다. 앞서 제시한 네 가지 사례는 다양한 인도 조직의 서열관계에서 나타나는 심리학적 세계 및 심리사회적 세계를 보여 주었다. 첫 번째 사례는 한 성공적인 회사에서 유능한 젊은 직원들이 조기 퇴사하려는 사례다. 문제는 간부가 지나치게 평등한 태도로 그들을 대해서 젊은 직원들의 이상화에 대한 필요를 충족시키는 것을 방해한 것이었다. 두 번째 사례는 매우 전도유망했던 컨설팅 상담 협회가 거의 붕괴하게 된 사례다. 여기서는 영국적 배경을 가진 지도자들이 공식적 인도 서열체계를 평가절하한 데 문제가 있었다. 그러다 보니 젊은 회원의 질투와 반목이 전체 협회로 퍼지게 됐던 것이다. 손아래 형제들에 의한 질투와 반목이라는 주제는 세 번째 사례에서도 계속된다. 이 사례에서는 매우 유능하고 아버지의 편애를 받으며 잘 교육받은 장남이 손아래 동생들에 의해 가족 사업에서 쫓겨나고 그 후에는 보상도 받지 못하게 되었다. 네 번째 사례는 규모가 꽤 큰 중소기업의 매우 성공적인 사례다. 이 사례에서는 간부들에게 정신분석적 집단 및 개인 상담을 제공하여 큰 효과를 보았다. 한 상급 간부와 두 명의 하급 간부가 받았던 집단 및 개인 상담을 통해 그들 사이에 문제가 되었던 상호작용에 대한 정신 역동이 설명되었다. 이러한 사례들을 접해 보면 인도에서는 아버지와 아들, 또한 형제들 사이의 관계에 대한 정신분석적 설명이 현재 인도에 대해 나와 있는 대부분의 정신분석 서적에서 얘기하는 것보다 훨씬 더 많이 필요하다는 것을 알 수 있다.

부 록

통찰 지향적 심리치료와 중국인 내담자

May Tung, Ph. D.

'통찰 지향적 심리치료' 와 '중국인 내담자' 라는 두 용어는 중국인과 관련된 비교문화적 이슈에 관심이 있는 정신건강 전문가들에게는 서로 모순되는 용어로 들릴 수 있다. 중국인에 대해 관심이 있는 전문가라면 이미 상호 의존적이고 상황적인 중국인의 삶의 양식에 대해 잘 알고 있을 것이다(Hsu, 1985; Lin & Lin, 1981; Sue & Zane, 1987). 더욱이 중국인의 신체화에 대해 설명해 주는 연구도 많다(Cheung, 1985; Kleinman & Kleinman, 1985; Tseng, 1975). 하지만 Lin(1985)은 정신분석적으로 잘 훈련된 중국인 상담자의 수가 너무 적어서 제대로 된 통찰 지향적 심리치료가 중국인 내담자를 대상으로 이루어지지 못해 왔다는 점을 지적한다. 따라서 통찰 지향적 심리치료가 이러한 중국인 집단에는 효과가 없을 것으로 가정하는 것은 시기상조일 수 있다. Roland(1988)는 몇몇 임상적 사례를 통해 약간 수정된 방식으로 정신분석적 심리치료를 적용하면 통찰 지향적 심리치료가 적어도 몇몇 아시아인에게는 효과적일 수 있음을 보여 주었다.

통찰을 심리치료에 적용하는 데 있어서 첫 번째로 해야 할 질문은 '무엇에 대한 통찰인가' 일 것이다. 우리는 탐색해 갈 중요한 영역을 개관하는 데 일종의 안내도가 필요하다. 이 글은 그러한 안내도를 만들어 가려는 시도다. 이 글에서는 중국인의 '자기' 라는 세계, 중국인에게 특징적인 방어 기제와 대처 기제라는 주제를 탐색해 보고자 한다. 임상 사례를 통해 이러한 주제들에 대해 살펴볼 것이다. 몇몇 사례는 중국 정신의학 저널의 보고서에서 발췌한 것이며, 몇몇 사례는 미국에서 중국계 미국인이 상담을 받았던 기록에서 가져온 것이다.

중국인의 '자기'

유명한 중국 건국 설화들은 창조자를 판쿠(P'an-ku)*라는 이름으로 지칭했다. 판쿠는 우주적 진화 방식에 의해 세상에 생겨났다(Williams, 1976). 인간은 판쿠의 시체에 있던 기생충이나 그가 대량으로 만들어 낸 점토상에서 생겨난 것으로 전해진다(Eberhard, 1965). 인간 종에 대한 중국인의 관점은 기독교적 서구 세계의 관점

---

* 역자 주: 우리나라에는 반고(盤古)로 알려짐. 태고의 혼돈 속에서 태어난 신. 키가 자람에 따라 하늘과 땅을 떼어 놓고, 죽어서 머리는 4악(岳), 눈은 해와 달, 기름은 바다, 머리털은 초목이 되었음.

과 첨예한 대조를 이룬다. 기독교적 서구 세계에서는 인간이 신의 형상을 따라 특별하고 잘 정의되어 만들어진 것으로 본다.

자기에 대한 서구적 정의의 핵심은 사색적 자성(reflective awarenss)이다. 경계선의 문제를 자기라는 시스템 내의 요소에 적용해 보면, 갈등은 이러한 요소들 사이에 존재하여 심리내적 문제가 된다(Johnson, 1985). 중국인의 자기라는 세계를 요약하려면 Hsu(1985)가 말한 심리사회적 항상성의 개념을 활용할 수 있다. 성격이라는 개인주의적 개념을 강조하는 대신, Hsu는 개인이 다른 사람들, 신들, 대상들과 정서적으로 관여하는 것에 대해 기술하였다. 중국인은 친족체계에 근거하여 존립하는데, Hsu는 이를 "친밀한 사회와 문화"(p. 28)라고 칭했다. 이러한 영역을 차지하는 사람들에게는 안정성이 있으며, 그들의 접근성은 예측 가능하고 자동적이다. 대조적으로 서구인들은 출생 지역을 떠나 관계적 측면에서 자발적이고 조건적인 자신이 만들어 낸 세상 속에서 자기만의 정체성을 찾도록 기대된다. 친밀감에 대한 동양적 정의는 한 개인이 상대방을 의지할 수 있는 정도를 의미한다(Roland, 1988). 반면, 서양적 정의는 한 개인이 자신의 가장 사적인 세계에 대해 방어하지 않고 안전하게 느낄 수 있는 정도를 의미한다.

인도 친족체계의 친밀한 영역에 내포되어 있는 메시지는 바로 구조가 개인에 선행된다는 것이다. 이러한 체계는 역할의 내구성과 사회적 질서의 규칙성에 의해 유지된다. 중국적 부자 이야기는 이러한 사회 질서의 절대적 성격을 보여 준다(이 이야기는 오이디푸스 이야기와 비교해 볼 때 특히 흥미롭다). 중국적 이야기에서 유명한 전사는 임신한 아내를 두고 황제를 위해 머나먼 지역으로 군대를 지휘

하기 위해 떠난다. 그는 18년간 집을 떠나 있게 된다. 고향으로 돌아오는 길에 그는 한 청년을 만나 사격술 결투를 벌이게 된다. 스스로 훌륭한 전사라고 생각한 그는 어느 누구도 자신보다 뛰어나서는 안 된다는 생각에 활을 당겨 청년의 심장에 꽂아 그 청년을 죽인다. 그런데 알고 보니 그 청년은 그가 이제껏 만나 보지 못한 자신의 아들이었다. 그 전사는 아들이 아들에게 기대되는 역할을 제대로 수행해 내지 못했다는 이유로 자신의 행위를 정당화한다. 우선 그 아들은 자신의 아버지를 알아보지 못했고, 그다음에는 감히 아버지를 이겼다는 점에서 잘못했다는 것이다(Bond, 1986). 이 이야기는 주어진 역할에 대한 구분과 이행이 예외 사항 없이 언제나 지켜져야 한다는 기대를 보여 준다.

나는 샌프란시스코에서 중국계 미국인 상담자로 20년간 일하면서 서양인과 중국인의 자기의 세계가 갖는 차이점을 내담자들의 삶의 양식 속에서 대체로 확인할 수 있었다. 대부분의 백인 내담자들은 각기 다른 주 출신이다. 그들은 원가족과 떨어져 살면서 가끔씩 연락만 한다. 그런데 중국인 내담자들은 그들이 미국에서 태어났든 미국 밖에서 태어났든 모두 원가족 근처에 산다. 그들 중 상당수가 부모의 일을 물려받거나 친척 또는 가족의 친구와 함께 일한다. 그들 중 일부는 부모 소유의 집에서 살고, 많은 미혼 성인 자녀는 부모와 함께 산다.

대처 기제와 방어 기제

한 문화에서 특징적으로 보이는 대처 기제 및 방어 기제는 그 민족의 심리학적 구성과 정신병리 양식을 보여 준다는 맥락에서 중요하다. 이러한 대처 기제 및 방어 기제를 이해하면 상담에서 나아갈 방향을 이해할 수 있다. Hsu(1983)는 억압(repression)은 내적 통제와 개인적 책임감을 강조하는 문화를 잘 대변해 주는 반면, 억제(suppression)는 외부적 통제와 상황 중심적 행동이 만연한 문화에 더 잘 적용될 수 있다는 것을 지적한다. Roland(1988)는 상황 중심 대 개인 중심의 대조에 대해서 논한 바 있다. 그는 서양적 문화는 '보편주의적' 이라는 용어로, 동양적 문화는 '맥락적' 이라는 용어로 설명했다. Johnson(1985)은 지각과 경험에 대한 동양적 체계와 서양적 체계를 설명하면서 각각 '일신론적' 이라는 용어와 '다신론적' 이라는 용어로 지칭했다. 이러한 용어들이 시사하는 바는 서양에서는 특정 행동이 모든 상황에서 옳거나 그르다는 것이다. 이상적 행동은 법에 의해 결정되는 영역이다. 반면에, 동양에서는 어떤 행동이 옳은지 그른지가 상황과 관련된 사람들에 따라 달라진다. 상황에 따라 취하는 행동이 달라지며, 특정한 상황과 관계에서 적절한 행동을 구성하는 것에 대한 분명한 지침이 존재한다. 예를 들어, 유머를 사용하는 것은 예의를 갖추어야 하거나 연장자에게 얘기하는 상황에서는 부적절한 것으로 여겨진다. 개인은 자신의 감정에 상관없이 특성 상황에서 옳은 일을 하도록 기대된다(Hsu, 1985). 그것을 통해 추구하는 이상은 마치 자연에서 한 계절이 있고 나면 다음 계절이 찾아 오듯이 그런 식으로 사회적 질서를 지키고 보존하는 것이다. 개인적 행동과 적응이라는 측면에서 이성적 통제, 타협, 인내에 가치를 두는 것이다.

이러한 강조점의 기본적 차이를 잘 이해하면 서양인이 동양인에게는 그렇게 상처되지 않을 만한 상황에서도 '심리적으로 상처받는 것' (Hsu, 1985, p. 121)이 가능하다는 것을 이해할 수 있다. 마찬가지로 동양인도 서양인에게는 상처가 되지 않을 상황에서 상처받을 수 있다. 이러한 측면을 이해하는 것은 임상가가 심리치료에서 적절한 개입이 무엇인지를 판단하는 데 도움이 된다. 다음의 중국계 미국인과의 상담 사례는 이를 잘 보여 준다.

데이비드는 40대의 아시아 국가 출신의 전문가다. 그는 1년간 지속된 심각한 우울증 때문에 도움을 찾게 되었다. 그는 심각할 정도의 몸무게 감소, 불면증, 일에 대한 집중력 저하, 삶에 대한 전반적 흥미 상실 등 우울 증상을 겪고 있었다. 데이비드는 이러한 증상이 아내의 죽음에 대한 죄책감 때문이라고 설명했다. 그의 아내가 불치병 진단을 받고 입원을 해야 했을 때, 데이비드는 일이 너무 바빠서 그녀를 병원에 데려갈 수 없었다. 그래서 아들이 대신 그녀를 병원에 데려갔다. 데이비드의 생애사를 살펴보면 어린 시절 외상이나 이전의 정신과 병력이 없었다. 그의 결혼생활은 그의 삶의 다른 대부분의 측면이 그러하듯 주로 의무와 책임감이 우선시되어 왔다. 상담이 진척되면서 상담에서 나타난 유일한 의미 있는 정보는 그가 줄곧 교사가 되고 싶어 했다는 것이다. 교사라는 직업은 돈을 벌기에 그리 좋은 직업은 아니었다. 그는 중국 가정의 장남으로 부모를 봉양할 책임을 느꼈다. 그래서 엔지니어가 되어 열심히 힘들게 일했고 경제적으로 성공했다. 우리가 함께 그의 삶을 돌아보게 되자, 데이비드는 자신이 꿨던 꿈에 대해 얘기했다. 꿈에서 그는 공사 현장에 가는 길에 동료들과 함께 비행기를 타고 있었다. 비행기가 착륙하면서 그는 자신이 파리의 중심부에 있다는 것을 깨달았다. 파리는 다양한 즐거움으로 부산스러웠고, 그가 기대했던 먼지 많은 공사 현장과는 거리가 멀었다. 그가 이런 꿈을 꾸게 되었을 때쯤, 그는 이미 자신의 무의식이 보내는 메시지를 알아차릴 만큼 충분히 자신을 이해하고 있었다. 우리는 웃으며 그 순간 유머를 나눌 수 있었다. 데이비드의 상담은 8회기밖에 진행되지 않았다. 하지만 그는 정상식으로 먹고 사기 시작했다. 그리고 그는 자신이 다니던 회사를 그만두고 아시아로 갔다. 8개월 후 그는 상담에 대해 감사 인사를 하려고 나에게 전화를 했다. 그는 여행을 다니고 있었으며, 프리랜서로 컨설팅을 하면서 아시아에 있는 학교들을 위해 자신의 전문 분야인 공학에 대한 교재를 쓰고 있었다.

이중문화적 상담을 한 이 사례에서는 부모를 위해 옳은 것을 해야 하는 중국인의 책임감에 대한 가치와 개인적 추구를 중시하는 서양적 가치를 통합했다. 아내의 갑작스러운 죽음은 인생에서 예상치 못했던 정지 신호 같았고, 그는 같은 방식으로 살아가는 것이 별 의미 없다는 것을 깨닫게 되었던 것이다. 그는 방향 감각을 상실했다. 중국인 장남으로서 충성되게 행동하는 것이 얼마나 중요한지에 대한 문화적 이해 없이 이 남자의 삶의 여정을 살펴보면 쉽사리 신경증적 의존 혹은 심지어 피학증으로 그를 잘못 진단할 수 있었을 것이다. 중국에서는 그가 자신의 바람을 실현하고자 하는 것이 이기적인 것으로 비추어졌을 수 있을 것이다. 물론 그가 중국에서 살았다면 이러한 이중문화적 갈등을 처음부터 겪지 않았을지도 모르겠다. 하지만 그가 이러한 변화를 원하게 되었을 때, 그냥 살아왔던 대로 살아가는 것에 대한 사회적 압력은 훨씬 더 강했을 것이다. 그곳에서는 대안이 훨씬 적었을 것이고, 당연히 파리로의 여행은 대안에 없었을 것이다!

중국에서의 상담 사례

북미로 이민하는 아시아인의 수가 늘어나면서 재미 아시아인 내담자 인구도 성장하게 되었다. 이러한 내담자들과 작업을 할 때에는 상담자가 내담자의 내면에 깊숙이 자리하고 있는 문화적 근간을 이해하는 것이 중요하다. 이것은 2세대, 3세대의 아시아계 미국인에게도 적용된다. 개인적 지향 대 상황적 지향, 정서적 강조 대 인지적 강조라는 연속선상에서 중국에서의 사례들을 살펴보면, 그 연속선상의 끝에서 상황적이고 인지적인 요인들이 문화적으로 지배적이라는 것을 알 수 있다. 이러한 자료를 살펴보면서 기본적인 근간이 될 만한 지식을 습득할 수 있다.

심리치료는 중국 정신과 계통에서 여전히 드물게 이루어진다. 1980년대 중국 정신과 학술지에 실린 심리치료 사례 기록을 보면, 이성적이고 인지적이고 상식적인 이해의 역할이 절대적이고도 가장 특징적으로 나타난다. 중국의 심리치료는 대부분 의사가 환자에게 호소된 증상이나 강박적 사고가 비논리적이고 비정상적이라는 것을 설명해 주는 형식을 취한다. 상식, 논박하기, 객관적 현실이

'증거' 로 인용된다. 치료를 위해서는 약물, 구체적인 행동적 숙제(예를 들어, 일기 쓰기), 둔감화 훈련이 처방되며, 처방을 강화하기 위해 의사와 나눈 몇 마디 '대화' 로 회기가 이루어진다. 목표는 증상 제거다(Tan, 1988; Yang, 1983; Zhao, 1987).

반드시 그렇게 적혀 있는 것은 아니지만, 이러한 기록을 살펴보면 의사는 친절하고 지지적이나 정언적이고 부모 같은 지위를 가지며, 어린아이 같은 내담자가 논지를 깨달을 수 있도록 인내심을 가지고 지도한다는 것을 유추할 수 있다. 이러한 치료적 관계에 대한 인상은 중국인의 가족 지향과 일관적이다.

이러한 치료적 태도는 Zhong You-bin[1]이라는 북경의 정신과 진문의의 작업으로 시작되었는데, 그는 중국에서 Freud에 대한 권위자로 여겨진다. 그는 Freud가 어린 시절의 경험을 강조하는 것이 중국의 민담이나 속담에 제시된 내용과 비슷하다는 점에서 중국인에게 친숙한 개념임을 발견하게 되었다. 자기분석을 통해('Freud가 스스로를 분석했던 것처럼 말이다!') 그는 Freud의 개념이 자신의 치료 장면에도 적용 가능하다는 결론을 내렸다. 그의 심리치료의 핵심은 내담자들에게 그들이 현재 겪고 있는 문제가 어린 시절에 근간을 두며 성인이 된 지금에는 그런 문제를 더 이상 겪어서는 안 된다는 것을 설명하는 데 있다. 그는 내담자들에게 어린 시절 외상을 회상하게 하는데, 이 작업을 위해 종종 가족 구성원들의 도움도 받는다. 그리고 특정한 행동적 · 사고적 양식이 어떻게 생겨나게 되었는지를 따라가 본다. 그는 단 몇 회기만의 상담으로도 매우 심각한 병리를 성공적으로 치료해 왔다. 그런데 치료의 핵심적인 면에 있어서의 양식은 특유의 중국식을 고수하는데, 즉 정서적이고 무의식적인 부분보다는 인지적이고 이성적인 부분을 주로 다루었다. Zhong 선생의 접근법에 있어서 새로운 면은 그가 다른 내용, 즉 어린 시절 경험을 활용한다는 것이다. 또한 그는 회상하고 이해하는 작업에 있어서 내담자와 그의 가족들의 더 많은 참여를 이끌어 낸다는 면에서 새로운 시도를 하였다. 즉, 그의 치료적 접근은 구조화된 유도된 통찰, 회상적 치료과정으로, Bellak의 집중적 단기 심리치료(1983, p. 39)에서 기술된 치료과정과 같은 형태를 띤다.

Zhong 선생은 그가 다룬 많은 성공적인 사례에 대해 출판했지만, 우리의 학습을 위해 그가 실패 사례라고 기록한(Zhong, 1988) 다음의 두 사례를 살펴보겠다. 이 두 사례는 문화적 양식이 치료에 있어서 어떤 면에서는 자산이지만 어떤 면에서는 한계가 될 수도 있다는 것을 잘 보여 준다.

Y는 이제 40대인 고등학교 여선생이었다. 그녀의 문제는 그녀가 우수한 성적으로 고등학교를 졸업하면서 시작되었다. 그녀는 대학 입학을 거절당했는데, 이유인즉 그녀의 아버지가 '인텔리(intellectual)' 로 구분되었기 때문이다. 1950년대 후반 중국의 정치적 분위기상 인텔리는 주로 '반동 보수주의자' 로 여겨졌다. Y는 고등학교 교사가 되기 전에는 공장에서 일했다. 중국의 특정 부문에서는 그 일을 하는데 대학 학위를 필요로 하지 않았다. 청소년 후기에 우울증을 겪으면서 그녀는 자신이 암에 걸렸을지 모른다는 공황적인 두려움을 느꼈고, 눈에 보이는 모든 것을 강박적이고 의식적으로 씻게 되었다. 그녀는 1년간 Zhong 선생과 13회기의 상담을 가졌다. 그녀는 의사의 설명을 이해했고 그에 동의했지만, 조금 나아진 후에는 치료를 끝냈다.

중국의 대부분의 사례에서 그러하듯이, 이 사례에서도 그녀의 상실, 큰 슬픔, 다른 감정적 상처와 같은 정서적 측면은 아무것도 다루어지지 않았다. 그래도 다른 중국 상담자들과는 달리 Zhong 선생은 그녀의 저항에는 '좀 더 깊은 이유'가 있다는 것을 인정했다.

그가 실패했던 두 번째 사례는 다음과 같다. Z는 30대 중반의 공장 여직원이었다. 그녀는 공격적이고 간섭 많은 어머니와 조용하고 수동적인 아버지 사이에서 자랐다. 그녀의 아버지가 돌아가시자 그녀는 우울해졌고, 서서히 강박적인 청소 및 설거지 행동을 보이기 시작했다. 그녀는 Zhong 선생과 9개월간 10회기의 작업을 했다. 매 회기에 Z는 말을 너무 많이 해서 의사가 말할 기회를 거의 주지 않았다.

Zhong 선생은 이러한 형태의 저항에 대해 "최상의 방어는 공격이다."라고 설명했다. 그는 나아가 Z는 자신의 상황적 스트레스에 대해 방어하기 위해 이러한 증상을 필요로 한다고 개념화하였다. 즉, 증상은 이러한 두 가지 극단적 모습이 약화되어 나타난 것이다. 옳든 그르든 이 해석은 내가 검토한 중국에서 나온 많은 사례 가운데 유일하게 무의식적 동기에 대해 언급한 것이었다. 물론 첫 번째 사례에서처럼 무의식을 다루는 정서적 차원에 대한 어떤 개입을 언급하지는 않았다. Z가 의사를 대하면서 아버지가 어머니에게 지배된 것 같았던 상황을 피하기 위해 언제나 더 공격적인 입장을 취하는 어머니의 전략을 취했을 가능성, 즉 전이의 문제에 대해서는 논의되지 않았다. 물론 전이에 대한 해석이 중국인 내담자와 심리치료를 하는 데 필요한지, 필요하다면 어떤 식으로 이루어져야 하는지에 대한 것은 또 다른 복잡한 문제다(이 문제는 이 글의 뒤에서 다룬다). Zhong 선생의 이 두 가지 사례 모두에서 지시와 설명은 충분하지 못했던 것이 확실하다. 중국인들은 대놓고 권위에 도전하지는 않는다. 이 사례에서는 상담자가 그러한 권위자이기 때문에 중국인들은 그냥 상담하러 오는 것을 그만둘 뿐이다. 따라서 중국인 내담자와의 상담에서는 권위적 접근의 효과성을 과장하지 않도록 주의해야 한다.

중국에서 있었던 이러한 상담 사례는 정서적·비이성적·무의식적 자료의 역할 및 치료적 관계의 성격과 같은 중요한 이슈를 제기한다. 이 모든 개념은 정신 역동적 심리치료에 있어서 핵심이 되는 개념이다.

중국계 미국인 상담 사례

이러한 이슈들을 좀 더 탐색하기 위해 샌프란시스코에서 상담한 두 명의 중국계 미국인 사례를 제시하고자 한다.

린

린은 중국계 미국인 3세다. 그녀가 상담을 받기 시작했을 때는 20대 중반이었다. 상담은 주 1회로 진행되었으며, 그녀는 거의 상담 약속을 취소하지 않고 6년 가까이 꾸준히 상담을 받았다. 그녀의 주 호소 문제는 주로 신체화 양상을 띠었다. 그녀는 과호흡증후군, 불면증, 식은땀, 신체적 이유가 없는 심한 복통, 전반적 신경과민과 같은 증상을 호소했다. 그녀는 모든 곳에서 주도적이어야 했고, 음식

점이나 슈퍼마켓 같은 장소에서는 광장공포증 증상을 보였다. 첫 회기에서 그녀는 반복적으로 꾸는 꿈에 대해 이야기했다. 꿈에는 커다란 거미들과 거미줄이 나왔는데, 그녀는 그것들이 죽음을 연상시킨다고 했다. 그녀는 스스로를 비관적이라고 설명했고 태어날 때부터 그런 식이었다고 믿었다.

린은 세 자녀 중 장녀로 하나밖에 없는 딸이었다. 그녀의 어린 시절 기억은 나이 많은 아버지, 편집증적인 어머니, 부모의 잦은 불화, 어머니의 체벌로 가득했다. 그녀의 아버지는 첫아이가 딸이라는 사실에 실망했는데, 이러한 반응은 중국에서는 일반적이었다. 린은 아버지 사업을 물려받고 싶어 했지만, 그녀의 아버지와 아버지의 동업자들은 모두 강하게 반대했다.

상담 초기에 그녀는 주로 고통스러운 기억에 많이 머물렀다. 그런데 고통스러운 기억에 머물기 위해 그녀는 우선 그렇게 해도 된다는 허락을 필요로 했고, 자신에 대해 생각하는 것이 이기적인 것(전형적인 중국식 태도)이 아니며, 그녀의 감정은 이해받을 만한 것이라는 사실에 대해 자세한 설명을 필요로 했다. 그녀는 자신이 가진 염세주의적 태도가 학습된 것으로 어린 시절 경험에 뿌리를 두고 있으며, 따라서 바뀔 수 있다는 얘기를 듣고 크게 안도했다.

과호흡 증상은 상담을 시작한 지 한 달 만에 크게 경감했다. 상담자에게 혼날 것 같고 비난받을 것 같은 두려움에 대해 작업한 후, 그녀는 자신의 무가치감과 죄책감을 다루기 시작했다. 예를 들어, 상담을 받은 지 다섯 달이 되었을 때, 어느 날 그녀는 자신의 아버지가 모호하고 거리감 있었다는 사실과 그녀가 아버지에게 항상 인정받지 못한다고 느꼈던 것에 대해 이야기했다. 그 회기 후반에는 자신의 가장 끔찍한 두려움은 '하나님이 내가 준비되기 전에 오는 것' 이며 그래서 그녀가 '영원한 형벌' 을 받게 되는 것이라고 했다. 상담자가 그녀가 가진 아버지에 대한 지각과 신에 대한 지각이 비슷하다는 것을 지적하자, 그녀는 자신이 신에 대해 가진 불안감이 아버지와의 경험과 관계 있다는 것을 이해할 수 있었다. 그녀의 문제가 그녀 '내면에' 있다는 사실에 대한 통찰은 그녀에게 어느 정도 자유를 주었다. 그 회기가 있었던 다음 주에 그녀는 말을 타는 꿈을 꾸었다. 그녀는 말이 특정 방향으로 갔으면 했지만 '그 말은 자기 고집을 피웠다.' 그래서 다른 말을 끌어다가 샌프란시스코-오클랜드 베이 브리지를 건너가게 했다. 그녀는 기분이 좋아 "드디어 해냈어!" 라고 외쳤다. 이러한 식의 그녀의 포부와 내적 힘에 대한 꿈은 그녀가 상담을 받는 동안 비유로 반복되었다.

상담을 받은 지 8개월째 접어들었을 때, 그녀는 한 주 동안 심각한 복통 삽화를 두 번 겪었다. 상담 회기 동안 그녀는 그 증상을 아버지가 자신을 불공평하게 대우했던 것에 대한 고통 및 '나 자신의 존재 방식' , 즉 스스로 '깨끗하지 못하다' 고 생각하는 것에 대한 고통과 연관지어 이야기했다. 그녀는 자신의 어머니가 그녀에게 아들이 아니어서 '아무 쓸모없다' 고 말했던 것을 회상했다.

그녀의 자기인식과 삶의 상황에 대한 현실적 평가는 증가해 갔다. 더불어 삶에 변화를 가져올 만한 기술도 생겨나고 있었다. 린은 증상 완화뿐 아니라 성장을 위해서도 심리치료를 활용했다. 그녀가 적절한 부모 양육을 경험하지 못했다는 사실 때문에 오히려 장기 상담에서 받는 혜택은 커졌다.

베 리

베리가 상담을 시작했을 때, 그는 20대 후반의 중국계 기혼 남성이었다. 그는 상담을 주 1회 정도로 받았다. 취소하는 경우는 거의 없었으며 4년 10개월 간 상담을 지속했다. 그는 2남 중 막내로 태어났으며 아시아 국가에서 태어나고 자랐다. 미국에는 대학교육을 위해 오게 되었다. 그의 주 호소 문제는 우울이었는데, 어느 정도 과체중이라는 사실을 제외하고는 신체화 증상은 없었다. 그의 핵심 갈등은 아버지에 대한 두려움이었다. 사실 그는 아버지 사업을 돕고 있었다. 평생 살아오면서 베리는 늘 아버지가 형을 편애한다고 생각했다. 물론 장남에 대한 편애는 중국에서 일반적으로 나타나는 현상이다. 이러한 생각을 깔고 살다 보니 베리는 아버지나 형이 자신을 멸시한다든지, 속인다든지, 둘이 모의를 하는 것 같다든지 하는 것에 대한 세세한 '증거' 에 몰두했다. 그는 머리도 좋고 강박적인 성향이 있어서, 이러한 추측에 대해 '문서화' 하면서 거의 편집증적으로 몰두하게 되었다. 베리가 샌프란시스코에 있는 사무실을 운영하는 동안, 그의 아버지와 형은 거의 아시아에 거주했다. 그들은 주당 대여섯 번 정도 정기적으로 전화 통화를 했다. 아내와의 결혼생활에 있어서 그는 정서적으로 아내에게 심하게 의존적이면서도 매우 통제적이었다. 그들은 조심스럽게 삶을 영위해 갔으며, 아버지가 자신을 무책임한 사람이라고 생각할 것 같은 두려움 때문에 상담을 받은 두 번째 해까지 휴가도 한 번 간 적이 없었다.

베리의 초기 인생에 학대나 방치의 증거는 없었다. 아버지와 세 형제들은 모두 외향적이고 말이 많았는데, 베리는 항상 내향적이고 괴짜이고 '동떨어져' 있는 것 같았다. 상담을 몇 해 받고 자신을 닮은 아이를 양육하는 경험을 하고 나서야 그는 자신 때문에 부모가 느꼈을 불안감에 대해 이해할 수 있었다. 그의 부모는 그가 어릴 때 그가 안전하도록 늘 가까이서 감시하였다. 예를 들어, 그들은 베리의 방에 와서 그를 자주 점검했는데, 심지어 그가 문을 잠그고 있을 때도 그렇게 했다. 부모님은 그가 잠자는 척하는 동안 그의 소지품 검사를 하기도 했다(중국인의 가족생활에서 감정은 사적인 것으로 여겨지지만 소지품은 그렇지 않다. 따라서 베리의 부모님처럼 자식 물건을 검사하는 것이 극단적인 행동으로 해석되지는 않는다). 베리의 부모는 자신들의 행동에 대해 결코 설명해 준 적이 없기 때문에, 베리는 자라면서 자신이 뭔가 잘못되었다고 생각하게 되었다.

베리의 배경에서 두 가지 특징에 주목할 필요가 있다. 첫 번째로, 그는 과부였던 외할머니 손에 자랐다는 것이다(이것은 중국 가정에서 흔히 있는 일이다). 외할머니는 불행하고 의심이 많은 사람이었다. 두 번째로, 베리의 어린 시절 동안 아시아에는 불안정성과 사회적 불안이 지배적이었다. 예를 들어, 그는 아버지가 사업차 여행을 가면 유괴당할까 봐 걱정하고 두려워했다. 따라서 의심과 조심스러움은 더 큰 맥락에서 일반적이었다.

가정에서는 베리와 그의 형이 아버지 사업을 돕게 될 것이라 여겼다. 비록 눈에도 별로 안 띄고 인정도 많이 못 받는 것 같았지만 베리는 아버지를 항상 깊이 사랑했다. 언젠가 아버지를 위해 자신이 위대한 성과를 내는 상상을 했다. 상담을 받으면서 그는 아버지를 기쁘게 해 주고 싶었던 것이 부분적으로는 경쟁심에서 비롯되었다는 것을 깨달았다. 아버지 사업을 도우면서 그는 아버지가 모든 공적을 아버지 자신에게 돌린다고 생각했다. 그는 자신이 정말로

'인정' 받을 수 없다고 느꼈다. 그의 말대로 적어 보자면, 그는 자신이 전체적 나무라는 느낌(개인주의적 목표)을 원하며 단지 하나의 가지만 되고(중국적 관점) 싶지는 않다는 것이다. 비록 베리는 가족 사업에서 질식할 것 같았지만 외부 세계는 무서운 정글 같다고 느꼈다. 여러 해 동안 그는 반복적으로 자신이 스스로를 떼어 낼 수 없는 어떤 지점에 말 그대로 '고착'되어 있는 꿈을 꾸었다. 아버지에 대한 양가감정은 상담을 받으면서 꼬리를 물고 이어졌다. 상담을 받은 지 3년차 되었을 때, 그는 스스로 집을 살 만큼 돈을 벌었다. 그는 아버지가 그 사실을 기뻐할 것으로 생각했다. 그런데 아버지는 이러한 계획에 대해 냉담했다. 아버지는 베리가 자신의 의견을 물어서 자신을 높여 주었어야 했다고 생각한 것이 분명했다. 베리는 수완 좋게 재정적인 계획을 짜는 데 아버지를 끌어들임으로써 아버지의 관심을 되돌렸다. 이 경험을 하면서 베리는 스스로 서양적인 관점에서 얘기하는 식으로 독립적이 된다는 것이 얼마나 힘든지를 깨달았다. 독립적으로 집을 한 채 산다는 것은 백인 미국인에게는 칭찬할 만한 일이지만, 중국 문화에서는 언제나 아버지에게 의견을 물어야 했던 것이다. 서양인들은 성인기를 지나서 부모와 함께 사는 것이 바람직하지 못하다고 여긴다. 하지만 중국인에게는 오히려 부모를 떠나는 것이 심각한 문제가 된다.

상담을 받은 지 3년이 되어 갈 때, 베리는 두 달간 심각한 우울증에 시달렸다. 그 기간 동안 베리는 높은 곳에서 뛰어내릴 준비를 하는 사람처럼 가족 사업을 그만둘 생각에 시달렸다. 그의 우울증은 막상 가족 사업에 뛰어들면서 바로 괜찮아졌다. 마치 열병이 사라진 것 같았다. 그때를 회상하면서 베리는 그것이 그가 정말로 가족 사업을 하기로 결정하기 전에 마지막으로 독립에 대해 유혹을 받았던 사건이었던 것 같다고 했다. 가족 사업을 계속 이어가기로 하면서 그의 마음이 가벼워진 것 같았고, 그는 행복해 보였다. 베리 자신의 비유를 쓰자면, 그가 '막 알에서 부화해 나왔던' 것이다.

자신의 이중문화적 삶의 상황에 대해 더 잘 알아가고 인식해 가면서 베리는 자신에게 자존감과 자유를 주는 결정을 해 나갈 수 있었다.

논 의

중국적 전통이 현대에도 지속적으로 영향을 미친다는 사실이 분명해졌다. 물론 정신병리 양상은 상당히 다를 수 있고 서양 문화에 노출된 정도도 다를 수 있지만 말이다. 여기에서는 통찰 지향적 심리치료 및 중국인 내담자와 관련된 세 가지 주요한 이슈, 즉 심리학적 탐색이라는 '영역', 치료적 관계, 교육적 가르침의 역할을 다루고자 한다.

치료 영역

다음에 나오는 중국계 미국인의 두 사례와 중산층 미국인에 대한 통찰 지향적 상담을 한 사례 사이의 주된 차이점은 탐색의 '영역'이라는 측면에서 찾아볼 수 있다. 이 맥락에서 '통찰'이라는 말은 주로 심리내적인 부분에 대해서 언급할 때만 쓰이는데, 이는 Johnson(1985)이 서양적 자기를 정의했던 것처럼 개인적 자기 안에 존재하는 통제 소재를 지칭한다. 중국적 자기의 경계는 무척 다르기 때문에 통찰을 적용하는 부분도 달라지게 된다. 대부분의 중국계 미국인에게 있어서 치료적 탐색은 가족이라는 범위에서 그리 벗어나는 법이 없다. 핵심 갈등은 원 등장인물들과의 관계에서 직접적으로 작업하게 된다.

중국계 미국인의 에너지와 정서적 투자는 이러한 원 등장인물들을 중심으로 영구히 이루어진다. 정서적으로 비교해 볼 때, 그들은 백인들처럼 옮겨 다닐 필요를 느끼지 못한다. 반면에, 백인을 대상으로 상담을 하면 일련의 전이적 왜곡을 다루게 된다. 백인들은 새로운 환경에서 자신들만의 구조와 환경을 만들어 가야 하기 때문에, 이러한 전이 양상은 일련의 관계들 속에서 나타난다. Slater (1970)는 의존성과 독립성에 대해 논의하면서 미국 사회가 "……역사상 어떤 민족보다도 '정해진 바(givens)'가 별로 없고, 애매한 기준을 가지며, 환경적 안정성도 덜하고, 사회구조적 지지도 약하다. (이러한 유동적 문화 내에서) 기동력 있는 개인은 쉽게 여기저기 옮겨 다니게 되며, 내면화된 통제력은 휴대 가능하고 트랜지스터화된다."(pp. 21, 23)라고 했다.

이것이 매우 꽉 짜여져 있으면서 소형으로 봉해진 한 꾸러미의 에너지에 대한 생생한 이미지다. 이러한 집단에서는 각각의 새로운 관계가 그 당시에 가장 중요하다. 즉, 심리학적으로 중요한 영역은 다음의 이슈와 직접적 관련을 갖게 된다.

치료적 관계

백인 내담자가 시작한 새로운 관계가 치료적 관계이면 그 관계가 내담자에게는 가장 중요한 문제이자 현재 에너지의 중심이다. 내가 중국계 미국인 내담자와 했던 치료적 작업에는 백인계 미국 내담자와 맺었던 강렬한 내담자-상담자 관계가 결여되었던 것 같다. 나는 정신 역동적 훈련을 받아 온 상담자인데, 정신 역동적 치료에서는 전이에 대한 해석이 치료의 가장 중심이 된다. 나는 나 자신의 역전이 때문에 어떤 것을 간과하거나 방해를 받을까 염려했는데, 중국인 내담자들은 많은 백인 내담자들과 비교해 볼 때 상담자로서 나에게 의존하는 것에 대해 훨씬 덜 염려하는 것 같았다. 그렇지만 중국계 내담자들은 전반적으로 자주 회기를 갖거나(예를 들어, 주 2회) 오랫동안 작업을 하는 것을 잘 견디지 못하거나, 그 혜택을 충분히 누리지 못하는 편이다. 이러한 현상은 중국인들이 정신건강 서비스를 '충분히 받지 못하는(underserved)' 경향과 상관이 있을 것이다. 사람들은 문헌에서 이에 대한 좌절감과 실망을 표현하지만, 다른 방식으로 이 문제를 다루지는 않았다.

Hsu(1981)는 가족 구조와 정서성에 대해 분석하면서, 서구적이고 배타적인 핵가족 내에서 부모와 자녀들 사이에 더 깊은 정서적 교류가 나타난다는 것을 관찰했다. 그것은 그 가족구조 속에서 부모가 자녀의 삶에 유일한 권위적 인물이기 때문이다. 중국적 확대가족에서는 종종 부모만큼이나 권위가 있는 주변의 다른 중요한 어른들과의 접촉 때문에 부모-자녀 관계가 아이들에게 '희석된다'.

일반적으로 상담을 받는 중국인 내담자는 상담 중에도 원래의 확대가족을 중심으로 관계를 맺어 간다. 그러다 보니 상담자는 상대적으로 덜 중요한 자리를 차지한다. 중국적 지지체계의 전형적인 형성을 충분히 설명하는 것은 지면상 허락되지 않는다. 하지만 지지체계라는 측면에서 상담자와의 전문적 관계는 기능적이고 실용적이다. 그것이 내담자의 자기가치 개념을 정의하거나 위협하지는 않는다.

상대적으로 백인들과의 역동적이거나 정신분석적인 상담에서는 원가족, 특히 부모와의 관련 이슈를 작업하는 데 수백 시간이 소요된다. 전이 개념 자체가 부모의 핵심적 역할을 기반으로 한다. 어쩌면 서양 문화에서는 부모로부터의 분리와 독립을 필수로 여기다 보니 오히려 초기의 관계의 끈이 더 강렬해지고 원만한 해결의 여지가 별로 남지 않을 수 있다. 직접적으로 상대할 진짜 부모가 부재할 경우 이 관계의 강렬한 긴장감이 상담자에게 전이된다. 이러한 전이는 서양인이 갖는 의존 욕구를 향한 양가감정과 더불어 그가 상담에서 상담자에 대한 의존성을 기를 수 있다는 의심 때문에 더욱 복잡해진다. 결혼 여부와 정신과적 증상에 있어서의 민족성의 차이에 대한 한 하와이 연구(Harvard Mental Health Letter, 1990)에 따르면, 필리핀계 하와이인 및 일본계 하와이인에게서는 나이라는 변인을 통제하자 정신과적 증상과 미혼 사이의 상관관계가 사라졌다. 하지만 백인과 원주민에게서는 여전히 상관관계가 남아 있었다. 연구자들은 앞의 두 집단은 결혼이 주는 보호적 요인을 대체할 만한 지지를 확대가족으로부터 받는데, 뒤의 두 집단은 그렇지 못하기 때문이라고 논했다. 따라서 중국계 내담자와 작업할 때는 전이에 대한 분석을 가장 중요하게 다루지 않아도 괜찮을 듯하다. 심리치료에서 이러한 측면을 강조하다 보면 때로는 내담자를 좌절시키고 상담의 흐름에 방해가 된다. 기본적으로 전이 분석에 대한 측면이 중국계 내담자들에게는 중요하지 않고 심지어 상관이 없기도 하기 때문이다. 중국식의 치료적 관계에 대한 더 자세한 논의는 Hsu(1985)와 Tung(1984)의 논문에서 찾아볼 수 있다.

교육적 가르침

인지적 이해에 적용되는 교육적 가르침의 역할은 특히 중국 사람들에게 중요하다. 다시 말하지만, 지면의 한계상 중국인의 인지가 학습 및 기능에 미치는 영향에 대해 더 자세히 논의하기는 힘들다. Liu(1986)는 중국인의 삶의 양식에 있어서 '윗사람 존경하기' 라는 법칙에 대해 언급했다. Pillsbury(1986)는 동양과 서양의 학습 방식의 차이에 대해 논했다. 그의 논의에 따르면, 동양의 학습 방식은 수동적이며 교사가 주도할 책임을 갖는다. 중국인들은 전형적으로 교사가 행동 규칙을 정해 주는 것을 편하게 생각한다. 정신과적 치료에서 치료적 권위자가 해 주는 이성적 설명, 지시, 심지어 정당화도 중국적 자기의 세계에서 말하는 외적 통제 소재라는 것과 일맥상통한다. 중국적 자기의 세계에서는 어쩔 수 없는 상황이 주관적인 반응과 함께 설명되어야 한다.

비록 린과 베리 같은 중국계 미국인 사례에서는 정서적이고 무의식적인 자료가 상당 부분 활용되었지만, 인지적 이해가 작업관계를 형성하는 데 필수적이었다. 상담자는 중국인 내담자의 삶에서 주변적이고 기능적인 역할을 차지하기 때문에 전이에만 의존하는 것은 충분치 못하다. 따라서 내담자가 친숙하다고 느낄 수 있는 용어로 내담자에게 상담이 어떻게 중요한지를 이해시키는 것은 필수적이다. 예를 들어, 린은 자신의 비관적 성향이 학습된 것이며 고칠 수 있다는 얘기를 들으면서 자신의 감정을 탐색해 보는 것을 '배웠다'.

또한 중국인들은 자기분석을 이기적인 것으로 지각하는 경향이 있지만, 그렇게 힘들게 작업하는 것이 결국 내담자와 그 가족에게 이득을 가져다준다는 것도 배웠기에 작업을 하는 것이 가능했다. 베리의 사례에서는 문화적 차이에 대해 충분히 논의하는 것이 그의 이중문화적 딜레마와 오해를 분명히 이해하는 데 필수적이었다.

내담자와 그 부모가 보통 겪는 뿌리째 뽑히는 것 같은 경험에 대해 이야기하고 그러한 경험이 중요하다는 점을 인정하는 것 역시 매우 가치 있다. 이러한 경험은 종종 파편화된 자기정체성에 대해 직접적으로 작업하도록 도와준다.

결 론

중국 내담자에게 통찰 지향적 상담을 적용하는 것은 이중적 측면이 있는 듯하다. 중국인들 사이에서 심리적 고통을 신체화 증상으로 표현한다는 차원에서 보면, 린의 사례는 억압된 자료의 '해방' 이 신체적 증상을 다루는 데 효과적이며 더 나은 통합과 기능을 이끌어 낼 수 있다는 것을 보여 준다. 이렇게 볼 때 정신 역동적이고 통찰 지향적인 심리치료는 어떤 중국인 내담자들에게는 특히 더 적합할 수 있다. 일반적으로 보면 정신 역동적 원칙들은 정서와 무의식의 힘 같은 인간의 상태에 대한 지식을 부분적 기초로 한다. 하지만 더 큰 차원에서 접근해 보면, 적어도 서양 상담 장면에서 행해지는 것을 볼 때, 정신 역동적 접근은 문화적 가치, 신념체계, 삶의 양식을 기초로 한다. 내담자의 개인적 세계가 단일문화적이든 이중문화적이든, 그 세계에 맞게 적당히 변형을 해서 적용한다면 그 기본적인 원칙은 더 넓게 적용될 가능성이 있다. 문화 역동적인 차원이 정신 역동과 결합될 때, 그 접근은 모든 사람을 위한 심리치료가 풍성해지는 결과를 낳을 수 있다.

후주

1. 중국 이름에서는 성이 먼저 나온다. 이것도 개인보다 가족을 강조하는 문화와 일맥상통한다.

외국 상담 장면에서 만난 한국인

Walter H. Slote, Ph. D.

심리치료 중에 나온 자료는 한 문화와 그 구성원들에 대한 가장 풍부한 자원이자 동시에 가장 쉽게 간과되는 자료다. 나는 정신분석가이자 정신분석적 인류학자로서 의식적인 재료와 무의식적인 재료를 모두 다룬다. 여기에는 의식에서 가용 불가능한, 혹은 가용할 수 있다 해도 부분적으로만 가용 가능한 억압된 재료가 포함된다. 따라서 사회문화적 연구는 보통 다룰 수 없는 영역을 포함한다.

내담자들이 정신분석에서 호소하는 문제들은 그리 특이한 것이 아니다. 그것은 모든 인류에게 내재된 심리적 문제들을 보여 준다. 추가적으로 그 문제들은 내담자 자신의 문화에서만 나타나는 특유의 심리사회적 자료를 보여 주기도 한다. 호소하는 문제는 언제나 개인적이면서도 보통 그가 속한 문화의 태생적 문제를 보여 준다. 상담을 찾는 사람들은 힘든 상태여서 감정 표현을 덜 꺼리는 편이며, 그들 내면의 깊은 감정을 보여 주는 것에 대해 평소 갖는 통제가 느슨해져 있다. 심리치료를 찾는 사람이 해결될 만한 문제를 가지고 온다는 이유로 그 문제의 타당성을 왜곡할 수는 있지만 그 문제의 타당성을 얕볼 수는 없다. 모든 사람이 정도는 다르지만 지각을 일부 변경한다는 사실은 모든 임상적 연구에서 고려되는 요인이다. 이러한 경우에 어떤 것이 그 개인에게만 해당하는 개인 특유의 것이고 어떤 것이 그 문화의 대부분의 구성원에게 해당하는 합의적으로 타당한 것인지를 구별하는 것은 상담자와 연구자의 몫이다.

한국인 및 다른 아시아인들과 상담한 내용에 덧붙여 내가 앞으로 제시할 내용은 내가 한국인들과 맺어 온 개인적 관계뿐만 아니라 한국에 거주하는 한국인 및 재미 한국인을 대하면서 나 스스로 연구하고 관찰한 바에 바탕을 둔다.

내가 여기서 다루고자 하는 주요 이슈이자 나의 연구와 상담의 초점은 2세대에 대한 것이다. 이민 집단이 주류 사회에 통합되기 전에 발생하는 문제들을 다뤄 보자. 진입의 문제는 새로운 사회에 들어가는 모든 사람이 겪지만, 구세대와 신세대 사이에 생기는 갈등과 그 해결책 그리고 그것이 후세대에 주는 의미의 문제는 이민한 새로운 나라에서 태어나거나 혹은 어릴 때 이민 온 사람들만 직면하는 문제다. 아이들은 미래를 상징하기 때문에 가장 큰 관심의 대상이 되기도 한다. 그들을 이해하는 데 가장 중요하게 고려할 두 가지 사항은 다음과 같다. ① 미국의 가치와 대조를 이루며 철학적 · 사회적 · 도덕적 기준을 포함하는 유교, ② 한국 가정에서의 문화 적응, 대인관계 및 가치체계다.

문화의 주요 전달자는 가족, 특히 부모다. 중요한 어른들, 친구들, 전반적 사회 분위기와 같은 것도 중요한 역할을 하지만, 아이들에게 자신들이 살고 있는 사회의 도덕관, 가치, 사회적 기준 및 변수에 대해 주입해 주는 것은 부모다. 특히 초기 발달 단계에서 부모의 역할은 매우 중요하다.

역사적으로 보면 현재 한국인들이 겪는 문제는 그들의 많은 조상들이 겪었던 문제를 답습한다. 그들과 매우 다른 가치체계와 문화 양식에 적응해야 하는 문제, 먼저 정착한 이민자들이 보여 주는 저항적 태도, 선입견, 적대감, 질투 등이 그 예다. 특히 한국 사람들은 근면하고, 성실하고, 똑똑하고, 협동심이 있고, 빠르게 성공하기 때문에 다른 민족들의 질투의 대상이 되기도 한다. 하지만 한국인이 직면하는 기본적 문제는 다른 민족 집단이 겪는 문제들과 그리 다르지 않다. 다른 점이 있다면 그 민족 특유의 민족성과 더불어 그들이 고국에서 겪었던 문제와 그들이 새로운 나라에 가져온 자신들의 열망 및 자질에서 찾을 수 있다.

내가 보기에 한국인과 가장 유사한 이민 경향을 보인 민족은 유대인이다. 특히 1880~1920년에 미국에 건너온 동유럽계 유대인들이 그러하다. 한국인처럼 그들은 높은 종교적 가치와 도덕적 가치를 가지고 있었고, 아이들이 가족의 중심이 되었으며, 친밀한 가족 관계를 가졌다. 그들은 미국 사회에서 성공했을 뿐만 아니라 과학, 예술 등에 있어 미국 사회에 중대한 공헌을 했다. 과거 살기 힘든 사회에서 자신들을 옭아매었던 사슬에서 벗어나 자유를 누리면서 그들은 번성했다. 내 생각에 이것은 한국인의 이후 세대의 운명일 것이다. 사실 그것은 이미 시작되었다.

한국인은 근면성, 교육에 대한 깊은 신념, 강한 도덕관, 가족 중심주의, 그리고 잘 갖춰진 예의 질서라는 유산을 가지고 있다. 이러한 자질은 칭찬할 만하고 훌륭할 수 있지만 주류 문화와의 갈등의 소지가 되기도 한다. 문제는 도덕성 자체가 아니라 도덕성의 성격에 있다. 가족 중심주의가 문제가 아니라, 관계의 성격 및 가족 구성원 간에 서로에 대해 갖고 있는 충성심이 문제다. 예의범절 자체가 문제가 아니라, 그 속의 어떤 요소들이 현 시대에 와서 극적으로 변화한 세상을 살아가는 인간 본성의 어떤 측면과 갈등을 겪는다는 것이 문제다. 그것은 또한 서양에서 중요시하는 기준과도 갈등을 겪는다. 셰익스피어의 말을 빌리자면, 그것이 문제다(there lies the rub).

이 모든 문제가 유교에 담겨 있다. 즉, 유교가 핵심 문제다. 불교, 도교, 민간신앙, 기독교 모두 나름의 역할을 하지만, 유교야말로 한국인이 미국에 적응하는 데 결정적 영향을 주는 요소다(Slote & DeVos, 1996).

유교는 일련의 윤리 강령으로, 역사적으로 유교 국가들(중국, 한국, 일본, 베트남)의 사회적 · 정치적 구조를 확립하는 데 사용되었다. 유교는 세계관이라는 개인적 관점과 더불어 그 사회 구성원의 내면화된 존재감의 상당 부분을 결정하는 데 주된 역할을 했다. 그것은 행동 규범, 대인관계, 도덕적이고 윤리적인 가치, 특히 권위자와의 관계라는 모든 차원에 기준을 제시했다. 결과적으로 유교는 개인의 생각 및 사고과정의 개인적 지각에 결정적인 영향을 주는 요인이 된다. 나아가 정서 표현에서도 수용 가능한 것과 그렇지 못한 것 사이의 기준을 설정해 준다.

이 외에도 유교는 가부장적이고 권위적인 토대 위에 세워졌다는 사실을 알아야 한다. 그 체계는 엄격한 수직구조이며 구성원들은 전형적인 범주에 들어가게 된다. 이것은 지위, 역할, 적절성의 부여를 포함한다. 바람직한 행동은 정확하게 정의되었으며, 그것을 따르도록 요구되었다. 공자도, 맹자도, 그리고 그들의 후학들도 이것이 중심적인 윤리라는 것에는 이견이 없었다. 공자에 따르면, "…… 인품이 갖추어지는 것은 예절의 규칙(Li)에 의해서다."(Confucius, 1960a, VIII권, ii장) "예절에 어긋나는 것은 보지 말라. 예절에 어긋나는 것은 듣지도 말라. 예절에 어긋나는 것은 말하지도 말라. 예절에 어긋나는 행동은 조금도 실행에 옮기지 말라."(Confucius, 1960a, XII권, i장, p. 2)

따라서 개인적 차이는 사회라는 행렬에 대한 불협화음적 침입으로 여겨진다. "자신을 다스리고 예의를 지키는 것이 최상의 선행이다."(Confucius, 1960a, XII권, i장, p. 1) 유교적 신조는 명확했고 삶의 모든 과정에서 지키도록 기대되었다. 물론 개인이 늙어 가면 더 많은 자유가 주어지긴 했지만 말이다. 유교적 신조는 여성과 남성 모두에게 적용되었다.

유교적 권위주의는 지속되고 있으며, 이에 대해 진지하게 도전한 것은 현 시대에 와서다. 이러한 도전이 가능했던 것은 주로 서양 민주주의의 영향과 그것이 표방하는 개인주의, 평등주의, 자율성의 강조 때문이다. 비록 서구적 모델이 이상과는 거리가 있지만, 아시아 모든 나라에서는 그것이 극적인 영향력을 발휘했다. 다른 곳에서도 그랬던 것처럼 말이다. 동아시아의 유교는 미국에서 발견된 민주주의 및 개인주의와 충돌한다. 그들은 180도 정반대다. 한쪽에서는 평등과 개별화를 주장하고, 다른 한쪽에서는 모든 사람이 위로부터 부여받은 주어진 역할이 있다며 그 안에서의 순응과 전통 고수를 주장한다. 역사적으로 후자 쪽에서는 개인이 독특하다는 것과 개인을 정의하는 것은 구조화된 사회에서 그가 차지하는 위치가 아닌 그의 자질과 재능이며 그만의 독특한 존재감이라는 것을 인정하지 않았다. 그런데 서구 사회에서는 그것을 인정해 왔다.

한국인들은 전환기에 있는 민족이다. 예전 방식이 여전히 삶에 깊이 자리하고 있다. 이러한 사실은 특히 오래된 세대에게 적용된다. 젊은 사람들은 전통적인 방식에 대해 더욱 의문을 갖고 이를 거부한다. 문제는 개인의 자유와 자기결정권 대 수천 년을 이어 온 규격화된 삶의 방식 사이에 있다. 내가 자문을 하면서 만난 아시아 젊은이들은 매우 심각한 딜레마에 직면해 있었다. 그들은 자신들이 부모를 사랑하고 있다고 주장하며 대부분 부모에게 사랑받는다고 느낀다. 그들은 가족이라는 안정감을 포기하고 싶어 하지 않으며, 부모에게 상처 주지 않기를 원한다. 사실 그들은 어머니와 아버지의 감정을 꽤 보호하고 싶어 하는 것 같다. 그들은 혼란스러워하고 있다. 그들의 부모도 똑같이 혼란스러워하고 있다. 한편으로 부모들은 사랑하는 자녀들이 혼란과 지옥 같은 곳을 향하고 있는 것으로 여긴다. 동시에 부모들은 서구 사회에서 맛보는 자유를 매우 매혹적이면서도 종종 매우 위협적인 것으로 본다. 따라서 세대 간 갈등이 생길 뿐 아니라, 부모와 자녀는 모두 자기 안에서도 스스로 갈등한다. 궁극적으로는 두 세대 간에 해결책이 생길 것이다. 지금도 어느 정도의 해결책은 있으나 아직 완전한 해결에 이르기에는 멀었다.

한국 이민자들에게는 두 번의 이민 물결이 있었다. 첫 번째는 1950~1960년대에 미국에 공부하러 와서 머물게 된 경우다. 두 번째는 1965년 이후의 이민으로, 수적으로 더 많다. 이들이 여기에서 중점적으로 다뤄질 것이다. 이 두 집단이 들어오기 전에 한국인들은 하와이의 대농장과 캘리포니아에 있는 소농장의 노동자로 '수입' 되었다. 게다가 제1차 세계대전 전후로 유학 온 사람은 소수에 불과했다. 프린스턴에서 박사학위를 취득한 이승만 대통령 같은 사람이 그 소수에 속한다. 당시만 해도 이민법은 아시아인들이 미국에 살지 못하게 하는 것을 원칙으로 했는데, 그래도 몇몇은 머물 수 있었다. 내 아내의 아버지가 이런 사람들 중 하나였다. 내 장인은 젊은 나이에 감리교회에서 초청받아 오게 되었다. 그의 아이들 중 둘은 한국에서 태어났고(첫째, 셋째), 둘은 미국에서 태어났다(둘째, 넷째). 이러한 사실만 봐도 그가 미국에서 두 개의 대학 학위를 취득하는 동안 얼마나 한국과 미국을 자주 오갔는지 짐작될 것이다. 사실 그는 모두 합쳐서 일곱 개의 학위를 취득했는데, 그중에는 한국 대학과 일본 대학에서 취득한 것도 포함된다. 장인은 1934년 미국에서 영주권을 얻게 되었다. 이것은 이례적인 일이었다. 이것이 가능했던 것은 그가 목사였고 그가 속한 교회에서 그의 사역이 미국에서 필요하다는 부분을 증명해 주었기 때문이었다. 당시 어린 소녀였던 내 아내는 장인 교회의 교인이던 한국 이민 가정을 몇몇 알고 있었다. 그 가정의 아버지들은 노동자로 미국에 오게 되었다(그들은 아마도 사진으로 선보고 아내들을 데려왔을 것이다). 내 아내는 그 가정의 자녀들이 사업과 전문직 모두에서 두각을 나타냈다고 했다.

1950~1960년대에 유학생으로 미국에 왔다가 한국에서는 자신의 전문성 수준에 맞는 직업이 없어서 미국에 남게 된 사람들은 스스로를 엘리트라고 생각한다. "유학생으로 미국에 와서 미국에서 교육을 받게 된 한국 사람들은 완전히 미국 사람 같다. 그들은 정말

차이가 없다. 최근의 이민자들은 우리와 다르다. 우리, 즉 재미 한국인들은 항상 그 두 집단을 비교한다. 하나는 미국에서 교육받은 사람들이고 다른 하나는 이민자들이다. 그들(즉, '우리')은 사실 완전히 다른 민족이다." 그들은 한국인이라기보다는 미국인 같다. 상당 부분 그들은 미국 주류 사회에 진입했다. 그들 중 많은 사람이, 아니 사실상 대부분이 꽤 성공했다. 그들은 주로 자신과 비슷하게 미국에 유학 온 한국 여성과 결혼했다. 이는 곧 그 남편과 아내 모두 부유한 가정 출신임을 의미한다. 내가 아는 그 아내들은 전문직을 가진 사람들을 제외하고는(물론 전문직을 가진 사람도 꽤 있다) 가정과 자녀 양육에 최선을 다한다. 그들은 한국에서 살았어도 그랬을 것이다. 그들의 자녀들은 대부분이 미국에서 태어났는데(2세대), 보통은 매우 미국화된다. 그들이 바로 전환적 세대다. '나는 한국인이다.'에서 '나는 한국계 미국인이다.' 혹은 '나는 미국인이다.'라는 정체성의 변화를 이끄는 교량 역할을 한다. 그들 중 많은 사람이 백인과 결혼한다. 극히 예외적 상황을 제외하면 자녀들 자신이 결혼을 계획한다. 많은 2세대 자녀는 스스로의 선택에 의해서 다른 한국 사람들과 결혼하기도 한다. 상대적으로 극소수의 결혼이 부모의 중매로 이루어진다. 이러한 상황은 당시만 해도 중매결혼이 보편적이었던 한국 상황과 대조를 이루었다.

그들의 자녀들, 즉 3세대 한국계 미국인들(미국에는 이제 3세대, 때로는 4세대 한국계 미국인 아이들이 있다)은 자신의 한국적 유산에 대한 감을 잃어버리기 시작했다. 모든 이민 집단은 자신의 모국 유산을 가져오지만, 가족에 대한 기억은 대체로 3세대 동안 유지된다. 4세대는 자신의 뿌리에 대한 연결감을 별로 갖지 못한다. 이것은 자신의 자기상이 현재와 과거를 포괄한다는 점에 비추어 볼 때 슬픈 일이다. 대부분의 한국 이민자는 최근에 이민한 사람들이다 보니 과거가 여전히 현재의 삶에 중요한 부분으로 자리하고 있다. 이것은 그 자녀들에게도 마찬가지인데, 부모가 과거를 전수해 주기 때문이다. 자녀들과 함께 가끔 고국을 방문하여 한국인으로서의 자부심을 새롭게 하는 이주자도 많지만, 이것이 세대가 바뀌면서 얼마나 지속될지는 의문이다.

최근에 이민한 많은 남녀는 제대로 교육받은 사람들이며 상당수의 사람이 전문가다. 하지만 그들이 미국에 오면 예상치 못했던 장벽에 부딪히게 된다. 만만치 않은 면허 시험, 부족한 직업, 또는 한국에서 갖춘 교육 및 경험의 수준이 미국에서 직장을 잡기에는 충분치 않은 경우 등이 그 예다. 결과적으로 그들은 스스로 생각하기에 부끄러운 직업을 가질 수밖에 없다. 한국에서는 개인의 가치감이 사회적 지위에 크게 의존하기 때문에, 이렇게 되면 체면과 자존심에 큰 타격을 입는다. 그리고 이것은 심각한 심리적 문제가 된다. 그러한 문제는 직장을 넘어서 가정에 영향을 미치게 되고, 아버지와 어머니의 관계, 자녀들과의 관계에도 영향을 미쳐 결과적으로 가족 내 관계의 불균형을 초래한다.

새로운 나라에서 느끼는 불안감, 언어적 장벽, 같은 민족인 사람들과 있을 때의 편안함으로 인해 최근에 이민한 대부분의 사람들은 서로 모이는 경향이 있고, 그 과정에서 주류 사회 사람들로부터 자신들을 격리시키는 경향이 있다. 이것은 새로운 문제가 아니다. 난민 경험에 대한 저명한 전문가인 Herold Fields는 이미 약 50년 전에 다음과 같이 말했다. "자신과 같은 국적을 가진 사람들이 모여 사는 지역에 정착하게 되는 난민은 주류 사회에 적응하는 데 느리다. 그는 모국어를 사용하고 고국의 관습과 의식을 고수한다. 그의 삶은 외국 땅에 있지만 자기중심적이고 자신에게 집중하는 삶이 된다. 그는 민족적 동질성이라는 결점 때문에 고생한다. 과거를 흘려보내는, 현재에 사는, 그리고 미래를 준비하는 능력이 제한된다." (Fields, 1939) 새로운 세상에 가서 자신만 다른 것 같고 불안할 때, 같은 민족 집단을 찾고 자신이 익숙하게 느꼈던 것을 고수하려는 것은 어쩌면 당연한 일이다.

현 세대와 미래 세대에서 가족은 상당한 스트레스를 겪는다. 과거의 형식은 어디서나 도전받고 있다. 한때 가족은 쉽게 정의되었다. 일하는 아버지, 자식을 낳고 가정을 돌보는 데 헌신적인 어머니, 그리고 자신의 일을 감당하는 아이들이 있었다. 나는 사학자는 아니지만, 과거의 어느 때보다도 최근 들어 가족의 개념에 대해 더 많은 의문이 생겨나는 것 같다고 본다. 즉, 사람들은 무엇이 가족을 이루는지에 대해, 각자의 의무, 책임, 역할 등에 대해 의문을 던지고 있다. 자연히 미국에 이민 온 한국 가족도 극적으로 다른 일련의 태도 및 가치뿐 아니라 변화의 과정에 있는 기준에 도전을 받게 된다.

가족은 모든 유교적 사회의 중심에 자리한다. 당연히 한국에서도 다를 바 없다. 전통적으로 그것은 다음과 같은 가치체계를 통해 정의되어 왔다. 세대적 연속성, 부자관계 및 형제관계의 유대감, 복잡하지만 매우 효율적인 대가족 체계가 주는 구성원에 대한 안정감, 매우 규격화된 가치들의 보편화, 모든 사람에게 교육되는 윤리강령과 도덕관, 모든 사람에게 구체적 역할을 부여하는 역할 정의, 규율, 그리고 배움에 부여하는 높은 가치가 그것이다. 이 모든 것은 사실 현대를 살아가는 데도 매우 가치 있고 유용하다. 유교에 의해 확립된 윤리적이고 도덕적인 강령은 개인의 초자아와 사회의 초자아 모두를 결정한다. 이것은 상당 부분 서양의 유대-기독교적 도덕관과 맞물린다.

다른 한편으로, 유교적 가족체계는 독단적이다. 그 구성원들은 지위, 역할, 행동을 포함하여 전형적인 임무를 부여받는다. 과거에는 개인적 차이가 무시되었을 뿐 아니라 기본적으로 고려되지 않았다. 유교는 권위와 서열에 기초했다. 매우 구조화되어 모든 사람이 다른 사람의 하위자가 되거나 상위자가 되었다. 예를 들어, 아버지, 어머니, 형이나 오빠의 하위자이자 동생의 상위자가 되는 식이었다. 그리고 모두가 일련의 행동 양식과 태도 양식을 강요받았다.

한국 가족은 좀 더 평등주의적인 관점에 맞추어 서서히 변해 가고 있지만 유교의 핵심, 특히 대인관계와 윤리적 가치라는 측면에서는 여전히 유교적 실체를 고수한다. 형식(form) 대 실체(substance)라는 문제는 중요한 시사점을 갖는다. 많은 유교적 관습을 고수하는 문화는 사라지고 있다. 하지만 그 안에 내재하는 양식은 남아 유지되어 왔다. 나중에 더 논의하겠지만, 이것이 바로 미국에 사는 한국인 부모와 그 자녀들 사이에 생겨나는 많은 갈등의 기초가 되는 부분이다. 미국 사회는 한국 가정에서 부모가 자녀에게 가하는 많은 제약에 대한 대안을 그다지 제시하지 못한다.

모든 유교 사회는 남성 중심적이다. 하지만 가정 내에서 중심축이 되는 것은 어머니다. 집안일을 돌보면서 아이들을 기르고, 돌봐주고, 감독하고, 제재를 가하는 것도 어머니다. 일반적으로 아버지는 무섭고 거리감 있는 존재다. 아버지는 할아버지를, 할아버지는 증조할아버지를 본보기로 따르며 자녀들을 가르치고 지시하며 훈육하도록 배워 왔다. 과거에는 애정 표현이 어린아이들, 특히 여아들에 대해서만 허락되었다. 그것마저도 아이들이 사춘기가 될 때까지만 허용되고 그 이후에는 허용되지 않았다. 내 생각에 이러한 양상도 변하고 있다. 여러 가지 제약이 완화되면서 한국의 아버지들은 더욱 자유롭게 자녀를 돌봐 주고 남이 보는 데서도 자녀를 따뜻하게 애정으로 대한다. 물론 이러한 모습은 어린 자녀들에게만 적용된다. 그럼에도 내가 아는 모든 한국 남성은 이전 세대라서 그런지 자신의 아버지가 엄하고 거리감 있는 이미지라고 한다. 아버지들은 변화의 바람직성을 인정하긴 하지만 자녀들에게 다가가는 것을 불편해한다. 그래서 예전 방식대로 거리를 두고선 훈육하고 가르치는 역할을 하는 경향이 있다. 이렇게 하면 친근하고 애정 있는 관계를 만들지 못한다.

한국 자녀들, 특히 청소년 및 청년들은 미국의 아버지들이 다르다는 사실에 대해 명확하게 인식하고 있다. 미국의 아버지들은 자녀들과 놀아 주고, 같이 활동하며, 애정을 표현하고, 자녀들과 함께 있는 것에서 기쁨을 찾는다. 그들은 자녀들에게 권위자가 되려 하기보다 친구가 되려 한다. 최근 와서 한 한국인 법학과 2학년 학생이 우리와 아침을 먹으면서 여러 가지 토론을 했는데, 자신과 자신의 아버지는 한 번도 솔직하게 함께 대화를 나눠 본 적이 없다고 했다. 그는 아버지가 장시간 일하고 주말에는 주로 잠을 잤기 때문에 아버지를 잘 알지 못했다고 한다. 결과적으로 그는 아버지를 잘 모르는데 그것이 정말 후회스럽고 속상하다고 했다. 덧붙여 자신에게는 한국 친구들이 많이 있는데, 모두 아버지와의 관계가 자신과 자신의 아버지의 관계와 다르지 않더라고 했다. 내가 보기에 이러한 부자관계의 패러다임은 보편적인 듯하다. 적어도 내가 상담에서 만난 젊은 남성들에게는 그러했다.

유교적 남편에게 적절한 모습은 예전에도 그렇고 지금도 그렇지만 애정을 절제하고, 감정을 누르고, 무심하며, 초연한 자세를 유지하는 것이다. 그래서 아내가 전혀 비집고 들어오지 못하게 하는 정도는 아니더라도 대하는 데 어렵다고 느낄 정도의 장벽을 만드는 것이다. 이러한 기대와 다르게 행동하는 것은 그가 어떻게 느끼는지와 상관없이 부적절하게 행동하는 것이 될 수 있다. 유교적 남편으로서 적절한 자세란 모든 인간이 필요로 하는 사랑과 애정을 부인하는 것을 의미했다. 그것은 남성에게 부과된 커다란 희생이었다. 당연히 남편과 아내 사이에는 상당한 적대감이 존재했다. 그 적대감은 어쩌다가 밖으로 표출되기도 했지만 상당 부분 억압되었다.

여성은 자신들이 찾는 사랑과 애정에 대해 똑같이 박탈당했다. 그들은 상실에 대해 더 잘 인식했기 때문에 그것을 더 깊이 느꼈다. 다시 말하지만, 한국 아내들은 결혼에서 가장 아쉬운 점이 '로맨스'라고 한다. 비록 미국 대중매체를 보면서 로맨스에 대한 환상을 더욱 키웠을 수도 있지만, 그에 대해 말하는 데 깊은 감정이 묻어 나온다는 것은 그들이 그만큼 남편과 훨씬 더 큰 친밀감을 간절히 원한다는 것을 보여 준다.

결과적으로 주된 정서적 결합은 남편과 아내가 아닌 어머니와 아들 사이에 생겨났다. 지금도 여전히 상당 정도 그런 면이 남아 있다. 이것은 한 세대에서 다음 세대로 넘어가면서 영속화되는 듯하다. 어머니는 자녀들에게 의지하는데, 특히 아들들, 그중에서도 큰 아들에게 의지하여 남편에게 받지 못하는 위로와 헌신을 구한다. 아들에게 어머니는 인생을 통해 가장 중요한 여인으로 남게 되고 고전적 오이디푸스 상황이 된다. 그 결과, 대부분의 유교적 남성들은 어머니를 똑같이 중요한 다른 여인으로 대체할 수 없게 되었다. 과거에는 그러한 경향이 더 심했다. 이에 대한 동서양 간의 차이는 동양 아시아 사회에서는 그러한 모자관계를 문화적으로 긍정적으로 여긴다는 사실이다. 그래서 그 관계가 지지되고, 유지되며, 강화된다. 반면에, 서양에서는 그것을 문화적으로 부정적으로 본다. 그것을 비정상적인 것으로 보고 폄하하는 경향이 있다.

아시아 문화에서 아들이 어머니에게 갖는 정서적 유대는 서양에서 정상적인 발달 현상으로 보는 시기를 지나서도 오랫동안 지속되었고, 의존성이라는 결과를 낳았다. 그 의존성은 나중에, 특히 어머니 사후에 아내에게 옮겨 간다. 여기서 딜레마는 남성은 그러한 의존성을 인정할 수 없고 억제해야 했다는 것이다. 남성은 자신의 역할이 있었고, 그 역할에는 불확실성이나 부적절성을 보여 주는 것이 포함되지 않았다. 따라서 그는 중요한 심리내적 갈등에 직면하는데, 그 갈등은 풀리지 않고 남게 되곤 했다. 물론 언제나 예외는 있다. 하지만 전반적인 결과는 모든 사람이 마음고생을 하게 된다는 것이다. 아내도, 남편도, 아이들도 마찬가지다.

게다가 어머니는 다른 데서 애정을 받지 못하다 보니 아들에 대해 지나치게 소유적이었다. 일단 아들이 젊은 아내를 얻으면 며느리가 고분고분하고 겸손하다 해도 모자관계에 심각한 위협으로 지각된다. 그래서 다른 데서도 잘 기록되어 있는 고부간 갈등의 근원이 된다(물론 갈등의 원인이 이것 하나에만 있는 것은 아닐 것이다).

시어머니는 며느리에게 적대적이고 지나치게 가혹하기도 했다. 젊은 아내들은 겁을 먹으며 손위 여성들의 부당한 공격을 두려워했다. 그렇다고 시어머니만 원망한 것은 아니었다. 좀 더 깊은 차원에서 그들은 자신들의 남편에 대해 분개했다. 남편은 결국 어머니 편을 드느라 아내를 내팽개쳤으며, 아내가 이해와 지지를 필요로 할 때 아내를 보호하지 않았던 것이다. 아내는 시어머니에 대한 감정을 다른 여성들에게 표현할 수 있었고 괜찮은 반응을 얻을 수 있었다. 왜냐하면 고부간 문제는 공공연하게 인정되는 부분이기 때문이다. 하지만 그들이 결혼생활에 대해 가지는 절망감, 불행감, 그리고 남편이 결코 변하지 않을 것이라는 확신을 드러내기는 훨씬 더 어려웠다. 그들은 속으로 배신당했으며 완전히 혼자라고 느꼈다. 어느 누구도 의지할 수 없다고 느꼈다.

다음은 한 젊은 기혼 여성과 상담을 한 내용에 대한 축어록으로 이 문제를 집중해서 다루고 있다. "저는 정말 혼란스러워요. 저는 인생을 어떻게 살아가야 할지 모르겠어요. 불행해요. 제가 남편을 사랑하는지도 확신이 생기지 않아요. 그리고 남편도 저를 사랑하는 것 같지 않고요. 저는 시댁 식구들과 문제가 많아요. 시어머니는 나쁜 사람이에요. 저는 남편 때문에 2년 정도 한국에 가 있어야 해요. 그런데 그 사람이 장남이다 보니 우리 식구가 시댁 어른들을 모시고 살 거라고 사람들은 생각해요. 저는 그분들과 살고 싶지 않아요. 최근에 한국에 있는 시댁 식구들이 저희를 방문해서 두 달 정도 함께 지냈어요. 그야말로 지옥(강조)이었지요. 그들이 한국으로 돌아가자마자 저는 신장염으로 입원했어요(적대감 내사). 저는 거의 죽을 지경이었어요. 병원에서 밤낮으로 울었죠. 의사 선생님이 저더러 상담을 받아야 한다고 했어요. 하지만 제가 상담받는 걸 남편과 시댁 식구들이 알면 저더러 미쳤다고 할까 봐 두려웠어요. 원래 저는 시어머니에 대해 잘 모르고 순진하게 생각했어요. 그래서 제가 잘해 드리고 제 삶의 모든 부분에 대해 말씀드리려고 했어요. 저는 정말 시댁 부모님을 친부모님처럼 대하고 싶었어요. 하지만 시어머니는 제가 말씀드린 모든 것을 곡해하시면서 저를 무척 힘들게 하셨어요. 시어머니는 정말 사악해요. 제 생각에 시어머니는 저희 부부관계를 파괴하시려고 하는 것 같아요. 그런데 시부모님이 저희 집에 계시는 동안 남편은 시어머니 역성을 들며 저를 무시했어요. 그 사람은 자기네 부모님 앞에서 저를 모욕했어요. 저는 두 달간 정신적으로 학대받았어요. 남편을 떠날까 생각도 하는데 갈 곳이 없어요. 무서워요. 우리 부모님께 갈 수도 있겠죠. 친정어머니한테 말씀드렸더니 저더러 결혼생활이 불행하면 친정에 와도 된다고 하시네요. 저를 거둬 주시겠대요.

시댁 식구들은 저 멀리서도 우리 삶을 좌지우지하려 해요. 그들은 계속해서 남편에게 저를 어떻게 다뤄야 하는지 가르쳐요. 남편은 우리 사이의 모든 일을 그들에게 보고하죠. 그들은 제가 자주 전화로 안부를 묻기 바라지만 저는 할 말이 없어요. 얼마 전 시아버지한테 소포가 왔어요. 500년 전에 쓰인 여성을 위한 윤리서였어요. 저는 그런 일이 생긴 것에 대해 남편에게 화가 나요(격렬하게 말했다). 그 사람은 저에게 아무런 위안이 되지 못해요. 그는 제 감정을 무시하죠. 남편은 시댁 어른들께 찰싹 붙어 있어요. 특히 어머니께요. 그 사람은 시댁 어른들이 말씀하는 것이면 무엇이든 잘 듣고 그들을 정말 의지하는 것 같아요. 그 사람은 제 말은 그냥 들어 넘겨도 어머니 말은 잘 들어요."[1]

이것은 괴로워하는 한 젊은 여성의 말이다. 물론 그녀가 힘들어서 문제를 과장했을 수도 있지만, 그녀가 심각하게 불행해하는 핵심이 잘 드러나 있다. 이런 경험은 그녀 혼자만의 것이 아니다.

대부분의 한국인, 특히 최근 이민한 사람들은 과거의 전통과 가치를 고수하려 한다. 부모들은 미국에서 자녀를 키우면서도 한국에서 자신들이 키워진 방식 그대로 자녀를 키우려 한다. 가정에서는 이런 환경에서 길러지고 밖에서는 다른 환경에 놓이면서, 아이들은 유교적 가치와 미국적 가치 사이에서 갈등을 겪는다. 완전히 반대되는 것들이 공존하는 세상에 살도록 강요받은 그들은 진짜 딜레마에 놓인다. 그들에게 궁극적인 질문은 '어떻게 이 둘을 조화시키느냐?'는 것이다.

이 문제는 자녀들에게 복잡한 만큼 부모들에게도 복잡하다. 유교는 남성의 우월한 지위에 대한 내용을 가르친다. 하지만 한국 가정에서 살아 본 사람이라면 알 수 있듯이 가정은 아이들 중심으로 돌아간다. 모든 유교 사회에서, 아마도 특히 한국에서는 더욱 그런 것 같은데, 자녀들은 한없이 귀하다. 가정의 미래는 그들에게 달려 있다. 특히 '양반' 가정[2]에서는 가문 존속의 미래가 자녀들의 어깨에 달려 있다. 부모는 어린 자녀들에게 특별한 애정을 가지고 아이들이 잘 살아야 할 텐데 하고 진심으로 염려한다. 한국 1세대 남성들 대부분은 그들이 이민한 새로운 세계에 대해 낯설게 느끼고, 언어나 대인관계 면에서의 제약 때문에 자신의 개인적 목표를 제한할 수밖에 없다는 것을 깨닫게 된다. 하지만 그들의 꿈과 열망은 자녀들의 성취를 통해 실현될 수 있다. 부모들 생각에는 자신들의 자녀들은 매우 똑똑하고 재능이 있어서 아이들이 잘 자라 주기만 하면 예일, 하버드, 컬럼비아, 프린스턴 같은 대학도 충분히 갈 수 있다고 여긴다.

모든 문화는 나름대로 어떻게 하는 것이 좋은 양육인지에 대한 상을 가지고 있다. 한국의 유교적 상은 미국의 상과 부합되지 않는다. 그 문제에 있어서는 다른 서양 세계의 상과도 부합되지 않는다. 문제가 더 복잡하게도, 시간이 지나면서 세계는 움직인다. 이것은 미국에 사는 한국인들뿐 아니라 한국에 사는 한국인들에게도 적용된다. 덧붙이자면 미국인들 역시 변하고 있다.

자녀와 부모 모두에게 가장 중요한 문제는 자유다. 자녀에게 자유는 부담스러운 문화적 제약 및 부모의 규제로부터의 해방을 가져다준다. 부모에게 자유는 새롭지만 두려운 기회다. 옛것과 새것 사이에서 갈등하는 것은 자녀뿐 아니라 부모도 마찬가지다. 겉으로 보기에 나이 든 세대는 구습을 고수하고 새로운 것을 배척하는 것 같지만, 전의식적(subconscious) 차원에서는 미국에서 누리는 자유를 괜찮게 본다. 물론 그들이 자신의 마음을 부인할 가능성이 많긴 하다.

유교는 여러 가지 면에서 부담스럽긴 하지만 구성원의 내면에 깊은 심리적 안정감을 가져다주었다는 사실은 인정해야 한다. 모든 사람이 사회적 도식 속에서 정확한 자신의 위치를 알았고, 자신이 걸어가도록 되어 있는 정확한 길과 자신에게 놓여 있는 구체적인 개인적 한도에 대해 알았다. 어떤 것도 우연이나 즉흥성에 방치되지 않았다. 반면에, 민주주의는 모든 사회체계를 성문화하는 법률을 제외하면 흔들리는 이정표와 같다. 민주주의도 마냥 축복되기만 한 것은 아니다. 그것은 불안정감, 불안, 공포를 동반한다(Fromm, 1941).

미국 및 다른 곳에서는 자유의 향유 때문에 사람들이 동료로부터 소외감을 느끼고, 더 큰 지역사회 혹은 가족의 일원이 아닌 것 같은 느낌을 받게 된다는 것을 인정하는 것 또한 중요하다. 유교에서는 전혀 그렇지 않다. 한국 가족은 든든한 기반이 되었다. 소속감은 결코 흔들리는 법이 없다. 모든 사람이 항상 잘 정의된 전체의 일부가 된다. '외부인' 은 거의 없다. 이것이 한국의 가족이 그렇게 강력한 원동력으로 남을 수 있는 이유 중 하나다.

가정 내 갈등이 복잡하고 힘들 수 있겠지만, 결국 자녀들은 더 힘 있는 자리를 차지하게 된다. 그것은 부모가 어떤 일이 있어도 자녀를 잃는 일은 피하고자 하기 때문에 가능하다. 각자의 위치가 회복 불가능하게 굳어지기 전까지 부모는 타협해 보려 한다. 내가 아는 성인 자녀들, 또 내가 함께 작업해 본 성인 자녀들은 보통 훨씬 유연하고 진심으로 협상을 성사시키고자 노력한다. 하지만 결혼이나 직업과 같이 매우 중요한 문제에서 극에 처하면 그들은 보통 더 이상 양보하거나 타협하기를 거부한다. 이 시점이 되면 보통 부모가 양보한다. 나는 이제껏 이 부분에 있어 예외가 되는 사례를 한 사례밖에 보지 못했다. 그 사례에서는 부모가 편집증적 성격 때문에 하나밖에 없는 아들이 자신들이 허락하지 않은 여성과 결혼했다는 이유로 아들을 쫓아냈다(참고로 그 여성은 정말 괜찮은 사람이었다).

결 론

국정 관리 방식을 낳는 사회정치적 체계들은 역사적 시대 및 그

체계들의 영향을 받는 구성원들이 보여 주는 성격과 관련을 갖는 것으로 보인다. 따라서 관리를 받는 구성원들과 관리체제 사이의 돈독한 관계는 일정 기간 동안은 유효하더라도 다른 기간 동안은 유효하지 않을 수 있다. 제퍼슨식 민주주의의 도래와 서구적 사고의 영향으로 세계적으로 심리적 요구 수준과 행동 양식에 중요한 변화가 생기고 있음을 우리는 지켜보았다.

여기에는 다른 동아시아 국가를 비롯하여 한국이 포함된다. 그 변화의 물결이 지나가면서 유교적 사회의 미래도 달라질 것이다. 문제는 과정에 있다. 변화가 나타나는 과정이 그 자체의 목적과 성과를 결정할 것이다. 그러한 변화 속에서도 유교의 건설적인 요소들, 즉 가족 중심주의, 자녀의 중요성, 교육과 배움에 대한 강조, 도덕적 가치 존중, 근면에 대한 결심, 성과는 노력을 통해서만(성과 중심이 아닌 기업 정신과 함께) 얻어진다는 데 대한 암묵적 동의는 그 미래가 어떻게 펼쳐지든지 간에 견고한 기초가 될 것이다. 우리가 최근 몇 년간 보아 왔듯이, 한국인은 놀랄 만한 성장을 이루어 왔으며 그들이 이루어 낸 성과는 대단하다.

후주

1. 이 사례는 김미아 박사의 허락하에 실을 수 있었다.
2. 양반 가정은 상류층으로, 주로 귀족 혈통 출신이다.

참고문헌

Akhtar, S. 1995. A third individuation: Immigration, identity, and the psychoanalytic process. *Journal of the American Psychoanalytic Association*, 43:1051-1084.

Allen, D. 1991. Indian, Marxist, and feminist critiques of the "modern" concepts of the self. In *Culture and self: Philosophical and religious perspectives, East and West*, ed. by D. Allen and A. Malhotra. Boulder, CO: Westview.

Atwood, G. and R. Stolorow. 1984. *Structures of subjectivity: Explorations in psychoanalytic phenomenology*. New Jersey: The Analytic Press.

Bellak, L., and H. Siegel. 1983. *Handbook of intensive brief and emergency psychotherapy*. New York: C. P. S. Inc.

Bernstein, D. 1993. *Female identity conflict in clinical practice*, ed. N. Freedman and B. Distler. New Jersey: Jason Aronson.

Bion, W. 1970. *Attention and interpretation*. New York: Basic Books.

Bond, M. and K. Hwang. 1986. The social psychology of Chinese people. In *The psychology of Chinese people*, ed. by M. Bond, 213-266. New York: Oxford University Press.

Boucher, S. 1988. *Turning the wheel: American women creating the new Buddhism*. San Francisco: Harper and Row.

Brown, D. 1986. The stages of meditation in cross-cultural perspective. In Wilbur, K. J. Engler, and D. Brown. *Transformations of consciousness: Conventional and contemplative perspectives on development*. Boston and London: Shambhala.

Cabaniss, D. L., M. A. Oquendo, and M. B. Singer. 1994. The impact of psychoanalytic values on transference and countertransference: A study in transcultural psychotherapy. *Journal American Academy of Psychoanalysis*, 22:609-622.

Carrington, P. 1977. *Freedom in meditation*. Garden City, New York: Anchor Press/Doubleday.

Caudhill, W., and D. W. Plath. 1974. Who sleeps by whom? Parent-child involvement in urban Japanese families. In *Japanese culture and behavior*, ed. by T. Lebra and W. Lebra, 277-312. Honolulu: University Press of Hawaii.

Chakraborty, S. K. 1987. *Managerial effectiveness and quality of worklife: Indian insights*. New Delhi: Tata McGraw-Hill Publishing Company Limited.

Chang, H-C and G. R. Holt. 1995. Debt-repaying mechanism in Chinese relationships: An exploration of the folk concepts of pao and human emotional debt. *Research on Language and Social Interaction*, 27:351-387.

Cheung, F. 1985. An overview of psychopathology in Hong Kong with special reference to somatic presentations. In *Chinese culture and mental health*, ed. by W. S. Tseng and D. Wu. Orlando, Florida: Academic Press.

Clarke, C., C. Peach, and S. Vertovec, ed. 1990. *South Asians overseas: Migration and ethnicity*. New York: Cambridge University Press.

Coltart, N. 1992. The practice of Psychoanalysis and Buddhism. In *Slouching towards Bethlehem*, 164-175. New York and London: Guilford Press.

Confucius. 1960. *Book VIII*, chapter ii.

_____. 1960. *Book XII*, chapter i, 2.

_____. 1960. *Book XII*, chapter i, 1.

Cooper, P. 1995. Affects and affect states: A case study on the integration of Buddhist analytic meditation and psychoanalysis. Unpublished paper.

Daniels, R. 1990. *History of Indian immigration in the United States: An interpretive essay*. New York: The Asian Society.

Dayal, I. 1977. *Change in work organization*. Delhi: Concept Pub.

Desai, P., and G. Coelho. 1980. Indian immigrants in America: Some cultural aspects of psychological adaptation. In *The new ethnics: Asian Indians in the United States*, ed. by P. Saran and E. Eames, 363-386. New York: Praeger.

Deri, S. 1984. *Symbolization and creativity*. New York: International Universities Press.

DeVos, G. 1980. Afterword to *The quiet therapies*, by D. K. Reynolds, 113-132. Honolulu: University Press of Hawaii.

Doi, T. 1973. *The anatomy of dependence*. Tokyo: Kodansha International Ltd.

_____. 1986. *The anatomy of self: The individual versus the society*. Tokyo: Kodansha International Ltd.

Dumont, L. 1986. *Essays on individualism*. Chicago: University of Chicago Press.

Eberhard, W. 1965. *Folktales of China* (3rd revision). Chicago: University of Chicago Press.

Eigen, M. 1995. Stones in a stream. *Psychoanalytic Review*, 82:371-390.

Engler, J. 1986. Therapeutic aims in psychotherapy and meditation. In Wilbur, K., J. Engler, and D. Brown. *Transformations of conscious - ness: Conventional and contemplative perspectives on development*. Boston and London: Shambhala.

Epstein, M. 1995. *Thoughts without a thinker: Psychotherapy from a Buddhist perspective*. New York: Basic Books.

Erikson, E. 1946. Ego development and historical change. In *Identity and the life cycle*. New York: International Universities Press. Reprint 1959.

_____. 1950. *Childhood and society*. New York: W. W. Norton.

_____. 1958. *Young man Luther*. New York: W. W. Norton.

_____. 1963. *Childhood and society*. 2nd ed. New York: W. W. Norton.

_____. 1968. *Identity, youth, and crisis*. New York: W. W. Norton.

_____. 1969. *Gandhi's truth*. New York: W. W. Norton.

Ewing, C. 1991. Can psychoanalytic theories explain th Pakistani woman? Intrapsychic autonomy and interpersonal engagement in the extended family. *Ethos*, 19:131-160.

Fields, H. 1938. *The refugee in the United States*. New York: Oxford University Press.

Finn, M. 1992. Transitional space and Tibetan Buddhism: The object relations of meditation. In *Object relations theory and religious experience*, ed. by M. Finn and J. Gartner. New York: Praeger.

Fisher, M. P. 1980. *The Indians of New York City: A study of immigrants from India*. New Delhi: Heritage Publishers.

Freud, S. 1923. The ego and the id. *Standard edition*, 19:13-59. London: Hogarth Press, 1953.

______. 1927. The future of an illusion. *Standard Edition*, 21:5-56. London: Hogarth Press.

_____. 1930. Civilization and its discontents. *Standard edition*, 21:64-148. London: Hogarth Press, 1953.

Fromm, E. 1941. *Escape from freedom*. New York: Rinehart.

Fromm, E., D. T. Suzuki, and R. DeMartino. 1960. *Zen Buddhism and psychoanalysis*. New York: Harper and Row.

Gilligan, C. 1980. *In a different voice*. Cambridge: Harvard University Press.

Goleman, D. 1977. *The varieties of meditative experience*. New York: Dutton.

Gonzales, Jr., J. L. 1992. *Racial and ethnic families in America*. Dubuque, Iwoa: Kendall/Hunt Publishing Company.

Grey, A. 1973. Oedipus in Hindu dreams. *Contemporary Psychoanalysis*, 9:327-355.

Grolnick, S. and L. Barkin, ed. 1978. *Between reality and fantasy*. New York: Jason Aronson.

Gupta, R. 1991. Integrating employees and organization in the Indian context: The need for moving beyond American and Japanese models. *Political and Economic Monthly*, May.

Hagman, G. 1996. Flight from the subjectivity of the other: Pathological adaptation to early parent-loss. In *Progress in self psychology, volume 12*, ed. by Arnold Goldberg. Hillsdale, New Jersey: The Analytic Press.

Harvard Mental Health Letter. 1990. *Marriage and psychiatric symptoms:*

Ethnic differences, December, p. 7.

Heimann, P. 1950. On countertransference. *International Journal Psycho-Analysis*, 50.

Hofstede, G. 1980. *Culture's consequences: International differences in work-related values.* Beverly Hills: Sage Publications.

Hong, B. 1985. Politeness in Chinese: Impersonal pronouns and personal greetings. *Anthropological Linguistics*, 27:204-213.

Hsu, F. L. K. 1981. *Americans and Chinese: Passage to differences* (3rd Edition, 76-120). Honolulu: University of Hawaii Press.

_____. 1983. Suppression versus repression: A Limited psychological interpretation of four cultures. In *Rugged individualism reconsidered*, ed. F. L. K. Hsu, 104-129. Knoxville: University of Tennessee Press.

_____. 1985. The self in cross-cultural perspective. In *Culture and self: Asian and Western perspectives*, ed. A. Marsella, G. DeVos, and F. L. K. Hsu, 24-55. London: Tavistock Publications.

_____. 1985. The Chinese family: Relations, problems, and therapy. In *Chinese culture and mental health*, ed. W. S. Tseng and D. Wu, 95-112. Orlando, Florida: Academic Press.

Jackson, S. W. 1968. Aspects of culture in psychoanalytic therapy and practice. *Journal American Psychoanalytic Association*, 16:651-670.

Jensen, J. M. 1988. *Passage from India: Asian Indian Immigrants in North America.* New Haven: Yale University Press.

Johnson, F. 1985. The Western concept of self. In *Culture and Self: Asian and Western perspectives*, ed. A. Marsella, G. DeVos, and F. L. K. Hsu, 91-138. London: Tavistock Publications.

Joseph, B. 1985. Transference: The total situation. *International Journal Psycho-Analysis*, 66:447-454.

Kakar, S. 1978. *The inner world: A psychoanalytic study of childhood and society in India*. Delhi: Oxford University Press.

_______. 1980. Observations on "the Oedipal alliance" in a patient with a narcissistic personality disorder. *Samiksa*, 34:47-53.

_____. 1982. *Shamans, mystics, and doctors*. New York: Alfred A. Knopf.

_____. 1989a. The maternal-feminine in Indian psychoanalysis. *International Review of Psycho-Analysis*, 16:355-362.

_______. 1989b. *Intimate relations: Exploring Indian sexuality*. Chicago: University of Chicago Press.

______. 1991. *The analyst and the mystic*. New Delhi: Viking by Penguin Books India.

Khandelwal, M. S. 1995. Indian immigrants in Queens, New York City: Patterns of spatial concentration and distribution. In *Nation migration: The politics of space in the South Asian diaspora*, ed. P. van Veer. Philadelphia: University of Pennsylvania Press.

Kirschner, S. R. 1992. Anglo-American values in post-Freudian psychoanalysis. In *Psychoanalytic anthropolgy after Freud*, ed. D. H. Spain, 162-197. New York: Psyche Press.

Kleinman, A. 1985. Somatization: The interconnections in Chinese society among culture, depressive experiences, and the meanings of pain. In *Culture and depression*, ed. A. Kleinaman and B. Good, 429-490. Berkeley: University of California Press.

Kohut, H. 1971. *Analysis of the self*. New York: International Universities Press.

______. 1977. *Restoration of the self*. New York: International Universities Press.

_____. 1984. *How does analysis cure?* Chicago: University of Chicago Press.

Kornfield, J. 1977. *Living Buddhist masters*. Santa Cruz: Unity Press.

Kumar, R. 1993. Communicative conflict in intercultural negotiations: The case of American and Japanese business negotiations. Unpublished paper.

Kurtz, S. 1992. *All the mothers are one.* New York: Columbia University Press.

Lachmann, F. and B. Beebe. 1995. Self psychology: Today. *Psychoanalytic Dialogues*, 5(3): 375-384.

Leavy, S. 1995. Roots of unitive experience. *Psychoanalytic Review*, 82:349-370.

Lichtenstein, H. 1977. *The dilemma of human identity.* New York: Jason Aronson.

Lin, T. Y. 1985. Mental disorders and psychiatry in Chinese culture: Characteristic features and major issues. In *Chinese culture and mental health*, ed. W. S. Tseng and D. Wu, 369-393. Orlando, Florida: Academic Press.

Lin, T. Y. and M. C. Lin. 1981. Love, denial, and rejection: Responses of Chinese families to mental illness. In *Normal and abnormal behavior in Chinese behavior*, ed. A. Kleinman and T. Y. Lin, 387-401. Norwell, Massachusetts: D. Reidel.

Liu, I. M. 1986. *Chinese cognition in th psychology of the Chinese people*, 73-105. New York: Oxford University Press.

Lo, Kitt. C. 1958. *Cooking the Chinese way.* London: Arco Publication Co.

Mahler, M., F. Pine, and A. Bergman. 1975. *Psychological birth of the human infant.* New York: Basic Books.

Markus, H. and S. Kitayama. 1991. Culture and the self: Implications for cognition, emotion, and motivation. *Psychological Review*, 98:224-253.

Marriott, M. 1990. Constructing an Indian ethnosociology. In *India through Hindu categories*, ed. M. Marriott, 1-40. New Delhi,

London: Sage Publications.
Masson, J. M. 1976. The psychology of the ascetic. *Journal Asian Studies*, 35:611-625.
Mazumdar, S. 1991. Asian American and Asian studies: Rethinking roots. In *Asian Americans: Comparative and global perspectives*, ed. S. Hune, H. Kim, S. Fugita, and A. Ling. Pullman: Washington State University Press.
Meaders, N. 1996. The transcultural self. In *Immigrant experiences: Personal narrative and psychological analysis*, ed. P. Ellowitz and C. Kahn. Teaneck, N. J.: Farleigh Dickinson University Press.
Meissner, W. W. 1984. *Psychoanalysis and religious experience*. New York and London: Yale University Press.
Miller, B. S., trans. and ed. 1977. *Love song of the dark lord, Jayadeva's Gitagovinda*. New York: Columbia University Press.
Milner, M. 1973. Some notes on psychoanalytic ideas about mysticism. *The suppressed madness of sane men*. 1987. London: Tavistock Publications.
Mitchell, S. 1988. *Relational concepts in psychoanalysis: An integration*. Cambrige: Havard University Press.
Nakane, C. 1970. *Japanese society*. Berkeley and Los Angeles: University of California Press.
Nandy, A. 1979. The double in Hindi films. *Times of India*, October 14.
Nelson, Benjamin. 1965. Self-images and system of spiritual direction in the history of European civilization. In *The quest for self-control*, ed. S. Z. Klausner. New York: Free Press.
Noy, P. 1969. A revision of the psychoanalytic theory of the primary process. *International Journal Psycho-Analysis*, 50:155-178.
Oatey, H. 1988. Chinese and Western interpersonal relationships. In

Intercultural Communication: What it means to Chinese learners of English, ed. H. Wenzhong. Shanghai: Shanghai Translation Publishing House.

Okano, K. 1994. Shame and social phobia: A transcultural viewpoint. *Bulletin of the Menninger Clinic*, 58:323-338.

Pareek, U. 1977. Culture and organization designing. Proactive or reactive strategy? *Vikalpa*, 2(4), 303-308.

Pillsbury, B. 1986. *Medical learning in North America: A handbook for Chinese visiting scholars in the United States and Canada*. San Francisco: U. S. China Education Institute.

Ramanujan, A. K. 1983. The Indian Oedipus. In *Oedipus: A folklore casebook*, ed. L. Edmunds and A. Dundes, 234-261. London: Garland Publishing.

_____. 1990. Is there an Indian way of thinking?: An informal essay. In *India through Hindu categories*, ed. McKim Marriott, 41-58. New Delhi, London: Sage Publications.

Ramanujam, B. K. 1989. Technical factors in psychotherapy in India. Unpublished paper.

Rizzuto, A. 1979. *The birth of the living God: A psychoanalytic study*. Chicago and London: University of Chicago Press.

Roland, A. 1972. Imagery and symbolic expression in dreams and art. *International Journal Psycho-Analysis*, 53:531-539.

_____. 1988. *In search of self in India and Japan: Toward a cross-cultural psychology*. Princeton: Princeton University Press.

Rubin, J. 1996. *Pathways to transformation: An integrative study of psychoanalysis and Buddhism*. New York: Plenum Press.

Rycroft, C. 1968. *Imagination and reality*. New York: International Universities Press.

Sanjek, R. 1989. *Worship and community: Christianity and Hinduism in contemporary Queens*. Flushing, N.Y.: Asian/American Center, Queens College.

Schafer, R. 1983. *The analytic attitude*. New York: Basic Books.

Shweder, R. A. and E. J. Bourne. 1984. Does the concept of the person vary cross-culturally? In *Culture theory: Essays on mind, self, and emotion*, ed. R. Shweder and R. LeVine, 158-199. Cambridge, Melbourne, New York: Cambridge University Press.

Sinha, J. 1980a. Power structure, perceptual frame, and behavioral strategies in dyadic relationships. Unpublished paper presented at the International Association for Cross-Cultural Psychology, Bhubaneswar.

_____. 1980b. *The nurturant task leader: A model of the effective executive*. New Delhi: Concept Publishing.

_____. 1988. Reorganizing values for development. In Sinha, D. and H. S. R. Kao (eds.), *Social values and development: Asian perspectives*. New Delhi: Sage Pub.

Slater, P. 1970. *The pursuit of loneliness*. Boston: Beacon Press.

Slote, W. and G. DeVos, eds. 1996. *Confucianism and the family in an interdisciplinary, comparative context*. New York: State University of New York Press.

Spitz, R. 1959. *A genetic field theory of ego formation*. New York: International Universities Press.

Stolorow, R. and G. Atwwod. 1992. *Contexts of being: The intersubjective foundations of psychological life*. New York: Analytic Press.

Sue, S. and N. Zane. 1987. The role of culture and cultural techniques in psychotherapy. *American Psychologist*, 42:37-45.

Suler, J. 1993. *Contemporary psychoanalysis and Eastern thought*.

Albany: State University of New York Press.

Sylvan, M. 1981. Replay to Alan Roland's paper on "Psychoanalytic perspectives on personality development in India." *International Review of Psycho-Analysis*, 8:93-99.

Taketomo, Y. 1982. The reticent father: Some thoughts on Japanese culture and conflict. *Journal of the American Academy of Psychoanalysis*, 26:12-14.

______. 1986. *Amae* as metalanguage: A critique of Doi's theory of *amae*. *Journal of the American Academy of Psychoanalysis*, 14:525-544.

______. 1989. An American-Japanese transcultural psychoanalysis and the issue of teacher transference. *Journal of the American Academy of Psychoanalysis*, 17:427-450.

Tan, Y. C. 1998. *Notes of a Chinese psychiatrist*. Beijing: Quonzhong Publications. (In Chinese).

Tseng, W. S. 1975. The nature of somatic complaints among psychiatric patients: The Chinese case. *Comprehensive Psychiatry*, 16:237-245.

Tung, M. 1984. Life values, psychotherapy, and East-West integration. *Psychiatry*, 47:285-292.

Uba, L. 1994. *Asian Americans: Personality patterns, identity, and mental health*. New York: The Guilford Press.

Vatsayayan, K. 1975. In the performing arts. In *Indian women*, ed. D. Jain, 291-300. Delhi: Publications Division, Ministry of Information and Broadcasting, Government of India.

Wadley, S. 1980. Hindu women's family and household rites in a North Indian village. In *Unspoken worlds: Women's religious lives in non-Western cultures*, ed. R. Gross and N. Falk, 94-109. New York: Harper and Row.

White, M. 1987. *The Japanese educational challenge: A commitment to children*. New York: Free Press.

Wilbur, K., J. Engler, and D. Brown. 1986. *Transformations of consciousness: Conventional and contemplative perspectives on development*. Boston and London: Shambhala.

Williams, C. A. S. 1976. *Outline of Chinese symbolism and art motifs* (3rd edition). New York: Dover Publications.

Winnicott, D. W. 1951. Transitional objects and transitional phenomena. In *Collected Papers*. New York: Basic Books.

_____. 1958. The capacity to be alone. In *The maturational processes and the facilitating environment*, 29-36. London: Hogarth Press, 1965.

_____. 1960. Ego distortion in terms of true and false self. In *The maturational processes and the facilitating environment*, 140-152. London: Hogarth Press, 1965.

_____. 1965. *The maturational process and the facilitating environment*. London: Hogarth Press.

Yang, H. Y. 1983. Phobia and its psychological treatment. *Chinese Journal of Nervous and Mental Disease*, 9:102-103. (In Chinese).

Yang, M. M-H. 1994. *Gifts, favors, and banquets: The art of social relationship in China*. Ithaca, New York: Cornell University Press.

Young, L. W. L. 1994. *Crosstalk and culture in Sino-American communication*. Cambridge: Cambridge University Press.

Zhao, G. Y. 1987. Eight cases of anxiety disorders and obsessive compulsive behavior. *Chinese Mental Health Journal*, 1:236. (In Chinese).

Zhao, G. Y. 1988. Fear of height and "treatment dependency." *Chinese Mental Health Journal*, 2:90. (In Chinese).

Zhong, Y. B. 1988. *Chinese psychoanalysis*. People' s Publications of Lian Nin. (In Chinese).

찾아보기

인 명

내용

저자 소개

Alan Roland

뉴욕과 아시아에서 인도인과 일본인을 주 대상으로 많은 정신분석적 상담을 해 온 정신분석학자로, 미국 정신분석심리학회 교수를 역임했다. 그의 다른 저서인 『인도와 일본의 자아를 찾아서 가는 심리학의 여행(*In Search of Self in India and Japan: Toward a Cross-Cultural Psychology*)』과 더불어 이 책은 다문화상담을 표방하는 정신분석가들 사이에서 필수 도서로 꼽힌다. 그 밖에도 고전적 정신분석과 아시아 문화의 관계에 대한 다수의 책을 집필하였다. Roland 박사는 미국인이면서도 아시아인에 대한 정신분석 전문가로 저명하며, 미국과 아시아 여러 지역에서 꾸준히 강연 및 상담 활동을 해 왔다.

역자 소개

심은정

연세대학교에서 심리학과 영어영문학을 전공하고, 동 대학원에서 상담심리를 전공했다. 그 후에 미국 캘리포니아 소재 로즈미드 심리학대학원에서 임상심리학으로 석사 및 박사 학위를 취득했다. 연세대학교 학생상담소, 삼성생명 공익재단연구소, 미국 캘리포니아 초등학교 상담소, 링컨 고등학교 상담소, 바이올라 대학 상담소, 어거스트호킨스 병원 정신건강센터, 센추리 지역 수감소, 미국 아시아 심리연구소, 브로드릭 정신요양원 등에서 다양한 내담자를 접하면서 풍부한 임상 경험을 쌓았다. 현재는 숭실대학교 베어드학부 상담교수 및 한국다문화상담연구소 소장으로 있으며, 다문화 관련 상담 및 연구 활동에 매진하고 있다.

다문화와 정신분석

– 동양인과 서양인의 상담 –

Cultural Pluralism and Psychoanalysis:
The Asian and North American Experience

2012년 10월 10일 1판 1쇄 인쇄
2012년 10월 15일 1판 1쇄 발행

지은이 • Alan Roland
옮긴이 • 심은정
펴낸이 • 김진환
펴낸곳 • (주) 학지사
121-837 서울특별시 마포구 서교동 352-29 마인드월드빌딩 5층
대표전화 • 02) 330-5114 팩스 • 02) 324-2345
등록번호 • 제313-2006-000265호

홈페이지 • http://www.hakjisa.co.kr
커뮤니티 • http://cafe.naver.com/hakjisa

ISBN 978-89-6330-834-0 93180

정가 15,000원

역자와의 협약으로 인지는 생략합니다.
파본은 구입처에서 바꾸어 드립니다.